读客文化

作者阵容

·导言 元代篇

姚大力

复旦大学历史地理研究中心教授

清华国学研究院特聘教授

民族史、蒙元史、边疆史专家

·先秦篇

李山

北京师范大学文学院教授

启功先生弟子

中国文化史专家

·秦汉篇

武黎嵩

南京大学历史学院副教授

秦汉史学者

中国文化史、思想史专家

·魏晋篇

钱文忠

复旦大学历史系教授

师承季羡林先生

佛教文化研究学者

·魏晋篇

仇鹿鸣

复旦大学历史系副教授

石刻文献学者

魏晋南北朝史专家

·隋唐篇

于赓哲

陕西师范大学教授

百家讲坛名师

隋唐史专家

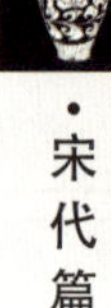

·宋代篇

吴 钧

知名宋史研究者

专栏作家

宋代社会生活史专家

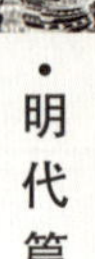

·明代篇

方志远

中国明史学会副会长

江西师范大学教授

百家讲坛名师

·清代篇

马 勇

中国社会科学院研究员、研究生院教授

晚清史学者

中国近现代史专家

编者阵容

姜 鹏

复旦大学历史系副教授

百家讲坛名师

哈佛大学访问学者

李 静

复旦大学新闻学院博士

上海师范大学人文与传播学院讲师

五万年中国简史

（上册）

姜鹏 李静 编

姚大力 李山 武黎嵩 钱文忠 仇鹿鸣 于赓哲 吴钧 方志远 马勇 著

从第一批智人踏上中华大地到20世纪

史学名家为你理清中国上下5万年的来龙去脉

文匯出版社

目 录

第三章　魏晋南北朝：民族与思想大融合（公元189—589年） / 278

导言

中国的诞生：第一批智人踏上中华大地

（从5万年前开始讲起）

姚大力
复旦大学历史地理研究中心教授
清华国学研究院特聘教授
民族史、蒙元史、边疆史专家

北京猿人不是我们的祖先

在本书的开始，我想谈谈中国起源、发育和壮大的时空节奏变迁的问题。如果我们把中国看作是一个舞台，中国历史就是这个舞台上呈现出来的一出又一出精彩绝伦的、长达数千年的戏剧。

但是数千年以来不断发生变化的，不光是舞台上演出的那些大局面和大走势，而且连作为舞台的中国本身也在不断发生重大变化。既然如此，要了解中国的历史，就应当先弄清楚“何为中国”的问题。所以作为这门课的一个引子，我先要在这里简单地介绍一下中国的时空范围是如何变化的。

中国并不是从一开始就有今天这样大的。如果能把时间倒推三千多年，去问一问生活在那时的人们，在他们心目中，“中国”到底有多大，答案一定会大大出乎你的意料。最初的“中国”，画到今天中国的地图上，只是一个点而已。所以中国是随着历史的演进而不断变大的。尽管我们今天追溯祖国历史的时候，必须以当代中国的疆域作为它的空间范围，但是今天的这条边界线其实并不是自古以来就一直存在的。

传统时代称为“中国”的一系列王朝政权，绝大多数都不如今天中国那样幅员广阔。那么中国到底是如何越变越大的？笼统地讲，中国的发育和壮大，是在一种迭经转换的时空节奏中实现的。它可以被概括在自南向北、由北到南，再从东往西这样三个语词之中。三个语词，分别标志了三个前后相继的历史阶段。

其中自南向北的阶段长达四五万年，然后是由北到南的阶段，有三千年，最后是从东往西的阶段，有一千年。从这里也可以看出人类社会的变化节奏——越是靠近现代就变得越快。

现在就从最早也最为漫长的那个时段讲起。所谓自南向北，是指绝大部分现代中国人的祖先，分成不多的几批人群，先后从东南亚进入今天中国境内，并且在寻找生存空间的艰苦探索中，朝着各个可能的方向挺进，逐渐自南向北扩散到中国全境的那个过程。它发生在从公元前四五万年直到公元前两千年这样一个极其漫长的历史时期之中。

我这么说，可能会让不少人不以为然，或者让他们大吃一惊。他们会问，根据我们以前读过的教科书，中国境内不是有生活在170万年前的元谋人、70万年前的蓝田人、50万年前的北京人等古人类吗？你怎么能说我们的祖先人群进入中国最多只有四五万年的时间呢？这不是要把中华民族的历史一下子砍掉一百五六十万年吗？

当然，如果说中国的历史要从中国这片大地上出现人类讲起，那么中国史确实应当从元谋人、蓝田人开篇。但是元谋人、蓝田人、北京人等的祖先，与全球现代人共同的祖先人群之间，早在大约180万年前，就在物种演化的道路上分道扬镳了。所以元谋人、蓝田人、北京人，并不是现代中国人的直系祖先。如果我们想追溯的是一部现代中国人的历史，那么它就真的只能有四五万年可说。当然四五万年也已经足够漫长了！

这也就是说，四五万年之前，中国大地上旧石器时代中期以前的全部史前文化以及部分晚期石器文化的创造者们，其实是直立人和早期智人。他们比现代中国人的祖先更早生活在这里。所以中国历史上最早的一次重大变局，实际上正应该是现代中国人的祖先如何取代直立人和早期智人的那段神秘的故事。

四五万年前进入中国的我们的祖先，当然不是从天上掉下来的。他们属于大约7万年前走出非洲的现代智人的后裔人群。不仅是今天的中国人，全球现代人类都源于这一支现代智人，它们是罗德西亚人的后裔。不过走出非洲的还不止这一支人类。

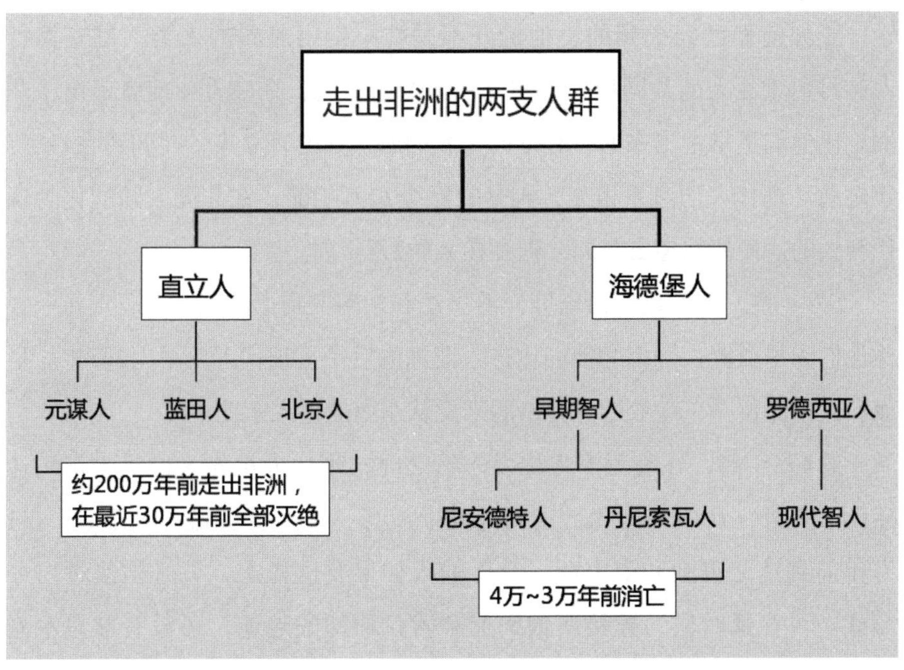

我们刚刚提到，元谋人、蓝田人、北京人等早期人类的祖先直立人，在大约200万年前就已经走出过非洲，不过他们的后代在最近30万年前都已灭绝了。产生出罗德西亚人的祖先海德堡人，形成于100多万年以前，他们后裔中的一支，在80万年前也曾经走出非洲，然后在约50万年前分离并且

逐渐演化为智人的另外两个亚种，又称为早期智人，那就是尼安德特人和丹尼索瓦人，两者都曾与现代人共存于世直到三四万年前，并且相互间有过生殖的交流。所以我们现代人体内除了罗德西亚人的基因以外，还有少部分基因来自尼安德特人和丹尼索瓦人。

现在有“智人三分”的说法，就是指现代人的直系祖先罗德西亚人，以及尼安德特人和丹尼索瓦人三者而言。甚至在罗德西亚人的后裔中，也有比今天人类的直系祖先更早走出非洲的。他们至少在西距地中海三公里的以色列境内的斯库尔洞穴留下了他们的遗迹，时间大概是10万年以前。他们后来似乎也灭绝了。

现在让我们回到今日人类的直系祖先走出非洲的故事。

正如前面已经提到的，他们并不是唯一走出非洲的人类。尼安德特人和丹尼索瓦人的共同祖先，曾先于我们的祖先，在80万年前就走出了非洲。比他们更早走出来的，有早已为我们所熟知的直立人，时间约在190万年之前。现代人的直系祖先，则是在距今20万年前，在非洲大陆演化为现代智人的。而他们走出非洲，则是在大约7万年前。

6万年前，他们已经沿印度洋海岸线和东南亚到达澳大利亚，现在一般称他们为早亚洲人，因为他们比进入亚洲的后一批现代人要早上2万年。早亚洲人里滞留在东南亚的部分，后来又从东南亚进入东亚。

约4万年前，在晚亚洲人出发东行之时，现代人祖先人群从中东到达欧洲。另外，从中东向北行进的人群中，有一支折朝东北方向迁徙，在1万年前到达北美洲和南美洲。今天的人如果要这样走，就必须渡过白令海峡。可在那时候，连接西伯利亚和阿拉斯加的陆地，还没有被海水淹没。最初历尽千辛万苦而得以踏上美洲土地的现代人的先祖很可能不超过200个人。

就是这样，再加上留在非洲的与我们共祖的人群，也就是今天的布须曼人和俾格米人的祖先，除南极之外的全球各大洲就都被现代人占满了。

最早进入今天中国境内的现代中国人的祖先，就属于从早亚洲人中分离出来的人群。在四五万年前，他们辗转踏进中国的土地，在后来说蒙古语和属于通古斯语系各种语言的人群中，留下了来自他们的较多血脉。所谓通古斯语系是指流行在今天东北和俄罗斯的鄂温克语、鄂伦春语、乌德盖语、满语、赫哲语，乃至已经消亡的女真语等各种语言。

此后下一次从西亚进入东亚的人群迁移，发生在4万年前，所以称他们为晚亚洲人。他们是横穿印巴次大陆[1]的北部，在3万多年前到达东南亚的。这批人中的一部分，在盛冰期，也就是2.5万～1.5万年前之间的一个最寒冷的时期，从南方进入今中国境内，又随着盛冰期的结束和冰川的消退而自南向北迁徙，逐渐分布到今天中国的大部分地区。

可以说，晚亚洲人充当了塑造上古中国人口分布的基本面貌的主角。此外，在亚洲北部，自南向北扩散的东亚人群，与从中东向西伯利亚扩散的西方人群相融合。而在中亚，新疆成为东西方人口迁徙运动的交会地区。一方面有东亚人群的西去，另一方面又有西部欧亚人群的东来。这些也对中国人口的分布格局造成了重大影响。

到现在为止，想来我已经说清楚了，中国现代人的直系祖先们是在何时以及如何从外部世界走进今天中国的疆域之内的。我猜想，一定会有为数不少的朋友心里有点纳闷：你说的这些关于早期人类起源和他们在全球漫游的信息，又是从哪里获得的？

你的身体里流着谁的血

现在我们要对前面讲过的内容做一点带注释性质的补充，但是这可能会使读者失去某些耐心，所以我想把它们变换成两个问题进行讨论。

第一个问题比较简单一点：早期人类是如何发现到达全球的那些迁

1　印巴次大陆，即南亚次大陆，包括从喜马拉雅山脉西段和中段的南侧到印度洋之间的广大地区。

徙路线的？前面提到过早亚洲人，也就是大约7万年前向东进发的那批现代智人，是一直沿着海岸行走的。从我们今天看来，这其实是一个很好的选择。因为原始人类的生存能力还极端低下，而在浅海附近，他们最容易获得动物蛋白的补充。但这并不意味着他们一开始就明白这一点。

在以采集、狩猎等攫取型经济来维持生计的时代，定居的大型人群将会很快因为四周生活资源的枯竭而陷入绝境。所以早期人类不得不分解成比较小的群体，在盲目地向外围世界不断离散和移动的过程中，去寻找各自的生存空间。在缺乏明确目标的漫游中，绝大多数群体由于遭遇这样那样的自然障碍，比如各种地理上的天险、瘟疫的袭击，以及其他的突发性灾难等，而归于灭亡。

只有一道接一道地通过了“瓶颈”压缩的少数幸运者群体，才得以继续生存。由这些幸运者群体无数次的偶然选择所连接起来的浪迹天涯的脚印，就是我们上面说到的“迁徙路线”。换句话说，这些所谓“路线”并不是出于早期人类的主动设计，而是他们以数不清的生命作为代价，去“试错”的结果。

第二个问题，有关人类起源和原始人群向全球迁徙的这么多信息，到底是从哪里来的？这些对生命科学研究者以外的其他人来说，至今还带有某种颠覆性的知识，主要来自分子生物学（也有人称之为“分子人类学”）在最近三四十年里面迅速发展的成果。在20世纪90年代以前的人类学教科书里，仅“人类”一个物种单独占据着动物遗传谱系里“人科”的位置，高居在“猩猩科”之上，但分子生物学完全改变了这一认识。原来属于“猩猩科”的黑猩猩、大猩猩等三个物种，今天已经完全被归入“人科”。

而与我们现在的讨论关系更密切的是，人们曾经普遍相信，现代人进入东亚的路径，是从西面先到达亚洲北部，然后再从北向南散布到东亚各地的。但是由分子生物学提供的信息，可以说是正好相反，现代人类是从南方进入东亚的。

分子生物学所关心的重大课题之一，就是在分子水平上考察和研究人类起源，以及不同人群间分化和融合的机理和历史。这里所谓分子水平，是针对男性人体细胞核内第23对染色体中的一条Y染色体上那一丝DNA而言。因为它就是由一个分子，或者更准确地说，是由一个长串复合分子构成的。如果把它拉长，可以有两米长，上面大约有6000万个碱基对，也就是基因片段。在父亲遗传给儿子的Y染色体的有些区段，基因片段的排列会因为Y染色体与来自母亲的X染色体的结合，而发生序列重组。但是Y染色体上有3000万个基因片段，是位于非重组区段的。

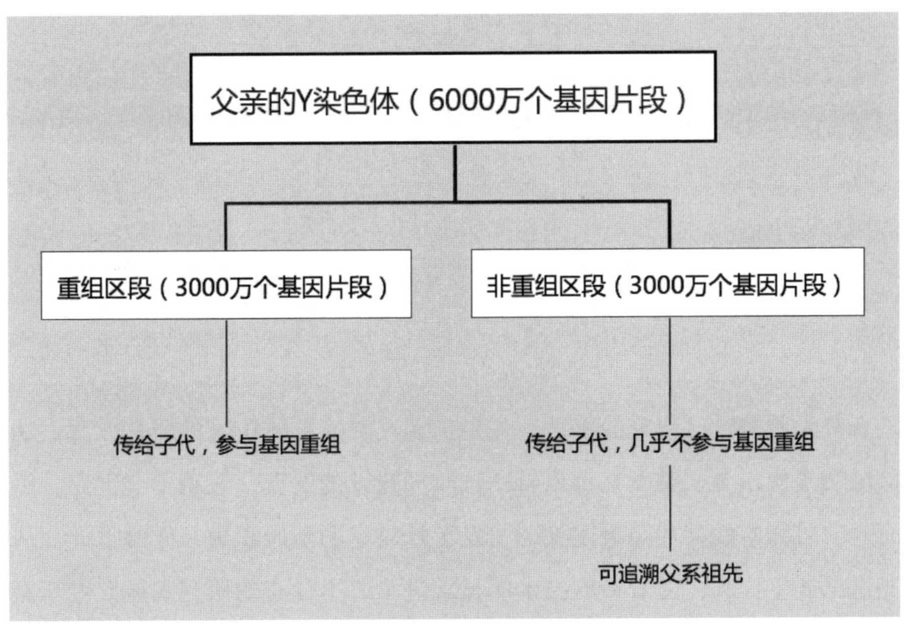

在从父亲到儿子的世代传递中，位于非重组区段的这3000万个基因片段，除每代平均有一个会发生随机突变外，都会以相同的编排序列，完整地由父代遗传给子代。而逐渐积累起来的基因突变也会一代接一代地遗传下去。因此如果样本齐全，根据这个区段上基因片段的排列，就不难把出于同一个父系的所有后裔成员编入一个血缘谱系之内。同样，人类细胞内的线粒体基因片段[1]，也可以由母亲完整地遗传给女儿，所以从线粒体DNA可以追溯一个女人的母系血缘关系。

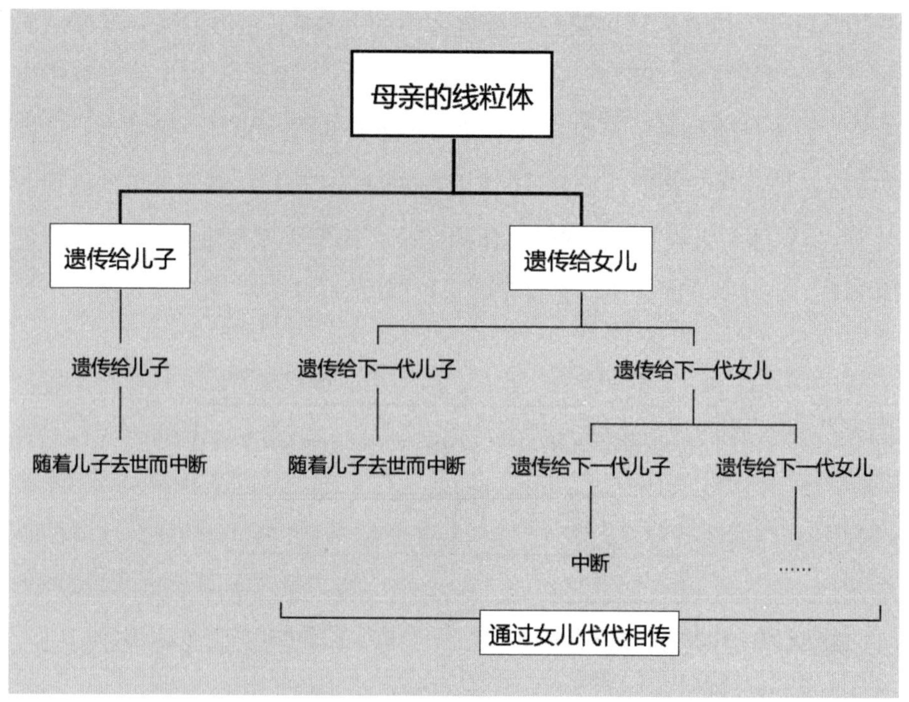

有关人类DNA研究的突破，先是出现在对线粒体DNA的研究方面。20世纪70年代，全人类女性都出自一位非洲夏娃的发现，惊动了全世界。然而这项研究中的某些疏漏之处，引发了针对它的暴风骤雨一样的批评。从20世纪90年代起，随着检测技术的显著进步，不甘心的研究人员们重新振作起来，并且把考察对象更多地聚焦到Y染色体DNA上面。

现代人类是某一个非洲夏娃与某一个非洲亚当的集体后裔，对这一见解现在已经很少有行内人再会提出疑问了。一种似乎导向死胡同的研究路径，在经历一番柳暗花明的转折之后，重见天日。基因研究就是这方面的

1 人体所有细胞（除红细胞）内都有线粒体，但只有女性的线粒体基因能随其卵子遗传给后代。

一个典范性的例证。

Y染色体DNA不仅可以用来追溯个体的父系血谱，也可以用来检测各个大型人群的独特遗传结构。不仅如此，对拥有各自特定遗传结构的不同人群之间分化和融合的相互关系，以及它的历史过程的探查，现在也有了可能。

早期人类从祖先群体中离散开来，四处游走，再加上他们因为一再遭遇各种自然与社会性的灾难，而发生群内人口严重耗损的所谓“瓶颈效应”[1]，都必然会导致祖先人群原先拥有的相当一部分根部基因变异在群体各个分支中丧失，尽管每个分离人群的下游基因变异可能在持续增加。因此，具有同祖亲缘联系的各人类群体的根部基因变异最丰富的所在地，便是那一系列同祖人群起源的地方。这就是论证现代人类起源于非洲的基本原理。研究线粒体DNA和常染色体DNA，对于揭示上述秘密，也可以发挥各自特殊的功用。

人身上的不同基因突变对后代产生的影响也非常不同。一方面，每个人群都会在一些特别时段生成若干对本群体父系遗传贡献非常之大的个体，从而把属于他们的基因突变传递给这个人群中占很大比例的后代成员。

另一方面，部分基因突变从人类生命史中被“抹去”，也不只发生在远古时代。没有生育或者没有生育男性后裔者的基因突变，也容易随世代的更替而最终丢失。这种不断发生的基因突变遗失，有效地抑制了被传递下来的基因变异多样化的规模。有些研究揭示出，生活在不同时期的对现代人有直接遗传贡献的人，也就是得以把属于他们自身的基因突变一直保留到现代人基因组中的个体，包括非洲夏娃和非洲亚当在内，总数不过8.6万而已。

我们现在有很多人对于没有后代会产生一种深刻的焦虑。但是如果你

1　瓶颈效应原指大量人口通过同一个狭窄的出入口时造成的拥堵，常用来比喻事物发展过程中各因素和环节之间的关系，指由于某个因素或环节出现问题而造成事物发展过程的停滞。

发现人类绝大多数的个体实际上都没有能留下自己的直系后裔，你还会受这一类的焦虑的干扰吗？

好了，现在可以结束这个可能已过于枯燥的科普话题，接着讲述现代人在进入中国境内后如何四处迁徙的基本情况了。

最早大约4万年前进入中国的早亚洲人，其实至少有两支。其中携带D单倍型的一支，应当是在四五万年前从中国云南与缅甸交界处的山谷走廊进入中国的。这支人群在青藏高原的羌族和藏语系民族中留下了很稀薄的遗传成分。东南亚以及印度洋东部安达曼群岛上的尼格罗陀人，则是尚未进入中国的D单倍型人群的后裔，虽然在其中有些人群里，这些遗传成分几乎已经完全丢失。他们是中国古代小说描写的身材矮小、肤色黝黑、短发卷曲，对主人忠心耿耿的“昆仑奴”的原型。

另一支携带C单倍群的早亚洲人，就像我们前面说过的，沿东海与黄海海岸线北上，在1.5万年前抵达黑龙江南北，成为今蒙古语和通古斯-满语各族共同祖先人群中最古老遗传成分的贡献者。蒙古语和通古斯-满语祖先人群的最早分化就发生在此之后。

与早亚洲人一样，晚亚洲人也是分别从滇缅走廊和今天两广的陆海边界入境的，时间大约在2万年前。他们的染色体类型中最突出的是O型，还有少量的N型乃至更稀少的Q型和R型。今天靠近中国边界的东南亚邻国人口中有相当大的一部分，极可能源于已经进入中国，在人口膨胀后又重新溢出今中国版图的晚亚洲人。

从两广的陆海边境进来的那批晚亚洲人，是后来构成壮侗语系各民族，例如壮族、侗族、傣族、水族等族的最古老的祖先人群，他们恐怕是从上古直到秦汉记载中经常提到的“百越”的主要成分。直到东汉时，从今天的越南北部，北至杭州湾，仍然“百越杂处”，分布着骆越、夔越、夷越、瓯越、闽越、于越、南越、扬越、大越、山越等名目繁多的越人。他们未必都是同一种人，未必说同一种语言，但其中一定有相当大的部分属于壮侗语人群。

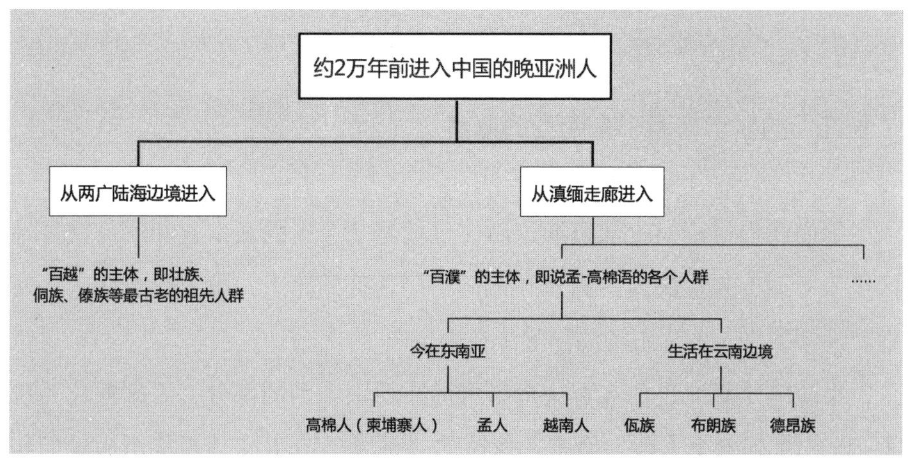

春秋后期，在江汉流域仍然有不少壮侗语人群的分布。两汉之际的刘向，在《说苑》这部书里采用两种方式记录了一首《越人歌》[1]，一种是它的汉语翻译，另一种方式则是借用汉字来记录《越人歌》的本来语音，类似于有些小朋友用“古特毛宁”四个字来记录英语“早上好”的发音。今天研究壮侗语的专家，可以毫无困难地借当代壮、侗语的知识，对汉代用汉字记音的文本从事试读。他们通过这个方式翻译出来的文本，所表达的意思与刘向记录的汉译本十分贴近。虽然刘向记录的译文可能因为深受汉代流行的楚辞风格影响，而已经变得“宛若楚辞”。

这个例证非常生动地表明，所谓“越人”中有很大一部分人口说的是属于壮侗语族的古代语言。他们沿海岸北上，走得非常之远。活动在上古中国北方的“东夷”中，可能还有他们的后裔，甚至主要就是由他们的后裔构成的。

如上所述，从两广陆海边境和从滇缅走廊进入中国的晚亚洲人，同样在南部中国后来的人口史和民族史中留下了不可磨灭的印记。但对华北来说，后一批人群，也就是从滇缅走廊北上的晚亚洲人的影响，相比而言就要大得多了。

1　“越人歌”的汉译歌词为：“今夕何夕兮搴（qiān）舟中流，今日何日兮得与王子同舟。蒙羞被（pī）好兮不訾（zǐ）诟（gòu）耻。心几（jī）烦而不绝兮得知王子。山有木兮木有枝，心说（yuè）君兮君不知”。

“长江”的名字来源于东南亚的语言

下面我们讨论一下从滇缅走廊，也就是从今天的云南省和缅甸交界地区进入中国的晚亚洲人。当然在他们不停迁徙的路上，也总会有些人不时地就地停下来，不再跟随同伴继续往前走。

沿滇缅走廊北进的人群中最早沉淀在西南中国的部分，后来演化为说孟-高棉语[1]的各个人群。历史上所谓的“百濮”[2]，其主体可能就由他们构成。顾名思义，我们不难想象，现代说孟-高棉语的民族，就应该包括高棉人，也就是柬埔寨人，以及伊洛瓦底江下游的孟人。

古代孟人的分布空间后来受到从北方南下的缅人的严重挤压。后者属于藏人的亲缘人群，在语言上同属于藏-缅语族。越南语也属于孟-高棉语族。如今在中国境内，只有在云南边界还生活着三个人口极少的孟-高棉语民族，即佤族、布朗族和德昂族。但在古代，孟-高棉语人群在中国的分布，还可能从西南地区大规模地向外扩展。

就像我们后面会提到的，当原先居住在华北的上古时期的汉语祖先人群，沿着汉水到达长江，并且入乡问俗，向当地的土著询问如何称呼长江时，当地人回答他们说，它叫krong。这个词在孟-高棉语里的意思就是大河流，南下的汉语祖先人群把它误解为长江的专名，用“江”这个汉字来记录krong的发音。

上古汉语里是存在着诸如kr-、pl-等双声母的，也就是字头辅音包含两个辅音的元素。“江”字就是以kr-为首辅音的双声母字，所以正好用它来记录外来名词krong的读音。汉语里的“江”就这样变成长江的专名。只是

1　孟-高棉语，包括越南语、高棉语、孟语、巴拿语、德昂语等在内的西南少数民族语言。

2　百濮，古代对西南地区少数民族的称呼。

到后来，它变得可兼指流入长江的大支流，再转义为可以泛指一般大河流的普通名词；而它的读音则从最先的krong演变为kjang，而后随16或者17世纪的汉语新产生出j-、q-、x-三个辅音，最终演变为今天普通话里的jiang。

“江”从土语中泛指大河流转义为汉语中对一条大河流的专称，与到达南美的欧洲人把印第安语里泛指大河的普通名词“密西西比”误解为今天密西西比河的专名，道理完全相同。另外据文献记载，中国南方当时有人称死亡为“札”，孟-高棉语就把“死”叫作chad。而“札”在古汉语里是一个带尾辅音-t的收声字，所以用来记录chad的读音也正好。可见孟-高棉语人群在上古中国的南部呈大面积分布的状态。

这一批晚亚洲人当然没有全体止步在中国的西南一角。其中折向东偏北继续前行者，在今天华中地区发展成说苗、瑶语的各支人群，是今天湖北、湖南地区苗族、瑶族等人群的祖先。而从继续朝着大体上正北的方向前行的那部分群体里，最终分化出占今天中国人口90%之多的最大民族，也就是汉族的祖先人群。

由南向北穿越四川盆地的晚亚洲人，看来在翻越秦岭之后获得了很大的拓展，一路分布到太行山的东麓。这部分人曾经说一种原始汉藏共同语。在公元前大约4000年左右，也就是距今6000年前，他们又分化为说原始汉语和原始藏缅共同语的两群人。

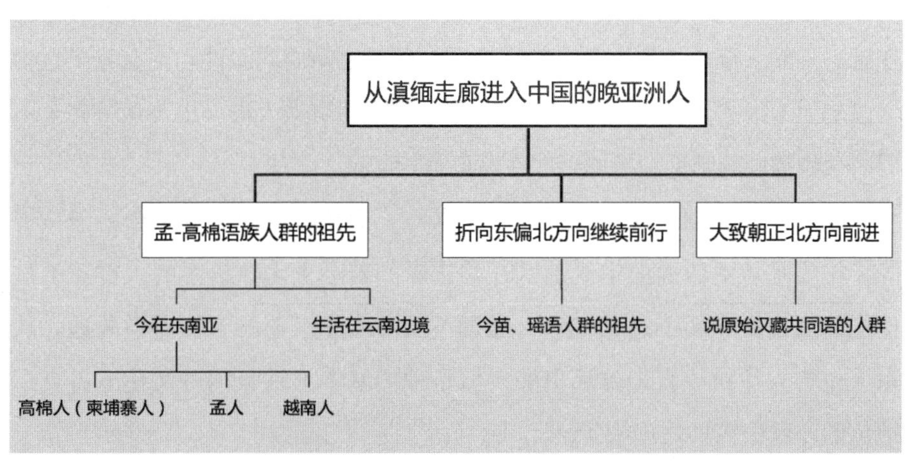

这也就是说，几乎囊括今河南、山西和陕西省范围的仰韶文化（公元前5000—前3000年），其创造者很可能是原始汉藏共同语的人群。在仰韶文化形成发育约千年之后，共同创造了这一文化的人们开始分化成两个分别说原始汉语与说原始藏缅共同语的人群。造成这一分化的主要原因，可能是身处仰韶文化西部边缘的一部分人，因生态环境不宜于进一步的农业开发，而选择把原来从事的农业和流动畜牧混合经济逐步推向专门化流动畜牧业的发展方向，因此逐步从他们原先的居地迁往更西更南的宜牧地区。中国学者新近发表在《自然》杂志上的文章，综合分子生物学、考古和语言史领域的研究，把上述分化的年代定位于5900年前。由此可见，继碳十四测定技术的发明之后，基因研究对于推动第二次·“考古学革命”起到了何等重大的作用。

与上述过程同时，位于西进人群之东的仰韶人，不但与它更东面的其他人群发生频繁密切的交往，还在西面逐步占据了由于原始藏缅共同语人群的向西退却而留出来的旧地盘。而原始汉语就是在他们中间逐渐形成的。

研究汉语史的人早就认定，汉语和藏语起源于同一种远古的共同语言。证据实在太多了，现在只举一个同源词作为例证。古藏语“鱼鳞”“盾甲”读作khrab，上古汉语里把“甲”读作khrap，这两者是千真万确的同源词。只不过“甲”的读音在汉语复声母分化后变成kjap。入派三声后变成kja，然后在汉语首辅音j-、q-、x-产生后，变成它今天的语音jiɑ。经历此种复杂音变后，一般人很难再从语音角度直接感知两者之间的同源性。现在分子生物学以基因为根据，推断汉藏两族拥有一个共同的祖先人群。出于两种完全不同的学科领域的结论，恰好可以在这里互相印证。

除了上面提到的汉藏共同语人群以外，活动在河西走廊到今新疆一带的，主要是从更西面的中亚地区迁移进来的若干支印欧语系的人群。不过他们的历史大概超不过4000年，远远不及活动在东亚的人群那样久远。从东亚也有人往西一直走到那里的，但是他们基本上被吸纳进文化上占支配地位的印欧语人群之中去了。

绝大多数研究者认为，印欧语人群的起源地在黑海和里海以北的草原地区，原始印欧语人群的最初一波扩张，可以粗分为三支，分别到达西欧、今天土耳其所在的小亚，以及东部哈萨克斯坦草原和阿尔泰山—萨彦岭山地。

上述第三支人群在4000年前移居塔里木盆地东部的各个绿洲，他们所说的语言被后人称为“吐火罗语”，是著名学者季羡林深感兴趣的研究对象之一。他们一直在该地生活到公元9世纪，被在那里建立统治的回鹘人，也就是维吾尔族人征服，并且最终淹没在其语言归属于突厥语族的维吾尔族人里面。

天山以北和塔里木盆地西部，也被从西方进入的东伊朗语人群所占据，分别是游牧的月氏人和靠绿洲农业以及过境贸易为生的于阗塞人。于阗塞人大致与吐火罗人同时被它西面的邻国喀喇汗王朝征服，并且也很快融合进突厥语人群之中。

在今天中国境内，除了维吾尔族，还有哈萨克、克尔克孜、撒拉等六个讲突厥语族诸语的民族。原始突厥语人群的起源地应该是在蒙古高原的西部。从遗传结构上看，这个人群中除有O、C等源于东亚和东北亚的染色体基因成分外，还含有在印欧语人群中高频分布的父系单倍型R1a1。因此，原始突厥语人群与原蒙古语和原始通古斯语人群，不像是从同一个祖先人群分化出来的。过去学术界曾经把这三个语族合称为“阿尔泰语系”，但是从20世纪70年代以后，这个语系是否成立，遭到越来越多专家的怀疑。

本世纪初，一位博学的俄罗斯语言学家出版了三卷本的巨著《阿尔泰诸语辞源学词典》。但是另一个以分析新波斯语中的突厥语与蒙古语成分而享誉全球的德国语言学家在对这本书的书评里指出：读完这本试图肯定阿尔泰语系身份的书以后，他最深刻的印象就是阿尔泰语系不可能成立。语言学和分子生物学又一次以各自不同的切入路径，达成了彼此非常接近的认识。

好，我们已经接触到了中国境内讲各个主要语系属下各种语言的上古人群。但说到这里为止，“中国”其实还没有出现。然而由于上古人群付出了成千上万年的、自南向北逐渐打开自己生存空间的努力，“中国”很快就要从一片混沌的东亚大陆上逐渐浮现它的身影了。

“中国”一词最早出现时仅指中原一带

也许会有不少人，对中国历史的印象就只是一部汉民族史，最多再加上四周许多边边角角的所谓“落后文化”，它们都满怀崇拜地围着汉文明团团转。带着如此印象的人，读了前面几节后，一定会有点吃惊。中国历史其实远远不只是汉人的历史，而必须是多民族文化交相辉映的历史。例如，它必须包括在新疆那一大块中国领土上，曾经存在过的说印欧语的不同人群的历史与文化。有人这样描写新疆当年的人群、语言与文化的多样性：

“塔里木盆地早期文献所反映的社会、语言和民族多样性，其复杂程度可以与我们今天在一个国际枢纽空港所看到的情况相比。

“沙漠极有利于保存干尸、干尸上的衣着、其他随葬物品，以及书写在石头、木片、皮革、纸张之上的数不清的文献。20世纪早期，一个前往塔里木盆地的德国探险队，带回来17种不同语言的文本。

“如果我们把自己想象成一名往返于公元8世纪丝绸之路上的行商，就能大概领略上述那种语言现象的复杂性：一个最常见的来自西方的商人，他在家里说的应该是粟特语；在他曾到访过的佛教寺院里，经文可能是混合梵语的，而日常用语则是吐火罗语；如果他的行程是往南抵达和田，他或许需要用和田塞语从事交流；如果他在那里遭遇来自南边的劫掠，他就必须说吐蕃语以求从对方手中解脱，或者祈求被说汉语的军队解救；他甚至会突然碰到一名买卖羊群的说现代波斯语的犹太商人；如果他看清了正在转变的风向，他还会让他的儿子花点时间学习回鹘语——一个重要的突厥语部族的语言。这个部族将在公元9世纪君临塔里木，变成下一个支配该地的民族和语言群体”。

可以十分肯定地说，以上所提到的，就是中国历史和文化的一部分，而不只是在讲授中国“对外”文化交流的历史时，才需要介绍的内容。

前面几节已经相当全面地描述了现代中国人的祖先如何从南方北上，分布到这片极其广袤的土地之上。且走且住的漂泊生活，把他们所创造和继承的叫作“文化”的各种遗物、遗迹、遗址，留在难以数得清的地方。

非常关注中国文明起源问题的著名华裔历史学家何炳棣，晚年回国时总带着一张描图纸，上面是由他本人手描的一幅中国地图，标注了新石器时期考古发现的所有地点。他曾把这张图展示给我看，激动地说：“你看，黄河流域已经被画得密密麻麻了！”何炳棣特别在意华北的新石器文化，他称那里是“中国文明的摇篮”。

事实上，最近40年的考古研究所揭示出来的，是新石器文化在全国各地如同“满天星斗”一样全面繁荣的局面。它记录的正是从现代人在四五万年前踏上中国国土开始，经过新石器时代，也就是公元前8000—前3500年，再到公元前2000年的铜、石并用时代结束之时，我们的祖先自南向北开发中国大地的辉煌成果。

但是直到自南向北阶段的结束，“中国”这个舞台仍然没有被搭建起来。从公元前2000年开始，历史又发生了一个很大的转折。随着华北在“满天星斗”的局面中突起，中国发育的时空节奏也就由自南向北转变为由北到南。“中国”的出现就在这个阶段的第一个千纪，也就是公元前2000—前1000年下半段。

代表了中国考据学全盛时代的乾嘉学派，有一个基本学术主张，叫“循名责实”，也就是根据对事物的命名，去追寻它的实质意义。既然出现了“中国”，那就让我们先从“中国”这个名称的意义入手，导出下面对“由北到南”和“从东往西”这两个阶段的讨论。

“中国”这个名词在历史上曾先后有过五层意思。

现在我们都已经知道，“中国”一词最早出现在铸成于西周初叶的著名青铜器“何尊”的铭文内。铭文记录周成王追溯他父亲武王的话：“余其宅兹中国。”意思是，且让我安顿在这个称为中国的地方。周武王是否真的说过这句话，今天已经没有办法确切地知道了，但至少这个名称在周成王说出这番话的时候已经流行了。这里的“中国”是指今天的洛阳及其邻近地区，大体上与后来把那一带视为“土中”，也就是天下中心是一个意思。这是“中国”的第一层含义。

中国的第二层含义是指以黄河中下游平原为主体的中原地区，大约包括今天山东、山西、河南、河北等省。但是这个意义上的“中国”要靠做概念的减法推演出来。什么叫概念上的减法呢？就是看看古人把哪些地区排除在“中国”的范围内，通过减掉这些地区，反推出当时古人认为的“中国”究竟是一个什么范围。

荀子说，战国时候的秦，“威动海内，必将危害中国”；韩非说，中国的君主们都知道，南方的越国越是富强，对中国就越不利。从这两句话就可以知道，当时的中国还没有包含秦和越两国。也就是说在战国时期，处于今天陕西省关中地区的秦国和处于今天浙江省地区的越国，还不算在中国的范围之内。不只如此，这个意义上的中国也不包括吴、楚在内，也就是不包括广大的长江以南地区。

《汉书》记载，刘邦股部的左侧有72颗黑子，也就是今天我们所说的长在皮肤上的痣。唐朝人颜师古在这里注释说，所谓黑子，在中国都称为黶子；而吴、楚的民间，把它称为“誌”。“誌”也就是“记”的意思，我们今天有时候也把“痣”叫作“记”。所以秦、越、吴、楚，都曾在“中国”的范围之外。可见这个“中国”，仅指中原而言，也就是以黄河中下游平原为主体的那个地区。

中国的第三层含义，把关中也包括进去了。《史记》列举天下的八座名山，说它们“三在蛮夷，五在中国”。位于关中的华山被列入“中国”

之内，可见司马迁所说的中国，也就是距今2100年左右的西汉时代所理解的中国，已经把北部中国的核心地区全部包含在中间。

差不多与此同时，“中国”又有了第四层含义，也就是用它来指称以华北核心地区作为统治基础的中央王朝。在后来，甚至也可以指立国于南方的中央王朝，比如说建都南京的东晋、建都杭州的南宋所曾经控制的全部版图。当“中国”被用来命名这样一个疆域范围时，它当然就经常会远远地超出汉地社会和汉文化所达到的边界。秦、汉版图已先后到达今天的广东、云南，但是正如我们稍后将会说到的，直到那时候为止，淮河、汉水以南广大地区的土著，都还根本不是讲汉语的人群。

“中国”的第五层含义，是随着汉语人群向华北以外地区的大规模迁徙流动而产生的。它指的是在国家版图内，不断地向外拓展生存空间的那个主体人群，以及他们的文化，也就是汉语人群和汉文化的地域。

万斯同主编的《明史稿》，在讲述云南各个土司辖区时概括说：“大抵诸夷风俗，与中国大异。”（大体说起来各个非汉族的人群的风俗与中国大不一样。）明代的云南早已经在“中国”的版图之内，所以很清楚，这里的“中国”是指有别于当地各种土著人群的汉族和汉文化的地区。

清代探测长江上游水系，说它“源发于西番，委入于中国”。这是说长江源头是在西番，也就是西藏，几经回转与曲折而流入中国。关于黄河的河源，清人又说，“蒙古谓之敖敦塔拉，西番谓之索罗木，中华谓之星宿海”。敖敦塔拉即oto-un tala，翻译成汉文，意思是星星川，汉语星宿海之名即源此。青藏高原本来就在清版图，也就是第四层意义上的“中国”之内。所以这里在有别于“西番”“蒙古”意义上所使用的中国、中华，仅是指汉族、汉文明地区而言。

“中国”的最后那两层含义，就是一个统一帝国的全部版图，以及这个帝国内部的汉文明所覆盖的地区，这两层含义一直被沿用到近代。所以英语中的Chinese才会既指“中国的”，又指“汉族的”。这并不是外国人的误读，它确实反映出这样的一个事实，那就是“中国”这个词，曾经长时期地拥有两个互相有联系但又绝对不能互相混淆的不同意思。

我们已经看到，“中国”这个词起源于汉文明，所以满语里面的“中国”（tulimbai gurun）源于汉语“中国”的意译，如果要把它翻译过来，意思就是“居中之国”；蒙古语的“中国”叫dumdatu ulus，是从满语再转译过去的。中国在藏语里就叫krong-go，维吾尔语里叫jung-guk，一听就知道它们都是汉语“中国”的音译。但到两千多年后的清朝统治下，起源于汉文明的中国，变成了一个版图极其辽阔的多民族统一国家，而远远超越了最初哺育过它的汉文明的地域范围。

所以中国的扩大，既是诸夏或者华夏逐渐拓展它的生存空间的过程，更是中国超越华夏的生存空间，变成一个“大中国”的过程。

在公元前2000年左右，塑造“中国”的时空节奏发生了一个重大的改变。正像我们在前面讲到的，在新石器时代以及铜器和石器并用的时代，史前文化是以多头起源、多元发展的形式，像“满天星斗”一样散布在今天中国范围的地域内的。而从公元前2000年开始，华北地区的人群从遍地开花的史前文化中突围出来，率先跨过文明的门槛，进入缔造早期国家的历史轨道。

一个已经拥有国家机器的人群——哪怕在很长时期内，那还只是一种非常初级的国家机器——相对于还处于“前国家”的组织状态中的周围人群，在调动和利用物质以及人力资源方面，当然就会占尽优势。

正是在这样的背景下，经济、政治与文化发展都日益超越中国其他地方的华北人群，开始向南拓展自己的控制与影响，于是改变了中国时空进程的方向与节拍。它的特征可以用“由北到南”这个词来加以概括，与此前数万年间“自南向北”的态势刚好相反。

这个以“由北到南”为特征的时空发展阶段，从公元前2000年开始，结束于13世纪初叶，也就是从夏、商、西周时代到宋金对峙的后期，前后一共经历3200多年。它可以再细分为三个时间段来讲。

第一个时段，是从公元前2000年到前500年代。经过1000多年的发育，一个可以看作是汉民族前身的人群，在公元前9世纪中后叶的西周后期已基本形成。此后不久，它就开始拥有最初的自称，也就是“诸夏”或“诸华”。到公元前500年前后，华北核心地区已经见不到“非我族类”，也就是非“诸夏”的各种人群。这就是说，诸夏已经在华北形成独大的局面。

“由北到南”的第二时段，是从公元前500年到310年代。也就是从春秋战国时代到东晋建立，经历了800多年的时间。这时候，诸夏凭借自己所拥有的文化势能，逐步加快了向南方的长江流域拓展自己生存空间的过程。秦汉统一国家的建立，尤其是三国时期的吴国，以长江流域作为立国根本，对诸夏文化一波接一波地向南部中国渗透，起到了重大的推进作用。

“由北到南”的时空变迁阶段的最后一阶段，从公元310年代持续到1200年代，相当于东晋年间直到宋金对峙的900年那一段，通过三次基本上是被动的大规模的向南方移民运动，汉文明完成了对南部中国的全覆盖以及中国经济文化重心从华北向南方的转移。

南宋王朝和金王朝都自称“中国”，可是查一查历史地图就不难知道，占据今天中国版图一半以上的辽阔的西部地区，并不在当时中国的范围之内。相对于由元朝和清朝建立的中国而言，那还只能算是“小中国”。而从“小中国”转化成一个“大中国”的变迁，那是在1200—1910年代的700多年里实现的。在这700多年里，中国发展的时空变迁又改换了它的节奏，而将以“从东往西”作为它的特征。

现在我们需要把思路从上面这个提纲挈领式的“预告”，转回“华北突起”的话题上来。所谓“华北突起”，指的是从公元前2000年左右开始，华北各史前文化在逐渐被整合为一体的同时，超越全国其他史前文化而真正跨入文明的门槛，从而成为中国历史文化不断向前推进的动力所在。

“华北突起”的第一个表现是在“三代”，也就是夏、商、西周三个人群的先后推动下，华北的政治组织经历了从早期国家到相当完备的国家形态的演化。

它的第二个表现是，从大约西周中晚期，也就是从西周共和与宣王中兴时代起，经过之前1000多年的互相征服、共处与互动，源于夏、商、西周的不同人群及其文化逐渐融合在一起，终于形成了同一个拥有共同文化的、可以看作是汉民族前身的大型人群。所以严格地说起来，汉民族也不是“自古以来”就存在的。它的诞生，最早可以推到公元前9世纪中后叶。再往前推，虽然已存在“夏人”“商人”“周人”等，但还不能说他们是已经形成了拥有相同文化的同一个人群。而现在，属于这个汉族前身的人群所共有的文化被创建出来了。

它的主要成分，只能举几个重要的来说说。第一，在这个时代早期汉语已经形成了。第二，记录这种语言的书写系统，甲骨文和金文，也就是铭刻在早先卜骨与此时青铜器上的文字，也已经形成了。第三，一种典型的青铜器制作技术——块范浇铸技术也形成了。我们今天看到的商代晚期，以及东周铸造的大型青铜器，往往是用这种技术制作的。第四，国家的典礼形式，也就是西周创建的礼乐制度形成了。第五，天文历法形成了。这个历法，俗称农历，也被称为夏历，是一个结合太阳运行和月亮运行周期的历法。一直到今天，中国的民间还在使用它。

“华北突起”的第三个表现是，这个经过整合的汉语人群在春秋前叶，或者至少是到公元前7世纪中后期，已经拥有了明确的名称，那就是“诸夏”，也有称为“诸华”的。你看“华夏”之名虽然晚出，但其实早已经隐含在“诸夏”与“诸华”的名称之中了。这里的“诸”字之义与“诸位”的“诸”相同，表达一个复数的概念。“夏”和“华”为什么都要使用复数形式呢?

意思是“夏”或者“华”，作为一个拥有共同文化的人群，是由许多个相对独立的政体构成的。因为直到西周为止，专制君主官僚制还没被发明出来。所谓专制君主官僚制，要到战国的后期才出现，在秦汉获得确立和巩固。只有在这样的制度体系下，一个权力中心才可能通过增加官僚的层级，不断扩大它的控制幅度。所以在这之前的统治者只有通过分封体系来瓜分他们手里的统治权力。商王和周天子都只是成百上千个各自为政的独立政体的盟主，而不是后世的专制君主官僚制体系中的皇帝。所以要用“诸”字来界定“夏”，或者“华”。自从秦统一以后，“天下”同归于大一统的帝国，“诸”字所表达的复数意义不再存在。所以从汉代开始，我们看到“华夏”的名称才逐渐流行。

“华北突起”的第四个表现是，随着诸夏人群的势力膨胀，原先与他们共存于华北核心地区的各种非诸夏人群，逐渐从他们原先的活动地盘上消失了。他们是以两种不同方式“消失”的，一是被融化在诸夏之中，而不再保持原有的不同文化；另一种方式就是在持续的“夷夏”互动中，不断向华北核心地区的外围退却。

关于这个问题，拉铁摩尔有一段话很可以引起我们的思考。他指出，古代汉文献总是宣称，诸夏只在抵抗侵略和保卫自己文化时才从事战争，华夏与戎狄的战争都起因于戎狄的攻击。但这些说法传达给读者的，在拉铁摩尔看来，只是一种“肤浅的印象”。所谓戎狄入侵，事实上经常是他们被迫把较好的土地让一部分给汉族，而向另一部分汉族取得较贫瘠的土地，并且逐渐以这样的方式退到中原的边缘。

拉铁摩尔指出，在这个过程里，汉族所统治的土地无疑是在增加。这个过程是与中国封建列国间的军事行动并行的。称霸的国家，就是对少数民族战争最多、掠地最广的国家，他在这里指的实际上是秦和楚。所以到春秋、战国之交，华北已经形成“内诸夏而外夷狄”的空间结构，也就是诸夏位于核心、夷狄位于外缘这样一种人群的分布格局。

《左传》记载孔子在公元前500年说过的一句话：“夷不乱华，裔不谋夏。”它分别把“华”与“夏”、“夷”与“裔”当作可以互相替换的等义词来对举。“裔”的意思是边缘，把“夷”与“裔”相对举，这就说明当时的夷狄已处在华北边缘区域了。

所以直到大约公元前第一千纪的中叶，我们终于可以明确地画出汉族的祖先群体，也就是诸夏人群所分布的地域范围了。采集于公元前11—前6

世纪的《诗经·国风》部分，记载着当时在各地传唱的古汉语民歌。把产生这些民歌的地方标到地图上，就可以获得诸夏人群在当时的分布范围。它大体上相当于中原再加上以今陕西渭河盆地为核心的关中地区。

诸夏聚集地的南部边缘，位于黄河与长江之间的淮河一线，再西面则以秦岭为界。这条界线，恰恰与中国南北分别以“江”或者以“河”来指代大水流的分界线相重叠。大家一定记得，“江”字被创造出来，最初是为了用来记录汉语外来词krong的读音。因此只有在南方，才用“江”字来指代长江以及其他的大水流。这与《诗经·国风》中根本没有南方民歌的记载恰好互相印证。可以看出，南方本不是诸夏的原始居住地。

说到这里，我们心里可能会有这样的疑问：分布广泛、数量繁多的中国史前文化，为什么会是在华北最早实现了走向文明的突破？

由北到南：华夏文明如何覆盖到南方

这个问题不太好回答。但我想，生态环境一定是其中最重要的原因之一。面对南部中国多山、多树丛，沼泽、河流到处泛滥无常的自然环境，使用石器和木器的原始农业人群，只能以很小的人口规模，分别长期生活在相对孤立的小块地域里。在那些地方，河里有鱼类和蚌类，丛林里有野菜、水果、鸟禽，生活资源相对丰富，可是想要拓展生存空间，却极不容易。

而在华北的黄土地带，包括西部的黄土高原、东部黄河中下游的冲积平原，情况就正好相反。黄土地易于开垦，但所能提供的生活资源又相对匮乏，迫使那里的原始人群必须、也较容易不断地扩大自己的生存空间，由此也就极大地提高了各人群内部，以及各人群之间社会互动的程度。所以，与远古中国其他地区相比，华北地区的社会控制与社会动员的技术发展得更早，也发展得更快。

这种“北强南弱”的形势非常生动地反映在两个伟大的历史学家的记载中，那就是《史记》的作者司马迁和《汉书》的作者班固。他们两个，一位生活在公元前1世纪，而另一位生活在公元1世纪，他们都居住在当时经济文化的核心地区——华北。

从华北俯瞰中国南方各种原住人群的时候，两人都用“江南卑湿，丈夫早夭”（江南地势低湿，男子大多短寿早夭）来概括江淮以南的人类生存状态。他们写道，江南地广人稀，农夫放火烧田，再浇水浸泡焚烧杂草留下的灰烬，就地肥田，然后种稻。因为蔬果鱼虾富饶，生活容易，所以南方的百姓生性苟且、慵懒，既没有受冻挨饿的人，也没有千金大富之家。可见明显的社会分化还没有在大部分土著人群中发生。

与此同时，当年中原的诸夏文明却早已呈现出一派发达成熟的形态。还是用司马迁的话来说，在华北大小城市里，来来往往的行人拥挤到摩肩接踵的地步，把他们的袖口拼接在一起，可以连缀成一幅遮蔽太阳的大天幕。熙熙攘攘的人群，个个行色匆匆，都在为夺利图财而争相奔走。

在这里我们看到，华北的史前文化最终被提升为一种新的文明，最重要的牵引力不外以下几点：一是不同人群间的交流互动的增强，二是社会控制和社会动员技术的发展，三是产品分配和财富积累方式的改变。

到目前为止，我们已讲完了“由北到南”的第一个时段，也就是从公元前2000年左右的夏、商、西周时代，到公元前500年前后的战国时代，华北在这个时期完成了超越中国其他地区各种史前文化的过程。

我们一定记得诸夏形成的黎明时期所创造的“中国”，这个时候依托着诸夏的发育也很快膨胀，从只能在地图上表现为一个点，而扩展到整个中原。到了由北到南的第二时段，也就是公元前500—310年代，“中国”就更快地从中原变成一个覆盖秦汉帝国全部版图的舞台。现在轮到诸夏借这个舞台来演出从华北走向南方的戏剧了。

诸夏进入南部中国的历史一定极其久远，比诸夏作为文化共同体的形成还要早得多。西周时，吴国和楚国就已经立国于长江流域；但是直到春秋战国时，他们还没有进入诸夏文化共同体的范围。两国的王室虽然都声称自己是从北方南迁的，但楚王面对中原诸侯，仍然自称“蛮夷之君”，也就是说，他公开承认自己的老百姓都是蛮夷。

无论他们真的是出于北方的移民，或者实际上是从文化上被诸夏融合的土著精英，有一点是毫无疑问的，那就是带有上古汉语方音特征的古吴语和古楚语，很早已经流行在这些地方的上层社会。屈原的楚辞写得那样优美，似乎不是一个把汉语当作第二语言来学习的人能轻易做得到的。带有明显的地方化特征的楚辞，表明诸夏文化起码已经构成楚地精英文化的一个重要组成部分。

秦汉统一国家的建立，对华夏文化在淮河—汉江—秦岭一线以南地区的传播，以及那里社会经济的开发，是一种极有力的促进。东汉在今杭州湾以南开凿的人工湖，即历史上有名的镜湖（又称鉴湖）、余杭的南湖，还有杭州湾南岸的人工运河，都极大地改良了那里的水利系统。当然，推进是逐步实现的。

与北方相比，秦汉对南部中国的控制仍然还未深入。秦以郡为单位来治理地方。过去有人统计过，秦设在淮河秦岭以北的郡的数目，是南方郡的数目的2.2倍。东汉在全国设置郡国共99个，其中位于南部中国的交州（相当于今天广西、广东省的大部分和越南北部），以及荆、扬二州江南部分的只有15个。

西汉末年登记在籍的人口数，南北比例为1∶32。之所以有这样的南北差异，当然与那时候南部中国的人口本来就比北方要少得多有很大关系。但是另一个原因也值得指出来，那就是北部中国作为秦汉立国的基础所在，国家采取的是像铺地毯那样全方位展开的面的控制；而对南方的统治，根据当时的国力，还只能实施仅限于点与线的有限控制而已。

所谓点与线的有限控制，就是建立一个与北方核心地区相连通的、稀疏的交通干线网络，再把网络的节点安放在不多的那些地理位置最紧要或者农业条件最优越的地方，通过设置官衙（也就是衙门）、驿传（也就是信息传递的站点）、屯戍（也就是屯兵和戍守，秦代曾经以50万北方军人戍守岭南）、亭障（也就是简易的军事防御工程）、小规模的移民点（指把罪犯及其家属迁到边远地区，与非华夏的土著混杂居住）等方式，对地势复杂、幅员广阔的南方实施一种粗略的管控。

打一个简单的比方，早期帝国对南部中国的治理，是着力编织一个经络系统，像一个“网线袋”那样把南方套了进去。通过纵横交叉的由网线构成的经络系统，北方把有限度地控制南方所必需的基本能量输送到南方，等待逐渐生长出来的“肌肉组织”，慢慢地把经络系统包裹起来。

那么“肌肉组织”又是什么呢？一是为寻求更多更好的生存机会（比如说可以逃避政府的赋税徭役）而从北中国迁往南方的农民、小商人、手艺人；二是因为较早被国家收编为民户，乃至受北方移民的文化影响而逐渐“华夏化”的当地人群。秦统一以后，淮河、泗河流域的非华夏人群大多变成了国家的编户，加快了他们融入华夏之中的历史进程。到汉朝，当地土著融入华夏的局势，以更快的速度向南拓展。

华夏的“肌肉组织”在南部中国的发育，在紧接秦汉之后的三国时期有了重大的进展。这与孙吴立国于长江流域有极大的关系。我们知道，孙吴的国都，一开始在今天的武汉，后来搬到建业，也就是今天的南京。这是历史上第一个把统治基础安放在南部中国的华夏国家，它为华夏文化在南方的扩展开创出一个前所未有的空间。

在孙吴之后三四十年，东晋和南朝又先后建都南京长达270多年，长期以半壁江山与十六国、北魏以及北魏的继承者东西魏、北齐北周相对峙，南京因此获得“六朝古都”的名声。这个名称很容易被人记住，可是大多数人对隐含在它里面的有关中国历史文化重大变迁的信息或许并不真正理解。正是这个“六朝”时代，尤其是因晋王室的南迁而启动的历史上第一次北方人口大规模南迁，给南部中国带来了秦汉无法与之比拟的人口与文化局面的重塑。而孙吴成为这次持续300多年的重塑过程的“第一记推动”。

东汉末年，后来成为蜀国大臣的许靖，为避乱从江南坐船流亡到今天的越南北部。后来他回忆一路所见说：“经历东瓯、闽粤之国，行经万里，不见汉地。”（语出陈寿《三国志》）可见从今天的浙江南部到福建，当时还没有什么讲汉语的人群。但是再往北一点，情况就不一样了，汉语已经在那里经历了一个“在地化”过程而演化为当地的方言。比如说，古吴语是在东吴地方由上古汉语演化成的方言，它就是现代吴方言的前身。上海话称你为“侬”，那时就已经这样说了。对两晋之际南下的北方人而言，古吴语已经变得使他们完全听不懂了。东晋初年，一个后来以品鉴人物而著名的破落贵族，去拜访名噪一时的丞相王导。回来后有人问他对王导的印象，他说看不出有什么其他特别之处，只是会“作吴语”而已。这个人后来受到王导提拔，他说王导的本事只限于会讲吴语，或许未必尽然。但会讲吴语，对当时从北方南下的士大夫来说，是笼络南方本土上层人物的感情，拉近与他们距离的一种重要技能，所以不能小看能“作吴语”的意义。

在楚地“地方化”的汉语，也已有很久的历史。汉代人就说过，“生长于楚之地，不能不楚言也”（语出贾谊《治安策》）。在楚地长大的人，就不能不讲带有楚地口音的汉语。王导的堂兄王敦，口音里就带有“楚音”，大概与他在荆湖待的时间较长有关。南朝的第一个皇帝刘裕出于楚地，虽然几世住在江南，但是他的楚方言的口音没有变化。

由此可知，楚方言与古吴语方言之间的区别很明显。北方汉人与已经生活在南方的汉人之间，不但在语言上已有不同方言的区别（当然当时的南方还有古蜀方言的存在，就是四川的方言），并且也已经发展出文化上的其他区别。一个最为人熟知的例子，就是南方的汉人爱喝茶；饮茶之风虽然已经传到北方，但那时北方汉人最爱的饮品还不是茶，而是大约从西面的羌人那里传播过来的奶酪。南下的北方士族用奶酪招待一个当地人，吃得这个人整夜拉肚子。这个倒霉的南方人自嘲说，身为南方之人，差点做了北方之鬼。饮茶之外，还有鱼羹、蟹黄，甚至槟榔，也都变成南方汉文化的代表性标志。

如果说孙吴的开拓性南下还只是一个为时不长的试探，那么西晋政权在北方民族深入华北的压力下，被迫向南方撤退，把华夏遵循着“由南到北”的时空节奏继续发展的过程，又推入了一个新的时段。

避乱江南：你的祖籍是哪里

我们已先后讲述了中国按由北到南的时空节奏发育壮大的前两个时段。从公元前2000年到前500年，诸夏人群率先建立起早期国家，在国家动员能力的推动下诞生、发育，占据了华北核心地域，并蓄势待发。这是我们已经讲过的最先一个时段。后一个时段从公元前500年到310年代，以秦汉大一统王朝和孙吴立国江南的政治架构为依托，华夏人群开始把自己的文化覆盖到淮河—秦岭之南的南部中国。

所以下面将要接着讲的，是由北到南的时空发展节奏的第三个时段。它起始于公元310年代，终止于1200年代，也就是从两晋之际到宋金对峙的后期。在这个阶段，华夏人口进一步南移的主要驱动力来自哪里呢？可以说不再像前两个时段那样，来自它想要扩大自己生存空间的纯主观需求，而是由于它受到周边非华夏人群大规模进入华北的巨大压力，而不得不退往南方，并最终在那片新土地上安家落户。

在这900年里，相继发生过三次华北大乱的局面。第一次是在公元310年代的两晋之际，分布在华北边缘地区的若干少数民族先后闯进华北，西晋政权被迫从洛阳出逃，迁往南京。北方许多世家大族带领着依附在他们大庄园里的数量巨大的劳动人口，纷纷追随晋王室避乱江南，这就导致了中国北方人口第一次大规模南迁。因为乱局演变为不可挽回的形势是在西晋末年的永嘉年间，所以称为“永嘉南渡”。

华北第二次大乱起因于安史之乱，也就是唐朝安置在河北边地的少数族群出身的军阀安禄山和史思明叛乱。从公元755年爆发，安史之乱一路发展为一场历时八年、遍及中原和关中地区的大灾祸。虽然经过八年平叛，安史之乱算是被镇压了，但唐朝从此不再太平，始终在时好时坏的形势下，越来越快地往下跌，一直跌进唐朝末年黄巢起义的大乱之中。在这段时间里，北方人口始终在断断续续地往南迁。

第三次的南迁是在1120年代，金灭辽以后与宋交恶，于是乘灭辽之势大踏步南下，逼得宋王室渡长江南走，并且一度撤退到海上避难。因为这时正是北宋的靖康年间，所以史称“靖康之难”。三次大乱所引发的人口事件，极大地改变了南北中国的人口分布格局，以及那里的经济与社会发展。以下就选择其中若干最主要的情节，分别说一说。

西晋末的“永嘉南渡”，实际上是晋王室的内乱，也就是所谓“八王之乱”进一步恶化的结果。西晋开国未久，动荡的政局就从接连不断的宫廷政变，演变为由晋宗室的八个藩王参与的华北大内战。自东汉以来，一些非华夏族群已逐渐移入华夏边界的外围，中原内乱的形势又使他们先后参加到混战中来。

他们有些是华夏军队的雇佣军，另外一些是原来的雇佣军成了新的军阀后，在他们手里又再发展出来的新雇佣军。随着他们从雇佣军逐渐变身为具有各自独立目标和立场的政治—军事势力，西晋政权面对他们的反叛节节败退，最后只好狼狈南逃，把一片狼藉的北部中国留给他们继续互相厮杀。所谓的“五胡十六国”时期就这样开始了。

直到北魏统一华北，在那里先后有过匈奴、鲜卑、羯、氐、羌和賨人[1]六个非华夏人群，前后建立了超过十六之数的政权。所以即使不把北方的两个汉族政权，即冉魏和前凉计算进去，“五胡十六国”的笼统概括，其实也还是不够准确的。历史上著名的“魏晋风度”，在西晋后期已经从竹林七贤对虚伪道德的批判，彻底堕落为赤裸裸的道德虚无主义的脱口秀。

1 賨人，又称賨人、板楯蛮，是当代土家族的“主源”。其存在于春秋战国之前，主要分布于嘉陵江畔。古书中记载，该民族勇猛彪悍，且善歌舞。——编者注晋政权的南迁，也把这种腐朽透顶的士族文化全部移植到江南。不过西晋王朝带到南方的大量的劳动人手，又极大地促进了南部中国的经济开发与社会发展。

两晋之际这次人口事件的一个特点，是南迁者往往是以整个家族为单位一起行动的。这里所谓“家族”不仅是我们通常所指的拥有血缘关系的血亲成员集体。当时，大大小小的贵族家庭所拥有的庄园里，还有许多依附劳动者以及他们的家庭，这些依附劳动者被称为宾客、乡党（也就是同乡、乡亲等）。

像这样垄断了大片山水田地的大庄园，当时遍布全国各地。庄园里“奴婢千指，徒附万计”（“奴婢”指家内的服务人员，千指是说他们总共有一千根手指，也就是奴婢有百人之多；“徒附”是指在田野里生产的劳动力，他们的手指要以万计，也就是有千人之多）。这些奴婢、徒附都是不能自由离开庄园的附庸劳动者，社会地位有点类似农奴。所以他们只能毫无自主选择地跟随主人一起往南搬迁。南迁的散户后来也往往被有权有势的庄园主兼并。

像这样集体迁徙的结果，就是北方某个地方的人口，大都相当集中地全体落脚在南方的某一个地方，聚族而居，不改籍贯。南下初期，许多北方移民还有“旋返之期”（也就是很快就会北归原籍的希望）。东晋和南朝前期政府把这些外来侨民单独编组起来，设立一个与他们故乡同名的政区单位来安置他们，称为“侨置州郡”，与其所在地的土著民户分开管理。隶属于这些设置在南方、却又以北方政区名称命名的侨置州、郡、县里的户口，称为侨户。侨户可以不纳或少纳国家赋役。真正受惠于这项政策的，当然就是一般侨户所依附的士族庄园主。

随着时间的推移，北来人口在南方都已经安居乐业，埋葬祖宗的坟头也多柏树成行。因此从东晋末叶到南朝宋齐，政府又不断推行改“侨置”为“土断”的政策，大批“流寓”（也就是暂时寄居他乡）的郡县陆续被取消，合并到当地原有的政区中。北方移民的正式身份就这样逐渐消失，他们都融合到南方的编户中间。

正是由于东晋安置北方流民的侨置州郡这种特殊制度，专家们才有可能根据有关记载，推算出这次人口南流的大致规模。在永嘉之乱至晋朝统治集团南迁以后的一个半世纪里，从北方各地迁往南方的流民人数至少有90万之多，占西晋时北方人口的约1/8，占南朝刘宋人口的1/6。这些人不是均匀地散布到南方各地的。从北面南下的人口，只要往南走到有空地可以立足的地方，自然就没有必要再继续往南行进。结果他们大都沉淀在淮水以南，太湖、鄱阳湖、洞庭湖以北地区，以及从秦岭南至成都这片土地上。尤其是在今天江苏和安徽一带，屯集了北方南迁人口的大约一半之多，外来者的人数在这里甚至超过了土著居民。

这样大规模南迁的结果是，从今天的镇江、南京直到芜湖一带，这里从古汉语的古吴语流行区逐渐转变为侨民们所说的北方方言区。南北汉语方音的不同，成为当时汉语不同方音的许多差别中最容易辨别的一个特征。所以成书于公元6世纪下半叶的《颜氏家训》说，有两个标准可以核定或者确立语音的正确与否。一种是南渡前的洛阳口音，一种是南渡后的金陵口音。因为南迁士族的政治与社会地位都要高于当地的士族，所以洛阳口音在当时被誉为来自中原的“雅音”，也就是被认为是标准的语音，相当于今天的普通话。

北方音随流民南下的范围，这时候甚至已经到达浙江的南部。唐朝有人写诗说，“北人避胡多在南，南人至今能晋语”（语出张籍《永嘉行》）。这里所谓的晋语，大概是指西晋移民带去的洛阳的“雅音”而言。

北方人口南渡给南方的经济带来什么样的影响呢？大批南渡的北方人口对南方生产的开发，非常突出地表现在太湖流域的农业经营方面。太湖其实像一口扁平的浅底锅，很难盛得住水。长江在洪汛期间，江水多通过在芜湖附近分出的一条支流，向东直泻太湖，然后再从它的东南沿岸溢出太湖，经由吴淞江注入东海。

当时的吴淞江宽阔“可敌千浦”，意思是说它的宽阔比得上数百条小河。它是感潮河流，海水容易倒灌进来，从而抑制出海水流的流速，导致江水夹带的泥沙大量淤积而泛滥。所以太湖的东南，也就是明清中国最富饶的鱼米之乡，当年近乎一片泽国。人只能待在地势较高的丘陵山地，望着泛滥的河滩和水底下的土地无可奈何。

古人开发太湖流域的努力，从春秋到两汉、孙吴一直在持续，到东晋和南朝，筑堤疏水的活动加剧。那时候的堤坝，是把上万亩土地围入其中的大堤坝，堤外是河道，堤内通过排干积水，在地势较高的地方逐渐形成大片垦田。

到南朝后期，太湖东南到杭州湾南部的所谓“三吴”[1]已变成重要的粮食产区，可以做到“一岁或稔，则数郡忘饥”（三吴有一年丰收，周围若干个郡，就可以免于粮食短少的忧患）。今天江苏省常熟县的县名，意思是常年能有好收成，正是在那时被命名的。当然在长江流域以南，情况仍然没有太大的改观，仍有很多地方在从事火耕水耨的粗放农业，也就是先在收割后的农田里放火，然后灌水肥田。

胡、汉文化的融合：北方王朝如何进行统治

我们已经介绍了中国历史上三次重大人口事件中的第一次，即“永嘉南渡”对南部中国人口分布格局与经济文化变迁的深刻影响。与此同时，我们知道，由于五胡势力的深入，北半个中国也在发生天翻地覆的变化。

从所谓“十六国”时期到北魏，再到北魏的继承王朝，即东魏、西魏、北齐、北周，华北在两百六七十年间轮番经受了一系列北方少数民族（以下我们就把他们简称为北族）王朝的统治。他们的统治集团在建国前，都已经移入华夏地域的边界，又在一步一步介入华夏社会军事与政治

1 据《水经注》记载，以“吴兴”（今浙江）、“吴郡”（今江苏苏州）、“会稽”（今浙江绍兴）为“三吴”。

斗争的过程里，深深地受到汉文化的熏染。

这一段“渗透”的经历，在这些统治者的行为与意识里刻下了极深的印记，所以研究者们有时把他们建立的政权概称为“渗透王朝”。这种渗透王朝在南北朝之后并未绝迹。唐朝后的五代里，除了开头和最后的两个政权，中间三个都是由说突厥语的沙陀人建立的渗透王朝。

渗透王朝的共同特征是，在向华夏社会渗透的长期过程中，北族上层统治者有充分与反复的机会对汉文化取得相当深入的了解，同时却与位于汉地之外的他们的原居地，以及原住地之上的亲缘群落日渐疏远，甚至断绝了联系。因而在很大程度上，他们对自身文化的根源意识淡化了，也因此丧失了从原居地的同族中汲取独特人力资源的可能性。如果把它们与我们以后将要说到的辽、金、元、清等政权相比，对这一点就会看得更加清楚。

十六国里最早建国的匈奴人刘渊，就曾拜一个山西的儒生为师，跟他学习过《诗经》《易经》和《尚书》，他还尤其喜爱《左传》。建立了北魏的鲜卑拓跋部，自认来自大兴安岭北段，可是仍然生活在那里的、与他拥有共同祖先的鲜卑部落，却被北魏统治者改名为“室韦”，即将他们视为与自己毫不相干的“夷狄”。这样的事情，是绝不会发生在蒙古人或满族统治的时代的，这两者都把留居在“后方”的同族看成最可信赖的依靠力量。

也正因为这样，在吸纳华夏文化，把它当作自己最主要的政治与制度、文化资源方面，渗透王朝的统治者的积极性和主动性远远超过10世纪之后的辽、金、元、清各朝。虽然他们自认是与华夏人群不同的“夷狄”，但随着他们越来越“象”华夏政权，北族王朝的自信心也变得越来越强。

十六国时期，北族虽然都已经在华北建国，还把南迁的东晋视为偏安之国，但仍然认为晋朝才是正统所在、天命所助。到了北魏前期，在北族在自认是有异于华夏的夷狄同时，又以中华自居，开始形成一种中华意识，而这种中华意识却又摆脱了以汉族为中心的世界观。到孝文帝改革后，汉人与北族就越来越快地演变为同在中华意识下的两个亚群体。

细心的读者或许已经发现，我们已经开始使用“汉人”这个名称了。的确，大概就是在北魏后期，当北族也被纳入“中华”的范围时，原来称为华夏的那个人群就逐渐用“汉人”来指代了。在统治者与被他统治的人口属于同一个民族时，王朝的名称可以用来指称王朝治理下的所有人，例如“秦人”“晋人”等。但在北族王朝时期，所谓“魏人”“齐人”（这里是指北魏、北齐），乃至“国人”等，都专指北族统治者而言。被统治的华北原居民，既不属于“魏人”或“齐人”，更没有资格成为国人，那么他们该如何称呼呢？“汉人”在这时就被赋予了新的含义，也就是指汉朝时民众的集体后裔。这个意义上的“汉人”的称呼，就是后世的汉族这个名称的来源。

进入华北腹地的不同人群与当地人群的互相融合，或者说叫作“涵化”，是一种双向的互动过程。正像我们在上面谈到的，北族在这个过程中不断地接受汉文化的浸润；与此同时，汉人也把源于北族文化的许多成分吸纳进汉文明之中。比如汉人从前不坐椅子，只是跪坐，或者盘腿席地而坐。后来汉人开始使用“胡床”，就是从马扎演变而来的折叠椅，也就是后世太师椅的原型。它是汉人从北方游牧民那里学来的，汉代时已传入宫廷，在南北朝的汉人上层社会里已经非常流行。战国时，赵武灵王为学骑射而令赵国人改穿窄袖紧身的“胡服”，包括有裤腿的裤子在内。在这之后，南北朝时期的北方，又兴起一波穿“胡服”的浪潮。

北宋沈括早就在《梦溪笔谈》里总结说，“自北齐之后，中国衣冠全用胡制”，这是说从北齐以后，中国人（这里指的是汉人）穿的衣服帽子，全是胡人的样式。辛亥革命前，经学家刘师培写过一篇文章，从音乐、衣服、宫室器具、礼俗言文四个方面论证“中国并不保存国粹”的观点，其中很多例证，都与我们现在讨论的那个时期有关。

比如说“魏晋以降，古乐衰微，而相杂以羌胡之音”（魏晋以来，古代的音乐都衰弱了，而混杂进了少数民族的音乐）；七七守丧的制度，始于北魏；北朝流行穿靴，而汉族朝仪后来也以穿靴为制度，诸如此类。鲜卑语称兄长为“阿嘎”，汉人用“哥”字来记录它的声音。这个“哥”字在汉文里的原意是指唱歌的歌。因为被移用作兄长的同义词，所以后来只好又另造一个字，就是使用到今天的那个“哥”字旁加“欠”的“歌”字。

与两三百年前十六国时期华北残破不堪的局面相比，北朝后期的汉文化，获得了极大的改观。《洛阳伽蓝记》记录了一位流亡北方的江南士人的话：“自晋宋以来，南方人一直还把洛阳想象成一片荒土，把长江以北全当作被夷狄破坏的地方。最近到洛阳一看，我才知道衣冠之家、名门大族都还在中原。礼仪的富丽与盛大、人物的层出不穷，让我眼花缭乱，一言难尽。我们对北方人难道还可以不加敬重吗？”

北族既然和汉人在文化上互相融合，那只能依靠统治地位的高低来维持民族身份的差异了。所以当隋唐的建立消除了北族的特殊政治地位后，进入腹地的北族后裔就迅速融入了北方的汉族之中。注解《资治通鉴》的胡三省感叹说：“呜呼！自隋以后，华北著名一时的人物中，出于过去北族的子孙占了十分之六七，现在还要辨别他们是否真属于汉人，还有什么意思呢？”

南方汉人的情况也一样，在本群体中吸收了很多南方土著。汉族就是这样，像滚雪球一样越滚越大。我们可以在这里结束对“永嘉南渡”的描述了。

关于后面两次北方人口的南下运动，也就是唐朝“安史之乱”与宋朝“靖康之难”后的人口变迁，人们注意得较多的是后面那一次。不过前面一次现在也已经成为学术界的共识。按《旧唐书》的记载，自从发生于公元755年的安史之乱后，中原变乱不断，像襄阳、邓州的百姓，开封、洛阳这两个京都的贵族，全部向南逃到湖南、湖北地区，所以荆州南部的人口一下子增加了十倍以上。《旧唐书》又说，长江下游地区也因为东西两京（长安、洛阳）遭受叛军蹂躏的威胁，而成为大户人家南走避乱的目标地。到达江西的北方移民，成为后来客家人的先驱人群。

有关“靖康之难”和宋金交替，我们都已经从“泥马渡江”“岳母刺字”等说岳故事中感受过它沉重的历史分量。这里不必再细说。而伴随宋政权的南移，中国经济文化重心逐渐南移的过程也结束了。中国史上“唐宋转折”的全部历史成果，正反映在南宋社会经济与思想文化的高度繁荣之中。

后来居上：南方的“逆袭”

安史之乱和靖康之难两次动乱，分别导致了后面两次北方人口大规模的南迁。正是这两个重大事件引起的全国人口分布格局的重大变迁，带动了自唐宋变革起中国经济、文化和政治格局的全方位转换。

保存下来的历史资料，可以帮助我们估算公元750年和1200年这两个年份的中国人口数。前一个年代，恰好在安史之乱前夕、一派歌舞升平之时；而后一个年代则在经过靖康之难推动的人口运动大体结束，并且这个人口转移的后果已被相关地域基本消化之时。

所以这两个年代之间人口数据的差异，正好可以反映出上述两次人口南迁造成的对全国人口分布格局的影响。统计结果告诉我们，在此期间，长江下游的人口增长了643%，长江中游增长率为483%，闽浙地区更是高达695%；两广地区人口也从公元742年的30多万增加到1200年的120万，增幅达到3倍。而华北人口在同一时期内的增长只有52%。南方人口的增长，显然主要是因为它接纳了大量北方移民，而不是由于那时南方人生殖能力的突然提高。

这一点与分子生物学研究所提供的结论也完全符合。在每100个现代南方汉族个体中，平均有92人的父系遗传基因最终源于北方汉族中的男性，而有54个人的母系遗传基因最终来自南方土著的母亲。南方原住民的数量一向很少，他们被稀释在滚滚南来的移民人流中，这使上述人口变化的局面看起来简直就像是一个人口替代的过程。

根据法国历史学家布罗代尔对近代以前欧洲农业状况的估测，在相同面积的土地上从事畜牧业、小麦种植或水稻种植，所能获得的热量比分别为1∶4.4∶21.6。由此可见，在近代技术发展起来以前，水稻种植是能向人类提供最多热能的大田产业。中国南方能够持续不断地接纳并消化这么巨大的北方移民潮，除了那里本来就地广人稀之外，另一个重大的原因，显然就在于经过改造的南方的水系和温度条件适合于可以供养更多人口的水稻种植。

随着南部中国的人口增加和生产开发，北方汉人开始改变对南方的印象。这种改变，其实在安史之乱阻断了北方对唐朝中央政府的赋税供给后，就已经被人们猛然看破。人们发现“中原释耒”（中原农业荒废，“耒”是一种农业的工具）之后，中央政府依靠从南方抽取经济支持，就是所谓“漕吴而食，辇越而衣”（靠水运吴地的粮食，陆运越地的丝麻），居然也足以维持对非农业人口的供给。所以杜牧说“今天下以江淮为国命”（现在天下以江淮地区为国家的命脉），韩愈说“当今赋出于天下，江南居十九”（现在从江南地区获得的税赋占到天下全部税赋总额的十分之九）。

经历了两宋之际的又一次北方人口大规模南迁之后，江南的经济发展超越两淮（也就是以今天的扬州为龙头的江淮之间的地域。历史上曾经把今天分别属于江苏和安徽的淮南部分称为淮东和淮西，所以有“两淮”这样一个地名）、赶上北方，并进而超越北方的阶段。

南宋王朝始终未能摆脱军事上的积弱局面，这大概给现代中国人留下了太多有关它的负面印象。所以人们很容易忽略南宋历史上光彩十足的那一面。中国经济文化的重心就在这个时期完成了从华北向南部中国的转移；而12、13世纪的欧亚旧大陆所见证的，无疑是一个经济和文化全面繁荣的南宋时代。

我们都知道南宋流行一句谚语，叫“苏湖熟，天下足”（只要苏州和湖州地区丰收，就足以供给天下非农业人口所需的粮食）。这句谚语的产生，表明长江三角洲这时已成为天下粮仓。金初向宋政府索要绢绸一千万匹；金人检点从北宋府库拨出的这批购买和平的费用后，只收下“北绢”，就是宋政府从北方收来的丝绸，而把“浙绢”，就是从浙江征收的丝绸被全数退回，理由是与北方产品相比，它们过于“轻疏”。这表明直到11世纪末，华北的丝绸纺织技术仍高于南方。北宋的所谓“五大名窑”，就有四个位于北方，这是瓷器制造技术北胜于南的证明。

这样的局面，由于两宋之际北方人口的大规模南移而很快改变了。南宋人对自己在经济文化方面的优越地位有明确的意识。他们断言，天下的经济、文化优势如今几乎已全归南方所有，比如以前山东的邹鲁地区儒学兴盛，现在儒学最发达的地区已转移到福建、浙江一带；丝织业过去以山东青州和齐国旧地最有名，现在则以四川为最。北方盛产枣和小米，这是南方没有的东西，南方盛产茶叶，这是北方没有的东西。北方盛产兔子，而南方则盛产鱼类。但是北方的山货、野味，利润很有限，南方的水产品却获利丰盛。漕运、海盐、水利、灌溉，也都兴旺于南方；这些在北方，或者根本没有，或者都已衰落。当时的诗人刘克庄在他的《小斋》里写道：“南船不至城无米，北货难通药缺参。”南北如果不通有无，南方所缺，不过是一些珍稀的药材，而北方的基本生活需求，即对粮食的需求就会面临危机。

经济的发达支撑起文化的迅速提升。如果我们比较一下唐前期进士人选的地理分布，以及明代进士的地理分布，特别是明代科举前三名的出生地，马上就能发现，南方文化如何已大踏步地走到北方前面。从宋代开始，南方士人进入最高权力中枢，也逐渐成为不可抑制的趋势。宋太祖曾把不许南方人进入议论军国大事的殿堂列为祖宗之法，但随着王钦若、王安石等南方人入相，这个规矩就被打破了。

宋元之际改朝换代的动荡与破坏，也没有完全终止这种经济文化的全面繁荣，加上某些新历史因素的刺激，它一路延续到元朝的中后期。同样，汉文明下一轮的辉煌，也从明后期开始，安然越过明清更替、满族皇室入居北京的政治大变局，而持续到清乾隆朝之末。清朝所谓“京派”学术传统的中坚人物，实际上大多数出生在南方。

尽管南方领先于北方的形势像凯歌行进一般，一路发展到明清，但就“追寻中国发展壮大的时空变迁节奏”这条线索而言，1200年代之后，从北到南的发展阶段就结束了，取而代之的是“从东到西”的发展时期。那么分界为什么是在1200年代呢?

历史变迁过程往往把连续性夹缠在变迁之中。因此对历史进行分期的任何方法，都不可能做到把它像刀切斧断那样截然分解为两段。我们能做的，最多也就是寻找某些具有重大转折意义的事件，来作为历史分期的标志。这样的标志，出现在1200年代，甚至可以更准确地说，它们出现在1206年。

这一年在中国的南方，以及在北方的蒙古草原上，分别发生了两起重大事件。在南宋，由专权的宰相韩侂胄主导的“开禧北伐”正式实施。在大漠南北，铁木真统一蒙古高原上各个主要部落，建立了大蒙古国（蒙语叫作Yeke Mongqol Ulus），自称成吉思汗。南宋的北伐迅速以全线溃败收场，韩侂胄被南宋朝廷杀死，他的人头被送到金朝，以表达南宋向金谢罪的诚意。另一方面，蒙古铁骑此后不久就大举南下，最终并非重演过去那样由北向南的统一，而是开始了一个规模更大的、对东西部中国进行整合的宏伟过程。

因此我们现在就可以把讲述主题，从中国形成、发育的时空节奏变迁的前两个历史阶段，转移到它的第三个阶段，也就是从1200到1910年代的那个“从东往西”的阶段了。人们已经习惯于把古代蒙古草原上的游牧人群与长城以南汉地社会的关系，认作一种南北关系。为什么这里说的却是东西关系呢?

要回答这个问题，你们不妨尝试从地图上把金和南宋版图相加后的幅员与元版图的幅员，或者是明、清国土范围比较一下。只要你能意识到，明朝之所以能实现对西藏的主权治理，实际上是元代的历史遗产，你就很容易发现，元与清这样的帝国与北宋、宋金以及明代疆域之间的差别正在于，与后者相比，前者是极大地向西—西北方面拓展了。所谓“从东往西”就是这个意思。

我们通常认为，元和清所开拓的大一统多民族国家，只是它们对汉唐模式的国家体系的继承，充其量也只是在此基础上有所扩大或进一步改善而已。但是我现在要问：在最近1000年里开拓出疆域如此辽阔的元和清，都属于北方民族建立的王朝，那是一种偶然吗？这里面究竟是否包含着汉文明以外的、来自中国北方民族的独特而不可或缺的贡献呢？我认为答案是肯定的。

从东到西：“大中国”形成了

我们已经讲完了中国发育成长过程中时空节奏变迁的前两个阶段：由南往北与从北到南。现在我们的讨论要进入它所经历的第三个阶段，也就是从东往西阶段。有些朋友或许根本不同意我这个说法，他们会讲，汉和唐不是都曾把疆域扩大到今新疆以西的地区了吗？怎么能说“从东到西”只是发生在1200年代之后呢？

是的。如果你翻出中国历史地图来看，汉唐版图确实都已被画到了新疆以西。但这里有两个问题必须注意：首先，观看历史地图时最要紧的一点，是你要注意那张图的“标准年代”，也就是它到底是根据哪一年的资料画出来的。例如最流行的那张唐代全图，是以总章二年（669）的统计数据为基础画出来的，它反映的是唐代疆域最辽阔时期的状况。虽然当时的西藏和云南都还不在唐的国界之内，它的国土之大仍足以让人震撼。不过唐朝300年间，它的疆域并不都是如此广大的，甚至只要从公元669年再往后推迟两三年，唐代版图也就不再是那个样子了。

几乎从670年代一开始，由于吐蕃和西突厥结盟反唐，今新疆的相当一部分就长期地沦为双方拉锯和争夺的地段。差不多与此同时，一度南下投奔唐朝的东突厥逃回漠北，重新建立起第二突厥汗国。唐因此失去间接号令整个蒙古高原的地位。前后相加，唐对西域的间接统治，大约维持了110年（从公元630到670年，再从公元693到760年），加上公元8世纪中叶唐军困守龟兹、北庭等孤城又有30余年（公元760—792年），它对西域实行间接统治的时间，总共140年左右，而它拥有蒙古高原，则前后不过40年而已。

需要注意的另一点是，这张地图在唐的边界之内采用完全相同的主题底色，在很醒目地突显出唐代政治势力扩展所及的地域范围同时，也抹杀了唐朝国家政权在统治不同区域和人群方面所存在的性质与力度间的巨大差别。

在唐朝郡县制度体系之内，国家对各州县的治理是全方位的；与此相反，对于处在它东、西、北三方最边远的地区，唐所能实施的“羁縻统治”，在不少场合虚弱到近乎只剩下一个空名的地步。所以如果带着现代国家的领土概念去理解唐代版图，那就会对唐代国家的能力，产生完全不符合历史实际的虚妄印象。

所谓“羁縻统治”，就是一种松散的间接统治，它的前提是承认所在地区各级地方政权的原有统治权。“羁縻”两个字的意思，分别是指用来套住马的笼头，也就是“羁”字；穿在牛鼻子里的缰绳，那就是“縻”字。它们合成一个词，指采用简便的方法来控制难以用其他方式驾驭的力量。西方学术界用“松散控制（loosely controlling）”来翻译这个词，还是很准确的。它的核心内容是册封和朝贡制度，而以经济引力和军事弹压为其后盾。

“册封”是说，由朝廷颁发一个与内地官职类似的官号给当地土著的头领，允许他在承认政治上从属于朝廷的前提下，继续拥有对自己部属的统治权益，并且在家族内可以世袭这个官号。接受册封者需要定期（是指一年或每若干年一次）带着当地土特产，到王朝首都表示自己的恭顺，并接受以皇帝名义馈赠的“回赐”，这就叫“朝贡”。

汉文明圈里的人往往把这种“朝贡—回赐”关系看作是政治上表达归属和接受归属的关系。但对有些履行“朝贡”的势力来说，他们看重的其实是“朝贡—回赐”形式下的贸易关系，也就是通过朝贡来获得某些日常生活必需品，比如盐、铁器，或者高级消费品，比如丝绸、金银器、漆器、瓷器、茶叶等。

除了上述经济吸引力之外，朝贡制度的后盾还有军事弹压。当国家的经济与军事实力都非常强盛，而在某个方向上实施“羁縻”的地域又过于广袤的时候，中央王朝就会在那里选择一两个战略要地，在那里屯戍两三万军队，执行军事弹压任务。有时还会在那里设置几个州县，为驻军提供某些后勤服务，这些州县的户籍人口一般都很少。

要指挥和供养这些军事据点，主要靠与统治中心及后方的经济腹地相连接的交通干线。朝廷维护干线网络畅通，以及通过这个网络向前线“输血”的支出成本极其昂贵。近几年的研究表明，丝绸之路新疆段上货币经济最发达的时期，恰恰就是唐政府以军费和行政开支的形式，对那里进行巨额财政投入的时代。这种时间上的重叠绝不是偶然的。历史上很少有几个王朝愿意或者有能力支付这样的代价来保住那些极边地区。

各位一定还记得，我在前面提到过秦汉帝国通过点与线的有限控制来治理南方的问题。那就是先用一个与北方核心地区相连通的稀疏的交通干线网络，把南部中国套进“网线袋”，再在这个经络系统周围逐渐培育出“肌肉组织”，最终将南方驯化为与北部中国完全同质的国土。但是在西部，传统王朝驯化南方的经验却很难起效。

最关键的问题在于，在西北中国，“经络系统”周围的“肌肉组织”长期发育不良，甚至根本没有发育出来。因此中央政府一旦撤走，它在当地统治过的痕迹便很快湮灭。这与公元前4世纪，马其顿国王亚历山大东征对被征服的波斯、中亚等地带来的经济、文化方面的历史影响，根本无法比拟。

由此可知，建立在军事弹压和经济吸引力基础上的对羁縻地区的象征性统治，与朝廷在郡县地区实施的基于主权的治理，其性质和力度都大不一样。传统国家负责羁縻地区事务的机构叫鸿胪寺，它本是专掌“宾礼”（也就是接待宾客的礼仪）的部门。宾礼原有内外之分，对外的宾礼就是所谓“边仪”（接待沿边各个国家或各个部落人员的礼仪）。

羁縻国家或部落的首脑来朝见皇帝时，由鸿胪寺核定招待他们的等级；在这些首脑的子孙们来申请世袭官号时，也由鸿胪寺鉴别他们与已死去的首脑之间的亲属关系，并据此决定他们是否拥有继承权利。此外，在朝贡的使节到达王朝边界时，鸿胪寺还要负责制定和监视他们入境后的旅行路线和往来待遇，以及沿途接待的相关礼节。很明显，鸿胪寺所具有的这一部分职能，在现代就属于外交部的职责范围。可见朝廷处理与羁縻各国、各人群关系的行动，与其说是在实施国内治理，不如说是在处理准外交关系。

所以，把按郡县制治理之下的国土，与除它以外的羁縻地区毫无区别地看成是同等程度的、被传统王朝括入囊中的版图，并且进而把这个意义上的版图与现代国家的疆域等量齐观，其实是一种非常不准确的认识。可惜有很大一部分人，至今还在这样简单化地理解中国历代王朝“版图”的性质。

从我现在表达的观点出发，就很容易看出来，由元朝和清朝所实施的对西部中国的统治，与以汉和唐为典型的那种处理与羁縻国家关系的治理体制是如何大不相同。清朝统治蒙古高原、新疆、藏族地区等庞大地域之时，各地的最高负责人是驻防将军或办事大臣（如乌里雅苏台左副定边将军、伊犁将军、绥远将军、驻藏大臣、青海办事大臣等）。这些将军或大臣既管理军队，又管理当地的行政事务。

而在中央政府一级，则由理藩院负责具体筹办各项治理业务。理藩院的管理范围，包括设官、户口、更木、赋税、军事、刑法、交通、贸易、宗教等。这种全方位的治理，与汉唐式国家对羁縻地区的松散控制，真可以说有天壤之别。这一点早就被清朝的雍正皇帝看破了。他说："中国之一统始于秦；塞外之一统始于元，而极盛于本朝。"他所说的"中国"，是指位于中国东部的被汉文明覆盖的地域，那是一个"小中国"；他所说的"塞外"，就是主要位于西部、占据了大半个中国的非汉文明地区。雍正口里的"中国"和"塞外"合在一起，才有了我们今天的"大中国"。

这个大中国的诞生，并不是对汉唐国家模式的简单继承或稍加改进的结果，而是因为加入了一种全新的国家建构模式才成为可能。它与辽、金、元、清先后对中国多民族统一国家形成过程中做出的宝贵而独特的历史贡献，是绝对分不开的。试想一下，如果没有最近这1000年内"从东往西"的整合，仅继承了宋、明疆域的中国，还能有今天这样辽阔的版图吗？

现在让我们再简单地回顾一下中国形成与发育的时空节奏变迁的三个阶段：第一个阶段，是从四五万年前开始到公元前2000年，这是一个漫长的"从南到北"的历史阶段；第二个阶段，是从公元前2000年开始，到13世纪初，大约有3000年时间，也就是从夏、商、西周时代到宋金对峙的晚期，是中国"从北到南"发展的历史阶段；这里介绍得最少的是第三个阶段，即"从东往西"的阶段，也就是1200年之后，中国决定性地超越汉文明所覆盖的地理范围，从而转化为一个多民族的"大中国"的阶段。之所以按这样的比例来安排内容，是因为在本书后面的一些专题里，特别是在讲到元朝的历史时，我们还将花较多的篇幅再回到这个话题上来。

第一章

先秦：中华文明的气质来源
（公元前10000—前221年）

李 山
北京师范大学文学院教授
启功先生弟子
中国文化史专家

河曲支流上诞生的中华文明

如果把农耕变革看作是一个划时代的时间节点，那么从旧石器文明到新石器文明，人类文明也进入了一个崭新的时代，一些成规模的农耕聚落出现了，这时候来比较中华文明与世界上其他地区文明的区别，也比较容易理出脉络。

我们过去主要是靠文献记载来探讨中国的历史，即三皇五帝夏商周。可是20世纪考古学大发展，考古学家发现了许多新的遗迹，将先秦时期的中国历史又往前推了9000年，这就是新石器文化。

新石器时代发生了一个很重大的变革，就是农耕革命，有意思的是这场革命是世界性的。为什么呢？这个时期，大自然发生了很重大的变化。这时最后一次冰河时期结束了，全球开始变暖。在这样一个历史关头，人类就开始由旧石器时代进入新石器时代，农耕变革就开始了。这一变革全世界各个文明大致同步发生。

那么在中国，我们现在通过考古学能看到的最早的农耕文明，可以追溯到9000年前。在河南省舞阳县，应该是南阳盆地略靠北，发现了贾湖遗址，贾湖遗址的时间和彭头山遗址相近，可能略晚一点，但也晚不了多少。这个地区也发现了水稻栽培的痕迹，有学者就提出，影响人类文明发展的因素有长期、中期和短期因素。长期因素就是大自然，一个文化人群他们所生存的这种地理空间，实际上决定了他们如何去生存。人总是在生存中寻找和大自然的默契，然后寻找自己的生存道路。在距今1万年前，人们进入新石器时代，出现了农耕聚落，人类社会也由此进入一个崭新的阶段，我们把中国的一些特点和一些同时代的古老的文明（比如说像两河流域的文明、埃及文明）比较一下，就可以看出一些门道。

过去有学者说过，中国的农耕文明虽然是诞生在黄河流域，但是我们的农耕聚落却并不是在大河的干道上，而是在黄河、长江的支流上，在支流的弯曲、润泽之处，比如渭河流域。黄土高原的地形是一层层的台地，离水最近的地方有一层，略远一点、略高一点又有一层，最高的那就到了黄土高原上了。而考古学家发现，仰韶文化不是在离水很近的地方，因为那很危险，一发大水就冲毁了；也不是在最高层，因为高层取水不方便，它在中间的台地上。除了渭河流域，在洛阳一带还有伊水、洛水，还有山西的汾河流域，我们最早的文明就是诞生在这样一些支流上。

中国在秦汉以后是专制社会，有一个庞大的皇权统治着一切。这种皇权的起源是什么呢？起源于治理大河。实际上，中国真正开始挖渠、挖沟、治理大河，搞灌溉农业，是有文字记载以后的历史，比如说秦汉时期开始有大规模的工程。此前虽然我们有大洪水的传说，但那不是挖沟挖渠，而是洪水泛滥后，重新整理山河，它是突发性事件。

我们中国的这种农耕文明产生在什么地方？从空间上讲，它是在河流的支汊上；从大的气候条件来说，中国农业产生在一个四季分明的季风气候区里面。从6月开始，到七八月，华北平原高温多雨，基本上年年如此，这就是一种稳定的长期影响文化发展的因素。

可是在这样一种情形下，一个小聚落想种一点小米或者水稻，就需要确定什么时候种合适，以确保种下去以后老天爷就开始下雨。年年如此，人们的经验就会逐渐丰富，劳作手段会逐渐提高，于是粮食就慢慢变多。在这样一个过程当中，组织生产最自然的单位就是有血缘关系的一群人。春种秋收，年复一年，慢慢地随着聚落中人们工作经验的丰富、劳动技能的提高、工具的改善，人群会渐渐壮大。这样一来，这个地方的空间就容纳不下了，于是他们中的一部分人就迁到别的地方。这样蔓延开来，家族、氏族、部落慢慢发展，我们可以用一个古语“平流漫衍”来称呼这种现象。在这样一种过程当中，最天然的血亲意识、血缘关系就发挥了作用，就保存下来了。

假如是在两河流域，这种关系就难以维持。我们知道幼发拉底河、底格里斯河是人类文明的发源地，尼罗河也是人类的发源地，可是大自然所提供的条件是要迫使当地的人群改变这种按血亲、血缘去组织生产的模式。为什么？研究一下那个地方的气候你就明白了。比如说，在两河流域，一年中有8个月是没有雨的，即使偶尔下点雨，降雨量也很少，只有200毫米左右，这对于农耕来说是不够的。他们能依靠的只有河流，可是河流的汛期，也就是发水期一般是每年的4—6月，而这里的庄稼是在4月收割，也就是说等河流的汛期到了，庄稼却已经不需要水了。所以在这样一种情形下，两河流域最早的农耕，实际并不像我们想象的那样，在底格里斯河和幼发拉底河最肥沃的下游地带出现。底格里斯河和幼发拉底河是由西北向东南流，最早的农耕聚落大体在上游，也就是不发洪水的地区。

可是人类是聪明的动物，总知道哪儿的土地肥沃，随着人类能力的提高，总要向最肥沃的地区进军。于是他们就面临一个问题，那就是治理大河。底格里斯河在巴格达的河段以及幼发拉底河在拉马迪的河段，就和黄河下游的某些河段一样。我们知道黄河是一条地上河，在下游地区，由于泥沙的堆积，导致河水的河床高于两岸的地面，比如郑州这一带。而要治理它，就要灌溉，要修渠，要挑沟，要修蓄水池。因此我们可以在两河流域看到并行的水沟，因为水沟会淤塞，所以必须挑新沟，这样的话农业就可以在肥沃的土地上诞生。人们一旦可以掌控大自然，能够利用大自然的资源，那获得的财富是巨大的。

话说回来，要进行这样一种艰辛的劳作，任何家族都办不成，所以在这样的情形下，人们必然要在原有的天然的血缘组织之上重新组织社会关系。西方学者魏特夫讲东方专制主义的起源时，就提到一个庞大的权力统治一切。这一理论可以套用到两河流域，这样的话一种新型的社会关系就必然诞生了。

同时尼罗河流域也存在这个问题，尼罗河最早的农耕发源地也是出现在离洪水较远的地区，后来发展着发展着，就发展出了落母（古埃及的一种聚集区）。人们开始挑沟，开始修蓄水池，开始利用尼罗河泛滥过后的泥土，但是这种肥沃的泥土也要灌溉，这样一个灌溉区就形成了。在公元前3100年，最古老的王朝统一埃及的时候，有三十几个这样的灌溉区，所以它整个社会和两河流域又有不同。

总而言之，这种灌溉农业必须有一个强大的权力来协调大家。这点在我们中国的某些时代也是适宜的。比如大禹，他不就是因为组织民众治水而成了万民的领袖吗？可问题是中国的洪水泛滥是一个偶然现象，不是长期的。所以，孔子赞美大禹修沟渠的功绩，而不是治洪水。过去也有水利专家讲："我这一辈子不是要修大坝而是给农田排旱。"如何让农田不旱，雨季到来的时候如何让农田排涝，关键还是修渠。所以回到刚才我们的话题，中国的社会形态从根本上来说是取决于自然条件。

自然气候催生出的龙凤符号

自然环境催生的社会生产形式不同，由此产生的社会习俗和文化气质也不同。

比如说宗教现象。在宗教现象中包括了许多很实际的内容，那就是我们接下来要跟大家讲的主题——飞鸟、太阳，还有龙凤——中国文化的符号，以及它们背后所代表的含义。

在今天的我们看来，什么代表中国呢？红色，中国人喜欢大红。另外就是龙和凤，我们现在结婚总会出现龙凤的符号，比如说从语言上我们讲“龙凤呈祥”。如果婚礼办得讲究一点，女孩子就会戴凤冠霞帔。所以龙和凤代表男和女。

很有趣的是，根据考古发现，在很早期的文明中就出现了鱼和鸟这样的形象，实际上它们就是后来龙和凤的起源，当然这是我个人的看法。比如说在陕西，仰韶文化较早的时期就出现了鱼和鸟的符号。在今天的宝鸡北首岭一带发现了一件仰韶文化的陶器，上面有一种图案，就是一只鸟叼着一条鱼。如果我们仔细看这条鱼，会发现它像一条泥鳅，尾巴被鸟叼着，有点残。

上面是仰韶文化较早期的鱼和鸟，而在今天河南省临汝还发现了几百年后仰韶文化略晚时期的一幅图画，被学者称之为《鹳鱼石斧图》。这幅图画是什么样的呢？也是一只白鹭似的鸟叼着一条鱼，这条鱼直挺挺的，失去了所有的反抗能力。而这只鸟两腿粗大，长着三只爪子，很硬地杵在地上，和地呈一种斜角关系，看着很有力。在图像的右半边，画着一把大斧子，这把斧子做得很精美。总之，它和前面我们提到的北首岭文化出现的那幅图，是有相似之处的，都是鱼被鸟叼着，表现的都是一种鱼和鸟的关系。

有学者研究这个现象，提出了一种非常有趣的说法，认为这是一种物候现象。人类观察大自然，发现春天的时候会出现鸟捕鱼这样一个现象。我们打开《诗经》，头一首诗就是《关雎》。“关关雎鸠，在河之洲。”“关关”就是“呱呱叫”。关关叫的鸟往往都是扁嘴，在河洲上捕鱼的鸟往往都是像鸭子似的，脚上长蹼。这种水鸟出现在北方的沙洲上，意味着春天到了。

这种物候现象到底意味着什么呢？实际上就和后来代表中国文化符号的龙有关系。龙是什么？龙不是一条泥鳅吗？我们知道龙是在天上的，所谓“云从龙，风从虎”。那么泥鳅，怎么就飞上天了呢？我觉得这个学者非常有意思、非常有想象力，他说这代表着春天时鸟叼起鱼上天这一现象。古人观察到了这个现象，而这个现象在一年当中最初发生的时间，往往就是春天。

著名学者严文明先生是一个了不起的考古学家，他认为这个鱼被叼，意味着崇拜鱼的族群被一个崇拜鸟的族群打败了，这是另一种解释。

这种鸟的主题并不是一个孤立的现象。比如说在大汶口文化时期就有一个陶缸，这个缸上面画着一幅图像：下面是一个山头，山头上顶着一个圆，圆下面画着一个月牙。最初发现的时候，人们认为这是一幅文字画，也有人把它读成“炯”，说月牙是云气。但是也有学者提出来，说这不单纯是一个“炯”字，实际上这是太阳离开山头的那一刻。下面那个月牙代表着翅膀，这又跟鸟联系起来了。

实际上太阳是会飞的。像《岳飞传》里面还说“眼见得金乌西坠，玉兔东升”。岳飞枪挑小梁王以后，出汴梁城看到了什么？太阳西落，月亮东升。月亮就是玉兔，太阳就是金乌，这个金乌根据更古老的文献记载，它有三条腿，是阳之极。

这就是大汶口文化。太阳出山带着翅膀，这是古人的想象。古人并不把太阳当成6000℃的一个天体，他们认为它可以飞。所以，像《淮南子》之类的保存中国古典神话的著作中都讲太阳有十个，十个太阳中有九个落在树上，有一个在天上巡行。太阳从树上飞起来，飞行一天回到那棵树上。我们顺着这种思路去思考的话，“后羿射日”“十日并出”的背后其实意味着历法乱了，所以这是一个历法的故事，这是我们在大汶口的发现。

总结一下，说到底古人还是在追求时令。我们读《山海经》的时候，里面偶尔会出现这样的话，说日从哪个山入，日从哪个山出，月从哪个山入。这是什么意思呢？大家知道春夏秋冬不同季节太阳初升的位置是不一样的，那么古人为了寻找时令，要观察太阳从哪个山头出来，以它做标记以辨别不同的时令，《山海经》记录的就是这么一个活动。所以我们北师大有一个老校友专门研究民俗学，他就提出《山海经》是一部历法书，或者是包含着很强烈而隆重的历法观念的一部著作。《山海经》中体现的是四方观念，以人为中心看四方，实际上对应着春夏秋冬。说它是个历法著作，我觉得是有很大的合理性的。

这个话题涉及中国古人的一种追求，这还得从我们的农耕文明的发祥说起。中国农耕文明的发生与两河流域、尼罗河流域不同，它起源于大河的支汊上，先民们在弯曲之处便于取水的地方种植农作物，按照《周易》的话说就是“云行雨施”。所以孔子说：“天何言哉？四时行焉。”

中华文明诞生在一个四季非常分明的环境中。于是什么时候刮风，什么时候下雨，基本上“天行有常”。荀子说“天行有常，不为尧存，不为桀亡”。这个“天行有常”就是云行雨施，气候的变化都是有规律的。庄子说“秋水时至”，这个“时”就是按时。

诞生在这样一个自然气候区，会对一个民族产生长期的影响，那么势必就引来一种精神活动或者一种文化活动。那就是寻找大自然的节律，观察大自然的变化。春天到来会发生什么？人们就观察到鸟捕鱼，把鱼叼上天，这就是春天的象征。

国家起源：神权与君权的合一

从古人这种重视自然节令变化的传统出发，我们下面就来讲讲在这种文化土壤上诞生的中国历法。在各个考古发现中，都体现出我们先人对时令、历法的看重。

新石器时期的很多考古发现都证明了先人对历法的看重。比如在今天的浙江地区发现的河姆渡文化。我们知道河姆渡文化是一个非常古老的文化，前面我们提到的大汶口人群是崇拜太阳的，而大汶口在今天的山东，从山东到今天的浙江距离极远，存在地域性的差别，但是河姆渡文化崇拜的主题仍然是太阳。在一个牙板上，上面分明地刻着两个鸟捧着一个太阳，所以有学者就说这个是“双凤朝阳”。这个主题在我们的生活中一直延续到现在，过去的大被面上就有丹凤朝阳的图案。

河姆渡之后，距今天5000~4000年的时候，在浙江杭州湾北部，兴起了一个文化，这个文化是以玉器为典型代表的，这个文化向北发展，到达过江苏和山东的交界地带。这个文化就是“良渚文化”。

良渚玉器上经常会出现一种形象，就是一个脑袋上长着羽毛的人，这人长着一张方脸，嘴里是一口乱牙，下半身蹦趺坐着，脚的形状是鸟爪子，两手拿着两个圆，这两个圆是连在一起的。两个圆应该和法器有关，看着像是玉器，我非常怀疑是玉璧。从浙江桐乡出土的这个器物里面，我们发现巫师死后会把玉璧戴在腕子上。包括后来红山文化也有这种东西，那是一个礼天的东西。我们知道玉璧是用来礼天地的礼器，而天地中最大、最重要的角色就是日月，尤其是太阳。整个图像既像只鸟，又像个人，其实是一个巫师和他所崇敬的对象合一的形态，很好地体现了这句话：在中国上古时代，掌握了时令变化规律的人，就掌握了权力。

我们从山东大汶口文化，讲到河姆渡文化、良渚文化，这些文化时代虽然有早晚，但是共同的特征是礼敬太阳。古人早就观察到万物生长靠太阳，“春日迟迟，采蘩祁祁”，意思是春天的太阳升起来了，是时候去野外采摘野菜了！太阳变暖意味着时令的变化。中国人并不是崇拜这个天体本身，中国人在意的是天体的运行，十只鸟按节奏和规矩依次升起和落下。实际上，这就是汉代有位大夫说的“帝王之事莫大于承天之序”——帝王最大的事情是维护老天的秩序，如果老天的秩序出问题，你帝王要负责任的。这当然是后话了。在上古时代，这种掌握时令的权力属于巫师，后来这个权力被皇帝给拿走了。

这种对时令历法的重视，发展到后来，慢慢地就发展成了一种宗教、一种信仰。

早期的鸟捕鱼发展到良渚时期，就变成了一个人鸟合一的很神秘的图案。另外大量玉器都掌握在巫师的手里面。红山也是如此，红山文化玉器时代略微比良渚早一些，那些玉器也掌握在这些巫师手里面，人们投入大量的心力、智力、体力去制造玉，去发现玉，最后由他们来掌握，然后这批人慢慢就异化成了君王。

从大汶口到良渚，我们发现了一种宗教的产生和变化，起初只是对时令进行追寻，然后慢慢地向宗教，甚至迷信发展，最后巫师和他所崇拜的对象合一了，神秘化了。过去有些老先生就说《五帝本纪》很有意思，有些帝什么都不做，就是聪明。帝颛顼的特点是“绝地通天”，通天地，这不是大巫师的神通吗？还有他的后辈帝喾，帝喾的特点也是聪明，说他生下来能自言其名，生下来以后老爹老妈在发愁给他起什么名字，他说不用发愁了，我叫喾，这不吓死人吗？“自言其名”其实就是说他聪明，注意，古代人就选聪明人、能通神的、能预知未来的人做君主、做帝王。所以对于神权和现实的这种政权，古人是将它们合二为一的。为什么大家听你的？因为我知道时令变化，因为我能呼风唤雨。这样一来，慢慢地这个权力就从平等中超越出来。本来它有很实际的功能，就是“预测时令变化，指导农业生产”，这些巫师是部落里面比较有学问的人，但是随着神权的越来越神秘，慢慢地累积，就异化了。实际上我们从后来对帝王责任的描述“国之大事，在祀与戎”（打仗你要负责，祭祀也要由你来负责），我们就能看到这种神权和君权的合一。

我们知道夏代是公元前2100年左右建立的，那么在这之前有一个遗址叫陶寺遗址，在今天的山西省襄汾县。这个陶寺遗址发掘出了很多坟墓——一个家族或者一个宗族埋葬其中。这个领袖他也埋在这个宗族的坟里面，给他单选一个位置，以突出他的尊崇地位，实际上这已经进入国家的前夜了，也可以说有点国家政权的性质了。所以文明时代到来的标志是什么？就是社会开始分成阶级了，也就是穷和富、尊和卑之间的差距拉大了。虽然在同一个大家族，但是也出现了穷人和富人的差别，而且这种矛盾逐渐激化，这样的话必须得形成一个超越宗族之上的共同权力来维持秩序，也可以说是统治大家，甚至也可以说是剥削大家。虽然如此，但是如果没有这个权力来维持秩序，那可能比被剥削和被压迫更惨，人类社会无以维持。

所以关于文明时代的到来，也有学者说我们可以简化成两条：一个是超越普通人的公权力的出现；另一个是社会分成阶层，有了军队，有了警察，有了维持政权的这样一个所谓的暴力工具。这就是国家时代，也可以说是进入文明社会了。

接下来我将给大家讲一讲公权力发展的两条后续的线索——祭祀与战争。“国之大事，在祀与戎”，国家的大事，就是祭祀和战争。

我们先说祭祀。祭祀和宗教有关，也就是和崇拜有关，也可以说和迷信有关，人类和动物不一样的地方就是我们会迷信，我们会崇拜。

《史记》是一部了不起的书，《史记》从黄帝记起，这个黄帝到底存在不存在，现在学术界是有不同的说法的。可是《史记》相信是有的，那么《史记》是怎么记录黄帝的？说黄帝“置左右大监，监于万国，万国和，鬼神山川封禅”。“鬼神山川封禅”，说的就是建立一种宗教秩序。一个领袖要建立一种共同的信仰，才能把大家黏合起来。

另外，人们之所以有崇拜，会迷信，很大程度上就是为了实现自身的愿望。这种愿望实际上就体现了人类的一种永恒的追求：追求人类自身的繁殖。从一些考古遗迹发掘中，我们也可以看到蛛丝马迹。

在仰韶文化时期，半坡出现了很多彩陶，这些彩陶是用900多摄氏度的温度烧出来的泥土制成的食器。其中有一个彩陶盆上就画着鱼。这很有意思，因为鱼是很能生的，一条雌鱼生的小鱼，它自己都数不清，这就代表一种卓越的生殖能力。我们可以推测，古人观察自然，看到鱼产子很多，所以就在生活日用品上表现它、崇拜它、祈求它。

考古人员在北方辽河流域发现了一个距今5000多年的红山文化时期的

宗教遗址，这就是一个比较典型的生殖崇拜的文化遗址。这个庙里面供奉的是一个女神。崇拜女性就和生殖有关。这个庙的遗址往上走几步，就是一个平台，有学者统计过，说这个平台能容纳十万人。这意味着什么？意味着这个宗教中心，它能凝聚方圆几十里甚至百里的民众，大家一起来上庙，一起崇拜这个女神，这就是一种社会的凝聚。

现在我们知道，要想生孩子就找妇产科的大夫。但是在今天的河北太行山，还保存着一个奶奶庙，这个奶奶庙有点像送子观音庙，祈求她，她就能保佑祈求的人早日得子。所以这一些现象我们说它是纵贯古今的。

1999年，我到衡阳去上课，上完课就去爬南岳衡山，发现那一天正好是一个宗教节日。来自四面八方的人到这儿来上庙，有的人衣服前面还写了“心诚则灵”，还穿上统一服装。方圆几百里的民众这一天都聚集在这里，这一宗教节日就起到了连通一个地区的作用，这实际上是人群之间互相交流，形成一个共同体的一种有效的媒介。这种宗教崇拜是恒久的，比如说哪天庙会了，大家都来交汇产品，交汇商品，看戏等，这就形成了一个节日。这种节日不要小瞧它，它是一种文化、一种风俗，是一种统一性的文化现象，它的力量不可小觑，实际上我们今天仍然有节日，比如说世界杯，到那一天全世界男人都疯了。

上面我们说的是这种宗教、迷信的力量，它可以促进一个地区的人进行集体活动，进行共同的祭祀、文化交流，这客观上促进了共同体的诞生。所以这对公权力发展是一个刺激。但是公权力要发展，还有一个必不可少的因素，就是战争。我们来看《史记》里面的记录。

刚刚我们说《史记》的记录是从黄帝开始的，那么黄帝做的第一件大事情是什么呢？就是打仗。打的是蚩尤，说“蚩尤为暴，不能伐”，接着又来了一句“炎帝，欲于亲临诸侯”。一个蚩尤，非常暴戾；还有一个炎帝，想当老大，也就是出了两个敌人。那么战争的结果怎么样呢？《史记》记载，黄帝都打赢了，因此他就成了中华民族的始祖，天下的共主。

为什么战争胜利了，黄帝就能成为天下的共主呢？其实，要动员一个人群征服另一个人群，对于人群的管理、组织以及后勤力量的动员，都有很高的要求。具有这种组织能力，才能建立起国家的雏形。所以战争对公权力发展是一个刺激。

而且我们在考古发现里面也能看到，战争对不同人群融合的刺激作用。比如在今天的江苏北部，有一个新沂市，新沂市有个花厅村，在那里发现了一个大墓，这个大墓的主人来自浙江，就是良渚文化人群，而墓里的殉葬者却是来自大汶口文化的人群。这就传达给我们一个信息：人类不同的文化人群，比如说良渚文化人群和大汶口文化人群，他们的相遇，带来的并不是握手、友好、拥抱，而是你死我活。

我们还可以看到这样一个现象，中国王权的象征——大斧子，在这个时代出现了。本来斧子是用来开荒种地的，后来斧子也被用来砍人，所以《诗经》里面说，周公东征的时候是“既破我斧，又缺我斨”，斧子破了，斨也是斧子，可见战争是多么激烈。

也就是在这样一个时候，城墙和城邑出现了，这都是为了抵抗其他部落的进攻。客观上战争促进了技术的发展，也促进了国家权力的发育。

夏：连接传说和历史的时代

我们前边讲的都是史前时代，再往后，我们看到历史进入一种传说的历史时代，我们这个民族的文化记忆记住了黄帝以及他这个族群后边的几位重要的帝王。那个时候权力扩大了，城市从小型发展到中等，再发展成一个很大的城市。有了天文观象台，实际上意味着一种社会的发展、财富的集中，权力的所有者逐渐就要从依赖原始的天然血亲联系而产生的宗族长、部落长，慢慢异化为国家政权的领袖，变质为帝王。而历史上紧接着就诞生了夏、商、周这三大王朝，实际上此时已进入了帝王时代，也可以称为王权时代。

我们这一讲主要是来谈一谈夏朝的特点，还有它的基本史实。首先来说夏代。夏这个人群，它最早的领袖是禹。尧舜时期，大洪水泛滥，禹继承了他父亲的遗志，率领民众治理大洪水。禹传位给儿子启，开启了“传子不传贤”的传统。按照孟子的说法，这也是上天选择的，就是说禹似乎也想把权力交给贤人，但是他的儿子启就是当时最大的贤人，大家办事情不去找别人，就专门找启。于是启就自然成了合法继位者，这是孟子的一个说法。

启当权以后，中国历史就进入夏王朝时代。夏王朝建立以后，一共延续了近500年。商王朝的历史也是500年左右。而周代呢？西周只有270多年，加上东周可就长了。民间有这样的传说：周文王当年为姜子牙推车推了800步，于是姜家就保周朝保了800年。如果算上春秋战国，那时间差不多。

我们说回夏朝，夏朝有将近500年的历史，《史记》里面记载了夏朝每一代王大致的事迹，到了夏桀时，因为他酷虐，民众造反。当时民间还流行一个口号，叫“时日曷丧，予及汝皆亡”。什么意思呢？就是太阳什么时候完蛋，我宁愿跟你一块儿死。这是痛恨到无以复加了，只要你死，我陪你一起死我都愿意，其中包含着为后代造福的意思，可见这种仇恨是多么深刻。

夏代的这些历史，比较笼统，我们只知道在夏代的历史当中，存在着一个大问题，那就是人群的融合问题。当夏王朝建立了它的政权以后，夏启干了一件事，这被记载在《尚书·虞夏书》的一篇很短的文字《甘誓》中。

“甘”是个地名，“誓”就是军前誓词。这个《甘誓》篇实际上就是“夏启伐有扈”。“扈”这个地方过去认为在陕西，但是现代学者，比如顾颉刚先生和他的学生刘启宇先生就提出了不同的看法。刘先生一辈子治《尚书》，他注解《尚书》时就提出来，“有扈”就是“有崮”，它的地点不在陕西，而在今天山东范县这一带。这是一个东部人群，大概崇拜鸟。这是很有意思的一个观点。因为这说明夏王朝建立了以后，它周边还有其他的人群。那么对这些人群该怎么办？《甘誓》篇给我们提供了一个对策。

《甘誓》篇里边说，因为有扈人群不听天命，他们蔑弃神明，于是我们奉天之命，“剿绝其命”。这是很残暴的一种命令，“剿绝其命”，实际上就是要干掉他。我们看到了一种模式，当一个强大的政权诞生了以后，这个王朝周边还有一些人并不听它的。这个太正常了，中华文化是多元发生的，虽然在中原地区文明率先实现了突破，进入国家时代，有了强大的政权、强大的军队，从发展水平上说它很先进，但是它对周边人群采取了什么态度？实际上是开了一个先例——剿绝其命。历史新的一个阶段就开始了。

我们说尧舜时期“小族依附大族”是一个凝聚的过程，文质彬彬。为什么大家怀念那个时代呢？因为那个时代还没有进入用战争去平定别人、去扩大家国的范围。而一旦国家形态确立，那就会主动扩大家国的范围。于是就出现了这样一种新的模式，这个模式一直延续到殷商，西周建立封建制后才结束，这个变化是非常巨大的。

在讨伐了有扈后没过几代，夏朝出了一件大事，那就是太康失国。《史记·夏本纪》里边记载，虽然太康失国，丢掉了政权，但是他还是把权力传给了他儿子仲康。仲康又传给了相，相后来被人杀死。相有个遗腹子叫少康，少康又“中兴”，再次夺回政权。大家看到这里肯定会产生疑惑，太康不是失国了吗？他怎么还能把权力传给儿子呢？我们这里要补一句，《史记》所记载的是太康所在的那个宗族，宗族部落的权力是世袭的，他可以传给他儿子。但是，此时国家的最高权力已经不在太康这一系手中了，周遭那些族群也不再听他的话了。太康失国，少康中兴，那么夺了太康权力的这个人叫什么呢？叫后羿。

我们知道，在中国的神话传说中有个“后羿射日”的故事，“十日并出”用现代的理解就是历法乱了。后羿在神话传说里，是一位东方人群（东夷人）的领袖。根据《左传》记载，他是从鉏迁过来的，那么这个鉏在哪儿？鉏在今天河南省滑县，后羿实际上是从东部平原来到西部。在东夷人群和西边华夏人群的交界地带，来了一支人群，把夏朝的权力夺了。后来他们又杀死了相，相有一位夫人，怀着孩子跑了。跑到娘家，这个娘家叫有仍氏，遗腹子少康继承了有仍氏部族的权力，就这样，他慢慢积累，又把权力夺回来了，这就是“少康中兴”。

我们看到这其实还是个东西人群的问题。《甘誓》篇告诉我们启向东打，扩张自己的地盘。夏这个人群，应该来自西部的高原，他们的主要扩展方向是向东，一直到桀，都在向东扩展。后来据说桀征东夷，打了胜仗后亡的国。

过去傅斯年先生在蔡元培先生诞辰的纪念文集里就提出了《夷夏东西说》。这篇文章很出名，实际上当时的历史问题是东西问题。仰韶文化区域和大汶口龙山文化区域在中原黄河这一线贯穿，因为当时自然条件比较优越，所以东西人群都在蓬勃发展，这两大人群的融合是当时的一个主调，一个大问题。所以夏朝人用了征服的手段。

另外，就是从文化上讲，我们今天辗转看到了前人对于夏朝文化的论述。夏朝人“尚忠”“尊命”（相信命）；“事鬼敬神而远之”，也就是我们后来所说的“敬鬼神而远之”“近人而忠焉”，他们注重人事，忠于职守。这是《礼记》里面的说法。

过去有位柳翼谋老先生，他在20世纪30年代出版了《中国文化史》上、下两册。他说所谓“尚忠”就是忠于职守。传说中大禹治水的时候，三过家门而不入，就是公而忘私、忠于人事的表现。现在考古似乎也能证明这一点，在宋振豪先生所写的《夏商社会生活史》中，就提到在河南登封这一带发现了一个考古遗址，那是夏朝的根据地。夏人的生活区域在二里头，就在现在的偃师，中岳嵩山周围这一带。这个地方有一个城邑，被大水冲毁了几回，夏人经过多次修整，始终不肯搬走，这跟后来殷商人那种好迁移的习性不一样。夏人尚忠。

我们今天从屈原的《九歌》里面，似乎还能看到夏人文化的遗迹。说到《九歌》，就让人不由自主地想到楚国人。楚国人其实并不是湖北这一带本生本土的原住民，在殷商崛起时期，他们从中原迁徙过去。楚国人的文献里边谈到，他们过去在许和昆吾一带居住。许是今天许昌这一带，南阳盆地这一带，昆吾则要更靠北。

所以有些学者认为，大约在殷商兴起的时候，有一支人群南迁了，把当年屈家岭文化人群赶走了，这实际上可能就是楚人。注意，楚国人带来的是北方文化、中原文化。为什么？因为《九歌》里边有祭河伯的，河伯是黄河神。当然《九歌》里边也有大量的南方文化，但是《九歌》的诞生时间已经到了战国时期，屈原是改写也好，还是创作也好，已经是变化得有点面目全非了。

殷商：酒文化与人殉习俗

我们下面来谈谈殷商文化、殷商历史。按照《尚书》的说法，殷商这个族群的始祖叫契，也是尧舜时期的人。契的后代里有一个叫冥的官员，这个人曾经为了治水而死于水中，所以世世代代被祭祀。过了若干代以后，商汤伐夏桀，建立了商王朝。商王朝的都城在哪儿呢？比方说最著名的就是“盘庚迁殷”，把都城迁到了今天安阳这一带，于是商王朝变成了一个强大的王朝。

殷商的历史有500年左右。商朝和夏朝实际上都属于王权社会。但很明显，商王朝它的地域更加辽阔。我们不仅可以通过一些传统文献来证实这一点，而且还有一些相关的考古发现。比如说过去有一位老前辈，他谈到在渭河流域就有殷商早期的军事据点。另外在山西中南部，也发现了殷商人军事驻扎的痕迹。

另外，很有意思的是，湖北有一个盘龙城遗址，在今天的武汉市黄陂区，那是殷商时期的一个军事重镇、城堡、要塞。殷商人的足迹竟到达了湖北这一带，充分证明了殷商人“无远不届”这一特点，他们的脚步走得真是远。

我们知道青铜器制作到了殷商时期已经非常发达了。后母戊，也叫司母戊大鼎，足足有870多公斤，现在在国家博物馆里保存着，这是国之重器。当时的坩埚才12公斤，一次最多只能熔化十几公斤的铜和锡。大家算算，要铸870多公斤的重器，得需要多少坩埚啊。由此可见当时铸造业的分工合作已经达到了一个相当的规模。

有一些中国科技大学的学者，用现代高科技来分析青铜器矿料的来源，最后分析出来这矿料来自云南。当时在云南和华北平原之间有一条商道，专门用来运输青铜矿料。这个发现是很有意思的。

李学勤先生在他的一篇文章中说，在东南亚一带，似乎也有商朝人的痕迹。若干年前，在美洲的加利福尼亚海滩上发现了一些石锚。我们知道古代的船得用锚链，后期用铁，更久远的时候用的是石头。通过研究发现，这些石头并不产自美国的西海岸，而是产自中国的江浙一带，时代就相当于殷商时期。另外，在美洲还发现了一个古代文明，它的有些字跟殷商的甲骨文是很像的。这些都引人遐想。从这些或可靠，或猜测的证据都可以说明商朝人是一个游走的人群，我跟大家讲这个，就是想让大家感受商朝人的特点——无远不届。

另外商朝人为什么叫“商”，这涉及商朝人的族群起源问题。大致而言，商朝起源于东部的平原地带，它的文化气质和周人差异非常大。我看了一些相关文献，文献中说我们中国人之所以把做买卖的人叫商人，就是因为殷商人喜欢做买卖。这个也见于《尚书·九诰》里面，周公说，殷商人愿意做买卖，可以，让他拉着牛车去；想喝点酒，如果不妨碍社会公共安全，也可以。周人不行，周人贵族如果酗酒，周公说：“把他带到我这儿来，我来杀头。”

我们可以设想一下，有些殷商人不愿意种地，就开始做买卖。村里边来了摇拨浪鼓的，是谁来了？殷商遗民来了，就是做买卖的人来了。久而久之，“商人”这个称号就成了做买卖的人的专用称号。这是学者们的推测。由此可见，商人的文化气质跟周人是很不相同的。

我们今天中国人遵循的文化传统，很多不是殷商人的。殷商人好周游世界，好做买卖，同姓而婚。做过国家博物馆馆长的朱凤瀚先生，他有一篇文章《商周家族形态研究》，里边就提到，殷商人结婚是非常封闭的，他们同姓而婚。周人就不是，周人专找异姓结婚，男的娶媳妇一定要找一个异姓姑娘；女儿嫁出去也不能嫁给同姓，“百世不通”，就是姬姓男女，一百代不可以通婚。我们今天大体遵循的是周人的传统。当然，有些殷商人的传统我们也继承下来了，比如好喝酒。

那么，殷商人的都城在哪儿呢？我们通过考古，发现了几处。比如在今天河南郑州有个人民公园，当年有人在那儿修建筑，就发现了郑州商城遗址，里边还出土了青铜器，那是它的都城。后来偃师也发现了都城，而偃师的都城似乎比郑州还要早，殷商人什么时候迁到今天黄河北岸的安阳这一带，也就是殷墟这一带的呢？有文献记载，是在盘庚时期。我们今天看《尚书·商书》有三篇文献，盘庚上篇、中篇、下篇。说了半天，主要是劝告他的民众，让他们跟他走。对一般民众讲话，那会儿还商量。但是我们可以看到，商量是商量了，对小民说话的口吻还是很凶猛，借着鬼神说话，说如果不听话我就告诉鬼神，让你断子绝孙。

而盘庚迁殷之后，商朝也的确是达到了鼎盛时期。到了武丁时期，商朝国力强盛。我们知道，武丁时期，有位著名的妇女叫妇好。她的坟就在殷墟里边，深埋地下几十米，“洛阳铲”挖不到，所以保存了大量的文物，这些文物都是国家的宝贝。今天去看殷墟，一定要看看妇好墓。有人说她是历史上第一个女将军，的确，在甲骨文里边就记载了她率领军队5000人。所以商朝的女性很厉害。

我们知道今天商代最了不起的发现就是商代甲骨文，商代的历史因此成为有确凿文字记载的信史，我们也因此可以和3000多年前的文字面对面。当然，甲骨文的试读，今天还是个很大的课题，也是一门很艰深的学问。

根据甲骨文的记载，武丁时期伴随着大量的对外扩张和战争。传统文献里也有这种记载，高宗伐鬼方。高宗就是武丁，鬼方在哪儿？大致在山西、陕西北边交界的这一带，这个人群到了西周时期还存在着。殷商人伐的是羌方、氐族、羌族，在今天的我们看来，这些族群都很遥远，但是在古代，他们就生活在殷商王朝的周围，属于叛附不定的人群。所以战争越打越剧烈。

《左传》《战国策》和《吕氏春秋》中都有记载，当年禹得了天下以后，“会诸侯，有万国”。怎么当时有那么多国家？老一辈史学家夏曾佑最早的《中国史稿》这本书里边就谈到了，他说一个大的族群，有它的城墙，有它的领袖，有它的生活区域，那这就是一个国。

商汤伐完夏桀，到了“薄”。“薄”是什么地方呢？就是高土坡上的宗教建筑，实际上这就是他的老根据地。据史料记载，商汤在回到“薄”以后，举办三千诸侯的大会，这时候一万个诸侯只剩下三千了。从记载可以看出他们数量的变化是非常剧烈的。到了周武王灭商的时候，八百诸侯不期而会，同意周武王灭商。那么有史学家就反推，不同意周武王的，还有商王朝的党羽，加起来也有一半，也还有一千六七百个国，这个记载和《左传》所显示的数字是一样的。《左传》就讲过，说大族不爱护小族，小族不侍奉大族，所以过去万国，现在还剩1000多个了。我们从武丁时期的征伐可以看到，族群在不断地减少，但是征伐的难度越来越高。

王国维在他的《殷周制度论》里边就说，殷商王朝周边的地方政权叛附不定，经常爆发战争。于是，我们又看到了一种现象，战俘被用于各种各样的杀殉、祭祀、殉葬等，古代人用人做牺牲，用处不一样，名称也不一样。宁晋侯家庄的武关村大墓，打开以后非常吓人，390个人头码在那儿，因为他们的一个王死了，所以杀了这些人做牺牲。

那么这些殉葬的人是谁？在白寿彝先生主编的《中国通史》第三大册里边就谈到他们并不是殷商本族人，可能是战俘。殷商本族人再穷，也不会被拉去殉葬，反而是抓来的这些战俘，平时可能干一些粗重活儿，一到祭祖时，几百号人就被全部杀掉。

北京大学过去有一位老学者孙淼先生，写了一部《夏商史稿》，他作为一个考古学家描述那个情景：被砍杀的这些人，有60岁的老头，也有十来岁的孩子，看着令人毛骨悚然。

这就是我们说的殷商文化。殷商人在殷墟盖一个宗教建筑，比如说乙二十组，一共杀死了640多人。他们修建一座房子，在安地基的时候，要在四个墙角下边埋四个小孩子；安门的时候，还要杀人，门口里边埋两个，外边埋两个，有的坐在那儿，还挎着刀，阴间守门；上梁时，还要杀若干人。所以一个宫殿族群，殉葬的有600多号人，这就是殷商文化的阴森恐怖之处，我们可以称之为"鬼魅缠身"的时代。

这实际上是一种历史困境的表现，商朝跟周边人群越打，关系越紧张，它虽然很强大，但大家却都怕它、厌恶它。正是这种战争造成的死亡，导致殷商的鬼神观念特别强烈，所以就用新鬼去防旧鬼。我们当然可以从殷商文化习俗的角度去看它，但我们也应该看到它带有的那种历史的色彩。像李泽厚先生在《美的历程》这本书里边就说，青铜器物上的饕餮文带有狞厉之美。狰狞的美，实际上就是一种历史困境在精神上的表现形式。

盘庚迁殷以后商朝变得强大了，青铜器制造很发达，甲骨文也出现了，中华文明迅速地发展。但是一个问题也正变得越来越严重，那就是一个王朝，在一个得天独厚的地方建立了一个先进的、代表文明水准的家国社会，那么周边人群怎么办？这个问题是越来越严重地摆在了那个时代人的面前，应该怎么办？

周人的天下观与天命观

商王朝继夏王朝之后，经营了500多年的天下。在公元前1046年（距我们3000多年），周武王在甲子日这一天早晨，灭掉了商王朝。

战争打得很快，按照《史记》里的说法，周武王带着三千"虎贲之士”，直捣敌巢。当然这是周武王的骨干部队，同时还有来自其他方国的军队，就是那不期而会的八百诸侯。这里边值得一提的是，来自今天重庆、四川一带的八个南方族群，他们也跟着周武王一起来打击殷商王朝，最后殷商王朝迅速地土崩瓦解。

这件事情发生在甲子日，这是从很久以前延续下来的说法。那么是不是真实的呢？是的。因为我们挖掘出来一个青铜器，它是西周早期的一个簋。簋实际上就是一个有底盘的大碗，它是盛粮食用的容器。古人祭祀祖宗时，鼎是放肉的，簋和斗是放粮食的，这不能搞错了。我们看到有些广场的大鼎里面装满了粮食，那是错误的。这个簋就叫利簋。总而言之，这个器物是非常宝贵的，因为它告诉了我们，就是在甲子日这一天，周武王克商。

此时的殷商王朝已经腐败到极点了。过去有一个传说：起初，人们都在骂商纣王，有人就向周武王提出，我们讨伐他吧？姜太公、周武王就说不用，因为现在还有人骂他、关心他，过一阵子没人骂了，再讨伐他。

实际上从军事角度来说，武王的这次行动是擒贼擒王，多少有点像斩首行动。据说“克商甲子”之前的那一天，整个武王的阵营，就是姬家的主力和他的友军，就像过年一样前歌后舞。据说到了刘邦时期，在重庆一带还保存着这种舞蹈，叫巴渝舞。古时候景颇族以及其他一些西南兄弟民族在打仗时会跳舞。在世界范围内，恩格斯在他的著作里也提到，古代欧洲人会在战前跳舞以鼓舞士气。

刚才我们说过，周武王带着三千虎贲之士，那么按照古代的兵制“五家出一兵”来推，三千虎贲对应的那就是1.5万户。一户人家有多少人？孟子说“八口之家”“七口之家”，那么我们就按八口之家算，1.5万户乘8，也就是十几万人。史学家估算，武王统治下的民众少则六七万人，多则十几万人。就算还有其他的人没算上，也不会超过20万人。可是殷商王朝有多少人呢？史学家保守地估算也有百万之众。所以这是一个极不对等的战争，周武王是以少胜多。这还是诸多诸侯抬着他、护着他的结果，其中包括八个西南族群，而这西南八个族群对武王的拥护实际上是周文王政策的结果。

所以有人就猜测，可能周人在强大了一些以后，就想直接和殷商人开战，结果被打了个落花流水。后来文王学聪明了，开始走迂回包抄路线，联合弱小的力量。注意，这种联合本身带有一种开放性的特征。他弱小，所以要联合。而陕西这一带，考古发现先周时期（就是周人正式建国之前）各种类型的考古遗址比较多。周人在陕西这一带生活，他生活在一个不同人群杂错的地带，这使他养成了一种开放的精神。所以他就开始走包抄路线，向西南、东南迂回着走，于是就有了“三分天下而有其二”的局面，九州中，有六州诸侯跟随他，就这样战胜了殷商王朝，开创了一个新时代。

历史记载里面有很多细节，我是学文学出身的，所以常常能够从一些细节中看出强烈的文学色彩。虽然有文学色彩，但是它们的象征意义可能更能通达历史的本质。有一部书叫《逸周书》，这里面就记载了周武王登高一望——当然这个登高登的哪个高，其实比较含糊——看到了大量的殷商遗民。而刚才我们说过，周武王带着三千虎贲之士战胜了殷商王朝，结果他登高一望，看到那么多的殷商人。作为一个依靠军事获得胜利的领袖，根据《逸周书》记载，他一晚上没有睡着觉。结果到了第二天早晨，周武王赶紧把弟弟周公旦请过来，和他说了一些话。

大致说了两件事：

第一，周公你来继位。周武王身体不好，50多岁就死了。据现在夏商周断代工程的说法，武王在位仅三四个年头，其间一直饱受病痛折磨。而且《尚书·金縢》篇里面也反映出武王多病，所以有周公为他祈求神灵这样的事情。而成王还年幼，所以周武王就说，我死了你来继位。在很长一段时间里，古人都实行哥哥死了弟弟继位的传统，后来慢慢就变成弟弟继位后，等到哥哥的儿子大了，再让哥哥的儿子继位，这叫“一继一及”。所以周武王就向周公提出了这个要求，这个要求被周公拒绝了。周公当时流着眼泪，表示不想接这个班，而是想辅佐自己的侄子。《逸周书》是这样讲的。

然后就是第二件事，也就是都城建在哪儿的问题。这也是周武王经过深思熟虑之后才决定的。他考察了地形，认为都城应该建在夏王朝的故地，也就是今天的洛阳。因为这是天下中心，大家来这儿“道里均”。意思是大家走的路程一样，很公平。

这实际上是一种举重若轻的政治决策。当周人战胜了殷商王朝以后，大家都对新的统治者心存疑虑。周人的统治并不稳固，对于那些帮助过周人的联合族群，今天你好好对他们，他们就和你联合；明天不好好对他们，他们就可能起来拥护别人，推翻你；另一方面，殷商人那么多，远远比周人强大，周人只是趁着殷商统治者政治腐败，一时在武力上战胜了他们而已。所以向天下人表明自己的心迹，便成了重中之重。在洛阳这一天下的中心建都具有极深的政治隐喻——这是为天下人建的都城。正是因此，洛阳这个地方在周初若干时间里就成了历史的一个热点。

我们说，人是一种有思想的动物，思想决定你的行为。周人在洛阳建了都城，而且在这儿演出《大武》[1]乐章，就是为了向天下人宣誓一种和平政治，这实际上是一场重大历史转变的开端。

洛阳在文献中称“洛邑”“新邑”。在《尚书》里面会称“新邑”，在金文里面也这样称呼。这个举措，伴随着一种观念的变化，也就是“天命观”的诞生。“天下观念”和“天命观念”，只差一个字，含义却不同。还有就是它推陈出新地实行了一种制度，那就是“血亲大封建”。这几个制度的实施使中国历史发生了重大变化。

我们先来看“天下”观念。“天下”这个词，出现于西周的中早期。它的宗旨就是要相信上天，当然“天命”也是如此。“天下观念”就是包容所有。我们在前面讲过，周文王联合诸多的弱小族群，开始走“包抄”

1 《大武》是周代编创的歌颂武王伐纣获得胜利的乐舞作品，《六舞》之一。

路线。这样一种联合，就是“天下”。“天下观念”是一个空间观念，用现代语言意译，就是举目望去只要有人类的地方、有人群的地方，我们都要用“天下”来概括。

而这首先就要有个都城以安顿庞大的人群，这个都城就叫“中国”。“中国”这个词见于何尊，距我们今天3000多年了。何尊出土了以后，在它上面就出现了“中国”两个字，何尊上的这个“国”字并非写作繁体的“國”，也不是我们今天用的简体的“国”，而是写作“或”。“或”字的右上边是一个“戈”，意思是用武器保卫一个城邑，这就是“国”。“国”这个词跟“城郭”的“郭”是同源的，它们语义相近，读音也相近。

与中国相对的是四方。后来的文献《尚书·禹贡》篇以及《国语》里都写到了五服制。五服制就是中国周围要有诸侯拱卫着。“中国之内”，按照传统文献的说法就是京畿地带，这一片土地是王朝直属的，但这块直属之地上也有诸侯，以土地分封贵族，这些诸侯往往叫伯。

有位旅美的学者叫李峰，他在研究西周王朝政治制度时就谈到这个问题。这些京畿地带的诸侯是离周王室最近的，他们要向王进贡东西，比如说谷子、小米、小米糠、小米的秸子等；这之外的诸侯叫侯卫，他们守卫着王朝疆域，这就是侯；再远的诸侯实际上就是一些周的同盟者，或者一些跟周关系不是很紧密的国家。这些远方的诸侯，离得稍近的，就让他定期来朝拜，比如说一年来朝拜一次，他只要不闹事就可以；再远的诸侯一辈子来一次就行了。

总而言之，越远的责任越小。最远的诸侯只要不闹事，不侵犯我们，就可以和平共处。然后对于这些远方的诸侯，我们要想跟他们搞好关系，得“修文德以来之”，然后“文化不改，武力加之”，意思就是，如果你实在闹得凶，我们也不是不能打。周王朝是不是真正地去执行了这个政策是一回事（像穆王就向外扩张），但是这种文化观念是另外一回事，它是分层次的，有远近亲疏，这就是“天下”。

实际上在《老子》和《管子》里面都有这样的说法。我们看世界要

"以家观家，以国观国，以天下观天下"。你看家里的问题，就要以家为尺度；你看国的事情，就要以国为尺度；你看世界、看天下就要以天下为尺度。而不是拿着一把尺子量到底，顺之者昌，逆之者亡，这不合适。

所以天下观念的确有它的优点。而只有地域多元文化发生，才能有这样的意识。我觉得我们应该客观对待这种意识，不必一味抹杀，它是有它的长处的。"文"这个词在先秦时期，有的时候等同于"德"。"文化"这个词还不是名词，而是动词，"文化"你，就是感染你。你不听？不听就打你，所以他并不是不要武力。我们也不是说那些野心勃勃的王就完全遵守这种观念（比如汉武帝、唐玄宗）。但是正因为有这样的观念，汉武帝开边拓土，就有人批评他；唐玄宗开边拓土，杜甫就写《兵车行》，去批评他。所以这是一个文化观念，而这个观念的格局甚大。虽然有这个观念，但在事实层面上，古代的统治者未必遵循得那么好。我们不能看到古代有这些观念，就认为古代有多么光辉灿烂。

实际上这个"天下观"直接导致了封建。从远古以来，群体数量多了，总会向外洇，诸侯就会去占地盘。殷商王朝人越来越多，就只能往外发展。这种发展，就像我们在宣纸上滴一滴水，然后"唰"的一下就往外洇。而周家的封建制，那可不是一滴水往外洇啊，它是把整张纸洒满了水。在十几年的时间里，五六十个诸侯被封建到全国各地，这是个大手笔。这是一种推陈出新的应用，通过封建，周人掌握了一些军事要地。

封建制实际就是武装殖民，我们简单举个例子。比如说太行山，太行山向东有八陉，也就是八条通道。于是在八陉的东边，也就是今天涞源县这一带，建立了燕国。然后沿着汉水流域，在泰山南边封鲁国，泰山北边封齐国，把局势控制住，这是占领先机。

当然，我们前面说过，武王封建他的范围小一些，你看鲁国，傅斯年先生就说，鲁国一开始在河南鲁山县，就是离着嵩岳山地不远的地方。后来周公主政的时候，一下就派到了"大东"。在《诗经》里面提到，大东是远东，即荒远的东方。建立鲁国以占领泰山以南的地方，在泰山以北则建齐国，当然还有其他的一些附庸国。山东那一带就有很多土著国家，不把你灭掉，但是你得听从当地诸侯的调遣。所以像这样一种大手笔的政治就出现了，这是封天下。周公《立政》篇中就说道：我们周家的子弟，拿起你的干戈，到天下去，海域苍生我们都要管，都要安顿。

天下观念，是一个宏大的观念。封建制改变了中国的历史，周人的势力得以迅速扩张。我们前面讲过，考古显示，如山东半岛这样的地区在夏、商这段时间里，仍然保持着一种本地的特色。真正的西部的文化要素，就是华北平原西部——像陕西、河南——这一带的文化要素，大量地进入山东地区，这是随着西周封建才出现的。这样的话就造成了一个局面，什么局面？就是周全面地跟各地人群相接触，这是非常危险的一个局势。

按照周武王麾下“三千虎贲之士”来反推，我们得出周的人口规模有十几万人。他一共封建了71个国家，其中53个是姬姓国家。诸位，10万无论是被53还是71除，数量都很少。所以在公元3000年前，我们如果登高一望，看到的一定是周家的贵族打着旗帜，带着不太多的人群到遥远的各地去抢占先机，占领军事据点，未雨绸缪地消除叛乱的种子。这个是周公时期与成王时期完成的，康王时期还在进行。但是不要以为封建就结束了，一直到宣王时期，分封依然在进行。它是兵来将挡，水来土掩，哪儿出了问题，就在哪儿分封一个诸侯。比如说燕国这一带出了问题，他可以派一个韩侯过去。韩就在今天的北京正南，在那儿建一个韩国。再比如，当年楚国人北进，直逼南阳盆地，于是他就把他舅舅放到南阳去。他用的依然是封建的方式，兵来将挡，水来土掩，这是他的法宝。

所以封建的这些邦国，在一开始就是王朝的派出机构，虽然它有国家、有军队、有治理民众的权力，甚至诸侯之间可以交聘（会盟），彼此走亲戚，但是，它是服从周王朝的。这些诸侯真正开始各自谋自己的事情，那是西周王室崩溃以后了。西周王室不行了，大家各自谋自己的路。在很长一段时间里，不论是在齐国，还是鲁国，抑或是其他地方，青铜器的制作规制都是一样的。所以封建的邦国多多少少有点像驻扎在当地的一个军事单位，它有家属，它有城市，它有人民，但是它不忘自己是一个派出的军事单位。我们刚才说过，因为周人很少，所以一旦失去了整体的联系，周人的政权就要完蛋。所以在一定时间内，可以维持一种“分”和“合”的向心力和分散力之间的平衡，就像卫星不会脱离行星一样，但是慢慢发展就会出问题。所以封建是一个大手笔，天下观念和封建制是相配而行的。

那么天命观念又是什么呢？天命观念实际上是周家用来说服殷商人的。我们中国人崇拜上天，从远古时期开始，中国人就开始探索大自然的运行规则，太阳从哪个山头出来，月亮从哪个山头下去，诸如此类。“天人之学”是中国最早的学问，由巫师掌握着，后来帝王就变成最大的巫师，汉代人还知道这一点。汉代人给皇帝上书，说“帝王之事莫大于承天之序”，意思是，帝王最大的事情是维持上天的秩序。在殷商时期，天并没有丧失它的这种神威。有一位学者叫陈梦家，早年是个诗人，后来做学问，他写了《殷墟卜辞综述》。他谈道，在殷商甲骨文当中，上天有许多神的权能，但是你仔细看，它并没有脱离原始的刮风下雨，降灾降病。所以，在殷商人的观念中，天挺可怕的，甲骨文中很少谈论天有没有德行，就算有谈及，也很少。这个观念被周人利用了。

我们看文献，周人一上台，就开始用“天”来说服殷商，他偷换了概念，注入了一种新的要素，就是德的要素。“尚德”是西周文明的一个显著特征，后来被儒家继承下来，成为中国文化的一个重要特征。而天命是什么意思？周人在《尚书》里面反复说，过去我们老百姓都是上天的子民，可是上天没法治理大家，于是它要选择人间的代理人。那么选择的标准是什么呢？选择的标准就是谁有德，谁对民众好，就选谁。一开始选择了大禹，是因为他治洪水有德行；后来选了商汤，也是因为他有德行。夏桀没德行了，老天爷只能换代理人，于是就选择了商汤，现在商纣王闹得太凶，老天爷又开始选，选择了我们的文王、武王，这叫“配天”。

天在人间有它的副手，帮助它来管理民众，能有这样荣耀的人叫“配天”，即德配天地。我们周人能占据统治地位，是因为我们的文王，还有文王的祖父太王积德。我们的老祖宗当年在尧舜时期曾经种粮食，为大家提供了饭食，这就是积德。正因为如此，我们才能在一个早晨灭掉你们，这是天意，所以你们不要闹。在《诗经》里面有这样的话，说殷商人没有丧失大众的人心之前，也是配天命的。那怎么办呢？既然上天如此，那就跟我们一块儿自求多福吧，这叫革命。所以中国的革命思想实际上就是历史王朝的兴替，就是从上天回到上天。给你权力，如果你不好好干，就收回去再发放给别人。这实际上是在给被征服者做思想工作。所以周人用天命这种文化观念，一方面给自己上台做一种修辞，另一方面他也拿这种修辞去说服别人。

总而言之，西周的变革，首先从观念上，有天命观念的出现，也有天下观念的树立，同时在现实中实行了封建制。周人的贵族所到之处，当地的土著人群开始与周人融合，于是历史就改变了过去的形态，开始走向统一化的文明进程。一个王朝带着所有人往前走，慢慢地，一个民族就要诞生了。一个文化的民族，大家有共同的信念、共同的想法、共同的生活秩序，这样的人群将被造就出来。

如何对待战败者：来自西周的大智慧

前面我们谈到，西周建立以后，实行封建制。在这个制度实施的同时，它确立了超越阶层的指导概念，也就是天下观念。周人为了说明自己的合法性，把古老的这种上天崇拜向前推进了一步，提出了天命观念。实际上天命观念、天下观念都是包容的、讲究怀柔的。怀柔，就是用柔性的力量，用文治的力量，来统一大家，团结大家。

包容天下，首先面临的一个大问题，就是如何对待殷商遗民的问题。前面我们也讲到周武王在洛阳建都，他是想为天下人建个都城。我们说这是一种姿态，这是一种举重若轻的政治术。那么真正地考验周人是不是以一种宽大的胸怀包容天下，首先一个问题就是他如何对待战败者，也就是殷商遗民。

我们知道商纣王被杀掉了，商朝的贵族也被杀了不少。我们也知道周初有“三监之乱”，周公用了三年的时间去平定叛乱。所以这个事情，对于周人而言，也是个大事情。关于后来的封建，我们要补充一点。前面我们谈到过，武王的封建他实际上是围着洛阳这一带，层层向外铺展。但是到了周公时期，他把整个的周人族群，迅速地散布到各地去。像泰山南部，就封了鲁国。周公摄政期间，他把诸侯像扔手榴弹一样扔出去，四处开花，让他们到全国各个要害地方去建立军事据点，也就是建立邦国，建立侯卫，守卫周王朝。实行这样大手笔的封建，这还是第一次。我们应该注意这里边的不同，这是一种推陈出新的做法。所以《诗经》里面《大雅·文王》篇说，周家是“旧邦维新”。这就是中国文化转变时期，常常会出现的一个特点，它是从旧因素里面推出新因素，也就是推陈出新，移步不换形，这是中国文化几千年的一个很有趣的现象，它不是断裂式的。

这种制度的实施，导致了后来某些殷商顽民的造反。于是，周家就把这些顽民的上层分子中某些不好控制的，迁到洛阳去，那儿正好要建一个新的都城。于是洛阳实际上分东、西两部分，它有一个周人执政的都城，也有一个殷顽民的聚集地，但是他们只有聚落，没有城墙。这在古代的文献中是有记载的。虽然有多个王朝在洛阳这个地方建都，拆了盖，盖了拆，地理考察挺麻烦的，但是这个情景大致是清楚的。

我们再次回到刚才的话题，周人统治者如何对待殷商遗民呢？这里面有一个历史段子，见于《尚书大传》。《尚书大传》这部书是西汉初期的一部书，是对《尚书》的解释。里边谈到一则逸事。说这个周武王灭了商以后，晚上睡不着觉。他十分焦虑，怎么对待这些殷商遗民？于是，他就问姜太公，就是姜子牙。姜太公说：“我们要杀！杀一个少一个。”周武王一听，好家伙，殷商遗民上百万，得杀多少人哪！不行，他觉得不对劲，于是就问召公。召公这个人是周文王的儿子，但是好像是庶出。武王就问召公，怎么处理这些殷商遗民？召公就说："有罪的，杀！反正人多。"武王一听，商纣王领导下的殷商老百姓犯错误的太多了，所以还是觉得不行，于是就问周公旦。周公说："无罪的不杀，有罪的也不杀。不但不杀，还要各田其田，各宅其宅。"什么叫"各田其田，各宅其宅"？就是有田的种自己的田，有宅子的住自己的宅子。《尚书大传》说，周武王听了这个建议以后，旷然若觉天下之已定。旷然，就是心胸开朗了，好像天下已经定下来了。实际上，它是事后的一种形容，就是对待殷商遗民的政策有上、中、下三策。后来周武王死了，周公执行的就是他所决定的这个策略。历史就是这样，遇上个明白领导人，中国历史是一个样子；遇上秦二世那样的领导人，秦朝就迅速灭亡。以对待殷商遗民为例，起码周公采取的是宽大政策。我们知道，孔子就是一个殷商遗民，他的祖上是宋国人，宋国贵族。他曾说："甚矣！吾之衰也，吾不复梦见周公。"（我衰老了，我再也梦不见周公了。）这明确地记载在《论语》中。那么这种感念之情，似乎不单是一个文化问题，其中就蕴含了周公对殷商遗民的态度问题。

过去胡适有一篇文章《说儒》，讨论了"儒"是怎么来的。他说，就像罗马在军事上战胜了希腊，可是希腊在文化上战胜了罗马；殷周之际也有这个问题，周人战胜了天下，可是周人在文化上落后。周公也说了，他说我们的文王是"修商人典"，就是学习商人的这种文化。"典"就是礼典、法典、各种典则、典章制度。所以当他战胜了殷商以后，大量的殷商有文化的人进来了，进来了以后，帮助他作册，帮助他记录历史，还帮他制定典礼。

历史上的生活是很复杂的，一个人会写，会起草文件，也就会做史官记录，同时他也可以主持典礼。我们要注意，这是一个文化吸收的问题。就这样周人建立了西周文明。我们在下面还会跟大家讲到，西周文明是我们华夏，也就是中国后来精神传统的根源。它吸收了很多前代的文化，产生了一种文化系统，而这个文化系统后来被儒家坚持，然后就成了一个民族的文化传统。大家可以去看看，四书五经的成书年代，没有一个不是周代。说夏、商很了不起，有青铜文明，但是没有一部书是那个时候写定的，这个就是问题。

你提出来一个“天下观念”，又提出来一个“天命观念”，但如果你只提观念，而在胸怀上，在做人做事上，一点精神状态都没有，它就完全是一种修辞、一种遮掩。从周代人对待殷商人的态度上可以看到，他的确是采取了一种包容政策。他的所作所为和他所说的“天命”“天下观念”是吻合的。说到这儿，我们不妨顺着往下说。比方说周人的开放性，我们在前面说过，考古发现，在陕西先周时期遗址中，各种文化类型并存，正是因为这种开放性，周文王可以“三分天下而有其二”，可以凭此联合弱小。实际上这种传统在西周以后，我们也能看到一些。西周中期的都城中心已经挪到了陕西这一带。也可以说，到西周中期，陕西已经成为世界中心，这就是一种开放。

另外，这种开放还表现为什么？除了包容殷商人，还进一步表现为要向殷贤民学习。《尚书·康诰》里面有相关记载。《康诰》这篇文献是西周初期周成王任命周文王最小的儿子康叔治理殷商旧地民众的一道命令，这个康叔就是卫国的第一代君主。周公劝告他：第一，你不要用我们周家的法度去判案子，你要用殷商的刑法去治理殷商民众，不然的话他们不习惯；第二，殷商人要喝点酒，喜欢做买卖，可以容他们；第三，要宣扬文王之德；还有一点，就是要向有德行的殷贤民学习。殷商五百年，出了好多贤王。

我们要注意这一文献，周公封建的时候正值周初，周人刚刚战胜殷商王朝，他就提出向有德行的先王学习。这不是哲学观念，它是一种真正能见胸怀的精神状态。一个弱小的周人族群，为什么能取得那么大成绩？跟这种开放的胸怀是有关系的。我们通过了解他对殷商遗民的态度，可以看到他那种包容情怀。而这种包容情怀，才是一种真正的天下胸怀、大智慧。实际上这是周人以弱小战胜强大以后能够站住脚，能够在文化上有所建树的根本原因。

建立在血缘基石上的封建制

西周，实行了一种新的制度，就是封建制。封建制实际上是一种以血缘为尺度进行的封建。中国文化因为它独特的地理条件，从新石器时期以来，它的农耕文明就诞生在这样一个四季分明的东亚大陆季风气候的环境里面，使一种很天然的关系，即原始的血缘关系得以保存、蔓延，并成为凝结社会群体的一个线索。一直到今天，我们仍然能看到它的痕迹。

西周封建遵循的就是这样一种血缘原则，所以天下封建的诸侯，姬姓就占了50多个。前面我们也讲过，周人群体实际上很小。老一辈史学家谈西周的历史的书里就说，当时不定有多少这种过去身份不高的周人，就因为他们占了一个姬姓，就弹冠相庆，纷纷到东方去做主子，这是可以理解的。所以血缘关系仍然是一个很重要的尺度，变成封建的一个标准。周文王几个儿子——管叔、蔡叔、霍叔、康叔等，包括周公、召公都有了各自的封国。召公被封到了燕国，就是今天北京这个地方。在20世纪70年代后期，在琉璃河，北京的远郊区，发现了燕国当时的墓葬遗址，这样的话可以确定它早期建国就在琉璃河附近。封建首先是姬姓团体，姬姓贵族；同时，还有姻亲；还有就是其他的一些同盟者。但是往往这些同盟者都有姻亲关系，这是封建的两个主要部分。

还有一部分，比如说褒封，就是把一些过去的部族领袖的后裔封建。《史记·周本纪》里面提到，像黄帝之后、尧舜之后也都封建了一些国家。比如说像今天河南省东南部的陈国，就是舜的后代。周人还分封了殷商贵族的一支，也就是微子这一支。微子启，据说是商纣王的兄弟，但是他是庶出的，也就是非嫡夫人所生。于是就封他到宋国，就是今天的河南商丘附近。去干什么？血食先王。就是去给商汤，以及商汤之前的列祖列宗、先公先王，上冷牛羊肉、猪肉，这叫血食。宋国人在春秋时期，是中原诸侯的铁杆盟友。我们知道到了春秋时期，历史的主轴，是中原诸侯。其中晋、齐，尤其是晋，老跟南方的楚国干仗。而宋国人往往是站在中原诸侯的立场上的。宋保存了大量的殷商文化。我们知道殷商人有殉人的习俗，先王死了以后，要杀大量的活人去祭祀，这个现象在殷商很普遍，尤其是殷商的王室墓里面发现了很多这样死于非命的人口。那么这种现象，居然在一个西周中期的墓葬里面发现了，有十几具尸体在那里放着。大家觉得很奇怪，周人中已经很少见到这种现象了，那这是谁干的呢？后来恍然大悟，是宋国贵族干的。

也就是说周人对殷商遗民采用了一种绥靖政策，你的生活方式不变，这跟“各田其田”“各宅其宅”，实际上是一样的。在《尚书》里边我们看到，殷商人好喝酒，让他们喝去吧。所以有学者说，这是毒化政策，这种绥靖不怀好意，喝酒喝多了，他政治上就不反动了。如果殷商人愿意做买卖，那就让他们去做买卖。另外，用殷商的法度治殷商。在宋国，甚至可以被允许杀殉，周王室不加干涉。所以，宋保存了很多的殷商文化。一直到后来，宋国出了一个哲学家庄子，他的文章写得跟中原其他国家的文章不一样，大概有些这方面的文化原因，这就是文化上的渊源。

前面我们曾经跟大家谈到过，你看那些所谓的重要邦国，都在重要的交通道路上，都在军事要地，它首先是防范什么？防范反叛的这种可能。封建制本身是一把双刃剑，周人那么少，你带着很少的人去建国，建一个土围子，你就要跟天下所有的异族、异姓接触，这极有可能导致灭亡。但是封建制实施了200多年，取得的效果还是很不错的。这些主要的封建国家，它的灭亡大多是在春秋时期。

汉代也实行封建制。刘邦打天下时，有彭越、英布，包括韩信他们帮忙，于是就封他们做王。刘邦活着的时候，就把这些异姓王干掉了，然后“刑白马”，规定非刘氏不能称王。结果，刘邦死后20多年，景帝三年，七国就闹起来了，王室容不下诸侯，诸侯也不听王室的，引发了一场大乱。然后，汉武帝削藩、推恩，这个历史教科书上都有讲，让诸侯也去封建子弟，把土地越切越零碎，叫“推恩令”。

到了西晋，又有人提出来要封建，虽然并没有说大规模封建，但是给了实际权力，结果导致“八王之乱”。后来，到了唐朝李世民时期，又有人提出来我们要封建，封建是王道，是与诸侯共治天下。李世民这个人是有样学样，认为文有文套，武有武套，圣贤怎么做咱们就怎么做，恢复“三王之治”，多好啊！结果，魏征就写折子，将一条条理由列出来，说咱们这个条件不成熟。

吕思勉先生就在他的《隋唐五代史》里面说，李世民如果当时封建，立刻就乱。于是历史上就有这样一个问题，就是为什么周代采用封建制能兴旺270年，而后来的王权，只要封建，准乱。诸侯尾大不掉，就闹起来了。像汉代，七国造反，这是典型的一例。

这里面的原因是值得探讨的。我肤浅地理解，西周实行封建主义时，中华民族这个底盘还没形成。你看夏，夏人是夏贵族带领他的族群，按照血缘关系大大小小、亲属远近，七大姑八大姨组成一个庞大的人群，然后取代了尧舜；然后商朝也是，由子姓贵族，带领着他的同姓、异姓这些有血缘关系的，以及依附于他们的人群，它是以族姓来分别的；周人也是，以姬姓群体为主导。所以那个时候是族群代兴的历史。而这种代兴的历史，就是这个族完了，那个族起。但是，没有形成一个真正的民族，民族必须得大家在一起生活，要超越这种族群、族姓的区别。族群的实质是一种以血缘意识来分别、来凝结的群体。周人还没有摆脱这个，无法形成一个民族。所以，周封建这些诸侯，诸侯被封建出去了以后，他们没法闹独立，而中央也离不开这些诸侯，这样就保持了一种向心力和离心力的平衡。但是到了汉代就难了。在汉代，一个诸侯封建出去，他没有外在的威胁；而在西周建国之初，鲁国被封建在遥远的山东，位于泰山南部，他面对的是龙山大汶口文化以来的东夷人群，他要不是以中央为靠山，以其他的同姓诸侯为联盟，为倚仗，团结它的内部，他怎么可能在那儿长期驻扎呢？所以一个外在压力，迫使他不能够沿着独立的方向去走，这就是一种平衡。这种平衡的条件没有了，再搞封建就乱套了。

所以在中国，这种分权制的体制，是很难实施的，尤其是农耕社会。有学者就称，周王朝封建制形成的这种权力结构是贵族分权制体制，周王掌握着最高权力，但他不掌握所有的权力。诸侯有军队、有人民、有他的外交，他是实体性的存在。周王掌握着最高权力，但是它形成了一种内聚和分散力量的平衡。这就是封建制的成功之处，它有一个特殊情形下的历史的条件，就是民族在形成。反过来也可以说，是封建制最后慢慢造就了一个统一的民族，即一个文化人群。所以封建制像一只老母鸡孵蛋，把不同的鸡下的蛋，让一只老母鸡孵，最后孵出一窝小鸡，这些小鸡认的就是同一个妈妈。封建制最终孵化出了一个统一的文化人群，这就是封建制最大的成功之处。

同姓不婚其实是一种政治策略

前面我们说过，中国人重血缘关系，而周封建了以后，不论是它的联盟也好，还是它的同姓也好，都到各地去建诸侯。于是，一种新的融通就出现了。

现在我们回到历史中，到了春秋时期，周人和其他人群的界限就彻底消失了。我们可以从中看到周人的智慧，那是一种顺势而为的智慧。周人在封建的时候，他走到一个地方，面对的是一个宗族、一个氏族、一个部族和群体。比如到了山东，他看到了东夷人，是用武力、用血和火去达到融通，消除这种阻碍，还是用联合的方式、柔性的方式？周人选择的是后者。这里面蕴含着历史的智慧。我们知道那个时代的人都相信“非我族类，其心必异”，没有血缘关系的人，不亲。那怎么办？有一个很重要的现象出现了，就是婚制的变革。

我们曾经谈过，姬姓的同姓男女，是百世不能通婚的。这就是所谓的“同姓而婚，其生不蕃”，说两个同姓结了婚，生不出孩子来。不蕃，“蕃”就是繁荣；“其生不蕃”，就是子孙不会多。可是这并不是说，周人早就意识到了血缘太近，会导致生育恶果。虽然两个姬姓男女不能结婚，可是周人的姑表亲——那个血缘关系是非常近的——是可以结婚的。有的时候周人把女儿嫁出去了，比如说嫁给一个贵族家，生了个男孩，接着舅舅又把女儿嫁给这个男孩，这就是姑表亲。实际上一直到解放前，这种姑表亲还流行着，人们并不觉得麻烦，不觉得不对。可是两个同姓，比如说我姓李，然后村里面还有一个姓李的，我们是刚刚出了五服的（一个老祖宗，五辈过去了）。注意，如果你们结了婚，村里面都会觉得你不对劲，所以这就是同姓不婚的概念。那么这种同姓不婚，到底怎么回事？是怎么来的呢？

我们觉得它形成了一种功能，什么功能？周人尽量节省资源。你像殷商似的，你都同姓结了婚，那怎么联合异族？所以周人的女儿，要嫁出去。周人要大量地娶异姓的女儿。你不是相信血缘关系吗？那好，我们就建立血缘关系。你是东夷，我是华夏，那好，我们结了婚，既是东夷也是华夏，所以这个姑表亲，实际上就建立在一种融通血缘的价值上。所以周代婚姻，在它整个政治和社会生活中，占有很重要的位置。

我吭吭哧哧搞了一辈子，做了点《诗经》研究。其中，《诗经》里面头一首诗就是《关雎》。《关雎》是讲什么的？现代学者都把它视作一首爱情诗。但是，说它是爱情诗，也对，也不对，说得不准确。这是一首恩情诗，强调有情人成眷属；也可以说这首诗不是表达爱的，而是祝愿结婚的人婚后幸福的。

“窈窕淑女，君子好逑”，窈窕的淑女是君子的好配偶，没有人这样去表达爱情。在《礼记》里面，就谈到了婚姻的这种重要性。鲁哀公问孔子，说我们是大男人，又是做贵族的，怎么还去亲自迎接女孩呢？孔子说，亲迎之礼啊，不能这么说。为什么？你看把这个女孩请过来，她上给你伺候祖庙，下给你传宗接代，你不去亲迎，行吗？所以，婚姻在周代社会生活当中，实际上起着一个非常大的作用，它联合着不同的族姓，这是婚姻的责任。所以说，中国的第一部诗歌集子，第一首诗，就是说婚恋。

按照基督教的哲学史，人类社会从上帝造人开始。但是中国人不去讲，中国人讲什么呢？讲天地有阴阳，然后生万物，由男女组成家庭；有了男女，就有了父子，有了父子就有兄弟，于是人伦就产生了。君臣关系，是父子关系的一种改写样式，是更大的社会群体所出现的新现象，逻辑上父子关系就是君臣关系，这是中国的伦理。我们今天虽然不赞成这种观点，但是你得知道，这是一个老逻辑，它是历史造就的。

另外周人他要以极少的人口统一天下，要统一那么多的四方诸侯，有很多人不是他的同姓，他就必须通过一种婚姻关系，来达至一种血亲。所以说周家的贵族，如果结婚的话，叫“一娶九女”。他不娶一个姓氏的，他要迎娶多个姓氏的女子来填满他的后宫。周家的女儿要出嫁也遵循类似的原则。咱们举个例子，比如说东周时期周王要将女儿嫁给齐国，那就要遵循陪嫁制度，叫“媵嫁制度”。媵就是“送”的意思。怎么送？周王如果嫁女儿，公主就带着她的妹妹和她的侄女——陪嫁女。同时还要有两个同姓国家的女子陪嫁，比如说像卫和晋，或者其他国家。这九个辈分不同、地位不同的女孩要一起嫁到齐国的后宫。这个媵嫁制度，在《公羊传》和《左传》中都有记录，这个说法也没有什么分歧。

为什么这么干？这实际上就组成了一个“女子小别动队”，到人家家里面去，把人家后宫占满了，伺候公婆，生儿子。生出儿子来，下一辈齐国君主，就跟周家有了血缘关系。所以，在《左传》里面你可以看到，周王在春秋时期见了同姓诸侯，叫他们伯父、叔父。这样的话，姑表亲这种关系就建立起来了。

费孝通先生有一本书，对了解中国很有帮助，叫《乡土中国》。它里面有句话叫“一表三千里，众姑表亲”。我们在现实生活中也是一样。有的时候我也问我的学生，说咱们现实生活中，你们家跟伯父、叔父来往得多，还是跟舅舅、姨来往得多？你平时住姥姥家多，还是住大爷家、叔叔家多？反正我小的时候一放了假，就跑到姥姥家去，我们这一辈的都如此。这种姑表亲关系，到今天我们还能从实际生活中看到一些痕迹。

我们生活中处处洋溢着那种传统、那种古老的气息。实际上你追寻起来，这跟周人有关。所以我们的生活方式尤其是婚姻的生活方式是周人确立的。周人就用这种关系，把姬姓的这种血缘的管道，和天下的所有姓氏都连起来了。这又是一次重大的推陈出新。

周人所处的社会壁垒重重，异族信奉的是“非我族类，其心必异”，不是我们同族的，没有血亲关系的，我们不亲。那好，我们就建。怎么建？通过婚姻来建。所以姑表亲这种“一表三千里”现象，就成了我们生活中很重要的一个内容，这就是打破壁垒。所以，与封建制相伴的，实际上是它的婚制变革。我们看到这个问题的严重性，周人他不对抗，他要融通，其中婚姻是一个很重要的方式。

当然，在其他方面他也融通。所以到了春秋后期，周人和其他人群的这种界限就彻底消失了。一开始周人建国，他要围一个土围子筑起来。比如说像鲁国，我们今天到曲阜去，你还能看到西周时期的那个鲁国城，在它的东边，现在还有七八米高的西周城墙遗址在地面上露着呢，这就是国。国，就是城郭，周人就在里面住着。当然里面住的不仅仅是周人，因为周人来的时候，还有大量的殷商人跟着他。我们说开门七件事，柴米油盐酱醋茶。那么你立一个国，就还需要手工业者。所以在《左传》里面就记载，有很多手工业者，从殷商遗民中被选调出来，到东方去立国，他们的身份还是不低的。比如说鲁国人给他们立一个土地庙，按照他们的方式去祭祀，给他们一定的权力，这些人都在城里面住，也就是所谓“国人”。他们实际上就是一群周人及殷商人。

注意，殷商人也是外来者。站在当地土著的角度来看，周人和殷商人都是外来闯入者，所以可能形成对峙。但是周人实际上并没有与土著形成这种对峙。对峙的倾向是有的，但是周人在苗头产生时消除了它。他们用婚姻的方式，还有其他的方式，联合当地土著的上层。《左传》

里面记载鲁国君主的夫人们，有的来自宋国，有的就是来自当地的那些附庸国，比如说风姓、仁姓，这些姓氏都是当地的土著，他们就是通过这种方式缓和矛盾。所以慢慢界限就消失了，这个变化，对于中华民族是至关重要的。

封建制就这样得到了巩固。通过这种婚姻的联合方式，周人和土著形成了一种缓慢的融合。这是一个民族在大地域建立文明，一开始必然需要有的智慧。殷商时期，殷商人采取的是武力征服的模式。周人放弃了这一点以后，他要找到新的方式，其中硬性的制度就是封建。跟封建制相配的是宗法制的形成，也就是血缘关系的制度化。那么制度化是因为什么呢？比如说周文王有兄弟，他的兄弟还要生儿育女。那么在这一支里，注意，有的封建出去，去做一个诸侯，还有一些留在陕西。随着这个家族慢慢延续，这个家族的人就会有一个宗族长，但是无论如何，最终的祖庙就是文王的。这个族群，它永远在中央有股份，它在中央有一个代理人，是它的大的宗族长。王要统率这些人群，他就找这个宗族长，这个宗族长再找下面的小的宗族长，这就是宗法制，层层不尽。周人试图通过这种措施统一天下人。

有些诸侯封建出去了以后，他们是第一代，之后他们的嫡子当了君主，嫡子还有其他兄弟，其他兄弟跟周王的关系也是一样的。大支套小支，像网一样，永远往外伸，网纲或者是在王室手里面，或者是在诸侯手里面，但是最终的总纲在王室手里面。因为周王是天下诸侯的嫡长子，他还是天下异姓诸侯的表兄弟。

以上我们介绍了封建制，以及与封建实施相伴的婚姻融通天下。同时我们也讲了，与封建制相表里的宗法制。宗法制的特点，就是从这一个家族衍生出去的众多的分支永远联系在一起。实际上有一些宗法制的成员，已经很贫寒了。但是，说起来，他还是周文王的弟弟、哥哥的一支，这个都在谱牒上写着。在观念上，他还认为他是周文王的后代，这就是宗法制的特点。但事实上我们已经很难这么追寻了。

西周——两千年礼乐文明的源头

前边我们讲西周建国，取代了商王朝，实际上实行了封建制。在文化观念上崇尚德行，然后提出来以一种“天下”的格局，包容天下众多的人群。我们也说过，它对殷商人采取了一种宽大政策，对一些有用的人予以选拔，就是“迪简在王庭，有服在大僚”这样一个基本政策。

在这样一种大格局的历史之下，中国文化发生了重大变化，由远古以来的那种巫风、巫觋的文化，变成礼乐文明。这对中国文化来说，是从远古走向上古，也就是走向西周文明最大的一个变化。也可以说礼乐文明奠定了我们后来中国文化的基础，它是中国文化的一个核。虽然西周过去了那么多年，可是礼乐文化的这种精神经过儒家的提升、整理、总结，一直延续到我们后来的历史当中来。

今天，我们很多的习惯和理念，就来自礼乐文明。我们先不说礼乐文明的实质是什么，我们就说礼乐文明的一些文化现象。比方说，到了西周时期，对这些文明做一种文字的总结，就出现了所谓“五经”。我们说商代有甲骨文，商代有很发达的青铜器制造，但是五经里边《周易》的写定时间不是在商代，尽管它包括了一些商代的历史；《尚书》它的写定也不是在商代，尽管《尚书》里边包括《商书》这部分；《诗经》虽然也包括《商颂》几篇作品，但是这几篇作品我们从它的文字表现形式，一些用词、用语，还有一些语法以及作品的风格来看，它实际上是西周时期写定的。

你看《诗》《书》《周礼》中记载的古老的典礼，一定包含在《仪礼》这书里面，但是礼的最本质的特征是新形态的。这个应该是和殷商文化与西周文化的融合有关的。后来随着礼坏乐崩，儒家非常在意这个礼仪，就开始记录这些礼怎么做，第一步怎么做，第二步怎么做，这是礼仪在当时的一些行为仪注。就像我们结婚似的，第一步、第二步怎么做。我们通过观察周礼，能看到一些周文化的特征。

但是就像我们前面说的，文化是融合的结果。《诗》《书》《礼》《易》《春秋》中的《春秋》，出现时间更晚，但它在文化上依然是从周的。孔子说过“周监于二代，郁郁乎文哉！吾从周”。孔子虽然是一个殷商遗民（他是宋国的后裔），但是他认为在文化上自己选择的是周文化，是从周的。夏朝的文献我们见不到，殷商我们勉强能见到一些甲骨文，一些占卜的文字。文献的写定是在西周，这是一种文明成熟的标志。就像一个人，刚生下来的时候，虽然已经存在于这个世界上了，但还什么也不知道；然后慢慢长大，终于上小学了，一开始有点昏天黑地；但是到了二三年级突然开始用日记本写自己的生活了，开始用文字来反观自己了，这代表了一种生命的成熟。

礼乐文明就这样诞生了。而这些文献跟礼乐文明存在着很重要的关系。我们来看《诗经》，实际上《雅》《颂》的诗篇记录的就是礼乐文明歌唱的那一部分。《礼》刚才我们说过，仪礼，就是礼怎么进行。这合起来就是“礼乐”，而礼乐最本质的特征是珍惜生命。

前边我们应该讲过，殷商人盖殷墟，盖乙二十组宗庙群。为了什么？为了给这个宗庙群祈福，防止鬼魂的骚扰，就从奠基开始，在四个角上埋小孩子，一个角上埋一个，把他放在那个杵的下边。然后到安门了，要杀人。然后落成了、上梁了，还要杀人。所以一个乙二十组这种大型宫殿遗址，盖完了以后，在它周围发现了641具尸体。

也就是说有这么多人为了一座宫殿而死于非命，多么漠视人命啊！这是殷商作为一种巫术文化，即鬼魅缠身的一种状况。到了周代，我们就再也看不到这样大规模地使用人来殉葬的现象了。《诗经》里面有一首诗也是讲盖房子的，我们做个比较，就能看出文明的进步。注意，我们刚才说过，周代房子的遗址附近，并没有像殷商似的，动不动就发现许多人为献祭而死。在这样一种情形下，不再杀人了，那么他们用什么来为房子祈福呢？用诗篇。所以就有一首诗叫《小雅·斯干》。

“秩秩斯干，幽幽南山，如竹苞矣，如松茂矣。兄及弟矣，式相好矣，无相犹矣。”“秩秩斯干”，“干”就是“涧溪”，古人讲究风水，喜欢将房子盖在水边。“秩秩”就是清澈的溪涧水，然后南望悠悠的终南山。“南山”，在西周的诗篇里边就是指终南山。所以一副光景就浮现出来了，这是一副审美的光景，近处是清澈的流水，远处是悠悠的南山。“悠悠南山”这个“悠”字，让我们联想到陶渊明说的“悠然见南山”，这两字是非常有意趣的。这个大山，在近处望时才是绿色的，远望就是远山如黛，黛是一种颜色，就形容远山的这种漂亮。说房子“如竹苞矣”，根连根，实际上就是指丛生；“如松茂矣”，像松柏一样茂盛；说“兄及弟矣”就是兄和弟们住在这里；“式相好矣，无相犹矣”，但愿兄弟们住在这儿，永远相好，不要相互算计。这就体现了进步，是一种内在文明的提高。为房子祈福，用优美的诗篇去祝福它，祝福生活在这里人的幸福。这首诗应该是周宣王时期房子落成典礼时所作，周人不再用人命为房子祈福了，而是改用了诗篇，这就是进步，这就是文明。我们说衡量一个社会进步程度的是人们的内心世界，我们看到这是在国家层面出现的一种进步。

礼乐文明是什么？就是敲敲锣、打打鼓、唱唱歌，然后送送礼吗？孔子说过“礼云礼云，玉帛云乎哉？乐云乐云，钟鼓云乎哉”，它的内在是一种珍惜生命、关爱生命。实际上周人用宽广的心胸对待天下人的基础，是把别人都当成人，不要动不动就把人脑袋砍下来，给自己的祖宗献祭，这是蒙昧的，是鬼魅缠身的。

你再看看周人祭祖。我们知道祭祀是最容易跟宗教迷信连在一起的，可是你看诗篇能发现，他们主要祭的是一种文德，而文德的体现就在周文王身上。实际上给武王献祭的诗就很少。我们知道武王是真正的夺权者，可是祭祀他的诗篇就远不如周文王多。为什么？因为周文王讲文德。周文王当时没得天下，“三分天下有其二”，就是走联合之路，治国安邦用的是和谐之策，所以他能收住人心。除了赞美文王，还赞美谁？赞美始祖后稷。这当然有周人自己的考虑了，尧舜时期遭了大洪水，说他们的始祖为天下人提供粮食，负责为天下人种地，他做农官，积了德。尽管只是一种修辞，甚至可能有点虚伪，或者造假，但实际上它不是在强调暴力，不是在强调厮杀。它强调什么？强调公德。周文王也是强调他有德行，叫文王之德。

文王之德，包括很多方面，《诗经》里有一首诗叫《大雅·思齐》，“齐”（通“斋”）就是庄重的意思，“思”是语词。讲的是谁？讲的是文王的母亲和文王的夫人。赞美一个王，赞美他什么？赞美他的家庭。实际上这里边含着中国文化很重要的因素，就是重视家庭。什么叫有德呀？好夫人，好母亲，造就好儿子——这就是中国文化的一个逻辑。所以一种尚德的、尚和谐的文化就诞生了。另外我们知道典礼有仪式，我们每个人都参加过仪式，好的仪式，能把我们带入一种庄严的情境、优美的情境，使我们忘掉身上的鄙俗，大家融为一体。实际上这是人和社会关系的一种演绎，突出的是大家是一体化的这样一个特征。所以礼乐文明具有非常高的审美价值。

随着礼乐文明诞生，经典著作也产生了。什么是一个民族？它得有共同的信念、共同的对生活的理解、共同的价值取向。通过经典的传播，造就了一批拥有共同价值观的人，然后民族才被塑造起来。

什么叫中国人？从汉代开始，这五部经典就被设为国家考试科目，作为选拔官员的依据。之后就是独尊儒术，世世代代的中国人读这些书，阐释这些书，一直到近代。所以这些经典是一个民族的共同想象。它们打造了一种文化共同体的共性，所以礼乐文明造成了一个很重要的结果。

儒家就是礼乐文明的捍卫者，他们从礼乐文明里提出了人道与中庸和谐的原则。中国文化从商跨入周，对未来有重大影响的成果，就是礼乐文明的诞生。当然周代对中国文化的影响还有许多其他方面，所以这个变化是非常大的。这个变局，王国维老先生对其的评价是“殷周之变是历史未有之”。王国维老先生写过一篇很重要的文章，就是《殷周制度论》，说历史上从来没有过这么剧烈的变革，这之后历史变革的剧烈程度也不如它大。

另外，宗法制也是前所未有的制度。今天我们一说宗法制就觉得这好像是一个保守的制度，但是在那个时代，它是起了积极作用的，它是顺势而为。

总而言之，周文化的胸怀是宽广的，是包容天下的。它是尚柔化力量的，也是尚德行力量的，这些就是礼乐文明的基本品质。

西周的崩溃源于王室内部的经济危机

西周经历了200多年，创造了一个礼乐文明，也就是保存在《诗经》《尚书》《易》，还有《礼》当中的这些内容。

此后这个王朝就开始走向了衰落，新的变局就出现了。王朝政治没有不败的，那么作为封建制的西周王朝，它为什么会走向衰败呢？我们就讲大的方面，首先封建制是一个什么制度呢？这是一个以土地，或者说以赏赐换忠诚的制度。西周大规模地封建，周文王的儿子很多，武王打败了殷商之后，一共封建了70多个国家，姬姓之国占40个。

这些诸侯被赏赐一片土地，然后就镇守一方，守土有责。除了这些诸侯，还有就是周人的大小贵族。王朝总得有战争，就得不断赏赐这些人。金文里边有关于赏赐土地，赏赐各种车、马、器的记载。车马上边不是有很多器械吗？就把旗子和各种各样的货物赏赐给他们。久而久之，王朝里边就孕育出了一个阶层。什么阶层？就是贵族阶层。每一个贵族都要有一片土地，有的叫封地，有的叫采邑，不论叫什么，他都需有一块吃饭的地方。王朝总得安排他们，他们立了功，还要有各种各样的奖赏。

而且还有一个有趣的现象，我们知道西方有一句话叫“封臣的封臣，不是我的封臣”。比如说王封建了诸侯，诸侯再封建一些他的下属，这些诸侯的下属并不直接归王领导。所以有的时候王封建了一个诸侯，某种程度上就失去了和这个诸侯下面人的联系。为什么这么说呢？因为我们看到西周后期，周王的王朝之师打不动了，于是就调诸侯的军队，而要调诸侯的军队，他就必须向诸侯发命令，诸侯再向他手底下的那些大臣发命令。周王室是不能直接向诸侯国里边那些有作战本领的人发令的。这就是所谓的“封臣的封臣，不是我的封臣”。等到战争结束的时候，周王赏赐诸侯，赏赐那些大贵族，大贵族再赏赐自己手底下一些小贵族。这一局面在金文里表现得很清楚。

这样封来封去，200多年来，在王朝内部就孕育了一个庞大的贵族集团。这个阶层在王朝里边要吃、要喝、要富贵。反正土地就这么多，靠开边拓土，远远供不应求。所以这样一来，王朝经济日益陷入困顿。

到了西周后期就出了个周厉王。周厉王很猛，这个在历史上是有记载的。他发动了一场改革。他的改革不外乎就是把山、林，以及水里边的鱼、鳖、虾、蟹，还有水草，这些公共财产收归国有。过去地广人稀，大家去砍砍柴、打打鱼，没人管。但现在周厉王说，不允许，这些都是我的。“普天之下，莫非王土”，这种话也是西周后期说出来的。这样的话会得罪一般的民众，使他们生计艰难。可是我们要知道，西周实行的是宗法制，很多一般民众在宗法上属于大贵族，也可以说间接地伤害了贵族利益。所以周厉王在位三十几年，再加上天灾不断，国人就暴动了，国人暴动就把周厉王轰走了。这些“国人”，他们是周朝最基层的人，实际上这背后很有可能有贵族的推动。周厉王被轰走了，但是周王朝并没有发生改变，这和后来的农民起义是大不相同的。后来的农民起义把王推翻了以后一定要自己坐王位。可是在周代，把王轰走了，贵族们就站出来了！我们知道周厉王在被驱逐了以后，有所谓“周召共和”，就是两个大贵族的家长，大家在一块儿商量事情，所谓“共和”就是有事共同商量。

我们看到贵族阶层的总体力量应该说是超过王室的，所以他们才能翻手为云覆手为雨。国人暴动的时候要杀周宣王。周宣王名叫静，当时还是太子。他年纪很小，召穆公就把周宣王藏在自己家里边，国人不干。召穆公就把自己的儿子交出去了。这种记载真实与否我们不得而知，但是后来周宣王即位的时候，十分倚仗这些大贵族。这样就又出现了一个中兴局面，但是维系了没多久，周宣王的政治就重新陷入混乱。

等到周幽王继位，干了十一年，天下就大乱了。这是我们从历史的层面看到的封建制自身的矛盾，你用不断的赏赐来换忠诚，这就意味着王朝的力量慢慢被削弱。而与此同时，一个强大的贵族阶层，就会慢慢被培养起来。所以它一定会出问题，这是一个方面。

另外一个方面是历史进步造成的。在《诗经》里边，有一首诗叫《常棣》。棠棣（常棣）是一种花，在中国文化里边叫“兄弟花”，因为它一个花托开好多花朵。所以大家用其比喻兄弟，一个老娘生几个儿子，大家是手足相连。

“常棣之华，鄂不韡韡”，按现代学者解释，就是棠棣花是多么光华灿烂啊，接着来了一句——“凡今之人，莫如兄弟”！然后诗篇就反复说兄弟亲。说“妻子好合，如鼓琴瑟。兄弟既翕，和乐且湛”。这是什么意思？说家里边老婆孩子啊，是容易团结的；兄弟团结了，这才是真正的深厚的欢乐，“湛”就是深厚的意思。

如果我们从反面来看这首诗，就能看到当时出现了一种新的社会变化。我们现代人结了婚，生一个孩子，就是一个小家庭。古人一般说“五口之家”，这是最基本的家庭规模。但是在西周，尤其是西周早期的时候，这种小家庭实际上并不存在。因为当时的生产力低，你想拿石头的工具、拿木头的工具去播种那点土地，一定要大伙一起干。这个是有学者研究过的，比如说朱凤瀚先生研究商周家族形态，写了一本专著，叫《商周家族形态研究》。这个书就是利用甲骨文、金文这些第一手材料，来看这些殷商家族形态的变化。实际上从商代到周代早期，人们的生活中，晚上睡觉是小家庭式的，两口子带着自己的孩子。但是吃饭、穿衣，还有经济核算，都是以大家族为单位，生产的单元大。为什么？因为人多力量大，只有人多了才能对付那点土地。但是，到了《诗经》这个时代，西周晚期的时候，我们看到这个诗开始强调兄弟，说兄弟团结才是真正的团结，已经提倡兄弟团结了！这其实意味着兄弟开始不亲了。由此去推，我们能看到的是核心小家庭日益盛行。注意，这指向的是什么？指向的是生产力的提高。这里边有一个难题，就是中国人什么时候用铁的问题。

关于中国人什么时候用铁器，这是个学术难题。我们知道铁分两种：有陨铁，就是天上掉下来的铁。陨铁，中国人很早就发现了，商代就有了，考古还发现了用陨铁做的器具。而人工开矿石炼铁，现在公认的说法是在春秋早期就开始出现了。20世纪90年代，我们在三门峡一带，发掘了虢国的墓葬，墓葬里边有一把剑。这把剑的柄是玉质的，剑身则是铁质的，当然已经烂得不成样子了。可是我们还是可以用科学的方式去化验那些锈，确认是人工铸铁。这个器物是什么年代的呢？是两周之交。有人说是西周晚期，有人说是春秋早期的，差不了多少年。

在今天山西有个黎城县，发现了古楷国墓葬。这个古楷国的墓葬中也发现了人工铸铁，而且因为盗掘比较严重，所以考古报告里边说得很保守，说最晚不会晚于西周晚期。

另外，根据《尚书·禹贡》记载，当时四川这一带是贡铁的。我曾经用文献的方式考究，就是用今文的一些语词去考察。《禹贡》这个文献它不会太早，但也不会晚于西周中期，四川那儿盛产铁，这说明那个时期，人们已经发现了哪儿有铁，然后将之作为珍贵之物贡献给朝廷。后来到了春秋时期，到处都可以冶铁，就用不着贡铁了。可以说西周中期就开始使用铁器了，就是因为有人贡献铁，这样这个铁器就有可能逐渐投放到农业生产上了。

另外农业这种东西，就算工具不变，生产经验逐渐提高的话，产量也会增加。随着人类生产能力的提高，原来几个兄弟带着自己老婆形成大家族一起生活的日子逐渐不流行了，因此《诗经》才提倡兄弟团结。

也就是说一个大宗族、一个大的家族的兄弟几个在一起生产，这种现象慢慢过时了。这就是西周衰落第二个方面的原因。

还有一方面原因就是外寇入侵。读《诗经》和金文，我们会发现，在西周晚期，西北来了一个强敌叫猃狁。这个猃狁有时候写作西戎。周王朝跟他们打仗，打仗就得花钱，财政一旦出现问题，就必须变本加厉地去掠夺原本属于贵族的财富。这一掠夺，大贵族不干了，这个王朝就走投无路了。

西周之所以迅速走向衰亡，有以上这些方面的原因。这些变化，实际上很大程度上是人类进步的表现。中国马上就要进入一个大变局的时代——春秋战国。

西周灭亡：一场错误婚姻导致的亡国惨剧

前边我们讲了国人暴动，是因为厉王想增加国库收入，想集权，但是失败了。失败了以后，经历了宣王中兴。周宣王即位的时候很小，在位时间很长，总共干了46年，早期那些贵族辅佐着他，周宣王向贵族让渡了不少权力，所以局面还能勉强维持。但是像召穆公这样的贵族去世以后，王朝就陷入混乱了。

到了东周，大家就说周宣王、周平王、周厉王、周幽王都是“贪天祸”的人。其中平王是东周初期的王，东迁以后的第一代王。这四位王都被评价为“贪天祸”的人，可以想见宣王也做了不少这种事情。

但是国家并没有亡在宣王手里，而是亡在了幽王手里。实际上幽王时期的政治状态跟厉王时期差不多，但这个王朝早已是苟延残喘，绳子既已经老朽了，那从哪儿断、什么时候断，就是老天爷说了算了。周幽王上台以后，干了11年就完蛋了。此时的国家已经破败不堪了，边患严重，内部矛盾重重，死气沉沉。而周幽王就是“望乡台上跳芭蕾——不知死的鬼”。他在婚姻上出了问题，于是就出现了“女人是祸水”这样一个故事。我并不同意将亡国的责任推到美女身上。我们不应该用那种很老朽的观念去想问题。但是婚姻出问题，的确是西周灭亡的直接原因。

我们知道西周建立的时候，它有几项原则，其中一项原则就是你必须得给大家利益，大家才跟着你走。所以我们看《诗经》中的宴饮诗，周王宴饮，请大家吃饭，“伐木丁丁，鸟鸣嘤嘤。出自幽谷，迁于乔木。嘤其鸣矣，求其友声”，讲这个鸟成群地飞，是因为什么？是因为跟着王可以获得更大的利益，所以在《诗经》这个《伐木》篇里边，就说，“于粲洒扫，陈馈八簋”。“八簋”指代的是王，“陈馈八簋”是说用吃饭的那个簋，请大家吃饭。这是一条很重要的原则。如果王不给民众带来利益，而老是专利，那老百姓和贵族可不就是要反对你？

其中还有一项原则就是利用婚姻关系。我们实际上在前面讲过婚制变革，它是封建制、宗法制必须有的一个重要的关节，就是利用这些姻亲关系来巩固自己的政治地位。而周幽王恰恰在这件事情上出了问题，然后那根绳子终于就断在了这个事情上。

周幽王原来的王后是申后，申是姜姓，而且可能有戎狄的血统。申，是一个很强悍的人群。周宣王时期，南边楚国崛起了，楚国在周厉王之前就称王了，周厉王上台以后，楚王因为惧怕周厉王，所以最后自动取消王号，但是楚国的势力依然在向北进。到了周宣王时期，面对楚国的进逼，宣王就将他舅舅申侯，迁到了今天南阳盆地这一带。

你看，姻亲关系是非常重要的。周幽王本来娶申后，生了太子宜臼。这个太子宜臼就是周平王。男人啊，经常在一个问题上犯错误，就是把持不住自己，周幽王遇到了褒姒，就喜欢上了她。中国古代的有些故事具有一种幽深的含义。于是我们在《国语·郑语》里边就看到了一种说法，说褒姒灭周啊，这是天意。

怎么是天意呢？这背后有一个故事。我们知道在西方有一个悲剧叫《俄狄浦斯王》。俄狄浦斯生下来，有人就预言——他要杀父亲娶母亲。后来这故事七绕八绕，最后俄狄浦斯终于杀了父亲，娶了母亲，生了一群孩子，管他叫哥哥也可以，管他叫爸爸也行。就是这么一个悲剧。俄狄浦斯为了寻找真相，最后发现真相竟是这个样子，于是扎瞎了双眼，躲起来，没脸面示人。

类似的寓言故事，我们在传统文献里也看到过。夏朝衰落的时候，有个姓褒的神，变成了两条龙，然后“同于王廷”，在夏朝的这个王廷上边交合。两条龙翻云覆雨，流了很多水，这种水叫“漦（chí）”。夏朝人就把这个龙漦贮藏起来了，就像我们有些药品说明似的，贮藏在阴凉通风之处。经历了殷，经历了西周，也没人打开这个罐子。结果到了周厉王时期，有人就打开了，结果这水流了一朝廷。为了消除它，就让女人呐喊，这里其实有宗教仪式的意味。结果这一喊不要紧，这水里边就化出了一只很大的鼋，就是老鳖。结果这个鼋被惊动以后，就三爬两爬，爬到王府里边去了。

这个时候王府里，有一个还没换牙的小丫头。我们知道一般孩子换牙是在七八岁，也就是说这小丫头七八岁都没到。被老鳖撞上后，开始没什么，等到她15岁的时候，竟然就“无夫而受孕”了。当时正是宣王时期。周宣王上台以后，民间就有儿歌，说“檿弧箕服，实亡周国”。“檿”就是山桑。山桑因为弹性好，所以可以做弓箭的弧，也就是弓的弓背。“箕服”是什么？“箕服”就是箭袋子。“服”读“背”音，就是指箭套子。这句儿歌的意思是，做弓箭的和做箭套子的人将来要灭亡周国。然后这个谚语就在那儿传，小孩就唱，周宣王一听，说这还得了，于是就满城抓那些做小买卖的、卖武器的。结果，正好有两个褒国夫妇，一听说要抓人，这老两口撒腿就跑，跑到半道的时候，就听到了一个娃娃的哭声。这是谁呢？就是刚才我们说撞了老鳖的那个女孩生下的娃娃。那个女孩15岁时，没有结婚就怀了孕。肚子里的这个孩子是夏代的龙漦让她受孕的，这是龙和王权的象征，本身就是不祥之物。怀了孕自然要生，生了孩子以后怎么办？未婚生子，这去哪儿报销啊？哪儿报户口啊？没法报账。所以，她就把小娃娃扔了。结果这对褒国夫妇正好路过，遇到了这个孩子，于是就收养了她。

这里边其实有个寓言，隐喻了夏朝自有了王权就存在的问题，孕育着，孕育着，早晚要爆发。我们从中可以看到，王权自身的毛病实际上是不可克服的。

后来，这对褒国夫妇就带着这娃娃跑到褒国去了。这娃娃长大以后，那真是人见人爱，她的美具有极为强大的杀伤力。褒国君主非常喜欢她，就将她纳到宫里边。后来周幽王伐褒国，褒国打不过，就把褒姒献给了他。于是周幽王就娶了褒姒。这一娶褒姒，“男人重后妇，女儿重前夫”，就不得了了。很快，她就给周幽王生了个儿子。

她不生儿子还好，生了儿子，后妈那一套就来了。周幽王就准备先把原来的太太给休了，然后再把原来立的太子宜臼——就是后来的周平王——给废掉。结果，申后和太子就跑到娘家去了。王后的娘家是强大的申侯。申侯于是就联合了缯国，还有西戎，一块儿伐周。这一下周幽王那个千疮百孔的王朝不堪一击，就被灭掉了。

之后就出现了平王东迁，历史就此进入东周时期。我们说东周分两段，大体来说，一个是春秋，一个是战国。注意，我们今天所说的春秋，严格说起来是从鲁隐公开始的，而鲁隐公时期已经到了平王末期了，那时关于春秋的记载才开始。但是在学术界，包括大家习惯上，一说春秋，往往都从东迁开始算起。我们说西周崩溃了，但是西周的诸侯没有崩溃。东周初期，他们大权在握，就活跃起来，开始大搞封建。这样，诸侯内部也慢慢培育出一个强大的贵族阶层。之后这个贵族阶层就把诸侯取代了，战国就来临了。

所以，关于从西周到战国这一历史的变局，孔夫子在《论语》中说的一段话，是非常准确的，他说：“天下有道，礼乐征伐自天子出。天下无道，则礼乐征伐自诸侯出。”然后不超过十辈人之后，礼乐征伐就开始自大夫出。自大夫出，还顶不住，权力就不断下移，最后成了“陪臣执国命”。孔子是春秋晚期人，他就看到了像阳虎那种家臣，最后掌握了大夫的命运。但是家臣并没有成事，最后是大夫们成的事，终于在齐国发生了“田陈篡齐”，在晋国就发生了“三家分晋”，这样的话就进入了新的时代——战国时代。

这些国家再拼杀、再剿灭，就像几匹狼一样互相撕咬，直到秦国统一天下。这就是一个历史的大势，也是我们后面要重点讲的。

历史就是由无数的偶然与必然组成的。不改造文化，就有很多的必然性，最后导致的结果是一样的。

春秋大变局：礼崩乐坏，权力下移

东周从春秋到战国这样一个历史大势，用《论语·季氏篇》里边孔子的话来描述就是："天下有道，则礼乐征伐自天子出；天下无道，则礼乐征伐自诸侯出。"

我们接下来要跟大家谈的就是春秋这段历史。春秋之名是从一部编年史《春秋》而来的。这部书跟孔子有没有关系？学术界有不同的看法。《春秋》记历史大事是起自鲁隐公元年（前722），然后记录到鲁哀公十四年（前481），记载了242年的历史。那么这段历史，它实际上分几个阶段呢？钱穆的《国史大纲》中的分期是可取的，它将之分成这样几段：东周初有85年的时间叫"前霸主时代"；齐桓公开始一直到晋悼公死，这128年的时间是"霸政时代"，而"霸政时代"的关键在晋和楚；这128年过去了以后，就到了春秋晚期了，也就是"霸政衰微时期"，又有90年。简单地说，春秋分为"前霸主时代""霸主时代"和"后霸主时代"这三个阶段。

前霸主时代，天下大乱。西周崩溃，然后东迁，东迁了以后，王室有内乱，诸侯有内乱，于是爆发了一场战争叫"繻葛之战"。结果周王被郑国人打败了，自那以后他就有点一蹶不振了。接下来出现了两个小霸主，一个是郑庄公，一个是鲁庄公。鲁庄公我们比较熟，就是《曹刿论战》里的那个君主。

那么在鲁庄公之前有郑庄公。而郑庄公这个人，如果读《古文观止》，大家对他也应该比较熟悉，这个人叫"寤生"。这个"寤"有两种解释：一种解释是逆着生（脚先出来，难产），就是“忤逆不孝”的通假字“忤”；还有一种解释，就是指他生下来就睁眼，这在古代被认为是不吉利的，妨人。结果他妈妈就给他起个名字叫“寤生”，可见对他不喜欢到了什么程度。可是这个人颇有作为，他主要的作用就是把周王的权威一巴掌打翻了！这是两个“庄公”霸主。

那么霸政时期，主角首先是齐桓公，然后是晋文公，以及之后的楚庄王、宋襄公、秦穆公。我们从这几位霸主可以看到，有老有少。比如说像宋襄公，这个人是殷商贵族之后，他有很多太过人道的观念，叫“不禽二毛”“不鼓不成列”。此二句指不伤害上了年纪的人，不攻击没有准备好的敌人。在西周强盛的时候，甚至可以说在殷商强盛的时候，可能是这么个打法。它遵循了一种太平世道的战争打法，但到了春秋时期，如果还用这种打法，那这霸主就不太合格了。

我们说打仗，叫“征”，这个“征”就是一个双立人，一个“正确”的“正”。为什么这么说？就是因为“征者，正也”。比如说西周封建了很多国家，有些国家不老实，就像害群之马一样，这个时候周天子就要组织军队去“正”他。另外有些诸侯国出现了“君不君，臣不臣”这样的现象，那么周天子也可以领着军队去纠正他。所以要注意，春秋时期的战争不叫战争，跟我们后来跟日本打，或者跟异国势力打，或者是在王朝崩溃、争天下的时候你死我活这种打是两回事。在周人的观念当中，有很长时间“战征”的那个“征”，是为了纠正列国的错误而不得已采取的武力措施，所以敲着锣打着鼓，而且还要指明你的错误在哪儿。这个“征”并不是要伤人，不是要掠夺土地，而是要纠正错误。

所以，在《国语》当中，鲁国有个大臣就说“大刑用甲兵”，你诸侯国出现错误以后，我们就给你上刑，纠正你。所以“征”、打仗，不是要杀人放火，而是要纠正错误。注意这个观念，在春秋争霸战当中我们会看到，宋襄公就老老实实地坚持了这一点。打仗嘛，我们就得像君子，有点像西方老贵族决斗，要定好时间，定好地点，你走几步，我走几步，咱们同时开枪，谁也不许玩猫腻。可是，他生错了时代了。

孟子说，霸道跟王道有个区别，就是假借仁义之名，行自私自利之实。像这种争霸，到了晋文公时期就变得非常清晰了。虽然霸主有它的客观作用，但是发展自己的势力，谋求一个国家的这种私利，这种意图是非常明显的。可是呢，这列国打仗，大家都要在面上过得去，所以有的时候不得不玩阴的。比如说晋楚“城濮之战”的时候，晋国人会提出“师直为壮，曲为老”，我们要打这个仗，但是我们决不先挑起这个战争，这样的话列国就会站在我们这一边。于是就施展了各种手段，让楚国人处于道义的下风。于是，晋国人跟楚国打，西边的秦、东边的齐，全站在了晋国人一边，这样的话楚国人非败不可了。我们要注意，这就是一个时代特点，就在这样一个特点当中，我们会看到很多贵族文化的现象。这就是霸政时期的特点。

那么霸政衰微，就涉及另外一个特点。我们知道西周封建诸侯，它实际上是一种武装拓殖、武装殖民。王朝政治强盛的时候，这些诸侯也没有心思发展自己的国家、自己的邦国、自己的文化。比如说鲁国，它从未想过要在泰山以南建立鲁邦政治、鲁邦的文化。这是在“天下有道，则礼乐征伐自天子出”的时候。

但是，西周一崩溃，诸侯就开始要谋求自己的发展了。我们知道西周封建是以土地、以赏赐换忠诚，一旦遇上天下大乱，列国开始谋求自己的私利，开始发动战争，列国之间就开始要积极发展军备，另外也要用土地换忠诚，用赏赐换忠诚。所以，慢慢地，越是强国（比如说晋国），它内部的卿和大夫（君主之下的这些贵族势力）就发展得越快。

所以这样的话，这些诸侯等于是又走了西周的老路，早晚有一天这些大夫要发展势力，要跟君主分庭抗礼。所以权力为什么下移呢？这就是一个历史的变化，这个变化在逻辑上又走了一次西周之路。等到霸政结束了，晋悼公死了，天下的大夫们一看，终于没霸主看着自己了，所以列国又开始进入内乱阶段。这个内乱阶段，就变成了一种夺权、一种嬗变，又是一个乱世降临，这个乱世最终使得历史走向了战国。

那么除此之外，还有一个趋势，就是四周的人群像潮水一样涌向了华夏。这里边，我们要注意一个问题，就是这些所谓“四夷”，按照这个《礼记》的说法，南边叫“蛮”，东边叫“夷”，西边叫“戎”，北边叫“狄”。这些人实际上和当时的华夏没有多大差别。但是有一个很重要的不同，就是华夏这个人群是以农耕为生存方式的。而这个戎、狄，他们越是离华夏远，游牧色彩越重。

他们进入华夏以后，根据有些记载，我们可以看到他们也开始转变为农耕居民，甚至有些人也开始学当时的《诗》《书》《礼》，这就是进步了。按照儒家的说法就是变成中国了。不论你是谁，你接受了西周以来的礼乐文明，你就是华夏，你就变成中国了，我们就以“中国”对待你；相反，你接受了“夷礼”，我们就只能是将你当作“夷狄”看待，我们看你是不是自己人，看的不是种族、血缘，而是文化！

所以通过这一融合，我们可以看到，春秋时期所谓的南蛮也好，西戎也好，北狄也好，几乎就是和华夏的那些邦国是犬牙交错地住着。比如山西，山西沿着汾河谷地是封建了一些周的诸侯，但还有一些要地，像太行山两边，东侧的平原、西侧的山地，大部分都住着所谓的“戎”“狄”。甚至有些地方，比如说在沂水、洛水的源头，都有戎狄。这些戎狄的语言和穿着，跟中原都是不一样的。比如说“被发左衽”，孔夫子说，假如没有齐桓公和管仲当时抗击夷狄，我们这些人就被发左衽了。“被发”不是中原的发式，“左衽”就是衣领向左边开，这些都是戎狄的特征。但是随着这些戎狄渐渐融入华夏，一到了战国时期，已经找不到痕迹了，所以这又为秦汉大一统政治奠定了根基。

还有一个态势就是在春秋后期，思想家开始出现了，于是就开启了中国文化的一个黄金时代。如果我们从细部说，社会的内在结构也发生了很大的变化，除了权力下移之外，“国人”这个阶层在整个的变动中逐渐消失。到了战国时期，就已经很难看到国人这个群体的影子了。这个消失对我们中国文化发展而言，至关重要。

这是一个民族大融合的时代，是一个将要孕育思想高峰的时代，也是一个特殊的社会阶层消失的时代。

管仲变法与齐桓公称霸

这一节我们来谈谈霸主。首先我们要谈一谈齐国的霸业。谈齐国的霸业，那么一定要谈管子（管仲）的改革。

管仲这个人在历史上是一代贤相，在齐桓公称霸之前，管子就对齐国进行了改革，也可以说，他是有史以来第一个在政治、经济、外交方面进行改革的人物。

首先说在军事方面的改革，《国语》说要“三其乡伍其鄙”，然后“作内政而寄军令”。实际上要点就是把对民事的管理和军事组织结合起来。所谓“三其乡伍其鄙”，就是要把乡一分为三，这个乡主要是指能够出战士的乡。那么整个齐国有多少乡呢？二十一个乡。其中工商之乡六个，也就是划了六个乡是不参与战争的，他们要为战争提供服务，提供战争所需要的各种物质基础。所以实际上是士乡十五，这士乡十五一共组织了三支军队，齐桓公领导一支，然后另外两个齐国的贵族——国氏跟高氏——各领导一支。这就是三乡军队。

管仲这样组织军队，有一个基本的原理，就是利用大家的互相熟悉，“五人”是最基本的活动军事单位。《国语》中记载，他说要“祭祀同福，死丧同恤，祸灾共之”，他们是乡亲，互相熟悉，祭祀的时候共同祭祀鬼神，祈求福报。面对死丧，他们互相抚慰，有祸和灾都共同承担。这样一个基本的组织，就叫“三乡”。管子实际上就利用了这种人与人之间的血亲意识、乡里意识来组织军队。

那么这个“伍其鄙”又是什么呢？这就涉及乡和鄙的区别。二十一乡都是齐国的基本民众。“国”的范围就是一个土围子。在土围子里你得吃饭，得种地，得有工商业，还得用城邑保护这么一片地区。所以土围子外还有一个周边地区，这就是所谓的“乡”。但我们知道齐国它不可能光管一个临淄及周边地区，它还有泰山以北的广大地区，实际上这些地区往往都是“野人”居住的地方。他们也有城邑，也有统治者，但是整体被征服了，所以他们就被作为“鄙”进行管理。这就是“国野”制度。《国语》里边的《齐语》记载说：“三十家为一邑。”邑设有司，就是设一个官员。十邑为卒，十邑，就是300家，每家出一个人。注意，出一个人不一定是上战场打仗，可能是做后勤、做运输等。十邑就是一个卒，卒有卒帅；十卒构成一个乡，然后乡有乡帅。这样的话，他把“鄙”也组织起来，这个鄙叫五属大夫。这就是“三其乡五其鄙”，这就是“作内政而寄军令”。这种行政区域的划分，蕴含着一种军事精神。所以为什么齐国率先称霸？这跟管子用军事精神管理是分不开的。

另外就是管子为了管理乡野，还实行了一种比较公正的改革，即“相地利而衰征”。什么叫“相地利而衰征”？就是按照土地的肥沃程度收粮食。广大的乡野，每一块田地质量不一样，产量也不一样，你不能说你有五亩地，他有五亩地，你那五亩地是山坡地，非常瘠薄，他那五亩地是水田，是便于灌溉的肥沃田地，却收一样多的粮食，这就不公平。所以他要“相地利而衰征”。管子治国，治纤治细，他非常讲究，要考察每一块地的质量。凭借这样的精神，他能够鼓动民心，这就是改革。

另外还有一项关乎军事的改革，就是在士、农、工、商组成的乡里边，他强调士跟士住在一起，农跟农住在一起，工跟工住在一起，商跟商住在一起。就是要重新规整，要“定民之居”。这某种程度上是和历史发展的态势相悖的。为什么这样说呢？因为士、农、工、商不杂居是非常僵化的一种划分，为了方便，就把工、商（尤其是商人）的居住地点划得很死，这非常不好。这个改革有点逆历史潮流而动，逆历史潮流而动就难以持久。它和商鞅变法用土地刺激战争热情是不一样的，杀人以获得土地，这符合人性。所以为什么齐桓公死后，齐国的霸业难以持续，有这方面的原因。

管仲的改革还特别强调什么？人才。比如说他有一个“三选法”。二十一乡的乡长要向政府推荐贤人；官长也得在自己的部门中寻找贤人，推荐人才；最后，君主齐桓公要亲自相相面，看一看，问一问，不能说谁推荐了，我们就照单接收，没有那么便宜。这叫“三选法”。三选法达到了这样一个状态，叫“匹夫有善，可得而举也”，当然“匹夫有恶，也可得而诛也”，好人能得到奖励，干坏事要受到惩罚，功过分明。这是法家精神，真正的、健康的法家精神。

经过管仲的一番变革，齐国率先适应了春秋这样一个战争时代的历史要求。管子这个人很有意思，《论语》里边对管仲的评价还是比较真实的。孔子的学生子贡和子路都质疑管仲不是个仁人志士。管仲一开始辅佐的是公子纠，公子纠跟齐桓公小白两人争位，后来小白赢了，公子纠死了。另外一位辅佐公子纠的大臣叫召忽，就死节了（注：为保全节操而死），而管仲不但不死节，还一转脸就辅佐了公子纠的敌人小白。

孔子在回答这两个学生的问题时提道：“管仲相桓公，霸诸侯，一匡天下，管仲之力也。”是谁帮助齐桓公成就霸业的？是管仲的力量啊！“如其仁！如其仁！”说这就是他的仁德，这就是他的仁德！这是很值得注意的，因为在《论语》中，孔子评价一个历史人物，很少赞美他是仁者，可是管仲就得到了这一赞美，还说“微管仲，吾其被发左衽矣”（要不是管仲辅佐齐桓公抗击夷狄，我们这群人就被发左衽变蛮夷了）。这里也提到了管仲辅佐齐桓公争霸的价值，那就是抗击夷狄，捍卫了中原文明的生存方式，所以“民到于今受其赐”，就是我们要拜他之赐。

另外，在《论语》中也说到管仲这个人的行事，说他“夺伯氏骈邑三百，饭疏食，没齿而无怨”。说管仲这个人物不简单，伯氏这个贵族做错了事，被管仲没收了封地。伯氏受罚后十分贫困，以至于只能吃粗粮，但是即使如此，到死也不埋怨管仲。像苏轼就说，九合诸侯，一匡天下容易，罚了一个人，让这个被罚的人不埋怨自己，这个就不简单了。这个人在人格上是有深度和高度的，这就是管仲有趣的一些地方。

另外，相传管仲还是中国历史上第一个提出“宰相肚里能撑船”的人。当然这个未必是管仲说的，这句话见于《管子》。《管子》这本书是战国时期的人依托管子写的。齐桓公问：“鲍叔牙能不能接你班做宰相？”当时管仲病了，但实际上鲍叔牙可能比管仲年纪大，死得更早一些，所以这件事的真实性存疑。然后管仲就说：“鲍叔牙不能做宰相。”齐桓公说：“为什么？他当初可是推荐你做宰相的啊。”管仲说：“鲍叔牙这个人是非太分明，有的时候内心就难免不宽阔。”搞政治，好人得容，坏人也得容，因为一个人的身上有君子心，也有小人心。好的宰相能让大家多发挥君子心，少发挥小人心。另外，朝廷是能获得最大利益的地方，什么人都往这儿混，一个宰相专容纳好人，排斥坏人，那坏人就要算计你，他们成事不足，败事可是有余，这就是“宰相肚里能撑船”的道理。这都是关于管仲的传说，带有强烈的智慧色彩。

孔子在评价齐桓公和晋文公的时候提到，“晋文公谲而不正，齐桓公正而不谲”，这个“谲”就是“诡诈”的意思。实际上，这是对两代霸主做了德行上的评价——齐桓公是正派的，并不耍心眼；晋文公就有些诡诈了。孟子认为，霸道就是“以力假仁”，骨子里边存的是掠夺别人权利的心，名义上却打着仁义的口号，这就是“谲诈”。这种谲诈现象，在晋文公身上体现得特别明显。后来的霸主，在某种程度上也都有这个色彩。

鲁闵公元年（前661），发生了一件事情——狄把邢国给围了。邢国在今天河北省邢台这一带。邢国的使者向齐国求援。这个时候齐桓公已经在位25年了，管子前期的改革已经实施完并开始奏效了。齐桓公拿不定主意，就问管仲：“我们救不救？”管仲说了一句话：“戎狄豺狼，不可厌也；诸夏亲昵，不可弃也。”注意，这十六个字非常重要。“戎狄”就是指当时的异族，和“华夏”相对。

“诸夏亲昵”，诸夏就是华夏，华夏的这些国家，彼此都是亲人。

这实际上就说到了封建所造成的这种“一家人”的感觉。这对后来中国人的影响是非常大的。同时，管仲也是第一个利用这种民族亲近感办大事的人。民族大义这面旗帜一被竖起，齐桓公的行为就有了一个纲领——以“攘夷”为目标让大家联合起来。而“攘夷”必须有一个中心人物，这个中心人物就是周天子，这就是“尊王攘夷”。于是齐桓公就派人给邢国解围。同时，齐桓公出于安全的考虑，把邢国迁到了夷仪。关于夷仪这个地方在哪儿，学者有不同的说法，一般认为是山东聊城这一带，靠近齐国。《左传》中记载，齐国和诸侯的军队在帮助邢国迁移的时候，邢国宫廷里边的青铜器、珠宝一件都没有丢。大家是一家人嘛。什么叫一家人？我帮你搬家，我拿你东西，那不叫一家人。在遭受灾难的时候，人们表现出的那种严肃、诚心诚意，才是最感人的。

这样邢国的形势基本上就稳定下来了，但是刚刚稳定不久，到了第二年，卫国又出事了。鲁闵公二年（前660）冬，戎狄开始进攻卫国。卫国在黄河北岸安阳这一带。西周初期，周公的弟弟、文王的儿子——康叔被封建在这里，有殷商背景，而且也是个老牌国家，在春秋之前是一等大国，很亲贵的国家。但卫国多年来不思进取，再加上那个卫懿公好仙鹤，让仙鹤坐战车，招摇过市，这就得罪了国民（有资格穿上铠甲去打仗的这些人）。结果，战争来了，穿着盔甲的国人就说，既然允许仙鹤坐战车，那就让仙鹤去打仗，你找它吧。这种情形下，卫懿公只好临时组织了一支军队，去迎战敌人。在出发前，他把政权交给两个大夫，大概就连自己都感觉凶多吉少了，就跟他夫人说：“你听他们的，我去打仗。”于是在荧泽，即卫国的北部，和敌人遭遇，结果大败。大败了以后，北狄一窝蜂把他围了，然后把他杀死了。这是《左传》的记载。有些史书像《吕氏春秋》讲得更惨，说狄人把他吃掉了，吃得还剩一片肝。一个叫弘演的人，一看君主死得这么惨，觉得不能让他死无全尸。于是他走上战场，找到君主的一片肝，然后把自己的肚子剖开，将肝放进去，这就等于给了君主一具尸首。

在卫国军队打了败仗以后，有两个史官被抓了起来，一个叫华龙滑，一个叫礼孔。他们两个商量了一番，觉得应该回去报信，就跟那个狄族的首领说：“我们两个是史官，掌握着卫的祭祀大权，也就是说国民听我们的，我们先去报信，让国民开城。”结果狄人就放了他们，他们两个回去后，就向本国传达了一个消息，说这城不能守了。这一消息传开后，国民一窝蜂逃离了城市，向东南跑。北狄过来以后，民众连个依托都没有，毫无组织地撤退，结果被北狄砍瓜切菜般屠杀。民众向东南渡过黄河后，数一数幸存的人数，一个几百年的老牌国家，最后还剩下730人，这是非常惨痛的。

这个时候卫国的臣民就盼星星、盼月亮地希望诸侯能伸出援手。在这个时候，齐桓公遵循着“诸夏亲昵”这样一个大原则，率领诸侯沿着黄河一岸布防，是很名正言顺的。当然，实际上他只能守住黄河的东南，黄河西北岸基本上已经沦陷了。由此可见，那次北狄入侵是一次很大的异族进入中原事件。有学者探讨说，北狄为什么跑到平原上来肆虐呢？这应该和晋国有关系，因为晋国在山西境内剿灭这些戎狄，扩张领土，于是戎狄就过了太行山，向华北平原的华夏人群复仇。而齐桓公他们这些人就沿黄河东南岸防御，正因为如此，北狄才没有进一步泛滥。这也就是孔子所说的“微管仲，吾其被发左衽矣”的由来。

《左传》中记载，齐国还给了卫国的民众很多门材、木材、鸡鸭。另外君主出门得坐车，尤其是君夫人，但逃离的时候也许是太慌张，连车驾都不知道丢哪儿了，于是齐国又送给君夫人涂有色彩、图画的车，还有一些礼服。这样，卫国人算是得救了。

齐桓公把局势稳定了以后，先在曹这个地方给卫国建了个临时都城。卫国君主代代更迭，卫懿公死了，戴公即位，接着戴公也死了，然后卫文公即位。但卫国人不能总是在临时都城里待着，于是齐桓公又组织诸侯，在今天的河南滑县，花了几年时间替卫国人把都城给建成了。卫国人住进新的都城，很高兴，连丧亡之痛都忘掉了。所以《左传》记载：“卫国忘亡。”后来卫文公又发奋努力，若干年后恢复了国家。以上就是齐桓公的霸业。

这一霸业使中原诸侯看到，齐桓公是肯帮忙的，他能够用自身的力量去保护大家，所以大家都听他的。但是对管仲而言，他的目标不仅仅是通过改革打造一个强大的齐国，实际上他还有更远大的目标，那就是匡正天下。他在葵丘之会公布了这么几条：不要像周幽王那样，因为小老婆生了儿子，就动辄把立好的太子废掉；另外就是“毋曲防，毋讫籴”。什么叫曲防？曲防就是以邻为壑。大家都是周文王之后，闹洪水了，你不能修个沟，专门把水往邻国引，让洪水流到邻国去。引申之意就是不要用灾害伤害其他邻国。“毋讫籴”是什么意思？“毋讫籴”就是邻国发生灾荒了，你不能囤积着粮食，不往外放。另外不要专杀大夫，要尊重贤人，等等。这个本来应该是周天子来公布的，可是周天子家里边正上演庶子夺权的戏码，没工夫搭理这些。但这样一来，名不正言不顺。所以齐桓公攘夷可以，可要真正匡正这个天下，他是办不到的。齐桓公、管仲在这个意义上是悲剧性人物。

总而言之，我觉得孔子还是看得比较真切的，当时如果没有一个人挺身而出，那戎狄泛滥，华北地区的诸侯国可能就沦陷了。沦陷了以后，华北地区的人群就只能“被发左衽”了，中原华夏这种建立在城邑、农耕基础上的文明生活，可能也就丧失了。

这就是齐桓公的霸业。

春秋五霸大事迹

前面我们谈到，孔子对齐桓公的评价是“正而不谲”。那么齐桓公之后的诸侯又有很多变化，例如晋文公就“谲而不正”，就是诡诈而不正派。齐桓公有管仲这种明白人辅佐着他，讲民族大义，所以他“存邢救卫”，担起了一种霸主应负的责任。所谓霸主就是代行天子的权力，管理诸侯。那么管理诸侯必须得捍卫诸侯的生存权利，同时也捍卫了中原文明的生存方式。

跟齐桓公属于同类的还有宋襄公，他讲仁义、讲公正，但不合时宜。他讲“不鼓不成列”“不禽二毛”“不重伤”。“不鼓不成列”就是对方没有排列好军队的时候，你不要去打。西周讲秩序的时候，王权控制天下，可以讲这一套。因为“大刑用甲兵”，我征战你是要纠正你的错误，所以大家要排好队伍打一仗。“二毛”就是老人。“重伤”说的是什么呢？“重伤”就是一个士卒在战场上已经受伤失去战斗能力了，你不能再去把他扎死、砍死，这是不对的。国际红十字会是讲这个的，国际战争法庭也是讲这个的，但是宋襄公却不应该这样做，因为他的敌人是丝毫不讲这个道理的。这就造成一种结果，就是把自己的民众推向战场，让他们像猪羊一样被人宰杀。

从晋文公开始，几位霸主各有特点。而晋文公按孔子的说法就是诡诈，就是不诚实、不正。晋文公在霸业初期，也是辅佐王室。但在公元前636年，王室出了点丢人现眼的事情——当时东周的王是周襄王，周襄王从北狄娶了个老婆，这个老婆跟周襄王的弟弟王子带好上了，后来王子带还伙同嫂子，把哥哥赶到郑国国境内去当寓公（喻指贵族、官僚等流亡外国，此处指周襄王被王子带赶到郑国），这样的话天下无王，正是称霸的好机会。晋国人，像子犯（晋文公的舅舅）他们，就提出：尊王以号令诸侯。晋文公的舅舅目的不是要尊王，而是看到了借尊王以立大功的机会。扶正了王以后，晋文公就向周王提出了非分的要求——“请隧”。这事在《国语》跟《左传》里边都有相关记载。关于“隧”，学术界有两种解释：一种是“天子六隧”，就是天子死了以后，要修六条墓道；“六隧”还有一种解释，就是指郊外的原野。晋国一开始封建的时候，它的国土很小，地位也不高。按照《左传》记载，它只能“坐一郡”，这是个小诸侯，大诸侯可以“坐三郡”，天子“坐六郡”。“请六隧”其实就是索要郊之外的广大原野，也就是要地盘。另外，按照过去的那种区域划分，晋国属于王畿千里，就是周王直属范围的诸侯，它只能保有最基本的生存的国土，再要更多的国土，就有点非分之想了。

周襄王这个人，虽然性格有点软，但是在政治上也还不算是彻底窝囊。于是他就用不软不硬的话，把晋文公给顶回去了，说：“叔父，你以六隧为条件的话，你就得重新打天下了。按照我们老祖宗的规矩，你是没有资格提这个要求的。”这样一来，晋文公也没辙。但是既然晋文公的要求已经提出来了，那么王必须得出点血，于是王就把南阳的阳樊、温、原，还有州、陉、絺、鉏、攒茅，这些田给他了。这个南阳不在今天的河南南阳市，而在洛阳以北、山西南部，即太行山南侧的阳坡地上，那里都是肥沃的良田。晋文公为了造成既定事实，没等周王的话音落地，马上回家组织军队，驱赶当地的民众，想强行占下这个地方。

结果在收阳樊的时候，阳樊人不服，晋文公就把阳樊围了。围了以后，他就说，如果你们不服，那我就要“残其民”，要残杀里边的民众。这个时候，有个叫仓葛的，隔着城跟晋文公说：“重耳你是谁？我们又是谁？我们原来不是一家人吗？这个阳樊里面住的人，不是王的父兄，就是他的甥舅，这都是亲人啊！如今您平定了王室之乱，却要残害他的姻亲，老百姓怎么拿你做榜样？”晋文公一听，觉得这个人说得有道理，于是就把阳樊人放出去了，但是地盘还得要。

伐原的时候，晋文公还做了这样一件事情。他跟大家约定，如果不能在七天内攻下原，就命令士兵班师回朝。结果过了七天原还没有降，晋文公就下令撤军。这就体现了晋文公的心计，他要向大家表示我讲信用。此时，有间谍传信说，原这个地方坚持不了一两天了。但是晋文公说：“哎呀！既然我跟大家约定了七天攻不下原就撤兵，那即使他们投降，超过了七天，我也要撤兵。”这个消息巧妙地让原城里边的人知道了，大家觉得这个人好讲信用，于是就请降了。

从这些事情里都能看出他那种惺惺作态，要把自己放在道义的立场上去办事情的心理。我们知道晋文公的定霸之战（晋国从此取代楚国成为霸主），是城濮之战。城濮之战这场战争，楚国这边的将军是子玉，他出自楚国的既得利益者家族，能打，有本事，但是情绪非常暴躁，有点目中无人。而晋文公他们这帮人老谋深算，就利用了他这一性格弱点。晋文公的舅舅子犯说了一句话，“师直为壮，曲为老”。什么叫“师直为壮”？“师”就是军队，出师有名，站在道义的立场上，那气就壮；理“曲”了之后，军队士气就低落。为了“师直为壮”，晋文公君臣就千方百计地装出一副不愿意打仗，却又不得不打仗的样子。我们知道，春秋有四个大国，北方的秦、齐、晋，南方的楚。现在晋、楚在打仗，晋国这边采取了很多措施，让秦和齐都站在了他们一边，这样一来，这场仗就打赢了。可怜那个子玉，他被老谋深算的晋文公，还有子犯、先轸这些能掐会算的大臣，玩弄于股掌之上。

总而言之，我们看晋文公，他既以扩大自己的利益为争霸的目的，又把自己打扮成天下的共主、维护天下公平的人，他是尊王的，是攘夷的，把楚国当成假想敌，以此来号令大家。

这是一大变化，以后的霸主，都带有这一色彩，历史就进一步滑向了歪斜的方向。

那么秦穆公导致的历史变化是什么呢？实际上不在于他争霸中原的成就，而在于他霸西戎（就是向西发展），开地十二，也有人说是二十。这在中国古代的边疆开拓史上是有重要地位的。实际上诸侯大都发挥了这个作用，尤其是楚国。楚国八百年，由汉水流域向江汉流域，甚至向今天的岭南地区进发，为边疆的开拓做出了巨大的贡献。

秦穆公霸西戎，开地十二是其中表现得比较突出的。前面我们说过，秦穆公这个人死活想往中原发展，到中原来做霸主，因为这样更风光。但是他打完一仗——崤之战，这一梦想就破灭了。他本想趁着晋文公去世，悄悄地派一支军队从晋国国土上穿过去，偷袭郑国。当年他帮助过郑国，郑国也希望秦国能派兵保护它，于是秦国就派了一支军队在郑国驻扎着。秦穆公想利用这支军队掌握着北城的钥匙这一优势，偷袭一下郑国。但事实上秦军要走好几百里地才能到郑国，这种偷袭是很难成功的。结果，当这支秦军回来的时候，晋国人在先轸的领导下阻击了他们。这会儿晋文公刚死不久，他的儿子晋襄公还没有正式即位。本来替国君服丧应该穿丧服，可是没办法，要打仗，只能脱下丧服，披上盔甲。结果就在崤这个地方，晋军一战大败秦军。

崤山是山岭地带，有学者说东西大概长7.5公里，这是一条一线天式的通道，十分险峻。

秦国不是没有明白人，当时有个蹇叔，在秦穆公向东偷袭的时候，就为他的两个儿子哭泣。他那两个儿子跟随军队出征，他就说你们俩肯定回不来了，你们俩死了以后，我都不知道你们的尸骨埋在哪儿。秦穆公不听。结果这一场战争，晋国跟山地的戎人配合，就在这个狭长的谷地打了一场伏击战，也就是著名的崤之战。

同时，《公羊传》说这场战争秦国人是“匹马只轮无反者”，没有一匹马、一辆战车完整地回来，三个主帅都被抓了。这一场战争从军事上讲是晋国的完胜，但是从此秦晋渐行渐远，秦国人之后转为跟楚国人合作。所以这场战争晋国虽然打赢了，但从政治上来说是失败的。实际上，赵衰（就是当年跟随晋文公出奔的那个赵衰，他死了以后谥号“成子”）对这场战争是有不同看法的。后来他提出，如果秦国要报复，我们让它胜一回吧，不然这关系没法挽回。

然而他已经老了，说话不算了，当时主政的是善于军事谋略的先轸。总而言之，秦穆公从这以后，明心见性了，知道秦国要想向东发展，决跳不过三晋这堵墙，于是就转头向西发展。他任用大贤人由余攻略西戎，由余来自戎狄，他是一个从中原逃到戎狄的有文化、有智谋的人，就这样秦穆公“遂霸西戎，开地千里”。这为后来秦国的基业奠定了很好的基础，也把中原文化多多少少向西拓展了。这是他的历史贡献。

那么楚庄王又是什么样的人呢？

我们说过，楚国争霸的过程，就是开发南方的过程。实际上他们从西周开始，“筚路蓝缕，以启山林”，对中国的南方开发做出了很大的贡献。在齐桓公争霸的时候，楚国向北的势力实际上已经发展到河南省的南部甚至中部，离今天的郑州不是很远了。之后齐桓公称霸，晋文公跟着称霸，他们向东南发展，这会给历史带来新的变化。楚庄王的争霸战就是邲之战。这个“邲”在哪儿呢？就在今天郑州西边荥阳这一带，黄河边上的一个小地方。这也就是说，楚庄王的势力高峰时期，是到达了黄河岸边的。

邲之战爆发时，晋国正值内乱。这场战争，晋国虽然派人出战了，但是将帅不和，这样一来这个仗肯定没法打。结果，邲之战晋国人惨败，但败得很有趣。比如说在胜利的楚国人追逐晋国军队的时候，晋国的战车上边装了很多旗子和装备，跑不动。后边追的这些楚国人就告诉他们，说你们把这个旗子拔了，你们就跑得快了。楚国人之所以对溃败的晋国人那么客气，是由于楚庄王的态度。《公羊传》里记载了楚庄王的一段话，大概意思是：我们两个君主不和，跟这些小民无关。这就是楚庄王，显示了一种高度的人道精神。

《左传》中记载，邲之战的时候，楚庄王来到战场，看到尸横遍野。这个时候有个大臣就提出，国家取得了这么大的胜利，能不能修一个京观[1]，纪念一下？楚庄王这时候说了一番话，大致意思是说：西周武王建国的时候，曾经演奏过一个大武乐章，这个大武乐章讲了七种战争的德行。其中最主要的原则就是“止戈为武”，这个“武”字，下面一个“止”，上面一个“戈”，这意思是“止戈为武”。七种武德分别是“禁暴、戢兵、保大、定功、安民、和众、丰财”。“禁暴”，就是禁止暴虐事件发生。我们打仗是为什么？“大刑用甲兵”，当列国有暴虐事件发生时，我们要用武力去禁止。“戢兵”就是收兵，把兵器收起来，实际上就是“止戈为武”的意思。“保大”，就是要保证大权应该在王手里边。“定功”，就是使功劳、功勋确定下来。“安民”，我们要使民众得到安稳。

1　古代为炫耀武功，聚集敌尸，封土而成的高冢。——编者注

"和众"，使大众得到和谐，大众和谐了，天下的财富就多起来了。这叫"武有七德"。说完他对战争的理解之后，楚庄王又带着尊敬的态度评价那些死在战场上的晋国士卒，称他们是"名节尽忠，以死隽名"，说这些人都不是坏人。民众尽为国事叫"尽忠，死君命"。他们都是听了君主的命令，抛尸在战场上的，修一个纪念碑把他们镇压在下面，这并不能体现我们的善良。他接着又补充道，什么情形下修京观呢？抓住了那些扰乱天下的大奸大猾后，修京观，这是可以的。至于眼前这些死在战场上的人，并不是坏人，都是一些忠臣，他们是为了国事而死在战场上的。我们为他们收尸，埋起来就行了。这是一种令人感动的悲天悯人的精神。

楚庄王对战争的理解，在当时的诸侯中，可以说是无出其右；而在能够原谅敌人这一点上，即使是后世的中国人也很少有能理解的。当然楚庄王这也有可能是在邀买人心，但是能说出这一番话来，能够对敌人的尸体予以原谅，无论真假，都是值得我们珍视的。

以上就是春秋五霸：齐桓公、宋襄公、晋文公、秦穆公、楚庄王的事迹。

吴越争霸：历史重心向东南倾斜

前面我们说到五霸的特点，以及他们之间所显示的历史变化。春秋争霸的历史变化，实际上有很多方面，下面我们就来谈谈争霸以及争霸之后的变化。

首先，春秋争霸一开始的重心在中原，但春秋五霸过去之后，历史的重心就开始向东南方向倾斜了。到了春秋中后期，吴越渐渐兴起。这一现象在中国历史上很重要。我们知道，远古时期，在今天的长江中下游这一带，就有河姆渡文化（是中国已发现的最早的新石器时期文化遗址之一，位于宁波余姚市河姆渡镇）、良渚文化（是中国新石器时代晚期文化遗址，中心位于杭州市区西北部瓶窑镇）。商代的时候，在今天的江西一带，有所谓的吴城文化，考古人员在江西一带发现了一些青铜器。再往后，就到了有文字记载的时期，也就是吴越争霸。而吴越争霸实际上就是由于楚国不断地向南方拓展，惊醒了吴越这一带所潜在的历史力量，促使它们崛起。其实，自远古以来，这个地区始终有人生存，只是没有崛起的契机。

《左传》以及清华简（由清华大学收藏的一批战国竹简）中《系年》这一篇，也讲到吴越争霸和晋楚争霸的关系。这种关系很有意思，跟一个女人有关。这个女的叫夏姬，她是郑穆公的女儿，嫁给了陈国一个叫御叔的大夫。夏姬生了一个儿子，叫夏征舒。但是清华简出土的文献《系年》有不同的记载，说夏姬的丈夫就是夏征舒。这个女人长得非常漂亮，陈灵公、孔宁、仪行父就组团到她家去瞎闹。夏征舒长大后，就用强弓硬弩把陈灵公给射死了，而仪行父则逃到了楚国。这样一来，楚庄王就找到了灭陈的理由，一下就把陈国灭了。后来他听了大臣的建议，觉得灭一个国家，带来的负面影响太大，所以又恢复了陈国。就这样，夏姬作为战利品，来到了楚国。楚庄王对她很感兴趣，但是大臣劝他，说这个女人不吉利，妨男人。楚庄王还是英明的，一咬牙没要。但是按照《左传》的说法，子重、子反也都想要她。

这时候有个叫申公巫臣的就站出来，说这个女人已经弄死好几个男人了。子重、子反一听这个，摸了摸脖子也打消了念头。后来楚庄王就把她送给了连尹襄老。在灭陈之后的邲之战当中，连尹襄老也死了。之后，连尹襄老前妻生的儿子黑要也跟夏姬有了一种瓜葛。这个女的长得漂亮，所以人见人爱。

十多年过去了，申公巫臣始终对夏姬念念不忘，后来他就约了她一块儿逃跑。他让夏姬到郑国去找她丈夫的尸体，然后约定在郑国见。申公巫臣是外交官，他到齐国访问，在回来的路上就将复命的任务交给了副使，自己跟夏姬一块儿跑了。就在这个时候，子重、子反等留在楚国的大臣得知了这一消息，心说：你不让我们娶，原来你是给自己留着！结果，这两人就把申公巫臣留在楚国的家属杀掉了，这是泄私愤。

我们可以大胆猜测，巫臣和夏姬之间应该是有某种默契的。按照《左传》的记载，陈国灭亡的时候，夏姬的儿子已经能开弓射箭杀人了，他的年岁肯定不小了，那此时的夏姬怎么也得三十多岁了。又过了十来年，夏姬早已经是老太太了。但是，文献记载未必可靠，关于她有很多不可信的说法，比如说她三次返老还童，回到18岁。所以我们说为什么清华简《系年》可能更可信呢？如果她是夏征舒的媳妇，那申公巫臣跟她跑的时候，她应该还在诱人的年纪。总之，因为申公巫臣把她带走了，所以楚国人杀掉了他的家属。申公巫臣就立下毒誓，要让楚国从此不得安宁！于是他就跑到晋国，向晋国提了一条建议，在楚国的背后培植一股力量，也就是吴国。

而后来吴国又得到伍子胥和孙武的帮助，吴王阖闾依靠这些人霸业中兴。而吴国的崛起，又引发了越国的崛起。而越国的崛起很有可能就是楚国人在吴国背后培植的力量。

总之，历史大势向南方滚动，春秋争霸由中原发展到南方长江下游地区的吴越。孔子在世的时候，其他诸侯国就受越国、吴国的威胁，吴国甚至在伍子胥的领导下，三战入郢，打了著名的柏举之战（公元前506年，由吴王阖闾率领的3万吴国军队深入楚国，在柏举击败楚军，随后占领楚国都城郢）。

在不断的战争当中，中国文化的热点在不断地扩张，这是一大变化。

还有一项很重要的变化，那就是在争霸过程当中，尤其是霸业结束了以后，列国的大家族开始兴起。这些大家族，尤以晋国的家族为典型。而晋国自进入春秋以来，为了保证权力的合理继承，有一条规矩，叫“不畜群公子”，就是不养群公子。一旦老的诸侯确定了接班人以后，其他的公子就到其他国家去做“寓公”，免得他们生出非分之心——夺权。我们知道当时是个家族时代，要想打仗就得利用一些家族，于是统治者就在晋国内部培植了几大家族，其中有范氏、中行氏、韩赵魏三家，以及栾氏等六七个大家族，这些家族慢慢火并，后来剩下三家，也就是韩、赵、魏。

这和后来春秋战国之际发生权力更迭有密切的关系，贵族权力内部的大家族趁势崛起。我们看到，历史在不断重演。周王的贵族，为国家征战，慢慢发展出一个庞大的贵族阶层，导致王权衰落；而在列国，这种情形重演了一遍。这是第二个方面的变化。

还有一项变化就是国人走下了历史舞台。国人这个群体变成了“编户齐民”，就是一般小百姓。这在中国历史上是非常重要的一项内容。

什么意思呢？我们要从封建制开始说起。前边我们也讲过，有些学者说国人是平民，实际上这都是受西方历史的影响。因为西方的确有个平民阶层，在和贵族阶层不断地较量，争取权利。比如罗马，一开始罗马人的公民权只被授予了很少一部分人，罗马城里边的其他人，比如手工业者以及非罗马人，就不断地向贵族要求权利。一开始设保民官保护他们的权利，后来他们进入议会，人家开会商量事情，他们就搬个小板凳，坐在旁听席上，再后来慢慢就有了投票权。所以，在西方，平民阶层向贵族争夺权利的阶级斗争是非常明晰的。于是有的学者就受了这个影响，认为所谓国人就是平民，实际上不是，要比那复杂得多。

还是从封建说起，封建的时候，比如伯禽封于鲁，他必须带着他的家族、亲人们一起前往鲁地，这些人就是贵族。但我们说“开门七件事——柴米油盐酱醋茶”，过小日子是这样，一个国家也不例外，同样需要手工业者，需要各方面的人。所以我们看到，西周封建的时候，就把一些殷商人中有手艺的，直接分配给诸侯。像鲁国在《左传》中就有对长勺氏和尾勺氏的记载。《曹刿论战》里边讲战于“长勺”，这里的“长勺”指的就是做长把勺的这个人群。在西周封建的时候，殷商遗民长勺氏就被封给了鲁国，同时晋国封建的时候得了九族，卫国封建的时候得了殷民七族。这些人相对于周人而言，他们是被征服者，而在土著眼里，他们实际上都是征服者、闯入者。

对于周人来说，这些人是殷商遗民，如果不好好待他，他不给你干活，他跟你不一条心，你怎么办？所以我们看到周人对这些人也是以拉拢为主，给他们立社，赋予他们相应的政治权利，他们也就成了国中人。所以国中人成分非常复杂，绝对不像罗马那样有清晰的阶级斗争，而是有不同的来历。所以我在《中国文化史》里边讲，国人就是城里人。虽然城里人也有等级之分，但是他和城外的野人是不同的。我们知道“国野对质”，野人就是土著，而国人就是周家封建的时候，在土围子周边生活的这些人，这是诸侯权力得以存在的基础。如果把姬姓的贵族比作石头，那么被分配给周人的殷商遗民就是砖瓦，虽然脆点，但也是材料；野人就是被征服者、被管理者。当然从大的文化上说，野人到了春秋后期也有晋升的机会了。所以孔子说“先进于礼乐，野人也。后进于礼乐，君子也”。意思就是野人要想做事，就要先学习礼乐，那些先做了官再学礼乐的都是国中人，因为他们属于周家比较亲近的人。

这些国人实际上是有不少权力的。《周礼》里边讲，有几种事情必须征求他们的意见。比如说国家有了大危难以后，是战，是和，还是迁走？诸侯要召集国人到自己的庭院来，进行商量、表决。国家想迁都，迁不迁？得和国人谈一谈。另外就是国家立君主，确定不了人选，贵族内部已经没法子了，这也要征询广大国人的意见。这些权力都是原始的民主遗风。因为大家都是从外地来这儿闯荡的，如果不一条心，那事就没法办了。但是到了春秋时期，这些人慢慢就被老贵族忘掉了。到了战国时期，他们和野人一起变成了纳税户，编户齐民了。

铁器、初税亩和“国人”权力的失落

讲国人就必须涉及一种税制的改革，那就是“初税亩”。这种改革实际上直接导致了国人处在了一种新的经济地位上。这就使国人从一个有相当大政治发言权的群体，变成了后来的一些纳税户，也就是“编户齐民”。

在西周时期，国人是出劳役的一族，他们要为君主、诸侯服十分之一的劳役，比如说100天，你要抽出10天来，这就是十分税一。但是随着铁制农具的出现，历史开始出现变化。春秋到战国最了不起的变化，就是铁器在农耕方面的广泛使用。铁器什么时候在中国大规模地运用于农耕，学术界有大致相同的看法，基本上就是从春秋早期开始的。

商朝时期，在中国的新疆，就有人工冶铁的痕迹（新疆那个时候还不属于华夏）。在商代，人们就开始用陨铁打造一些工具，有考古发现的实物可以证明这一点。在河南省古虢国遗址发现了春秋早期古虢国玉柄铁剑。在西周时期，四川这一带曾经向王朝贡铁，这见于《禹贡》——《禹贡》应该是西周中期的文献，里面讲到四川这一带要向王朝进贡一些珠宝和铁，可见那个时候铁器还是比较珍贵的。那么到了春秋时期，铁器开始广泛地运用于农耕，于是推动了生产力的发展，引起了中国社会大家族劳作方式的解体。人们从此就开始更广阔地开垦土地。这个时候诸侯觉得再用劳役地租的方式就不合理了，于是就要重新丈量一下你的土地，然后根据你现在开垦的土地的大小，向宫室和诸侯纳税。

所以《春秋》经记载，宣公十五年（前594）提出初税亩。晋代杜预对其进行了注释："公田之法，十取其一；今又履其余亩，复十取其一。"这实际上是增加了人们的负担。《左传》在记载这个事情时也说"初税亩，非礼也，谷出不过藉，以丰财也"。说它不合礼法，明确表示反对。所以《公羊传》说，为什么《春秋》要记载初税亩呢？就是为了讥讽当权者贪得无厌。在周代，中国只有几百万人口。偌大一个黄河流域，人口数量如此之少，可以称得上是地广人稀。《左传》记载，一直到春秋后期，在今天的开封到商丘这一带，还有许多邑的荒田闲置。当铁器使用普遍了以后，勤劳的中国老百姓，自己主动去开垦土地，这未必是政府组织的。政府觉得过去的纳税方式不合算了，所以要履亩而税，这实际上是一种扩张权力的表现。

一种新的工业技术——冶铁技术的出现，为当时带来了巨大的变化，人口增加了，国土上田亩数量也增加了，从而使得各国的实力得到增强。但是如果细说起来，百姓得到的利益，并不像我们想象的那么多。

有人说，原来开垦土地没有合法化，现在履亩而税了，就是无形中承认了土地的私有制。注意，这是一个误解。因为一块土地，它最实用的价值就是产粮食。田里如果产了100斤粮食，诸侯说收10斤就收10斤，说收20斤就收20斤，这种情况下，普通百姓的私有权是残缺不全的。这是中国历史上一个非常显著的特点，就是民众在捍卫自己的劳动所得方面，力量是非常脆弱的。

马克思在他的经济学著作里边曾经说过这样一个观点，他说在中国古代的税收以及经济生活方面，政府是直接跟农民对立的。所以我们说“初税亩”不是在承认私有制，这种所谓私有制是虚假的。像汉武帝这样强横的君主，打仗没钱了，他就强行规定，家里有多少钱，你就给我出多少钱，这叫“算缗”。到了这个时候，这种私有制的虚假性就显示得更加清楚了。这是中国历史的一个非常重要的命门，所以我们说理解这个问题是理解古代的一把钥匙。

这就导致了后来国家权力的日益膨胀。周武王伐商的时候就几千号人；晋文公打仗的时候，也就几千号人。但是一进入战国，一个廪丘之战，齐国、卫国跟三晋打，光是撂在战场上的尸体就有3万具。我们可以看到国家组织军队的能力是无限扩张的，这还是战国初期。有些学者说，初税亩只是被记录下来了，但因为大家反对，所以并没实施。我们不能相信这一点。为什么？因为如果没实施的话，国家养军队的钱是从哪儿来的？这是一个很大的问题，国人的政治发言权失去了以后，很多其他的权力也就保不住了。

过去山东有一个学者，他有一篇文章讲，春秋时期，在整个的社会生活中，存在着很多的民主遗存。实际上我觉得用“遗存”的说法可能有点不合适，但这篇文章仍然给我们留下了深刻的印象，因为它非常有启发性。他举了好多例子，来证明国人（一般民众）有好多权力。比如像春秋比较早的时候，卫懿公之所以惨败，就是因为他好仙鹤。我们前面讲到过这个事情。他因为好仙鹤而得罪了国民中那些可以打仗的人。结果北狄入侵的时候，这帮人就说你不是让仙鹤坐战车吗，让仙鹤去打仗吧。通过这件事你可以看到，得罪了国人，会导致一个国家陷入生死存亡的危机。另外，在曹国发生过一件事情，它的君主被晋国抓走了，抓走了以后曹国的国人不干，就把这件事情捅到诸侯大会上，晋国最后没办法，就把他们的君主放回去了。还有一个例子，宋国有一个贵族杀了君主，国人深恨他。结果有一天，宋国闹疯狗，大家追着疯狗一路朝这个贵族的家来了。这个贵族因为心里有愧，以为是来抓他的，撒腿就跑。我们说中国的春秋时期不能算是民主制，实际上是分权的贵族制，虽然如此，但国人还是有相当的权力的。然而，随着国人经济地位的下降，我们可以看到，许多方面，国人都在失去权力。

比如说在西周有一个大蒐（sǒu）礼，什么是大蒐礼？就是国家要打仗了，然后男性贵族们，以及那些在国家政治生活中有发言权的男人，要举行一次狩猎大赛，驾起战车去狩猎，谁表现得好，就选谁做中军主帅。选完中军主帅后，就要公布法度，因为你既然选了他，就要听他的。另外在战争中如果有人临阵脱逃，那要在大蒐礼上当着所有有权力的男人的面说这个人该怎么处罚，这是惩治权。这个仍然是一种古风的民主，到了春秋后期，这种民主就慢慢地消失了。

之后在晋国发生了一件事。范宣子、赵央等大臣，在最后一次大蒐礼上，让大家出点铁，然后把国家的一些法度铸在铁上，以后再也不举办大蒐礼了。于是也有些学者说，这是中国首部成文法的公布，但是这个成文法和十二铜表法不一样，不是为了捍卫私人的权力。国家公布这种法律，是为了明确量刑标准。以后有事，按法度来，再也不用召集所有的国民来商量，来决策了。这种所谓古风的民主就逐渐消失了。

这种权力的消失，在春秋时期是一个非常大的变化，民众的地位变得越来越低了。为什么会出现三家分晋、田陈篡齐？历史也给我们透露了一些信息。20世纪70年代在山东银雀山出土了《孙子兵法》，其中有一篇叫《吴问》篇。吴王问孙武子："你预测将来晋国谁能够最后得势？"孙武子回答："韩、赵、魏。"为什么是韩、赵、魏呢？因为其他家族对民众比较抠门。比如，按照过去的算法，"六十步见方"是一亩，那么韩、赵、魏在租赁给大家土地的时候，规定一亩地交10斤地租，但在实际收税的时候，租给你一亩地收你10斤粮食，现在租给你三亩地，也只收你10斤，民众当然就得到好处了。当那些诸侯在虐待民众时，有些大夫之家开始邀买人心。这些大夫之家用这种方式让民众支持他们，韩、赵、魏得势应该说是必然的。

这是在三晋。那么在齐国发生了什么呢？发生了田陈篡齐。"田陈"[1]指从陈国来的一支田氏贵族。陈国在春秋初期发生内乱，这个时候正是齐桓公时期，当时有个陈公子叫完，也就是陈完，他来到齐国以后，就在齐国做工正。田氏一连七八代都担任工正一职，累积了财富。转眼之间就到了齐景公时代。我们知道鲁迅有句诗"横眉冷对千夫指，俯首甘为孺子牛"，这个给孺子做牛的就是齐景公。据说齐景公的儿子要骑马，骑马得拉缰绳，于是齐景公就叼着绳子给儿子当马骑，最后栽了一个跟头，把牙都摔掉了。他对儿子那么好，可是他对民众如何呢？有一年，晏婴（我们知道晏婴是齐景公时候的大贤臣）到晋国去访问，访问之余和另外一位晋国的贵族叔向，谈到了自己国家的政治，非常忧虑地说："保不齐我们的权力早晚落到田氏手里边。因为田氏现在有钱，他们从山上弄来山货，运到齐国卖，那个价格跟在山上的价格是一样的，他们从海上将鱼、盐运到齐国都城里卖给百姓，那价格仍然是不涨一分。这不是赔本赚吆喝吗？这赚的不是吆喝，而是人心。除此之外，他们借贷给民众的时候，用的那个斗很大。而向民众收取的时候，就拿政府规定的那个小斗收，这就是'大斗出，小斗入'，这样的话，民众必定趋之若鹜。"叔向也说："我们也快

1　"陈"和"田"古时同音，田氏祖先是陈国公子，到齐后改姓田。——编者注

了，我们的国民对君主，就像对待寇仇一样。”老贵族就这样一步步走向灭亡，为什么？因为他们忘记历史了。

封建制所形成的这种君臣关系，它不是一种对立关系。一个贵族带领他的民众到远方去创立一个邦国，大家是一个命运共同体，非得一条心不可。一旦他们忘掉了这个以后，将来有阴谋家夺权，民众就会假装不知道，或者反过来参与其中。后来，齐国的田氏家族就杀了孺子，让公子阳生上台（田乞对齐晏孺子继位之事很不高兴，他后来拥立了齐景公的另一个儿子公子阳生为国君）。齐国的老百姓就假装没看见，这样的话，田氏就把权力夺走了。而在晋国，三家最终也分了晋。

我们说天下没有免费的午餐，三家分晋、田陈篡齐若干年以后，孟子看到齐国、魏国“路有饿殍，厩有肥马”。那么，我们就要问了，田陈和韩、赵、魏当年扩大田亩的精神哪儿去了？你大斗出小斗入的精神哪儿去了？前面我们说他们是“邀买人心”，原因就在这儿。一旦他们得了权以后，当初你吃下去的“免费”午餐，如今得利滚利地还给我。政权的更替，并没有对民众的生活状况有任何改善，反而因为大量战争的出现使生活变得更困苦了。

在经济上虚假的私有制，以及与此相伴的民众各方面权力的失去，直接将历史引向了战国，也产生了权力的更替，诸侯更大规模地驱使民众上战场，去争夺最高权力。这一点在战国表现得更为明显，于是新的历史阶段到来了。

战国五个阶段的搏杀史

“战国”这个名字，出自《战国策》，在《秦策》《楚策》中都出现了这两个字。所谓战国就是七个国家不断地进行兼并战争。但是，有学者统计，春秋250多年，战国也是250多年，但战国的战争频率反而要比春秋低一些。原因也不难理解，因为战国只有七个大国，春秋列国就多了。司马迁在他的《史记》里面的“表”上就写，大的诸侯有12个，实际上数目远不止这些。因为列国多，所以你打我一下，我打你一下，如果这些都算是战争的话，数量当然就多了。

战国从哪一年算起呢？有两种算法。

一种是公元前475年，司马迁在他的《史记》的“表”里面，记录了六国的年表，六国指秦之外的东方六国，这实际上也就是战国的年表。它从公元前475年（公元前475年即周元王元年，为《史记》的《六国年表》开始的那一年）开始，结束于秦始皇统一中国，即公元前221年，这样的话，加起来就是255年。

还有一种算法，是从公元前403年，到公元前221年。为什么呢？因为公元前403年发生了一件大事，就是东周的周威烈王承认了韩、赵、魏三家为诸侯。韩、赵、魏三家虽然瓜分了晋国，但他们得领到“营业执照”，才算是合法。这种算法比从《六国年表》开始的那一年算，要少73年。现在史学界更倾向于以《六国年表》开始的那一年为战国的起始点，即公元前475年。在这样一个时期里，我们可以把战国的历史分成五个阶段。

第一个阶段有90年的历史。这90年的历史，前半段还在春秋的尾巴上，越国还在称霸。我们知道越王勾践打败了吴王夫差，灭了吴国。但是不久，越国就被楚国灭了。

战国初期的历史主角是魏国，魏文侯把魏国打造成了一个一流的强国，他的霸业维持了一百多年。魏文侯这个人，在历史上不是很出名，他的名声要比魏武帝曹操小得多。可是要论政治文明，这个国家的文明程度还是非常高的，很值得重视。他用了一些有儒学背景的贤人。其中的代表人物之一就是李悝，李悝“尽地力之教”，提倡生产要广种薄收，要“收获如寇盗之至”；另外，国家要注意控制物价，不要发生“长安谷贱太伤农”这样的事情。能够照顾到大多数人的利益，这就是文明。除李悝之外，还有吴起，我们知道吴起有兵法传世，他在魏国的时候，魏国的疆域达到顶峰。魏文侯做了50多年君主，他死后，由魏武侯继位。魏国鼎盛时期的90年，是包含两代君主的。魏武侯一死，魏国这90年的鼎盛期就结束了。战国进入第二阶段。

第二阶段一共是37年，这一段时间魏国仍然是一等强国。此时魏国在位的王是魏惠王，又叫梁惠王。为什么叫他梁惠王呢？是因为他把都城从山西迁到了今天河南的开封，开封古称“梁”。梁惠王在位的时候，魏国很强大。但是，此时另外一个国家崛起了，那就是齐国。田陈篡齐发生的时间，要比三家分晋晚。而齐国的这个田陈，他也想让周王承认他诸侯的地位，于是他请当时魏国的君主帮忙。所以一开始，魏国没太瞧得起齐国。齐国（田齐）早期的君主叫齐桓公（与春秋时的齐桓公谥号相同），下一任君主是齐威王。威王在位时间比较长，他任用了邹忌。此外，威王还任用了另外一个贤人，那就是孙膑。这个时候，梁惠王犯了一个错误，他想把三晋再次统一起来，将韩和赵给灭掉，于是他就开始攻打赵国。结果，齐国人在孙膑的影响下，出手救赵，桂陵之战爆发。这场战争留下了一个成语，叫围魏救赵。

十年以后，梁惠王不死心，又去灭韩。结果这个时候，齐国的孙膑和田婴跟魏国打了一仗，这一仗叫马陵之战。马陵之战我们都知道，诞生了一个“孙膑斗庞涓”的中国历史故事。这一打不要紧，魏国一百多年的霸业轰然倒塌。梁惠王受了很大的打击，他的太子也死在了这场战争中。魏国没办法，只能约齐王在徐州相会，我承认你称王，你承认我称王，咱们平分霸业。实际上这个时候魏已经衰落了。这是战国的第二阶段，以齐、魏徐州相王为标志，一共是37年。

接着就到了第三阶段。第三阶段的主要特点是齐和秦两强并治，一共是48年。齐国从威王时期开始强大，延续到宣王，然后到滑王时期霸业衰落。滑王执行了一个错误的战略，那就是灭掉了宋国。宋国位于今天河南商丘一带，历史可以一直追溯到西周建立的时候，这个国家是殷商遗民之后，由殷商贵族建立。这是个老牌国家，占着一片比较好的平原上的土地。齐湣王贪心不足，想把这块土地抢过来。他灭了宋之后，就招来天下诸侯的共愤。于是，秦国、燕国，还有韩、赵、魏这几个国家联合起来，燕国从北边打，其他国家从西边打。只有一个楚国，假惺惺地帮他，最后把齐湣王给害死了。所以齐湣王灭宋这件事情，就成了齐国霸业衰落的一个标志。

齐和秦的对峙一共延续了48年。在这48年当中，秦国崛起了。秦国的崛起是从秦孝公开始的。秦孝公任用商鞅变法，一共干了18年，为秦国打造出了一个特别适合战国时期那种列国竞争、列国兼并的国家体制。接着就到了秦惠王时期。秦惠王任用张仪，欺压楚国。所以这两个国家，一东一西，都很强大。但是，之后齐国衰落了，秦国却仍然保持旺盛的势头，这一过程延续了48年，这是第三阶段。

之后，战国就进入了第四阶段。秦惠王去世了以后，秦武王即位，但没几年他就死了。他是怎么死的呢？有一次，他跟几个力士比赛举重，扛大鼎，结果把自己的腿骨给弄折了，没多久就死了。接着就是秦昭王继位。我们知道秦昭王的母亲就是电视剧中的“芈月”——秦宣太后，实际上“芈月”这个名字是假的，应该叫她芈八子。来自楚国的宣太后辅佐了秦昭王41年，然后秦昭王自己又干了十几年。秦昭王在位共50多年，在这50多年的时间里，秦国要风得风，要雨得雨。在东方国家中，齐已经衰落了，魏也不行了，韩始终就没有强过，只有一个赵实力尚强。赵也经历了一番改革，也就是赵武灵王胡服骑射。胡服骑射改变了以战车为主导的作战方式，加入了骑兵，也就是利用了草原力量。我们知道赵国在今天山西北部，实际上它向北已经发展到了包头，就是今天的内蒙古草原这一带。草原上像楼烦人之类的游牧人群能征惯战，他把这种力量纳入军事当中，组成一支快速部队。所以，赵武灵王胡服骑射是军事改革。赵武灵王去世了以后，赵惠文王继位，廉颇、蔺相如就活跃在这个时期，形成了跟秦昭王对峙的一个格局。但是赵惠文王去世后，赵孝成王打了一个长平之战。长平之战赵国大败，赵国的有生力量被削弱了不少。三年以后邯郸又遭到秦国围困。实际上秦国如果在打完长平之战后立刻就围邯郸，邯郸就完了，可是中间隔了一段时间，这就给了赵国喘息的机会。这个时候，东方诸侯十分恐慌，邯郸一灭，赵国一完，唇亡齿寒，就轮到自己了。所以在魏公子无忌他们这些人的主导下，列国组成联军解围邯郸，甚至形成了对秦国的反攻，使秦国在战场上一时失利。第四个阶段是以“邯郸解围”为标志，一共延续了29年。这29年，历史发生了很大的变化，从战略上讲，由“合纵连横”发展到“远交近攻”。

之后，战国就进入了最后一个阶段，就是秦灭六国的阶段。一直到公元前221年，秦始皇一统天下，一共是36年的时间。然而秦帝国只维持了14年就崩溃了，其中的原因值得深究。那么，以上就是战国的总体局势。

战国大变法：人类群星闪耀时

战国是一个社会、文化各方面变化剧烈的时代，也可以说是走向新的王朝政治的一个转型时期。各国普遍都实行了变法，要把过去那种不适于征战的社会结构，改变成适合打仗、适合在兼并中占领先机的一种结构。

这个变化是最具有代表性的。战国的变化有很多，比如说国民和他的君主之间的关系发生变化了，像韩、赵、魏，还有齐国，都换了君主。另外在思想上也变了。可是主要的变化，还是政治上的变化。春秋战国第一次变法，就是管仲的变法，就是“三其乡伍其鄙”“寄军令于内政”这种改革。之后就是魏文侯任用李悝“尽地力之教”。关于这个尽地力之教，我们这里稍微详细地讲一讲。

李悝变法的全貌，今天已经无从得知了。但是，有一部分重要内容保存在了《汉书·艺文志》里面。李悝为国家和农民算了两笔经济账。从国家方面讲，土地一共有多少，除去那些不能耕种的山泽，还有人们的住宅之外，有600多万亩。这些耕地如果勤种，每亩就能够多收三升，不勤就歉收三升，这样的话，政府必须保障刺激农民的生产积极性。然后李悝又给农民算了一笔账，他说一个农民之家种100亩地（那时的100亩，合现在的30亩左右），这百亩土地能产多少粮食，缴多少税，口粮要除去多少，剩余还有多少。然后，农民将这些剩余的粮食卖出去以后，卖得的钱要进行各种宗教活动、吃饭穿衣、婚丧嫁娶。这样一来，卖粮食所得的钱不够。怎么办？只有靠政府来刺激大家生产。

政府刺激生产的手段包括几个方面：首先，号召农民“杂种五谷”，以备灾害。比如说今年适合小麦生长，不适合大豆生长，你光种大豆可能就砸了锅；另外就是力耕数耘，要使劲耕，使劲耘；最后，“收获如寇盗之至”，收获的时候就像防贼一样，一粒粮食都不留，迅速归仓。除此之外，政府还提倡在空地上，比如说庐舍旁边种桑、种菜等。农民丰收，粮食多了以后就容易导致粮价下跌。所以这个时候，李悝又在“尽地力之教”之外强调，政府应该用权力来干预。他提出了一条“平粜法”[1]。“粜”，指的是粮食的出卖。现代作家叶圣陶有一篇小说《多收了三五斗》，里面就讲了中国古代朝廷，它收税不收粮食，收银子、铜钱，这样农民就必须把粮食变卖。而政府收这个租税，它是有时间限制的，在秋收后几天内必须交齐。这样一来，越丰收粮食价格越跌，这个事情不单是先秦有，一直到唐、宋、元、明、清都有。李悝的办法是政府采取干预政策，以调控物价，不要让农民粮食丰收了，反而吃亏。我们说这是李悝变法中文明价值比较高的地方。

魏文侯这个变法，对于魏国的崛起有很大作用，在经济上他发展了生产，而且提倡多种经营，生产的深度和广度都扩大了。一个政府这样号召组织人民是很少见的，中国古代的政府经常是只会收税，但要刺激整个社会发展经济，往往办法少。

1　李悝根据上熟、中熟、下熟、平、小饥、中饥、大饥七种不同年成制定政府调控预案。熟年买入百姓手中的余粮，饥年则将其卖出，以平易粮价。这就是著名的“平粜法”。

另外魏文侯、魏武侯统治时期，任用吴起改革军事。大致就是选那些优秀的子弟去当兵，让当兵成为一件荣耀的事。除此之外，当兵还可以免除税收，但这个也带来了问题。后来荀子检讨这个兵制，说战国200多年，当兵的人一旦变多，政府的收入会锐减。但是起初的时候，效果的确非常好，在这样的制度下，魏国的军队也很能打仗。

东方还有其他国家变法，比如说吴起在楚国的变法。魏武侯时期，吴起遭到迫害，就到了楚国帮着楚王变法。吴起的变法，实际上时间很短。因为他辅佐的楚悼王死了，楚悼王死了以后，这些贵族就开始反扑。吴起的变法，主要是抑制贵族的势力，充裕民生；另外就是节省不必要的开支，加强国防，疏散贵族。疏散贵族这一条，要了吴起的命。楚悼王一死，这些贵族回来办丧事时，见了吴起，仇人相见分外眼红，就拿箭射吴起。楚国有条规矩，谁把箭射到王身上，就灭谁的族。所以吴起就爬到楚悼王尸首旁边，结果射他的人误将箭射到了楚王的尸体上。这样的话就等于嫁祸这些贵族，结果这些贵族有几十家被抄家。阻碍中央集权的，往往是贵族，当然了，这个变法的深度远远不如商鞅变法。

在齐国，有邹忌主持变法。《邹忌讽齐王纳谏》这个故事大家都听过，就是邹忌让齐王照照镜子，让他反思一下自己的国内政治。主要的变法措施就是举荐贤人，比方说举荐了孙膑。还有就是疏通民意，政府办错了事，让民众提提意见，这个变法实际上是相当浅层的。

在赵国有公仲连举荐贤人。这件事情又表现出了战国时期另外一个变化——贤人、游士的风起云涌。这些策士，自己读过书有些办法，就周游列国寻找晋身之阶。这种现象从孔子时代就开始了，春秋后期，孔子周游72个列国。到了战国时期，游走列国蔚然成风。“士”这个阶层崛起，风云激荡。在这样的风气下，当时有纵横家、阴阳家等各种各样学派的人找机会投身政治。他们有思想，也有行动。这也是那个时代比较宏阔的地方。

之后，赵国又开始了胡服骑射的变革。赵国一开始其实并不是很强，但是在赵武灵王引进草原的力量后增强了实力。要骑马，就涉及穿衣服的问题。华夏的服装有两种比较流行的样式：一个是上衣下裳（cháng），上面是一件短衣，下面要穿个裙子似的东西，这个不适合骑马；另外还有一种叫深衣，有点像长袍，外面要扎腰带，更不适合骑马。所以，赵武灵王毅然决然地把这些服装换掉，换成短衣襟小打扮，有点像裤子，适合骑马。这个在当时引起了很大的反对，赵武灵王的叔叔就说："我们华夏跟蛮夷不同之处，就在于穿的衣服不同。你现在改了，我们不成野蛮人了吗？"赵武灵王就问这个叔叔："穿衣服是为了什么？衣服是为人服务的。方便人活动的衣服才是好衣服。"他叔叔就被说服了。之后，胡服这一适合马上作战的服装，就在赵国推行开了。这就是赵国的大致变革情况。

最深刻的变革发生在秦国，那就是商鞅变法。站在秦国的角度看，商鞅变法为秦国打造了一个特别适合战争的制度。

商鞅变法的时候实行户籍制。商鞅规定，家里面如果有两个儿子，他们都成年了，但还不分家，那就收双倍的税。按照秦国商鞅变法的理想状态，百姓必须是五口之家。我们要注意，五口之家属于一个政治概念。《孟子》里面说"七口之家""八口之家"，《周礼》里面也说"七口之家""八口之家"。在过去，一个正常的家庭有老人，有孩子，多养几个孩子，七八口人、六七口人是很常见的。而五口之家则是政府对小民的期望，以此构成一个纳税单位。政府要扩展税源，战争要花钱，所以一方面用土地刺激人们的战争热情，另一方面要让民众积极纳税。不是说把土地给了你以后，你就在自己的土地上称王、不纳税了。为了保证这一点，政府就要对家庭进行干涉。它的基本逻辑就是，如果兄弟两个成年后不分家，那就收双倍的税，这样的话，百姓只好分家。五口之家后来就变成了政治经济学里面一个非常重要的概念。这就是变法干预人民生活的一个例子。

另外就是打击那些游走列国的策士。实际上在《商君书》里面就提到了要烧书。因为他要"利出一孔"。他把工商业和这些游说之士，都视为国家的"虱子"，认为他们会导致国家的积贫积弱。总而言之，这个大变法，就是要把人民彻底地军事化，刺激大家的战争热情。在战国这样兼并的时代，它是有积极作用的。但是一旦过了这个时期，就是一种枷锁，这种副作用会变得越来越大。

商鞅变法还有一个特点，那就是无论是听话的还是不听话的，都挨收拾。按照汉代人的记载，说秦国有一天在渭水河畔杀那些不听话的人，杀了几百人，水都变成胭红色。后来有些人看国家强了，又赞美变法，即使是这样，还是得吃一刀，说这是乱民。伸头吃一刀，缩头又吃一刀，就是不让你说话，这样一来，一种死气沉沉的局面就会出现。所以我们今天应该站在一个客观的角度去看商鞅变法。

战国时期是一个大变法的时代。变法的成功与否，就是看能不能有效地把民众组织成一个战争机器。只有秦国做到了这一点，而恰恰也就是这个战争机器，把六国扫进了历史的垃圾堆。

秦国东进：挡不住的虎狼之势

马陵之战以后，秦和齐这东西两大国形成了对峙，就出现了合纵连横的运动。

什么叫合纵连横呢？《韩非子·五蠹》篇里边说“合众弱以攻一强”，这就是合纵；“事一强以攻众弱”，这就是连横。我们中国是东西为横，南北为纵。所谓“合纵”，实际上就是夹在中间的这些弱国，合起来对付秦，有的时候，也对付一下齐，对付一下楚。但是，合起来对付秦是经常发生的。连横实际上是东西两大强国，尤其是秦，联合其他东方小国，去收拾其他国家。这就是“合纵连横”。

商鞅死了以后，秦国任用的人有公孙衍、张仪，这些人都属于纵横家。这个现象东方也有，像孟尝君田文也合纵，包括和庄子谈哲学的惠施，某种程度上也是纵横家。孟子生活的时代，正赶上商鞅变法之后，是纵横家纵横天下的时代。所以孟子的学生景春就说，公孙衍跟张仪岂不大丈夫？他们一露面，天下就恐惧；他们歇下来，天下就安宁。这见于《孟子·滕文公》篇。但是孟子认为这些人不是什么大丈夫，是“妾妇之道事人”，只是谄媚权力罢了。纵横家的主要特点是在列国之间搞这种拉一派打一派的手段，他们更像是一些外交人员。

马陵之战以后，魏国没办法，就只能跟齐国搞好关系，这是谁出的主意呢？是当时的哲学家惠施。我们前面也讲过，魏惠王和齐威王在徐州相王，就有点互通有无、抱团取暖的意思。这样一来，楚国人不高兴了，你们互相称王，还把楚国放在眼里吗？于是就攻打徐州。这个时候秦也开始发动军事行动，向东进攻魏国。有一个叫公孙衍的人，在秦国任大良造。虽然这是个魏国人，但是打起自己的祖国来毫不留情。雕阴之战爆发，公孙衍杀了魏国将军龙贾。雕阴在今天陕西省甘泉县，也就是河西地带。到了公元前329年，张仪到了秦国，他也是一个魏国人，早年的时候做策士，游说过楚国。他到了秦国后，受到秦惠文王的欣赏，做了秦国的客卿，之后又把公孙衍给挤走了。张仪的贡献实际上有两点：一、削弱楚国；二、帮助秦国向东发展。最终在公元前324年，张仪领导着秦国的军队，占领了今天的三门峡这一带。这是一个秦国出入东方的咽喉要路，是通向东方的大门，这对韩、魏是非常危险的，这是张仪的一大功劳。

公元前325年的时候，秦惠文君称王了，他一称王，被张仪挤走的公孙衍就很不高兴，于是就组织五国相王。其中有魏、韩、赵、燕，还带了一个小小的中山国。这个中山国在今天石家庄西北靠山地这一带，它的国土大的时候，向北到河北保定这一带。中山国是由白狄建立的国家，虽然不大，但是很能打，它是灭了国又复国，很是强盛过一段时间。这个时候，它也被拉进了联盟。称王了以后，这几个国家就组成了联军，要和秦对着干。

到了公元前322年，秦国为了拉拢魏国，就让张仪到魏国去当相，这样，就把“不知腐鼠成滋味”的惠施挤走了。张仪的意图是拉拢魏国去侍奉秦国，给诸侯做个榜样。这样的话公孙衍当然醋意大发，于是他就联合了韩、赵、魏三晋，加东边的齐、南边的楚，一起伐秦，这就是五国伐秦。

五国伐秦，推谁为首呢？最后是推了楚怀王为纵长，楚怀王这个时候风光得很。但是真正开始伐秦后，事情就不对了。公元前318年，修鱼之战爆发。五国中真正出兵打仗的，只有离着秦国最近的韩、赵、魏，结果一战而败。

这就是合纵连横，在这个过程当中，赵国胡服骑射，开始改革。而秦国在这期间，不单搞外交，还做了一件很扎实的工作，那就是把巴蜀灭掉了。

这对楚国而言，是致命的，秦国一拿下巴蜀，就形成了高屋建瓴之势，秦攻楚就好比是站在高山上向下扔石头，楚国是挡不住的。今天我们从陕西奔成都的话，要走“金牛道”，这个“金牛道”就是当年秦国经营四川的时候，慢慢开辟出来的。也就在这个时候，秦国人像李冰父子，还有张若等人开始治理巴蜀，这都是治蜀功勋卓著的人。尤其是李冰父子，修了都江堰，控制了水源，使四川变成了天府之国，从此没有旱涝之灾。这为秦国统一天下，尤其是打败楚国，奠定了非常好的基础。

另外，秦国还兼并了义渠。义渠在今天甘肃宁夏，临着陕西这一带。惠文王的时候就开始打击它，当惠文王死了以后，惠文王的另外一个儿子昭王即位，芈八子把义渠的国君杀死在床上，义渠彻底消失。

我们知道秦国是一个边地国家，向南、向西、向北都有发展空间。它的每一步都走得非常扎实，而不是光搞外交，称个王，弄这些虚头巴脑的东西。

在公元前314年，又出了一件事情，这件事情对于东方六国最后被秦国灭亡，也是起了重要作用的，那就是齐宣王攻占燕国。

燕国的子之是一个权臣，他让燕王哙把权力给了他。结果太子那一派势力就非常不满意，这导致燕国内部矛盾重重。于是，齐宣王在公元前314年，命令匡章等大将，用了50天的时间，把燕国灭掉了。就在燕国跟齐国打成一团的时候，秦国人趁机开始向东攻打韩、魏。这样一来，韩、魏只能投入秦国的怀抱。于是，就形成了东边的齐和南边的楚结成伙伴，西边则是秦和韩、魏联盟的局面。这个时候秦国又采取了两大行动。一个就是占领了汉中，那是秦岭以北和巴蜀的战略要地。汉中一下就把巴蜀和关中地区连成了一片。另外一个，是占领了一个纵向的、通向东方的战略要地——宜阳。这个宜阳属于韩国。从陕西向东走，有这么两条通道。其中的正东通道，就是通过三门峡走函谷关这一带；还有一个就是通过崤山的山地向南，直通东周的首都，就是洛阳这一带。后者的关键正是宜阳。

这个时候，齐和楚团结在一起，秦和韩、魏团结在一起。秦昭王上了台以后，昭王的母亲芈八子，就跟娘家楚国搞外交，她凭借高超的手段拆散了楚怀王跟齐国的联盟。等到楚国人和齐国人的关系破裂了以后，秦国就发兵，打击楚国。

到了公元前279年，秦国的兵锋抵住了楚国的咽喉。我们知道秦国有个很著名的将军叫白起。白起打仗，战无不胜，攻无不克，所有人都怕他。当时的将军，像廉颇这些人，都未必是他的对手。根据文献记载，白起这个人，长得是面孔白皙，眉毛、头发稀疏，两只小眼睛炯炯有神，可以盯住一个东西看半天。他这个人杀人不眨眼，打仗的时候很擅长利用军事优势去屠杀敌方的有生力量。公元前279年，白起攻打鄢（今湖北纪南一带）。在打鄢的时候，白起注意到，在鄢的上游地区有一条河。于是他一边修堤坝，一边通过军事威慑让楚国把大量的军队调到鄢来做防御。等到楚国的军队到得差不多了，他就挖开堤坝，把鄢给淹了，几十万人死于此役。多少天以后，那个地方的尸体，扑哧扑哧地烂，所以《水经注》里面说那儿叫臭池，又叫白起池。杜甫说“苟能制侵陵，岂在多杀伤”，攻敌制胜，并不是一定要杀伤敌人。可是秦国实行的是军功制，它鼓励战争中对敌人进行杀伤。这一方面增强了秦军的战斗力，但另一方面导致秦军不太人道。到了第二年，公元前278年，秦国军队就占领了郢都。

我们知道，伟大的文学家屈原就生活在这样一个倒霉的时代。有人说屈原的作品《九章·怀沙》就是白起灭郢的时候写的。“皇天之不纯命兮，何百姓之震愆”，说老天爷不帮助楚国呀，百姓可倒了霉了。楚国人往东迁移，就把都城迁到了今天的淮阳，也就是古代的陈这个地方。

楚国这样一个七八百年来一直盘踞于南方的大国，就这样灰溜溜地丢了半壁江山。这对东方列国而言，是致命的。因为南方一座大山没了以后，局势就很难再保持平衡了。

在合纵连横的过程当中，秦国的优势渐渐呈现。但是，假如东方六国不出问题，秦国统一天下是不是还能那么顺利？

实际上，我们看战国的历史，秦国虽然经过了商鞅变法以后变得很强悍，但是如果东方不出事情，秦国统一天下会非常困难。就单单一个魏国，秦国屡次进攻想把它拿下，却都没成功。我们可以说，这东方的六个国家在战国时期，如果国策得当，就不至于那么容易被人消灭。

天下大势，地缘相互之间的犬牙交错是很重要的。我们可以在头脑里想象一下，秦国在西边，横在它中间的就是韩、赵、魏这三堵墙。

合纵连横时期，秦国是千方百计地想向东发展。比如说秦武王，秦武王就想直接打洛阳，占天下。结果“举鼎绝膑”，把膝盖骨压折了。这个故事也是一个象征，就是其他东方六国还都比较强盛的时候，秦国想取代周王室，自己接那个班，是办不到的。它力小而谋大，所以把自己压死了。

攻占郢都后，秦国这个时候，就想腾出手来对付三晋。但是，如果东方齐国不出问题，秦国还是拿不下三晋。但是恰在此时齐国出了大问题。

这个齐国出大问题，要从公元前314年说起，这一年齐宣王派了军队用了50天的时间，把燕国拿下了。拿下了以后，他也不能久占，因为燕国叛乱不断。这个事还跟孟子有关。孟子这个人很有意思，齐宣王派使者来问：“燕可伐乎？”孟子说可以。结果后来齐宣王就伐燕国，占领燕国以后，军队就在那儿驻扎着，没想到燕国人反抗不断，齐国深陷泥潭。然后举国之人就怨孟子，你作为大儒怎么给我们的王出这么个馊主意啊？孟子就说，我当时的确说可以伐燕国，但是我没说谁去伐是可以的。王派人来问你燕可不可以伐，你竟然说你不知道谁去伐燕国，这就是一种托词。齐国军队作为侵略军遭到燕国人反抗，被赶出了燕国，燕国得以复国。转眼就来到了燕昭王时期。燕昭王一心想复这个仇，他这个时候也联合韩、赵、魏等国。燕昭王实际上利用了一个人——苏秦，来削弱齐国。

关于苏秦的记载主要是在《战国策·秦策》，还有《史记》的《苏秦列传》中。我们要注意，司马迁在写《史记》的时候，秦国人已经把历史书烧得差不多了，所以他没办法，只能根据当时手头有的史料来写，也就是《战国策·苏秦传》。我们今天可以大致判定，《战国策·苏秦传》中的苏秦是战国后期的纵横家为当时纵横家们写的一个教科书式的人物。于是，书中就用了小说家言塑造苏秦。所以，我们可以看到，《苏秦传》把苏秦的年代整个跟张仪的年代颠倒了，认为苏秦在前，说苏秦活着，张仪就不敢乱说乱动，等苏秦死了，张仪才帮着秦国欺负楚国，等等。现在看来，《苏秦传》的记载整个是错的。为什么呢？因为在湖南马王堆出土了战国纵横家帛书，这个里面记载的苏秦是比较可信的。可惜这个材料司马迁没有看到。苏秦这个人一辈子是合纵派，也的确反秦。但是他更主要的成就是替燕昭王游说当时的齐湣王去攻打宋国。我们之前说过，宋是小国，是殷商的遗留物。它经历了整个西周的历史变迁，从西周早期一直到春秋战国都存在着，它有一座很重要的城市叫定陶。定陶这座城市见证了春秋战国的历史发展。因为它虽然不是一个政治中心，但却是一个商业中心。它不依托于政治，而是依托于便捷的交通，在大平原、交通要道上，成为一个繁荣的经济中心，乃至文化中心。

苏秦千方百计撺掇齐湣王：你把宋国拿下来，你就天下第一了。燕昭王处心积虑要报仇，他看得很清楚，齐湣王一旦拿下这块土地，就成了天下的公敌。齐湣王这个糊涂蛋，听了这个话后，就开始轻举妄动。这就是老子所说的，“天下皆知美之为美，斯恶已”，齐湣王只看到了攻取宋国的好处，却没看到副作用。果然，齐国拿下了宋国后，就成了天下的公敌。

燕昭王是一代有为君主，他任用名将乐毅，令其率领秦、韩、赵、魏、燕五国军队，从西北角攻入齐国。乐毅这个将军动作非常麻利，没用多长时间，就几乎把齐国整个拿下了，只剩下莒还有即墨这两座城市没攻下来。楚国人这个时候就假惺惺地去帮齐国，其实楚国人的目的是想夺回当年齐国占领的楚国淮河以北的一片土地。所以，楚国人就打着救齐的名义派大将军淖齿进入齐国，把齐滑王逮住了，然后把他给弄死了。原本三晋南边有个楚国，北边有燕国，东方有齐国，如果把三晋比作一堵墙，那楚、燕、齐就是门后的顶门杠。如今楚国东迁，齐国衰弱，两根支撑没了。至于燕国，燕昭王在的时候很强，曾经向东北发展，把地盘向东胡这一带发展，拓展到辽东地带。但是不久，新王上了台以后，也就变得平平了。所以三晋这堵墙北边，虽然还有一个燕国在那儿待着，但是它的支撑力不够。

我们回首这段历史，列国之间，如果不是贪图那点利益，而是谋求更远大的目标，秦国哪能这么快就一统天下？即使是燕昭王，他也没有想过，一旦齐国被干掉了以后，该怎么抵挡秦国。当然，我们不能苛责古人。但是这段历史对我们今天，对于一个国家的长期发展和生存，是有启迪作用的。面对一个虎狼之国的强秦，列国这样做，等于是自毁长城。我们后人在检讨这段历史的时候，总是往好里想历史问题，老觉得“美是美的”，但实际上背后可能有大的灾难。就像燕国这一次，武用乐毅，文用苏秦，把齐国一下打垮了，看似很厉害，但是打垮了以后，秦国马上就要转入一种新的战略阶段，就是由合纵连横转变为远交近攻。

齐国的衰弱使得秦国与东方六国之间的力量对比发生了变化。整个东方，就三晋孤零零一堵墙。这个时候秦国人马上转变策略。原来是合纵连横，现在不用了，改成远交近攻。所谓的远交近攻，就是像推土机一样正面推。这样一来，就引发了韩、赵、魏的反弹。在这个过程当中，秦国也并不是一帆风顺的。比如说阏与之战，秦国的将军在太行山和赵国的将军赵奢打，结果被赵奢打败了。这是赵武灵王胡服骑射的功劳，之后赵国就跟秦国杠上了。赵国这会儿是东方最强的国家。尽管如此，但是大局上，由于南边的楚和东方的齐衰落了，整个的态势依然对秦国有利。然后，远交近攻就开始了。

就在三晋孤立无援，眼看一推就倒时，秦国实质上的当政者魏冉采取了不恰当的策略。公元前306年秦昭襄王即位，上台后辅佐他的是他的母亲，来自楚国的宣太后。宣太后有一个同母异父的兄弟，就是魏冉，这个人在昭王前期，曾经5次出任秦的相国，也就是丞相，一共加起来有25年之久。魏冉这个人要说也不是没有本事，他也给秦国向东打制定了一些策略。但是，他采取的主要是远攻之势。他特别主张打齐国。因为他能从打齐国中得到好处，能得到封地。比如说像定陶，就是在齐滑王拿了宋国土地，被五国“破鼓万人捶”之后，归了秦。秦就把这块飞地封给了魏冉。这样一来，魏冉的个人野心越来越膨胀。他还想实行封建制，自己立一个国。这时候秦国实际上陷于一种国策的犹豫和彷徨，这个对秦国的统一是极其不利的。

但是，秦国在整个统一天下的过程中，人才政策实行得不错。秦这个国家文化落后，它也自知落后，知道重用人才，从秦孝公开始就用商鞅。虽然秦惠文王不喜欢商鞅，上了台就把商鞅车裂，但是在吸收东方客卿这方面，他是不遗余力的，先后起用了公孙衍和张仪。这个政策帮了秦国大忙。公元前268年，东方的一个纵横家范雎来到了秦国。

范雎这个人很有特点，我们中国有句老话，叫“一饭之德必偿，睚眦之怨必报”。人家给他一顿饭，这点恩情他一定要回报人家；别人看他的眼神不对，瞪了他一眼，这种仇怨也要报回去。范雎就是这么一个恩怨分明的人。这种人往往性格太刚烈，心胸难免狭窄。范雎就死在他这个性格特征上。

范雎早年跟一个叫须贾的人出使齐国。齐国对须贾不感冒，却很看重范雎。须贾就有点吃醋，回来以后向宰相魏齐说了他一些坏话。魏齐也不管三七二十一，就揍这个范雎，打折了他的肋骨，然后把他扔到厕所里边，弄个席子盖着，无论谁去小便，都可以用尿浇他。后来，有人帮助他逃离了魏国，他才死里逃生。然后他又被引荐给昭王。范雎就对秦昭王讲：“现在啊，我们秦国的局势非常危险，我们的国策制定者越过韩、魏这样的国家去直接攻齐，这是不利于君主，而利于大臣的。”这就把矛头直接指向了魏冉。昭王这个时候已经在位近40年了。宣太后驾崩以后，魏冉就被昭王罢相，后来更是被赶到了定陶。一个权臣就这样被收拾了。

秦国新的主政者变成了范雎。范雎制定了新的国策，就是远交近攻。哪个国家离秦国最近呢？那就是韩。

韩的大部分领土在洛阳附近，就是在今天的河南省的西部这一带。这正好堵住了秦国的东西交通路线。还有一部分在今天的山西上党山地。所以说公元前262年，秦军取野王，就是今天的河南省庆阳，直接截断了上党与韩国南部土地的直接联系。接着在公元前260年，秦国开始派大将王龁进攻上党。上党地区的地方长官冯亭一生气，就把这块土地交给了赵国。赵国的决策者，也是只看到了好处，没看到背后的危险。本来秦国人是打韩国的，可到了公元前260年，与秦国对峙的成了赵国老将廉颇。我们读过《廉颇蔺相如列传》，对廉颇这个将军是很熟悉的。老将军他知道，兵马未动，粮草先行，战争的胜负取决于你的后勤。而秦军的补给线要比赵军长，所以他就准备跟秦国耗下去。秦国人耗不起，只能打，双方互有胜负。结果是赵国损失了几个副将，于是赵国的当局就开始坐不住了。据史料记载，秦国人散布谣言，说我们不怕廉颇，我们怕马服君的儿子。马服君就是赵奢，赵奢这个人打阏与之战的时候，把秦将胡伤打了个落花流水。结果赵国果然中计，换上了赵奢的儿子赵括。结果秦国人一听赵括来了，就悄悄换上了“屠人将军”——白起。而且下了一道死命令：谁把这个消息透露出去，砍谁的脑袋！实际上白起的策略很简单，就是假装软弱。赵括这个人，嘴上说兵法很有一套，但没有战争经验。他老妈知道他那两把刷子，就跟赵王上书，说我儿子不行。然后赵王说，你儿子行。他老妈就说，您说行那就行吧，但将来他要是打了败仗，你可不能株连我们家人。结果战场上，秦国人佯败，往回一撤退，骄傲的赵括就追，这一追就被人家给包围了。包围了46天，断了粮，人吃人。赵括没办法，只能组织军队突围，他自己也被秦军射杀了。最后秦国军队坑杀降卒40万。

现代的学者对40万这个数字有不同的看法，说哪有那么多军队啊？五家出一兵，那赵国得多少人啊？所以有学者就提出来，说是10万军队，其他的都是民夫，这也是有可能的。总之，这个地方是死了不少人。若干年前，当地的农民在翻土地的时候，发现了很多骨头，而根据历史记载，在唐代，或者更早的时候，不断地有人到那儿去收尸、竖碑，给亡魂以慰藉。

总而言之，这是秦统一天下的过程中，杀人最多的一场战役。秦国统一天下一共杀了多少人呢？是160多万，而白起这个将军，一个人斩首多少呢？90多万。这个将军不愧为屠人将军。长平之战赵国惨败，最后白起将剩下的240个幼儿放走了。白起的意思很明确，就是让这240个小孩子回国以后，把战争的恐惧传染给赵国人。这样的话，按照他的算计，军队稍事休息，马上越过太行山，围攻邯郸，就能把赵拿下了。

然而，这个时候秦国内部出了问题。打长平之战的时候，魏冉已经完了，新的决策者是应侯范雎。有人就对范雎说："你让白起立这么大功，将来统一天下以后，你在朝堂上还有立锥之地吗？"我们现在按照《战国策》中范雎的品行看，实际上不用别人劝说他，他自己就坐不住了。于是他就跟昭王说："咱们军队太累了，而且这次打长平之战，虽说我们杀了赵国40多万，但我们的军队也损伤不少啊。"昭王听了范雎的话，就把战争的脚步停下来了。这一停下来，就出问题了。

长平之战是在公元前260年发生的，之后秦军休养了两三年，这几年时间，无论是对赵国还是诸侯而言，都是一个喘息的机会。后来秦国再攻打邯郸，先后派了王陵和王龁去，可是都失败了。这个事情导致了两个人的死亡，一个是白起，一个就是范雎。

先来说白起。白起，他作为一个将军，非常明白，一场战争的胜负取决于发动的时间、地点。如今攻赵的时机已经错过了，硬要打，十有八九打不下来。白起这个人能杀这么多人，和他的军事才干是有关的。和春秋时期相比，战国时期的战争发生了巨大的变化。将领们更多地开始运用野战、包围战、运动战、佯动、佯败这种策略，因为战争的形势变了。像春秋时期，以城市攻防为重点，但是在战国就变成了以消灭敌人的有生力量为重心。白起在这方面是表现得非常突出的。

秦昭王派人打邯郸，打不下来，就去找白起。白起称病不干了。这一下秦王就翻脸了，把他贬到今天甘肃省灵台。当白起被赶走的时候，范雎对秦王不轻不重地说了一句话，说白起“怏怏然”，就是悻悻的，有气。秦王一听，这还得了！就赐了白起一口剑。于是白起就自杀了，白起自杀之前还说了一些良心话，说自己杀了40多万降卒，活该有这样的下场。事实上，白起的死，并不是因为他杀降卒，而是因为他对抗了君主，他没看清楚自己的身份。

那么范雎是怎么死的呢？秦国有一条法律，就是你推荐了一个人，如果这个人干得好，表扬他的时候你也有份，起码光荣；但如果你推荐的人出了问题，就连你一块儿收拾。结果，这个“一饭之德必偿，睚眦之怨必报”的范雎，就吃亏在这个地方。他向王推荐了郑安平和王稽。郑安平做将军，打邯郸。结果在这一场战役当中，郑安平投降了，还被赵国封了个爵。这一下，范雎的半只脚已经踏入了鬼门关。另外，当时王稽在任河东太守，河东也就是今天的山西一带。秦国人把魏国、韩国的地方拿下来以后，在那儿设置郡县。结果王稽也出了问题了，他也通了敌。郑安平投降了赵国杀不着，但是王稽却是被秦国人治了罪，同时也连累了范雎。所以说人在哪儿兴，就在哪儿亡。比如白起，他因为军事才华而从一个士兵迅速成长为战国时最厉害的将军之一。最后他也是死于对自身才华的自信上，因为他自恃才高，眼空无物，藐视了秦王，结果换来一把自裁的剑。这个范雎是“一饭之德必偿，睚眦之怨必报”，结果他也死在这个事情上。

秦王扫六合

秦昭襄王一共做了56年国君。公元前250年昭襄王去世，儿子孝文王即位。昭王做了50多年国君，等轮到孝文王的时候，他也50多岁了，结果只做了三天国君，屁股还没坐热乎呢，就死了。之后第二年，也就是公元前249年，庄襄王即位。庄襄王在位时间也不长，三年后他也去世了。庄襄王名字叫异人，他的经历有点像垃圾股蹿红。为什么这样说呢？因为他是昭王不起眼的一个孙子，有好多兄弟都比他有资格继位。正是因为不受重视，所以他后来被送到了邯郸做人质。在那里，他遇上了一个大商人吕不韦。传说吕不韦看上了异人，觉得他“奇货可居”。这个商人有政治眼光，他把异人当作了一个政治商品，不仅给他钱，还给了他一个媳妇。于是吕不韦买了一个邯郸的美女，先跟她发生了关系。这个美女怀了孕，肚子里的孩子，就是后来的秦始皇。这个说法到底有多少可信度，大家不无怀疑。后来，昭王死了以后，这个异人就意外地咸鱼翻身，上位了。实际上这也是吕不韦帮忙运作的结果。当时有个华阳夫人很得秦王的宠爱，身份很高，但是没儿子。所以，吕不韦就在她身上投资，在她面前给异人说好话，最后异人就上台了。没多久异人死了，他儿子嬴政继位。嬴政上台的时候才13岁，到他22岁亲政，中间八年就是吕不韦在台上执政。

这里面还涉及一件事情。据说秦始皇的亲妈跟吕不韦老是藕断丝连，吕不韦后来忙于政治，就找了一个大阴人——嫪毐。嫪毐在宫内主内政，吕不韦在外面主外政。

不知不觉，嬴政就到了22岁，该亲政了。公元前238年，嫪毐作乱，结果这一作乱，嬴政显示出他雄才大略的一面，手段极高。他任用昌平君和昌文君平定叛乱，杀死了数以千计的人。实际上嬴政这样做不单是因为嫪毐秽乱宫廷，可能还带有亲政清洗的色彩。这件事还让嬴政找到了铲除吕不韦的借口，将他发配到蜀国，后来吕不韦就自杀了。吕不韦这个人，他在主政8年间，编了一部书——《吕氏春秋》。

《吕氏春秋》这部书，按照学术分类，属于杂家著作。这个时候，百家争鸣已经经历了200多年，从春秋到战国，中国思想的黄金时代即将结束。于是就有人开始总结各种思想，尤其是关于政治的一些思想，以指导未来。吕不韦编这部书，也是花费了很大心血的。读一下这部书，我们可以从中看到，吕不韦实际上是想调整一下自战国以来崇尚军功的这种暴力政策。天下统一的格局，在荀子、应侯范雎那个时代就已经明晰了。《荀子》里面保存了一篇文献，里面记载了荀子到秦国去，跟应侯谈论一些军事及政治上的事情，荀子已经感觉到了，秦将统一天下。但是，荀子委婉地批评"秦国无儒"，称秦只有霸道，没有王道，夺取天下用霸道可以，但统治天下，还用那一套，结果肯定不会好。结果确实如此，秦国统一天下后15年就乱了套了，崩溃了。

吕不韦实际上也有这样的思想，《史记·秦本纪》就讲，吕不韦主政的时候，"大赦罪人，修先王功臣，施德厚骨肉而布惠于民"。有罪的，赦免他们的罪；过去有功劳的，应该给他们修一修庙，做做纪念，以收拢人心。"施德厚骨肉"，这是儒家主张的，不要一味地用刑法，而要"布惠于民"，争取民心。另外他还主张黄老政治，主张君主要无为，由大臣们来做事，君主不要处处显示自己聪明，而是要集中大臣的聪明，这样的话就不至于被自己蒙蔽。在这一点上，他正好和雄才大略、刚愎自用的秦始皇形成了冲突。秦始皇之所以要收拾他，这一点大概是一个重要的原因。

汉代人，比如说贾谊就提出"秦不能更化"。什么意思？你凭借武力征服天下，但你不能用武力治天下。这个道理，到了刘邦那个时候，陆贾也跟他讲过，劝他要实行德政。刘邦就说："你老子我是马上得天下！"陆贾说："马上可以得天下，马上不能治天下。"刘邦比秦始皇要灵活得多，他就接受了劝谏。当然，刘邦是因为接受了秦国的教训，他才变得这么灵活。

秦始皇没有这样的历史经验，他一直要风得风，要雨得雨，所以自信能靠武力统治天下。秦始皇这个人是非常傲慢的，他得了天下以后，有一次到湘水，一阵风惊扰了他。他起初很害怕，但后来听说舜的妻子娥皇、女英是这个地方的神，他勃然大怒，把山上的树全部砍了，然后把山涂成赭红色（赭红色是罪犯服装的颜色）。为什么这样呢？因为秦始皇统一了天下后，有一帮溜须拍马的人，说他的功劳超过了三皇五帝。舜不是三皇五帝之一吗？舜的老婆跟他闹事，所以他当然要生气。

这就是一个靠强大的军事集团进行统治的代表人物，但他忘了，比军事力量更强大的是民众的力量。实际上，统治者的小船说翻就翻，秦国就是最好的例子。

吕不韦被干掉，使得秦国一种新的可能性被掐灭了。崇尚军功，试图用拳头、用暴力打天下，进而统治天下的这个势头，反而得到了加强。后来有个军事家尉缭子，在他的军事著作里面就提到，打仗不是为了杀人，没有抵抗的城市不要进攻，没有罪的人不要杀，这个应该是有感于秦兵的作为提出的。而且，他还说，秦始皇这个人，长得像豺狼，双眼狭长，是要吃人的，我赶紧离他远点。秦始皇是不是长得那么丑，未必。但不可否认的是，秦始皇的个人性格对秦的灭亡有很大的影响。

我们将秦皇汉武并称，但秦皇跟汉武不一样，汉武帝这个人有一股子理想主义精神，激情澎湃，到了晚年还知道悔过，下轮台诏书罪己。在这一点上，秦始皇是远远不如的。

接着我们就要讲秦始皇统一天下的过程了。秦始皇统一天下，一开始也不是一帆风顺，因为有个赵国横在那儿。我们知道战国进入倒数第二个阶段的时候，秦、赵形成了对峙。长平之战秦人虽然把赵国人打得很惨，而且夺取了战略要地上党，但是赵国依然有很强的抵抗之力。赵国最后一代王叫迁，他不信任廉颇，廉颇无奈之下只得离开赵国。失去了廉颇后，赵国还有名将李牧，以及一个叫庞煖（xuān）的将军，庞煖在最后还组织几个国家进攻秦国。赵国接近北方，经过了赵武灵王胡服骑射的改革后，它的军事精神起码还在。另外，它经常跟匈奴打仗，所以它的国防还是有一定基础的。凭借过硬的军事基础，李牧曾经两次把秦国的将军打败，令秦人很是吃了些苦头。但是秦国人办不到的事情，人家赵国人自己可以办。后来，李牧就被郭开他们害死了。这之后，秦一统天下的脚步便无可阻挡了。

公元前231年，秦灭韩，正式拉开了秦统一天下的序幕。

公元前229年，王翦破赵；公元前222年，又是以王翦为首，攻打燕国，到了公元前226年，攻入燕都。当时的燕王叫燕王喜，燕王喜有个儿子叫太子丹。公元前227年，王翦攻燕国的时候，太子丹想了一个招，派刺客荆轲去杀秦王。故事本身具有很强的传奇色彩，但是就对历史的影响而言，比螳臂当车还不如。公元前226年，燕国就被攻破了，当时的燕王喜和太子丹逃到了辽东。四年以后，也就是公元前221年，燕王喜被抓，首级被献给了秦国人。

公元前225年，王贲用水淹大梁的方式，把魏国灭掉了。接着到了公元前223年，将军王翦开始进攻楚国。在这之前，攻打楚国的将军是李信。当时秦始皇问李信："你用多少人能打下楚国？"李信说："20万。"秦始皇回头又问老将王翦，王翦说："得60万，而且需要很长时间。"秦始皇一听，心想：我为什么不用只需20万人的将军呢？于是就让李信去，结果李信无论如何也打不下楚国。后来秦始皇没办法，只得又去请王翦，说："你要60万，我就给你60万。"王翦说："你还得多给我些良田美宅。"这是给秦始皇传递一个信息：我这个人没大志向，我就是贪图富贵。就这样王翦在公元前223年灭掉了楚。最后一个被灭的国家是齐，是谁灭的呢？是王翦的儿子王贲。公元前221年灭掉了齐王建，打齐国是最省事的。

这就是秦国统一六国的历史，不到十年，秦始皇就摧枯拉朽地把这些残余的六国势力荡平了。真是应了那句老话，"败军不经扫帚扫"。前面用了100多年的时间去做准备，又是合纵连横，又是远交近攻，结果最后十年，就像拿簸箕撮垃圾一样，六国一下就被撮掉了。于是历史就进入了一个新的阶段。

以上就是秦始皇统一中国的历史。如果秦始皇用了吕不韦的观念，秦国可能有“更化”的机会，但是它并没有。于是，一个靠着武力胜利的皇帝，要君临于万民之上了，他的政治情绪和政治感觉，对秦国的政治、国祚是有影响的。那么这个新的王朝所确立的新的传统是什么？我们如何评价这段历史？

秦始皇的难题：统一之后呢

秦始皇灭六国，使华夏重新获得了统一。但是，秦始皇的统一与原来周代的那种统一，形态是不一样的。

周代实行封建，所封建出去的诸侯、诸侯下面的大夫，以及王室下面的那些大家族，都是有自己的权力的。它是一个分权制的贵族政体。王占有最高的权力，但是并不是占有着所有的权力。诸侯在一个国内，他的大臣有封地，实际上他并不能够直接去管理封地里面的人，他只能管理他的大臣，这就是一种分权制的、等级制的贵族政体。这和秦代所建立的新的大一统是不一样的。这个不一样主要表现在，秦是用武力把所有可以跟他对抗的权力消灭掉了，尤其是军事集团和政治集团。

下一步就是划定郡县，由中央负责官吏的这些部门委派干部到各地去管理，几年一换，几年一考核，而且可以随时撤换。这样的话，王权就直接地贯穿了上和下，也就是可以直接管理基层。这是一种新的大一统的方式。所以，王、王室、大臣、官僚集团，他们是天；广大的编户齐民——纳税户，是地。中间没有高山支撑，就是这样一个格局。

我们具体来谈一谈，秦国统一天下以后，都做了些什么。首先，统一天下的战争打完了以后，秦始皇并没有休息。在统一天下的同一年，秦就对广大的南方发动了战争。在浙江、福建、江西的南部，还有广东、广西这一带，当时居住了不同的南方人群。这些人群有福建的“闽越”、广东的“南越”，以及广西的“西瓯”等。

公元前221年，秦始皇就派一个叫屠睢的尉官，率50万大军，分兵5路，分别向东南、正南、西南进军。到了公元前214年，基本上把这地方拿下了，然后设立了新的郡和县。在这个过程当中，秦国军队遇到的最大的困难不是武装抵抗，而是大自然。南方水网密布，山路崎岖，交通是个大问题。而为了运兵、运粮，为了经营南方，秦始皇就派了一个叫史禄的去修建了一个渠道，叫灵渠。这个灵渠在今天的广西，它主要是把长江支流——湘江，以及珠江的上游——漓江，沟通起来。这两条江，它们的发源地在同一座山上，一个流向南，一个流向北，这个工程非常浩大。灵渠到今天依然在，前年我曾经自驾游，到那儿去看，灵渠的水仍然清澈，依然可以看到秦人所建的堤坝，这就是秦人了不起的地方。灵渠修好后，从陕西出发，渡过汉水、湘江、漓江后，来到西江，就可以进入珠江，这样就能到广东了。这就是秦国人给后世留下的很重要的遗产。

在西南方向的云贵高原这一带，当时住着很多“边人”。于是，秦始皇也开始派武装力量去经营。与此同时，还令人修建通往云贵高原的五尺道（五尺的道路），现在这个痕迹还存在，这也是秦朝了不起的地方。

在北方，秦始皇于公元前215年，派大将军蒙恬率领30万人北伐匈奴，基本上把匈奴赶到了黄河以北的河套地区，然后在打下的地区设九原郡。

秦始皇通过征战扩大了当时的版图。一开始秦国刚刚统一的时候是36个郡，若干年以后，经过一轮新的扩张，在新占领的地方设立新的郡，就达到了46个。所以在中国的边疆历史上，秦朝是一个值得重视的年代，虽然它的时间很短，但是它的武功没的说。

另外，秦国还建立了一套新的制度。在中央，最高的首领称“皇帝”。我们知道，周人称“王”，夏、商也称“王”。春秋的诸侯，没有一个人敢称“王”的。当然，楚国人称王，但它地处边地，有一点南蛮的性质；吴和越称王，那也是到了春秋后期了，这都属于僭越之举。齐桓公也好，晋文公也好，都叫公，叫霸主。那么秦国人称帝，前面还加了一个

“皇”字，就是皇帝。皇帝是最高决策者，乾纲独断，大权独掌，手下设三公九卿。中国历史上，各个王朝在很长一段时间内遵循的都是秦朝的这一制度，一直到唐代，才开始实行六部制。

三公第一是丞相，丞相就是后来我们俗称的宰相。第一个宰相就是李斯，这是文官最高长官。武官之首是太尉，主兵。三公中最后一位是御史大夫，有点副宰相的意思，它的职责是掌监察，地位略次于丞相。这就是三公。那么九卿呢？“九卿”的这个“九”字不一定代表数量就是九个，只是表示数量多的虚指。其中有负责宗教生活的奉常（后来汉代改成太常）、主要负责保卫皇帝以及传达皇帝旨意的郎中令、统领皇宫警卫部队的卫尉、掌皇室马车的太仆、管刑法的廷尉、主管王朝边地少数民族的典客、管理皇帝宗亲事务的宗正、主管经济以及负责管理粮食生产的治粟内史、管理皇家山海收入的少府、负责统率保卫京城部队的中尉，还有一个主爵中尉（主爵负责爵位的颁发、排列，主要是负责掌列侯）。这些官职就是中央的九卿官员。

而在地方上，我们知道，秦代实行郡县制。秦国有46个郡，这么多的郡怎么来治理呢？主要是在地方上分郡、县、乡、亭四级。郡的长官叫郡守，也叫太守。这是文官，也是一郡之长。下面还有一个尉官，就是管军队的。另外还有一个负责监察的监官，这个跟中央御史大夫的职责是相互关联的。县则设县令，然后十里设一亭，亭是秦国最小的基层单位。每个亭设立一个亭长，刘邦年轻的时候就当过亭长。十亭就是一乡，这就是秦朝地方上基本的制度。

除此之外，秦始皇还制定了许多其他制度。比如说统一货币、统一文字，这叫“书同文，车同轨”。说到车同轨，秦国人在建设交通道路方面是做了不少事情的。除了五尺道之外，还修了直道，直道是从云阳（今天陕西北部），沿着山岭、山坡，直接通到九原，这是一条“高速公路”。这个在今天陕西省的旬邑，以及洛川一带都还留有痕迹。秦人修大道，对于宽度、长度等都是有规定的——多远要设一个亭，多远要栽树，秦国大道对这些是规定得很严的。我们知道《诗经》时代就说到“周道如砥”，从西周时期开始，就非常重视道路问题，但是真正将之发扬光大的是秦国。

我们看《剑桥中国史》，上面说秦国的道路，总里数加起来比罗马人修的道路还要长一些。所以，俗话说“条条大路通罗马”，我们也可以说“条条大路通咸阳”。

秦国人在很短的时间内修灵渠，修万里长城，修秦始皇的坟（骊山陵），可以说，秦人在修大工程方面，是有很大作为的。总之，秦立国十几年，给历史留下了不少的遗产，这些东西我们都应该珍视。

我们检讨这段历史，这种大一统，既有长处，也有短处。过去的历史学家在说到这段历史时，都说秦国的统一，有利于工商业的发展，符合广大人民的愿望等。这种讲法，似是而非。哪里的广大人民希望秦国统一？当然盼统一，比如说有人盼齐国统一，有人盼魏国统一。我看史书的时候，很少看到有人表达这个愿望。所以这其实只是假借民意。秦国之所以能统一，不是符合了人民的愿望。秦国的统一，也不是商业的结果，秦国人对商业采取的是敌视政策。我们从这段历史中看到了一种政治的无限发展，政治权力的无限膨胀。这段历史中，缺席的恰恰是一般的民众，甚至是一般的贵族。与王朝的力量相比，个别群体的力量往往是微弱的。我们在前面讲过初税亩的问题，当王朝为了获得足够的财政收入以扩张军队，而直接向民众增加税收的时候，不论是贵族还是一般小民，都没有任何的反应，这个很是耐人寻味。

回顾秦国统一天下、七雄争霸，我们看到的是，谁能够最有效地把民众当成一种战争工具来驾驭，谁就能够得天下，秦国在这点上做得最好。但是，一个王朝得了天下以后，仍然让民众用军事的原则去生活，这样的王朝是没有前途的，也是没有活力的。秦国迅速地崩溃，就是这个原因。为什么说吕不韦这个人值得我们去研究一下，原因就在这儿。

总之，最后秦国能统一，靠的是强权，能够将所有的民众的力量都汇聚到统一这一目标上，这样它就能获得胜利。注意，这种历史本身是有严重的局限性的。汉帝国得了天下以后，刘邦他明白，马上能得天下，但马上不能治天下。所以汉代有过一段繁荣，我们知道司马迁对吕太后的评价并不高。但是他写完吕太后的传记后，就说：唉！吕太后这个人主政十几年，政令不出房榻，与民休息，让民众自己去生活。结果带来的是一个太平之局。这些话意味深长。对于一个民族，对于一个家国，什么是长久之道？秦国的胜利和秦国的迅速衰落，可以给我们很多重要的启示。

第二章

秦汉帝国：中华帝国的框架
（公元前221—189年）

武黎嵩
南京大学历史学院副教授
秦汉史学者
中国文化史、思想史专家

大一统帝国是必然出现的吗

中国古代历史常有一些时代和王朝会连称，比如有所谓的秦汉、隋唐、唐宋、明清。假如我们把这些王朝根据类型和时代来划分的话，大致上可以认为，秦汉时代是中国历史的第一帝国时代，唐宋时代是第二帝国时代，明清时代则是第三帝国时代。

什么叫作帝国呢？它有这样的一些标准：第一，要统一；第二，文化上要发达；第三，在经济和对外交往上有独立自主的一套体系。这样的时代，我们把它称为帝国时代。而作为第一帝国的秦汉时代，它的意义不同于第二帝国、第三帝国，它实质上为中国开启了一个“大一统”的国家格局。

秦汉时代，人们面临的最大变化、最鲜明的特色，就是大一统帝国的建立。“大一统”是汉朝人自己的说法，“大”是一个形容词，“一统”是描述当时国家统一的情形。所谓的大一统的中国，用今天的眼光来看，我们可以这样理解：所谓的“大”，是疆域的大；所谓的“一”，是文化上的统一；所谓的“统”，是自上而下有着紧密的结构。“大一统”就是中国古代帝国共有的一些特征。然而秦汉帝国的到来，并不是我们想象中那样一蹴而就的——秦始皇打了几年的仗统一六国，这个大一统帝国就到来了——并不是这样。可以说在前进的道路上，秦汉帝国碾碎了太多的绊脚石。

我们知道，经过550余年的淬炼，东周时代经历了春秋和战国两个时期，大大小小的诸侯国被消灭。到了战国初年，形成了七大诸侯国。那么这七大诸侯国经过重新的排列组合，就形成了两个阵营，一个阵营是西方的秦国，另一个是东方的六国。西方的秦国希望灭掉东边的国家实现统一，而东方的六国用尽一切办法，希望阻挡秦统一的脚步。然而，统一的时代终归还是到来了。

六国想了许多办法阻挠秦国统一。首先是军事上的办法。军事的办法就是六国的合纵。苏秦等人游说各国君主，联合起来共同向西进攻，希望消灭秦国，最少也是阻挡秦国东进的步伐。然而我们看到，在秦的强权之下，六国军队可谓不堪一击，合纵的联盟一触即溃。在发现联盟无效之后，六国又想出了新招数，这就是第二个办法——消耗秦国的力量，那就是疲民。

他们想方设法让秦国的老百姓疲于服徭役，没有时间、没有精力成为无坚不摧的军人。他们向秦国输送水利专家，让秦国在关中兴修水利，我们知道这就是著名的郑国渠。秦人当然知道东方六国的用意，然而，利用郑国修郑国渠，水利的修治使得秦有了更为便利的条件进行农业生产。这些农业生产的成果，则源源不断地成为秦向东方讨伐六国的物资和战略储备。

在发现“疲民”这一招无效之后，东方六国祭出了最后的撒手锏——派刺客刺杀。我们听说过的故事中就有荆轲刺秦王，也有秦统一之后，张良在博浪沙妄图用大铁锤刺杀秦始皇的故事。然而我们知道，这一切都没有挡住秦统一的步伐。经过了几十年大规模的战争，以及最后数年摧枯拉朽般的兼并战争，秦人通过几代人的努力，终于在秦始皇的时代，迎来了中国历史上第一个统一的时代——秦帝国。

近千年之后，唐朝的大诗人杜牧在《阿房宫赋》里面这样形容秦的统一：“六王毕，四海一。”秦的统一，是几百年战争状态的结束。秦统一的过程，可以说是波澜壮阔的，同样也是残忍暴力的。无论是秦统一的进程，还是六国反抗的进程，都充满了血腥。到了战国最后一两百年，我们可以看到，战争的规模越来越大，几十万人齐上阵。在秦赵的长平之战中，赵国人动用了40万人，结果这40万人最后被秦人全部活埋；在灭楚的过程中，秦国动用了60余万人，希望一鼓作气消灭楚国。大家知道，这样大的战争和这样大的战争消耗，给老百姓带来的是灾难性的后果。所以如何让灾难不再上演，“统一”就成了当时人们的共同期待。有人在战国中期曾经问大思想家孟子，天下什么时候能够安定啊？孟子说“定于一”，只有统一了，天下也就安定了。

到了秦始皇时代，统一真的到来了。唐朝诗人李白在一首《古风》当中这样描绘秦的统一：“秦王扫六合，虎视何雄哉！挥剑决浮云，诸侯尽西来。”东方的诸侯终于偃旗息鼓，臣服于秦人的强权之下。第一时代的秦汉，为后两千年奠定了基本的格局和国家形态。他们为后世中国的统一和国家结构、政权模式都打下了基础。秦汉帝国成为历代帝国的蓝本。

毛泽东同志就曾说，百代都沿秦政法，可以说，这是对秦构建政治制度的极高评价。百代而下，两千年的中国都逃不开秦朝为我们划定的范围。秦帝国的统一尽管从形态上讲是血腥的，是暴力的，甚至可以说是残忍的，可是我们也能看到，秦在统一的进程中，它的很多理念是超前的，甚至是现代的。

早在秦统一之前，在设想未来统一国家的制度时候，秦人就提出了所谓的“书同文，车同轨”。也就是说在统一之后，不仅在文化上要统一，大家要说一种语言，写一种文字，在生活方式上也要统一，所有的车轮要一样大，所有的车辙要一样宽。当然我们知道，同文同轨，这只是统一措施中的一个方面。秦人的统一不限于文字、不限于车轨。通过考古我们发现，秦的统一实际上开启了古代的“标准化”时代。

我们从秦始皇陵兵马俑出土的陶俑可以看出，成千上万的兵马俑是标准化制作出来的，它们的身高、体态、部件，都如标准化制作一样，可以互相易位，拆卸安装；从出土的秦代兵器也可以看到，成千上万的箭镞是完全一样的。我们甚至可以想象，秦代的兵工厂是一个流水化、标准化作业的大工厂。

可以说，秦的统一将战乱已久、分崩离析的中国带入了一个新的时代。这个新的时代的到来，并不突兀。战国以来，各个国家相互竞争，相互效仿，最终实现了所谓的“同质化”。什么叫同质化呢？就是为了富国强兵，你建立郡县，我也建立郡县；你鼓励工商业，我也鼓励工商业；你奖励耕战，我也奖励耕战。各个诸侯国相互学习，相互效仿。所以说，春秋战国550余年的酝酿，无论从制度上、思想上，还是现实生活中，都已经为统一做好了方方面面的准备。

可是历史是吊诡的，秦的统一最终只维持了15年便崩溃了。秦汉这个第一帝国时代的前奏显得短促，秦似乎就像一个打来的大浪，看起来波澜壮阔，然而一阵浪花拍上海岸，顷刻间便灰飞烟灭。秦帝国的灭亡，使得另一群人从民间崛起，他们既没有贵族的身份，也没有显赫的家世，更没有悠久的传统，他们只是秦帝国之下的编户齐民。然而在秦帝国的废墟上，他们重新搭起了一个大架子。这个架子，就是后来延续了400年的汉帝国。尽管看起来，汉帝国的开头没有秦帝国那长达几百年的铺垫，甚至刘邦本人作为一个市井之徒，远远没有秦始皇的雄才大略和高贵出身。可是这个小心翼翼、亦步亦趋地模仿着秦朝建立起来的汉朝，却实打实地延续了400年。这400年不仅成为中国第一个最为辉煌壮丽的帝国时代，更为重要的是，这400年给我们这样的民族烙下了一个印记，那就是“汉”。

秦汉的大统一给我们带来很多思考，这些思考是需要用很多很多的资源来回答的。第一，秦这样大的一个帝国，何以二世而亡？汉这样一个起于草根，起于民间的皇室，又何以延续了400年？秦汉看起来相似，在本质上有哪些不同？第二，两千年前，在那样一个我们印象中蒙昧初开的时代，我们这样一个国家是依靠何种力量，抟成这庞大的疆土？这样庞大的疆土，它的方方面面为何对当时的中央有着向心力？这样庞大的一个帝国没有崩溃，靠的是什么把它们联系和凝聚起来的？第三，我们要问，两千年前，我们的先民又是用什么样的方式来管理这样有着几千万人口的大国？他们没有现代化的技术，更没有现代化的交通、通信手段。可是从史料和出土的文献看来，秦汉这样的庞大帝国被我们的祖先们治理得井井有条，它的奥秘到底在哪里？第四，千里搭凉棚，没有不散的宴席。第一帝国延续了400余年之后为何走向崩溃？这种崩溃之后，为何又迎来了长达数百年的分崩离析，导致中国走向分裂？

秦汉尽管从帝国形态上、政治单元上灭绝了，可是秦汉的文化没有中断，汉语、汉字、汉人、汉族都留了下来。这些文化的符号深深地刻入我们的心里，刻入了我们的血脉。汉灭亡了，却给它的子孙留下一个永远不会灭亡的名字——汉。秦汉是中国历史上少有的大变局，这种变局结束了西周以来500余年的分崩离析，结束了战乱，结束了人们朝不保夕的生活。

我们看到一个恢宏的时代到来了，这个恢宏的时代有太多之前没有过的耀眼光芒，我们如何看待这样一个时代的改革和变迁？这个时代的皇权有何种特点？这个时代的政治制度、经济状况、文化氛围又是怎样的？我们如何来评价这个时代？接下来，让我们共同探索以上这些问题。

中国历史为什么跳不出改朝换代的怪圈

秦汉帝国时代为中国确立了皇帝制度，那么皇帝制度有哪些特征？它对后两千年的中国有什么样的影响？这是这一节我们要回答的问题。

首先我们要来看秦的统一给中国带来了什么。可以说，在秦统一中国之前，后代中国可能遇到的政治问题，秦始皇的祖父、父辈都已经遇到了。比如秦国曾经出现过权臣吕不韦，曾经出现过外戚，曾经出现过太后专权，曾经也出现过宦官乱政。这些都为后来秦始皇施政、立法提供了参考和依据。

为了保证秦帝国最高权力的集中而不分散，秦帝国最终还是确立了“父系集团传承最高皇权”这样的游戏规则。这个话的意思就是说，作为国家权力——皇帝他掌控整个国家——这种权力只在皇帝的家族内部，以父子相继的这种形式向后传递。这种王权不可以分散，不可以传到这个父系家族以外的家族。

可是我们又发现，秦帝国它还有另外一面特征：秦帝国是一个非常理性的、庞大的官僚帝国。什么叫官僚帝国？就是所有的帝国官员，都是皇帝的“打工仔”，所有的帝国官员都是为皇帝个人服务的，他们要凭借自己的努力劳动，换得皇帝的权力分配，换得皇帝的支持、得到皇帝的赏赐，领取一份薪酬。

过去有一个词语叫“庶人之在官”。换句话说，官员如果没有得到皇帝的认可，那你就是普通的一介老百姓——庶人。只有当皇帝认可你了，你才是国家的官员。所以我们看到，秦帝国就好像是一个现代化的大公司，它的所有员工都是经过严格选拔、仔细考量，才录用为国家官员，为国家服务的。而这样一个庞大的“公司”，它的“董事长”兼“总经理”却是在家族内部进行传递的。

这样一个结构充分体现了秦是一个非常理性的帝国，而这种理性，也影响到了秦的皇室。我们可以说，秦皇室是中国古代最为寒酸的皇室。大家想一想，秦朝没有皇后，没有诸侯王，甚至在秦始皇死之前也没有太子。秦没有了贵族，没有了可以分享王权的人。

故而，这样一个极其理性的帝国，它建立的政治制度有这样一些特征：首先，皇权是皇帝个人的私属物品，可是同时，皇权也代表了一个集体，代表了一个国家，它是整个国家的公权力，故而任何人不得分享皇权，也不可以利用皇权进行牟利；其次，为了保证皇权的尊严和至高无上，其他人不得享有皇帝授予之外的任何特权。当时的人有这样一个说法，哪怕你是宰相的子孙，也要根据国家的规矩服徭役，缴纳赋税。所以从这个意义上讲，皇帝真的成了“孤家寡人”，他是整个国家的掌舵人，他也是整个国家的所有者，他要为国家的走向负责。

那么，我们如何来概括秦帝国的这种国家形态呢？一位日本学者用这样一个词来概括，他说秦汉中国的国家形态是一种“父家长制”的国家形态。

那么，何谓父家长制？所谓的父家长制，是这些本来没有任何关系的、非血缘的人，他们结合在一起，而其中有一个人又像一个父亲和家长一样，来统治和管理他们。可以说，父家长制是非血缘的集团，以“父家长”这种家内奴隶制的形式结合起来的。我们举一个例子来说。我们看到，刘邦的集团全是沛县这一带的豪杰、小吏、游侠这种下层人物。可是他们结合在一起的时候，刘邦是这个集团当中的领袖，而其他人有的叫作“客”，就是客人；有的叫作“中涓”，就是我们所谓的替他家服务的人；有的叫作“舍人”，就是他家里雇用的人；有的叫作“士族”，就是他家中的武士和军人。他们这些人结合在一起，而刘邦既是他们的家长，又是他们的主人，可是他们之间，并没有任何的家庭血缘关系。

有这样一个传说，说刘邦死后，吕太后哭泣，但是呢，不够哀伤，别人就问她，为什么吕太后忧心忡忡？吕后就说，当年这些军功贵族都是跟刘邦一起起来的编户齐民，他们都是一样的市井之徒。今天刘邦死了，他们会不会认汉惠帝这样一个小孩子做自己的家长呢？吕后担心他们不会认。所以吕后说，“非尽族是”，不把他们全部族灭掉，汉朝无法得到安宁。这就是我们理解的父家长制。

可以说，父家长制既是国家权力的核心构造形态，又是秦汉这些帝王王室的构造形态。每一个集团中的领袖，要担负起这个集团的责任。也正是由于这种国家形态，皇权只许我一家独大，其他人不可以来分配，不可以来分享。又因为专制君主具有公权力的性质，为了实现公权，那么就必须有秩序化的结构和范围。于是围绕着皇权，就形成了一系列特殊的规矩和规范。

皇帝要唯我独尊，皇帝的名号别人不能分享，皇帝自称为“朕”，皇帝说的话叫作“圣旨”，皇帝传的命令叫作“上谕”，等等。后两千年的中国，皇帝就成了中国实际上至高无上的主宰。而那个“神”，那个“天”，则成了可有可无的存在。所以我们可以说，秦汉帝国奠定的结构是，皇帝开始实施对他治下的所有人的人身支配。有一种说法，中国古代的帝国是“一竿子捅到底”，也就是说皇帝可以管到每一个具体老百姓的头上。这种父家长制下的帝国，可以说是一种理性与非理性的撕裂。

我们可以将秦汉帝国的政治体制视为一种特殊的嫁接。可以说它在最高权力上依然延续着上古时代的“宗法氏族制度”。宗法氏族制度就是以血缘关系形成的一个大的家族网络。而在国家管理的具体的“公务员”任用上，它是官僚契约制度。这就是我们今天习以为常的选贤举能，考察、选拔、奖励、罢黜，这样的一个制度，我们把它叫作官僚制度。在皇权上，秦汉帝国采用的是上古时代的宗法氏族制度；而在官僚任用上，它采用的又是战国以来一种合理化的官僚契约制度。这两种制度嫁接在一起，就是我们看到的秦汉帝国的国家结构。上古时代的宗法氏族制度和战国以来的官僚契约制度，在这里走向了合体。理性的官僚制度的机体、血脉传承的君权结构，成为这个机体的大脑。

我们可以看到，秦汉的帝国，官员犯了错，有退出机制，他会受到惩罚，他会被免职。但是国家最高权力的掌控者——君主，他既是君又是父，他无法退出。所以，在官僚体制下，官员有退出机制；然而在父家长制的皇权下，皇帝是没有退出机制的。

所以秦汉帝国最终没有解决的问题是，最高皇权应当如何传递和转移？也正是基于此，我们要回答这个问题：中国为什么老是改朝换代？因为在这个体制中，皇权是皇帝个人的私产，它同时又代表着国家的公共意志。作为公共意志，它享有着法律至高无上的尊严；作为皇帝的私产，它可以任意处分。所以皇权在古代帝国，它具有双重合法性；正因为它拥有的双重合法性，使得人们没有办法去矫正皇权的错误；为了矫正这种错误，只有从外部机制上摧毁皇权，彻底摧毁帝国，重建一个新的皇权，才能矫正过去皇帝造下的孽，这就是为什么中国古代老是改朝换代的原因。

秦汉之际的改朝换代，我们可以说是一次偶发事件。假如秦始皇知道与民休息，不滥用民力，秦似乎不至于二世而亡；假如历史给秦朝几百年的时间，以秦帝国这种理性思维，似乎可以探索出一条新的路径，这种路径可以帮助皇帝矫正治理过程中的错误。

然而历史不能假设，历史只给了秦15年的时间，秦“崩盘”了。“崩盘”的结局是，不同的力量从外部摧毁了秦的皇权，摧毁之后它们重建一个新的皇权。尽管这样的摧毁看似解决了问题，可是没有从根本上改变这种结构。所以后来的时代避免不了改朝换代的常态。

唐朝诗人杜牧在《阿房宫赋》里这样写道：“使秦复爱六国之人，则递二世可至万世而为君。”秦如果能够爱六国的人，它怎么会只传递两代人？可以传到千万代人而为君。可是秦没有来得及做这样的反思，后代的人又不反思秦，所以一代一代的人，重蹈皇权从外部被摧毁这样的覆辙。

秦汉之际的改朝换代，尤其是秦的皇权从外部被摧毁，在司马迁看来是不可想象、古代也没有出现过的。司马迁在《史记》的《秦楚之际月表》里面说，刘邦这些人，兴起于闾巷之间，他们发动的战争摧毁了秦的皇权，比三代以来的革命还要暴力。而刘邦重建的汉朝，恰恰又使用了秦给他们立下的制度和规矩。秦的法律、秦的制度又成了汉立国的依据。刘邦集团从外部摧毁皇权、重建帝国，在汉朝，又被塑造成拨乱反正的楷模，这就为后世中国提供了一个特殊的案例，就是每当皇权发生错误的时候，从外部摧毁它，重建一个新的皇权，这是正当的，是符合正义的。

刘邦死后，汉朝的大臣们这样歌颂刘邦，他们说刘邦起于细微，拨乱世，反之正，平定天下，功劳最高，所以，他是汉朝的太祖。这种表彰和鼓励，也为中国的底层民众一呼百应地站起来，挑战皇帝的权威，立下了楷模。这是秦汉的大变局，我们无法说清它是一个正面的教材还是一个反面的教材。总之我们知道，每一次从外部摧毁皇权，带来的都是国家的动荡、生灵的涂炭。曹操在描绘汉朝末年战乱的结局时说，洛阳周围“白骨露于野，千里无鸡鸣”。这样的动荡尽管摧毁了一个残暴的政权，可是它也给身处其中的老百姓带来了无限的灾难。

重建帝国，谈何容易！正因为早期的秦汉帝国没有探索出矫正皇权的合理模式，这样一个外部摧毁的渠道，使得人们看到了古代中国循环往复、一次一次的改朝换代，人们在改朝换代当中体会着历史的因果轮回。

秦朝为什么在最强大的时候崩溃

秦为什么在最强大的时候崩溃了？这个问题不是今人才问的，早在两千多年前，刘邦就向他的臣子提出了这样一个要求：你们每个人啊，不要隐瞒我，要向我总结一下，秦为什么丢了天下？我刘邦，一个区区草民，为什么能够获得天下？你们每个人都要跟我讲讲这个道理。他专门让一个士大夫叫陆贾的，写出一部新书，来解释秦亡、汉兴的历史教训。秦朝为什么会在最强大的时候崩溃呢？我们知道传统的解释，无非是说滥用民力、严刑苛法、垄断资源等。今天我们想用一种全新的视角来解读，秦的崩溃原因到底是什么？

秦的灭亡是在中国历史上第一次集权制度之下，因为迷信强权而导致帝国崩溃。虽然秦的崩溃可以说空前——此前没有过，可是它并不绝后。因为我们知道，后一次因为迷信强权、滥用民力而崩溃的是隋。可是秦的灭亡给后代的帝国竖下了一面镜子，让后代的君主理解权力的使用必须有边界。

我们可以想象，当秦始皇统一六国，北筑长城，南开灵渠，发50万人戍守岭南的时候，那是多么不可一世的君主啊！可是，太多不可一世的王朝，都是被几个流氓敲响丧钟的。秦的崛起非常不容易，秦的崛起和统一用了550余年的时间，可谓“风风雨雨来时路”。可是秦从瓦解到灭亡，只用了短短不到三年的时间，这个教训是多么大呀！

首先我们要知道，在秦灭亡之际，有哪些人希望秦朝灭亡。我们知道中国历史上有所谓的“亡秦三叹”，这是大家耳熟能详的故事。可是从来没有人分析过，“亡秦三叹”代表了秦强权压迫下的哪三种反抗力量。

我给大家讲三个故事。

第一个故事。传说有一次，秦始皇南游，游到了会稽郡。会稽郡的郡治是今天的苏州，也就是当时的吴县。在吴县生活着战国时候的旧贵族——项氏家族。在观看秦始皇巡游车队的人当中，有一个少年俊杰叫项羽，他看着秦始皇威武的样子，说了一句话叫“彼可取而代之”，我是能够取代他的。项羽是要灭亡秦的第一股力量，也就是战国时候六国的旧贵族。他们不服从于秦的压迫和统一，他们要回到六国的旧秩序。

我们再看第二个故事，秦统一天下之后，有很多人被要求服徭役。传说秦始皇为了修自己的骊山陵墓，动用了72万人为他做劳役。在这些服劳役的人当中，有一个人是负责押送本县这些服徭役的人去咸阳服役的小亭长，相当于我们今天的派出所所长，这个人叫刘邦。在咸阳，刘邦看到了秦始皇威武的样子，发出了感慨：“大丈夫当如此矣！”作为一个男子汉，我也要像秦始皇这个样子啊！刘邦代表的是战国时代以来的商贾、豪强、游侠、市民、底层官吏，这种社会的中下层精英。

第三个故事，有一个闾左之民，用今天的话说，就是住在棚户区的穷人，这个人叫陈涉。陈涉早年跟他的同伴一起在田里耕种的时候，他对同伴说：“王侯将相宁有种乎！”那些王侯将相，难道是天命生来，他们就该富贵的吗？可以说，陈胜代表了战国和秦代生活在社会底层、在生死存亡边缘挣扎的这些底层人。于是“彼可取而代之”“大丈夫当如此矣”“王侯将相宁有种乎”这三句话就被人概括成了“亡秦三叹”。三个男人发出了三声叹息，一个庞大的帝国——秦朝，就这样被摧枯拉朽一般灭亡了。

我们可以说，陈胜、吴广的大泽乡起义，只是点燃了一把火，而将这把火烧成燎原之势的，却是以上三股势力的合谋。战国时代六国的旧贵族、秦朝社会底层的精英，以及生活在水深火热之中的这些边缘人，他们合起伙来灭亡了秦朝。我们可以想象，在这一些人的合谋下，秦真的有招架之力吗？

我们要来回答一个问题：秦为什么会崩溃？秦的崩溃，是由于秦那种不讲道理的法治，击碎了所有人的安全感。所以旧贵族、底层人、社会精英合起伙来，要击碎这个“法治”的秦国。我们知道，陈胜、吴广走向反秦的道路，只不过是因为他们押送一批刑徒去服徭役，恰巧因为下了大雨，路被冲断了，他们发现，无论如何也不可能按照时间到达指定地点，根据秦严苛的法令，误时就要被杀。

走投无路的陈胜、吴广，他们这样说：“今亡亦死，举大计亦死。”也就是说，现在我们逃亡，被抓回来是个死；我们起来反抗、造反，也是一个死，终归都是一死。不如我们铤而走险，试一把，或许还有一条生路。这个故事，大家都知道。可以说秦的所谓的严刑苛法，击碎了所有人的安全感，每个人都不知道，自己会不会成为下一次所谓的秦的“法治”的牺牲品。也正是由于这个原因，大家一定要合起伙来推翻秦。不推翻它，我们都没有活路。

除了击碎所有人的安全感之外，秦的崩溃还因为它堵上了所有人自由发展的空间。秦，它全面管控社会。任何人如果要想获得认可，获得富贵，都需要在政权体制内活动。也就是说，秦把每个人上升的通道都堵死了。

秦的强权把一些本来和权力之争没有任何关系的人逼成了自己的敌人。《史记·儒林传》里记载了这样一个故事，说陈胜、吴广起兵造反的时候，山东曲阜的孔家的几个儒生，抱着孔子传下来的礼器就投奔了陈胜、吴广。孔子的嫡孙孔甲，成为陈涉的臣子，结果和陈胜、吴广一起死在了乱军当中。

司马迁总结说，陈涉只不过是一个耕田的匹夫，他驱使这些瓦合的庶族，起来反抗秦，他做出的事情微不足道。可是为什么孔子的后代背着礼器就去投奔陈涉，要当他的臣子呢？那是因为秦焚书坑儒，把这些儒生的事业断绝了，他们没有出路，只有跟着陈涉，或许才有一条出路。所以我们说，秦的强权给自己树立了太多的敌人，它把所有人自由发展的空间全堵上了。堵上了一个空间，就意味着这个压力要增大。就这样，秦帝国像一个高压锅一样越来越胀，压力越来越大，最终走向崩溃。

最后我们要总结，有人说秦是法家治国，秦的法治不是号称中国古代最为严明、最为令行禁止的法治吗？结合上一节，我们应该知道，秦所谓的法治并不是为了维护社会的公正，而是为了维护君主的强权。我们要理解，法治的前提是立法的公正，而秦的立法本身，并不是为了每一个老百姓，而是为了维护皇帝对于国家的控制。

所以，秦尽管是法家国家，可是法家不代表法治，秦的司法理念和秦的司法实践，都不是为老百姓服务的，它是为了皇帝和君主服务的。在这一前提之下，每一个老百姓，随时可能成为为了君主服务的法治牺牲品。我们要理解，抽象的、公正的契约精神，也就是真正的法治在中国的建立，要到两千多年以后了。所以秦在最强大的时候崩溃并不是一蹴而就的，是它为自己埋下了太多的雷，是它为自己树立了太多的敌人。当所有的敌人、所有的雷一齐引爆，一起希望它灭亡的时候，大秦帝国只好自己走进坟墓。

儒家关于皇权传递的合理想象

我们提到秦汉帝国，还有一个新的东西，大家会经常挂在嘴边，那就是儒学成为汉朝的官学。我们提到汉武帝都会说他“罢黜百家，独尊儒术”，好像是说，儒学是在汉武帝特别的关爱和提拔之下，才成为中国古代的主导思想、意识形态。可是通过这一节，我想告诉大家，儒学在汉初的崛起并非偶然，而儒学也并非我们后世想象的那样，只为专制君主服务。儒学在皇帝看来，是一把双刃剑。

秦的灭亡使得法家思想遭受了重大的打击。秦汉之际，战国以来的制度转型没有完成，旧制度已然崩溃，新制度却还没有建立。那么这样一来，新的秦汉帝国将以何种面貌来被加以诠释、来被告知世人，这就是儒家要做的工作，而这一工作是借“春秋学”进行的。所谓《春秋》是儒家的一部经典，它记载了春秋时代，鲁国从鲁隐公到鲁哀公242年的历史。《春秋》本来是一部历史书，但是儒生说，孔子在编订历史书的时候，他用历史批判的方式阐释未来的新社会将以何种面貌来建设。所以儒学便利用“春秋学”开启了一个历史批判和社会建设的运动。

在这里我要说一句，学习历史并不只是往回看。就像我们人一样，当我们背对着历史的时候，我们面前是未来。学习历史，是我们用当下的眼光去看待过去，而获得的知识，将是面向未来的启示。所以历史并不只是一门关于过去的学问，历史还是一门关于未来的学问。同样，秦汉时代的历史学也是这样，它借批判过去告诉大家，我们的未来应该是什么样子。

儒家的春秋学，其中尤以公羊学派最为重要。传说这个学派最初的传人名字叫作公羊高，因此学派以公羊为名。儒学的公羊学，它最大的贡献，是发明了一套最高权力应该如何传递的理论。这种理论，就好比悬在帝国天子头上的一把利剑，既可以帮助帝国皇室树立权威，也可以随时掉下来，斩断这个王室的合法性、正统性。

首先，儒学的春秋学要解决政治危机，解决制度性的焦虑，它区别于从人性论的观点入手，它是从政治制度、从整个国家结构入手来加以解释。春秋学要求，用服装的颜色、礼仪的名号、各种象征性的仪式和符号来重建政治秩序。其次，这也是秦没有完成的思考，在儒学的春秋学当中得以延展，那就是——最高的皇权应当如何传递？当这个家族已经不能够再承担统治全国、掌控皇权的责任的时候，他们应当如何合理地、安全地退出。最后，儒学春秋学要确定一些政治伦理，比如说继承关系，比如说君臣关系、父子关系、国与国之间的邦交关系。而这一切，汉人都有一个信仰。他们相信儒学的春秋学是孔子赠送给汉朝人的一份礼物，是孔子替汉朝制定下的“法则”。

理解了春秋学要解决的问题，那么我们就要来说一说春秋学有哪些要素。根据汉代的经师解释，儒学的春秋学有所谓的“三科”“九旨”。所谓“三科”，就是三个科目；所谓“九旨”，就是有九个具体的条款。三科的第一科，叫“张三世”，所谓“张三世”就是说，孔子的《春秋》经分为三个阶段：第一个阶段是孔子亲眼看到的，第二个阶段是孔子用耳朵听到、他的上一辈人传说的，第三个阶段是更早的一个阶段，这个阶段只能通过再转手的传闻而获得，这就是所谓的所见、所闻和所传闻三世。

“三世”的格局是如何的呢？由于孔子亲眼看见的离自己太近，说话不能太直白，只能是微词；而稍微远一点的所闻的时代，关系已经不那么密切了，可以哀婉当时发生的祸乱；而那个最远的传闻时代，已经和现在没有什么联系了，反而可以秉笔直书，写出那个时代的种种不合理。可是，通过从传闻到所闻，再到所见的时代的这样的描绘，给人的感觉是，好像最远的时代最乱，稍微近一点的时代好一点，而现在的时代，由于孔子有所畏惧，所以把它写得比较好。

通过这种历史批判，就构建了一个由乱世到升平世、到太平世的社会进化的时间逻辑。这种时间逻辑，通过历史批判，为未来发展重建了历史的目的论，也就是说，我们的历史必将走向太平。太平是我们的目的，这就是春秋学的“张三世”的观点。

第二个观点叫“异内外”。也就是说《春秋》认为，鲁国是内，诸侯国是外；诸侯国是内，而那些周边的蛮族是外。通过这种“华夷”之辨的观点，重建人们对于华夏、对于族群、对于国家、对于文化的认同。

第三个也是最重要的，就是春秋学的“存三统”的观点。春秋学认为在整个西周时代，同时存在三个天命所赋予的古代王国的传统。比如说周王室是当下的王，所以周是“时王”；此前的商王室，以宋国这一诸侯国的形式保存下来，在宋国可以保存商代的礼仪、制度、文化；再往前有一个小国叫杞国，它保存了夏的礼仪、制度、文化。而杞是夏的统治者的后人，宋是商的统治者的后人，周是当下的统治者。也就是说，在同一个天下当中，保存了三个天命所赋予的、依照时间关系存在的传统。

这个理论听起来非常奇怪。那么“存三统”到底是要说什么呢？它是想说，一个天下有三个政权的传统，每当有新政权建立的时候，三者中最遥远的那个政权就要退出，所以中国历史就成了夏、商、周三个传统汇聚，转而商、周、汉三个传统汇聚，再往后新来了某一个时代，那么汉就退居第二位，就成了周、汉、某。后来王莽改制和曹魏代汉都使用过“存三统”的观点。“存三统”的观点将汉朝纳入自古以来“天命”的法统之一，看起来是把汉朝圣统化了。

可能有人会问，在汉朝人的信仰当中，“新三统”是商、周和汉，为什么没有秦？那是因为在汉朝人的眼中，他们不承认秦曾经获得了天命。秦是暴力和倒行逆施的象征。所以在汉朝人的眼中，秦叫闰位，就是多出来的一块。而真正的天命，只在商、周和汉之间传递。

那么汉是如何获得天命的呢？周朝的孔子编了一部《春秋》，这部《春秋》为汉朝人建国和行政立了法度和规矩。汉朝人从周朝的孔子手里接过了真实的天命。所以在汉人的“三统”信仰里面，商、周、汉构成了他们的“三统”，这就是所谓的“新三统”。

可是大家也知道，“存三统”也同时暗指三个法统不可能永远维持下去，不会像秦朝那样万世一系。汉朝早晚有一天，也会和夏、商、周一样退出历史的舞台，成为历史上的三统之一。可以说，春秋公羊学利用“存三统”的观点，为汉朝合理地、安全地退出政治舞台、交出最高权力，提供了一个理论的支撑。而这种退出，从大国变成小国，从小国退出历史舞台，又为王室提供了安全的保障，不至于被灭绝、被屠杀。所以儒学的春秋学可谓是在原始的状态下，为最高权力的转移提供了一个大家都能接受的方案。这种方案尽管看起来神奇，可是大家知道，这个方案在汉代，尤其是在西汉时代，可是切切实实被实践过的。

汉武帝是一代雄才伟略的英主，他的时代也伴随着汉帝国的很多变化。我们知道，汉武帝上台继位的时候，大家颇有一种“好像时间开始了，一个美好的时代到来了”的感觉。可是汉武帝在位50余年，横征暴敛，发动对外战争，搞得民不聊生。当汉武帝过世之后，在整个汉朝的天下，一个新的呼声慢慢地越来越大。这个呼声就是：“唉！按照公羊学的说法，是不是我们汉朝又该改朝换代了呢？”

我们看到，有这样几个人物在呼吁。董仲舒的再传弟子中，有一个人叫眭孟。有人听到泰山、莱芜山南传来汹汹的几千人的声音，跑到那儿一看，一块倒下的大石头，忽然自己站起来了；在另外的一个昌邑王国当中，一个社稷坛中的枯了的木头又重新发芽；在上林苑里，一棵柳树倒在地上，结果又活了。

于是眭孟就这样解释这些现象，说这是有人要从民间成为天子，也就是说，要改朝换代了。眭孟还引用董仲舒的话：即便汉朝有继体守文的君主——就是继承此前圣人的身体，守住国家制度的这些君主，你也不能妨害更为圣仁的人，接下来继承天命。眭孟进一步说，汉朝是尧舜的后代，尧舜有把国家传给别人的美德。你们老刘家经历了汉武帝这样的时代之后，应该找一个更为贤达的人把皇位让出来，自己保留一个小国，就像商朝的那个宋国一样，让出天命。眭孟的这个呼声被当时秉政的大将军霍光听到了，霍光以“大逆不道”的罪名，将眭孟斩首示众。这是利用公羊学为改朝换代发出声音而引来的灾难。

第二个故事的主人公叫夏侯胜。夏侯胜听说朝廷要给汉武帝搞纪念活动，他坚决表示反对。他说，汉武帝时代，天下虚耗，老百姓流离失所，人们一大半因为战争和灾荒而死，这样的人没有德泽于老百姓，怎么可以为他设立纪念的庙乐呢？尽管夏侯胜因为否定汉武帝被抓了起来，可是很快人们又相信他说的都是真心话，将他放了出来。

最后一个故事的主人公是盖宽饶，他也是儒家春秋学的传人。他引用《韩氏易传》来解释，说“五帝官天下，三王家天下”，五帝时期实行的是禅让制，要把皇权在公开的场合进行传递。而后来的夏、商、周才是把皇权作为私产，在自己家族内部传递。这就好比四时运转一样，如果没有找到合适的人选，就要把这个位子让出来，传给更为贤德的人。当然盖宽饶的这些观点，并没有被汉宣帝接受。后来盖宽饶在汉朝的未央宫北阙下，用自己的佩刀自杀，以尸谏——就是用尸体向国家提意见的这种形式，要求遵照春秋公羊学，合理地改朝换代。

我们通过这三个例子，以及公羊学“存三统”的学说可以看到，儒学的兴起并不是我们想象的那样，附和君主的意志，为君主做诠释。儒学是有自己的观点的，儒学是有自己的关怀的。它通过“存三统”的理论，希望构建出天命转移的合法规则。利用这种规则，可以让最高的皇权在没有外部刺激的情况下合理地转移；使国家在动荡最小的前提下，实现改朝换代。我们知道后来的王莽和再后来的曹丕，都是利用儒学“存三统”的观点，合法地从前朝获得了政权。

所以中国历史后几千年，大家会发现，从曹魏到西晋，到宋、齐、梁、陈，到隋唐，再到五代十国的梁、唐、晋、汉、周，再到宋，这种“禅让”的把戏，一次一次地上演。大家总希望好像有一个真正的神在主宰天命，天命在不同的家族之间传递，使这种传递看起来不那么血腥，看起来不那么难看。这是2000余年前先民们用自己的智慧为秦的崩溃之后如何传递皇权，做出的另一番假设。

“五蠹”与“七科谪”——什么职业会成为秦皇汉武的打击对象

我们知道，秦朝开启了大一统的模式。大一统的模式下，有一种政治理念，叫作“兼覆无遗”。国家为了捍卫公权力，要对社会的各个阶层进行全面的压制和管控，以实现步调一致。为了构建秦汉的这种“兼覆无遗”的政治理念，曾经有四位思想家为此做出了贡献。他们分别是：商鞅、荀子以及荀子的两个学生——理论家韩非和政治实践家李斯。我们可以说，秦汉的政治框架，从最终的理念上都强调“兼覆无遗”。兼覆无遗就是国家权力要全方位地覆盖社会生活的方方面面。

荀子在他的作品《王制篇》开篇就表达了这个主张。荀子说，对于“奸言、奸说、奸事、奸能”——就是不符合法律规定的言辞，不符合法律规定的学说，不符合法律规定的事物、能力，以及不服从法律管理的人——如果他们听从国家的教诲，那么国家就教育他们；如果不听从，国家就惩罚他们；如果他们和国家总是唱反调，那么国家就要消灭他们。所谓的国家——就像是一个巨大的盖子一样，要把整个社会盖起来，这就是荀子提出的观点，叫“兼覆无遗”。

换句话说，所谓的“兼覆无遗”，就是让你茫茫四海无路可逃。秦汉时代的中国，尤其是秦代，强调“国无异俗”，也就是说国家要一元化地治理。商鞅在他的《商君书·刑赏》中提出，一个好的国家，它的赏赐原则要统一，它的惩罚原则要统一，甚至连它的教育原则也要统一。他解释说，你的赏赐原则统一了，你的军队就所向披靡；你的刑罚原则统一了，你就能够令行禁止；你的教育原则统一了，你的国家里才能步调一致。

我们知道商鞅的这种观点，最后给他自己下了一个巨大的套。商鞅在秦国推行变法，他把太子的老师处以刑罚，因而得罪了太子。等到秦孝公死后，太子上位，商鞅不得不逃亡。可是当商鞅逃亡到秦国边境的关口的时候，半夜里他要出关，而守关的士兵对商鞅说：“商君定下了法令，不管是谁都不能出关。”商鞅十分感慨：“正是我定下了这样严明的法令，最终让我自己也无路可逃。”

秦汉的这种严刑苛法的治理，有时候甚至会表现出一种反智的倾向。什么是反智？反智就是对知识的憎恨、对知识的怀疑，认为知识和由知识所带来的智信，对人有害无益，对社会管理有害无益。所以无论是韩非，还是韩非所秉承的老子学说，都对知识和人的智慧采取一种蔑视和反对的态度。韩非在《韩非子》一书里，引用老子的话说，一个好的社会治理要

“虚其心，实其腹，弱其志，强其骨”。也就是说秦治下的老百姓要没有什么想法，但是肚子吃得饱饱的；秦治下的老百姓要没有什么志向，只听从国家的安排，但是他们的体格要非常强壮。

如何能够达到这种所谓的“虚心、实腹、弱志、强骨”？秦设想了一种政教合一、万众一心的未来社会的远景。《商君书》在《算地》篇里就提出，秦的老百姓没有事的时候不要读书，尤其不要与外国的知识分子交通。而且商君把社会上动用《诗》《书》和其他文化资源，蛊惑老百姓，让老百姓对国家的法令予以议论、予以非议的人，叫作“六虱”——就是六种虱子，有的人把它说成“六蝎”——就是六种蝎子，这些都是试图利用文化资源，利用其他资源，动摇政治基础的群类。对于这些群类，商鞅认为要用武力予以镇压。

同时，国家通过垄断所有的渠道，达到举国自下而上步调一致、令行禁止的效果。这并不只是单纯的理想，秦汉的帝国，尤其是秦帝国，也切切实实做到了。秦帝国治下的老百姓，个个没有什么独特的想法。他们的目标就是两个：一个是好好种田，一个是好好为国家打仗。通过种田获得财产，通过打仗获得社会地位。所以在战国时候，秦国的士兵无不以一当十，无不斗勇成狠。当时东方六国人把秦国的士兵称为“虎狼”。

那么这样一支“虎狼之师”是如何塑造出来的呢？秦帝国为了塑造这群虎狼，他们要精准地打击社会上的其他对象。比如说韩非子就在自己的文章《五蠹》篇当中提出有五种人，要着力打击。第一种人是学者，也就是儒生。因为学者会引用《诗》《书》等古代经典来非议政治、来议论政治。第二种人是言谈者，就是我们说的纵横家。他们会游说君王，他们会互相串联，动摇国家的统治基础。第三种人叫带剑者，这指的是游侠，他们会凭借武力，除暴安良，武断乡曲。当政府无法管的事情由这些游侠来管，任由他们私下里复仇、报复的时候，国家的公权力就被游侠侵害了。第四种人叫患御者。用今天的话说，叫掮客，他们在不同需求的人——有人需求富贵，有人需求财产，有人需求政治地位——之间拉皮条，让他们相互交易，获得满足，这是所谓的患御者。第五种，韩非认为是所谓的工商之民。所谓的工，是指从事生产的人；所谓的商，是指从事贸易和流通的人。韩非认为工商之民，他们有强大的经济资本，他们可以利用这些资本，调动很多的社会资源，最终可以妨害官府的行政。韩非把学者、言谈者、带剑者、患御者和工商之民称为“五蠹”。

而这五蠹之中，除了学者和带剑者，也就是儒家和游侠，要重点打击之外，韩非子认为，还要重点打击的是商人。秦和汉都有所谓的“七科谪”。什么叫七科谪呢？就是每当国家遇到挖河、修长城、移民、修建陵墓之类大的徭役工程的时候，要首先征发七种人来为国家服务。哪七种人呢？第一种人是所谓的赃吏，就是你替国家服务，可是你贪赃枉法的。第二种人叫逋亡人，就是犯了罪逃跑的。第三种人叫赘婿，就是自己已经穷得养活不了自己，要倒插门到别人家里的人，国家说你这种人国家把你养起来，你要替国家服徭役。从第四种人开始，就是本人有市籍的，然后父母有市籍的，以及祖父母有市籍的，你就属于国家“优先”，这个优先是打引号的，就是国家要先征发你来服徭役。以上是六种。加上最后一种叫闾左之民，就是穷人。合起来一共是七种人。

这七种人当中我们会发现，秦汉帝国既打击穷人（就是那些贫穷到无法自谋生路的人），又打击商人。为什么？因为秦汉帝国认为，商人可以利用资本来撬动社会。所以，秦汉“七科谪”的结果，是把所有人都固定在了土地上，成为农民，成为国家的兵源，成为为国家缴纳税赋的稳定的财政提供者。

秦汉时代的知识界对于专制的皇权具有普遍的压力感。所以我经常在课上对同学们说，如果你们想要穿越，一定要看好时代，不要轻易穿越，万一穿越到了秦代和汉代，或许你就成了“五蠹”，或许你就被“七科谪”了。西汉时代的知识分子，因为大一统，因为一人专制，而对政治有普遍的压力感，这是一种全面的感受。《战国策》上记载，齐宣王见到一个叫颜斶的大臣，齐宣王对颜斶说：“你到我跟前来。”而颜斶也对齐宣王说：“王，你到我面前来。”这是战国时代的知识人，是自由时代的写照。君主和知识人是平等的关系，知识人可以凭借自己的知识向君主叫板。可是当秦汉大帝国时代到来的时候，又有哪一个知识分子敢向秦始皇、汉武帝叫板呢？有的只是东方朔这样的，通过插科打诨的形式，婉转地向君王提一提建议而已。汉代楚辞流行，一方面是因为汉代的军功集团都是楚人，另一方面是因为《离骚》当中“信而见疑，忠而被谤”的怨恨心态凸显出来。人们对专制皇权，对知识人被戕害，对独立的人格被扭曲，发自内心地表示怨恨和憎恶。

《晋书·庾峻传》这样描绘秦朝，它说“秦塞斯路，利出一官”，秦把人们上升的路途全部堵起来了，人要想获得认可，要想实现自我，只有和国家、政府、皇帝合作，得到皇权的认可；“虽有处士之名，而无爵列于朝者，商君谓之六蝎，韩非谓之五蠹”，在民间有名声，可是得不到国家认可的人，商鞅说这就是六种蝎子，韩非说这就是五种蛀虫。

一个有趣的问题摆在我们面前：韩非到底算不算是五蠹呢？他自己算不算是言谈者，算不算是学者呢？各位，在专制皇权之下，历史已经告诉我们答案，韩非同样被专制皇权碾得粉碎。他和他的同学李斯都死于秦的强权。所以秦汉帝国对于社会阶层的全面压制，导致没有一个人能从这样的体制当中幸免，即使是提出“五蠹”的韩非，最终也难逃“五蠹”之一的命运。

宦官——皇权的寄生者

一个统一的帝国，需要层级化的代理人来贯彻统治者的意志，而围绕最高的权力形成的利益集团，在帮助皇帝进行统治的时候，他同时也在分享着最高的权力。秦汉帝国的历史上，几乎爆发过中国古代历史上各种形式的权力异端，比如女主，比如外戚，比如这一节我们要重点讲的——宦官。

你如果熟悉世界历史，会发现宦官这一依附于皇权而生存的奇怪的权力寄生品不仅仅存在于中国。从宦官个人的角度来讲，他们是历史的悲哀，也是生命的悲哀；但是从权力的角度来讲，宦官是权力的异端。所有人都会认为宦官是中国历史上最为邪恶、最为黑暗、最为扭曲的一股政治势力。今天我们着重要讲的就是汉代的宦官。

我们知道，秦汉时代围绕着皇权出现了很多权力的异端。首先是女主利用皇帝年幼实际掌握政权。那个时候不叫“垂帘听政”，那个时候直接就是临朝称制、临朝听政。所谓女主就是皇帝的母亲，这种女性以皇帝母亲或者是前朝皇后的身份执掌政权。西汉初年有吕后，西汉中期有窦后，西汉晚期有享国60余年的太后王政君，也就是王莽的姑母。

到了东汉，比较出名的有邓太后邓绥。我们知道，这位邓太后是一个工作狂，而且因为她是高密侯邓禹的后人，她还非常有文化、有素养。她不但自己有文化，她还要求自己身边的这些郎官、侍卫也要有文化。她要求羽林和期门（就是我们讲的禁卫军），每一个士兵必须通《孝经》。邓后在临死之前，她还要求宦官用肩舆，就是用小轿子把她抬着，围着尚书台转一圈，就是围着“办公厅”转一圈，看看还有没有没有完成的公文、没有批达的诏书。可见她是一个工作狂，她是把权力作为自己生活的一部分，把自己视为权力的化身。这是我们讲的汉家女主。

女主，她不单单要依靠个人来执政，还要利用第二股势力，这一股势力就是因为裙带关系而被信任的外戚。外戚因为自己的女性亲属成为皇帝的妃嫔，成为皇帝的皇后，成为皇帝的母亲，从而能够染指政治。汉代最初有吕氏家族，汉武帝时代出现了平阳卫氏家族、霍去病和霍光的霍氏家族以及中山李氏家族。

西汉末年，王莽家族号称“一门五侯”，在王政君的庇佑下，王氏子弟先后担任大将军的职务来辅政，实际就是掌控政权。我们知道，西汉有所谓的辅政将军，你看他的名号，就知道这个将军不是用来领兵的。他是干什么的呢？这种将军他是作为政权的实际操控者来辅政的。西汉时代的辅政将军的名号，有大司马、大将军，有车骑将军，有骠骑将军，有卫将军，等等。这些将军，他都是以中朝官的领袖的身份，把控政权，操控政治。到了东汉，这种由外戚掌权的特征愈演愈烈，出现了窦宪、邓骘、阎显、梁商、梁冀这样的将军，其中最为著名的就是梁冀。

梁冀在中国历史上又被称为“跋扈将军”。梁冀作为外戚专擅朝政，他本来认为小皇帝非常便于控制，可是有一天临朝执政的时候，这个小皇帝对着梁冀说，这是一个跋扈将军。于是梁冀内心当中对这个皇帝产生了忌惮，就借着给皇帝送点心的机会，把他毒死了。皇帝被毒死的时候，拉着自己老师的手说，我刚才吃了一碗面条，心里觉得闷，如果给我一口水，我大概还能活。然后梁冀就在旁边说，喝水他就会吐，不能让他喝水。小皇帝就因为梁冀的一份有毒的点心被毒死。可见，东汉的外戚不但操控政权，而且操控着少年天子的生死。他们以辅政的身份，利用朝廷的、宫廷内部的官僚体系掌控朝政，是一股黑暗势力。

皇帝年轻的时候受制于所谓的外戚和母后，等到皇帝年长之后，他们为了摆脱母后和外戚的控制，就要利用身边的人进行反扑，所以在汉代第三股分享皇权的势力出现了，这就是我们说的宦官。宦官的崛起有一个历史的过程。

我们知道，中国古代尽管有宦官，但是在早期，尤其在西周以来数量并不是很多。宦官的产生主要是一种刑罚造成的。中国古代有所谓的“五刑”，首先是杀头，这个叫大辟；其次是宫刑，也就是阉割；再其次是刖刑，就是砍掉腿或者是脚；然后是劓刑，就是割掉鼻子；最后，最轻的叫黥刑，是在脸上刻字，或者叫作墨刑。那么受了宫刑的人，就成为皇宫内部的奴隶性的服务人员。

这种人本来为数不多，他主要是为宫廷、皇家服务的。但是到了汉武帝时代，汉武帝因为经常在皇宫内办公，不出皇宫，所以他就需要大量的宦官在宫廷和外朝之间传递消息、传递公文。于是，宦官就形成了一个机构和班子。这个班子被称为中书谒者令，就是中书和谒者的合体，充当替皇帝跑腿、批答公文、办事这样一种角色。谒者是专门负责来往拜谒，受皇帝的差遣去传话；而中书是在宫廷内部担任皇帝的秘书。

那么中书谒者令作为汉代宫廷内部的宦官机构，就逐渐地开始染指政权。到了东汉时期，有一个官职，叫作中常侍。我们知道汉代有中朝官，有所谓的侍中、中常侍等。这个中常侍在西汉时代是由士人充当的，到了东汉时代就改由宦官来充当。为什么改由宦官来充当呢？这和光武帝刘秀有很大的关系。

光武帝刘秀是一个非常勤政的皇帝，他不大相信大臣能够认认真真、负责地将工作做好。据历史记载，说光武帝这个人，工作非常辛苦，而且办事非常认真。他经常亲自给大臣写公文，在一块手札，就是我们讲的一张便笺纸上面，用小字写10行字，说明光武帝做事情非常认真。

正因为他认真，历史上对光武帝有一个评价，叫“亲总吏职”，他要亲自承担一些官吏的职务，比如说过去由宰相和九卿负责的具体行政事务，到了光武帝时代，他都亲自揽在自己手里。这种情况下，就造成了宦官可以上下其手——专权。所以到了东汉，中常侍这个职务，就由宦官来充当。

宦官刚开始没有显出多大的力量，但是一件特别的事情让宦官崛起。这要从汉安帝说起。汉安帝是东汉的第六个皇帝，当时他已经立了皇太子，叫刘保。结果，汉安帝的乳母和另一派的小宦官江京、樊丰等人，就通过说坏话的形式，多次诋毁皇太子刘保的乳母，共同构陷太子。汉安帝就把太子刘保废掉，贬为济阴王。安帝驾崩的时候，宦官孙程等人不满于安帝的乳母和其他宦官的为非作歹，就团结了19个宦官，共同发动军事政变，迎立济阴王。于是济阴王，也就是原来的废太子刘保，被立为皇帝，这就是后来的汉顺帝。同时，在这一过程当中，孙程等人诛杀了汉安帝时代的外戚和一些反派宦官。由于孙程等宦官有拥立汉顺帝的功劳，所以汉顺帝同时封孙程等19人为侯，这就是历史上所谓的“立顺”，就是立了汉顺帝这件事情。

于是宦官的势力在东汉就开始抬头，两大特征成为他们抬头的标志。第一大特征，此前宦官从没有封侯之例，但是到了东汉，宦官可以封侯了；第二大特征，就是宦官从宫中发动宫廷政变，这种宫廷政变假借皇帝的名义，不需要外朝朝臣的支持，就可以直接诛杀大臣，宦官就这样拥有了生杀予夺之权。又过了若干年，到了汉桓帝时代，出了一个外戚，就是我们刚才讲的那个跋扈将军梁冀。汉桓帝在忍无可忍之下，决定除掉梁冀，可是汉桓帝又没有可靠的人选可以帮助他。

历史就记载了这样一个非常邪恶的场景，说汉桓帝有一天在上厕所的时候，拉住身边的宦官单超的手，问“外舍与谁不相得”，这个外戚梁冀，跟哪些人关系不好？单超就说了这样一段话，他说：我们宦官里面有四个人，分别是左悺、具瑗、徐璜、唐衡，我们几个是一条心，由我们一起来诛杀梁冀。汉桓帝就把这四个人加上单超，五个人叫到一起歃血为盟。什么叫歃血呢？就是用血涂在每个人的脸上，因为神是要闻到腥气，它才能够得到满足。把血涂在脸上，就表示我们向神起誓，我们这几个人结盟了。于是单超这五个宦官就跟汉桓帝合谋，动用中央国家的力量，以皇帝的名义，一道圣旨，就用兵围了跋扈将军梁冀的府第，将梁冀家族悉数诛灭。因为他们立下了这样的功劳，所以汉桓帝非常高兴，当日就封单超、左悺、徐璜、具瑗和唐衡五人为侯，这就是所谓东汉的五侯家。

这五人封侯后，单超早死，剩下的左悺、徐璜、具瑗、唐衡四人，就各饮宾客，鱼肉乡里。当时有一种说法，老百姓说，叫“左回天”，左悺能够把天挽回；“具独坐”，这个具瑗啊，就像一个神一样，别人跟他在一起开宴会，要单独为他设一个座位，以示对他尊重；“徐卧虎”，这个徐璜就像一只趴着的老虎；“唐两堕”，这个唐衡趴在地上，根本就没有一个端庄的仪容，可是即便这样，他的威严和势力都非常大。

在东汉历史上，先有孙程等19名宦官拥立汉顺帝，后有单超等五名宦官，帮助汉桓帝诛杀梁冀，这在历史上被称为“立顺”“建桓”。可以说，宦官直接参与了中央政权的这种废立诛除。正是在这种情况下，人们发现大臣想要诛杀宦官，必须借另外一派宦官的力量。比如说，为了诛杀陷害汉顺帝的宦官，必须借用孙程等宦官的力量；而宦官如果想要诛杀大臣，就像单超等五人诛杀梁冀，则不需要借助任何力量，因为他们可以和皇权相结合。所以正是在这种情况下，东汉燃烧起了一股烈火，宦官作为政治势力当中最为黑暗的一股力量登上历史舞台。到了东汉后期，士大夫和官僚集团主要的打击和斗争对象就是宦官，由此就引发了东汉历史上的两次“党锢之祸”。“党锢之祸”的结局大家都非常熟悉了，后来直接引发了十常侍乱政。何进等人想要诛杀宦官，没有成功，反而被杀，他们召董卓进京，从而引发了整个东汉王室的动荡，这就是三国的开篇——十常侍乱政。这个故事大家比较熟悉，我就不多讲了。

我们最后做一个总结，来说一说东汉宦官这种专权的历史现象如何理解。清代的历史学家赵翼在《廿二史札记·东汉宦官》的条目当中这样说，宦官因为跟皇帝一起居住在“禁密”，就是居住在深宫当中，每天在皇帝的耳目之前，他能够观察到皇帝的喜怒哀乐，能够了解皇帝的喜好；同时他又容易根据皇帝的喜好，说一些投皇帝所好的话，做一些投皇帝所好的事。皇帝的意志和决策，不由自主地就被宦官改变、转移。于是宦官就借着皇帝的意志，开始分享皇权的威严。

范晔在《后汉书·宦官传》的《传论》当中这样认为，他说宦官因为在皇帝身边，他们能够理解、能够学习、能够了解国家的政事出入。皇帝年少的时候，由母后临朝，等到皇帝年长了，又要依靠宦官从母后手里夺回权力。宦官手握王命，宦官手里拿着的就是皇帝的命令；口衔天宪，嘴里说出来的话就代表皇帝的意志。一般人很难分辨宦官的话到底是宦官个人的意志，还是皇帝的意志。于是宦官就寄生于皇权之上，可以作威作福。

东汉之初，光武帝因为亲总吏职，大量地信用和使用宦官；东汉之末，因为宦官之乱，酿发了政权的动荡和中央的瓦解。过去学者有这样一个说法：“君以此始，必以此终。”你从哪里开始，就从哪里结束。宦官分享皇权，伴随着皇权开始，也伴随着皇权结束。1911年辛亥革命爆发，1912年皇帝制度终结，宦官作为一种历史现象，退出了中国的历史舞台。同时，宦官这种政治生活当中最为邪恶的一股力量，也脱离了人们的视线。

我们想要真正了解秦汉帝国，就要知道，宦官之所以能够坐大，是由于皇权给他们的宠幸和权威。所有皇帝利用的人，同时也在分享着皇帝的蛋糕。这是古代中国帝国不可小觑的一种历史现象。

郡县制下的官吏考核

我们知道，中国和世界上很多国家不同，我们国家是一个巨大的、中央集权的国家。这种国家，它采取的体制是中央政府下辖郡县的这种体制。我们发现，全世界和我们同等体量的国家，直到今天，很多还都选用的是联邦制，这是为了便于管理。而中国却是从一开始，两千多年前就选择了这样一条郡县国家的道路。

所谓的郡县国家，就是国家在政体上，只有一个中央政权，其他所有小的行政单元，都是这个中央政权的分支机构，这就是我们提出的中央政府到郡、县这样一种国家结构。这种国家结构是战国以来逐渐形成的。

战国以来的另外一大特征是氏族制度，所谓“氏族”，就是过去以血缘为单位凝结成的组织。随着与氏族制度相匹配的分封制度、宗法制度逐渐瓦解，郡县制度全面铺开，贵族被消灭，官僚制度得以发展。从国家选拔人才的角度来说，由过去贵族世世代代担任职官、获得封地，转为推荐和选拔有德、有才能的人，任用为国家的官僚。这是从人才选拔的角度来看它的转变。

我们从地方行政管理的角度来看，荀子曾经说，西周是封国七十一，同姓五十三。就是封了71个小国，其中是周朝的直系亲属的、同姓的有53个。战国以后，中国逐渐由这种封邦建国的分封制度，转而成为郡县国家这种由上到下直接管理的中央集权制度。

首先我们要问，这种郡县制度是如何诞生的呢？我们可以说，郡县制度是军事兼并的产物。春秋战国时期，每个国家为了达到富国强兵的目的，都要进行变法，变法当中重要的一个制度转变就是实行郡县。郡县制度可以更为集中地把军权统一在一起，更为方便地调配资源，而这一切都是为战争服务的。

我们知道，中国古代是城邦国家。古代中国有城邑，所谓的城邑就是用土围了一个四面的城墙，这个叫邑。这种城邑只是一个政治小单元。城邑由贵族来管理，贵族占据了城邑，同时把城邑周边的土地作为资源来耕种，这种城邑逐渐扩大，就形成了领土国家。这就是春秋战国时代的诸侯国。可是这些领土国家是没有郡县的观念的，每一个小的城邑都由君主分封给卿，或者是大夫，由他们世世代代地享有和管理。

那么这些城邑怎么就变成了郡县了呢？我们知道，县最初的出现是因为商鞅变法。商鞅变法，把秦关中地区大大小小的邑，有的是乡，有的是聚（所谓的聚就是聚落，它连小的城郭都没有，就是一群人相对集中地聚集在一起），汇集起来设立了30余个县，这就是中国最早出现的县。县的官员不再世袭，而是由中央政府指派，叫“千石之令”，大概是领一千石俸禄的这样一个官员来管理。

那每当扩张获得了新的土地后要怎么办呢？秦又有了新的办法。在获得了新的土地之后，就在这些土地上设立一个更高的行政单位，叫作郡。比如秦在灭掉韩国之后，就设了三川郡；在灭掉楚国之后就设了楚郡。郡下面设县，郡的首长叫郡守，县的首长叫县令或者县长。这是大家非常熟悉的秦始皇统一天下的几个政策之一。

那么很多人就会问第二个问题，这种军事兼并产生的郡县制，它的特质是什么？换个问法就是，这种郡县制，它有哪些特征？它有哪些有利于国家的因素呢？首先通过观察我们会发现，郡县制有严格的层级制度，它的最底层的一个单位叫作里，类似于我们今天的社区或者是村，里上面有乡，乡上面有县，县上面有郡。汉代还在郡之上设立了一个监察机关，叫作州部。这个背后的特质是，中央政府可以通过郡、县、乡、里，把中央政府所要颁布的命令直接落实到每一个老百姓的头上。

所以我们会发现，秦汉时代很多事情，比如说一些刑事案件，从地方上由郡、县、乡、里，一直呈报到中央，最后由中央的廷尉府——就是最高的审判机关，或者由御史府——由最高的监察机关批复获得处理。这也就是说，皇帝通过郡、县、乡、里这样的机构，开始直接管理国家的每一寸土地，管理国家的每一个人。

第二个特质，我们会发现，郡县这种国家结构，每一个层级的负责人都是临时的，是被雇用的。是君主发给俸禄，官僚替君主完成国家权力，在地方治理之后，国家会给他一定的回报，这就是薪水。所以本质上，这是一种雇佣制度，是皇帝雇用代理人来管理国家。所以每个层级无论是郡守，还是县令，他们都只是代理人，他们不是权力的所有者，说到底只是命令的执行人而已。

那么这种郡县结构的地方行政，它的优点在于什么呢？优点在于便于垂直管理，效率高。我们知道伴随着战争，秦已经铺设好了通往全国各地的"高速公路"，这个被称为驰道。国家的法令，通过这种"高速公路"能很快地传递到地方。所以也就是说，秦始皇有了一个什么想法，有了一个什么规矩，可以通过这种一层一层的层级，传递到每一个老百姓的头上。

而它的缺点在于国家的权力过于集中。为了完成中央的任务，很多基层的官吏、代理人，他们不需要管老百姓的死活，他们只需要管皇帝下的命令，有没有完成。因为他们的收入是皇帝给的，不是老百姓给的。所以在这种体制下，郡县制度它所维系的是中央的权威，是皇帝的权威。

明末清初大思想家顾炎武在总结明代的政治得失时说"封建之失，其专在下"，说封建制度、封邦建国的这种"联邦"制度，它的缺点在于国家权力过于分散，无法整合，无法统一；而"郡县之失，其专在上"，郡县制的这种不合理因素，在于国家权力过于集中，都集中在中央政府。

所以大家可能会发现，中国古代在改朝换代的时候，反叛者或者敌对势力、敌对政权，只要倾尽全力打掉某个朝代的中央政府，打掉它的首都，这个朝代就迅速灭亡了。这就好比一个人，只要打掉他的心脏，或者打掉他的头脑，这个人便再也不可能活过来了。所以作为政治制度，专制君主通过郡县直接支配人民，他克服了氏族制度的这种束缚，克服了分散，使得君主能够直接管理人民。我们有学者称之为“一竿子捅到底”，就像一根竹竿一样，皇帝拿在手里，一直捅到地方。

这里也要说一下，在这种“一竿子捅到底”的制度下，作为政府的首脑，皇帝其实并不轻松。以秦始皇为例，他作为国家的最高元首，每天都要亲自答复各个地方反馈上来的公文，给予指示。传说因为秦代用的是木牍和木简，所以秦始皇每天批的公文重达上百斤，这些都要由秦始皇一个人做出决策。在这种郡县国家里面，其实所有层级的代理人都不需要动脑筋，只需要最高统治者一个人动脑子，他一个人发挥作用就可以了。

我们发现，这种郡县国家并不是一蹴而就的。秦崩溃后，有很多参与灭秦的人都希望回到战国的旧秩序。可是大家发现，秦汉之际的时候，郡县制作为一种有效的、效率非常高的、早就为人们所接受的政治制度，已经无法逆转地成了历史的潮流。

秦朝在地方上，尤其在郡这个单位上，把权力分为三个方面。郡守（也就是这个郡的行政长官）承担一郡的行政权和司法权；郡尉又叫都尉，行使一个郡的军事权，他可以征发和训练民兵；而御史又被称为监御史，行使对一个郡官僚的监察权。秦代还没有建立起普遍的选官制度，秦统一中国之际，它的官僚都是由军人转化而来的。

可以说，这种制度在设计上是非常合理和有效的，这种制度也帮助秦迅速地实现了统一。可是人们接受这种制度有一个过程，在汉朝建国的时候就实行了郡县制和分封制相结合的这种制度。为了避免中央权威到达不了遥远的地方，汉朝又在这些地方的郡县之上设立了诸侯王国，这种诸侯王国就好像一个帽子一样戴在郡县的头上。

为了避免秦那种长期的、消耗民力的动员机制，汉朝初年，实行官员久任制度。什么叫久任呢？就是地方官员长期保持不变。举个例子，汉代某一个官员在某一个郡担任郡守，中央对他的工作非常满意，甚至十几年的时间，不给他改变工作。为了表示对他的工作的认可，就给他增加俸禄以保证地方官对于地方治理的尽责以及政策的延续、稳定。在这种基础之上，经过了汉代的高祖、文帝、景帝，到武帝时代，郡县制度可谓是全面铺开。

我们知道，秦朝建国的时候，中国境内是36个郡。到秦朝灭亡的时候，有学者认为，秦已经增长到了48个郡。有人会问为什么会是这个数字，因为秦人尚六，他们喜欢6或者是6的倍数，所以36个郡是一个和6相关的数字，48个郡仍然是一个和6相关的数字。到了汉武帝时代，经过开疆拓土，汉朝又增加了很多郡。到了西汉灭亡的时候，大概是105个郡。东汉时代是103个郡。在秦汉时代，中国经历了从36个郡到100多个郡的这样一个发展过程。而郡下的县，基本保持在1500个左右的规模。郡县制的全面铺开，建立起了中央政权和地方政权这样一个稳固的、牢靠的关系。

我们可以讲，我们中国这么大的国家，之所以能够在经历了从古到今的多次分裂后，最终又能够走向统一，而这种统一往往又能保持两三百年之久，它的根本原因就在于政治制度上实行了郡县制，将国家的管理权集中到了中央，集中到了皇帝手中。

郡县制它不是孤零零的一个行政制度，它还有很多配套的措施。尤其是到了汉武帝时代，郡县制度全面铺开，做了很多调整和配套。

首先是官僚的选拔，也就是所谓的“察举”制度。通过在民间选秀才、选孝廉（孝廉是一个郡一到两个人，秀才是一个州一个人），把民间的精英选到中央，由中央统一培养，统一分配，这些人是公务员的候补梯队。而地方的行政长官可以选廉吏，就是比较清廉的官吏和治剧（剧的意思是比较繁杂）。廉吏是指那些个人操守比较好的官员，治剧则是指那些能力比较强的官员。同样是从德才两个方面选拔人才作为官员提升的依据。也就是说到了汉代中期，官员的选拔已经有了新的制度。

第二个是官僚的教育。从汉武帝时代开始，就设立五经博士。这里的五经指的是儒学五经，即《诗》《书》《礼》《易》《春秋》，它就用五经来教育老百姓。那么五经博士设立之后，儒学成为国家认可和推广的教育。通过经学教育，将所有国家代理人的思想文化、意识形态、语言话语和道德操守统一起来，这样就为国家的“候补公务员”提供了一个庞大的教育支撑。

第三个就是官员的考绩。今天我们知道，我们的官员、公务员有考核，其实这种考核最早始于秦汉时代。汉代规定，每年的八月，各个乡、县的地方官要统计你这一个地方开垦了多少田，收了多少粮食，做了什么事情，滋生了多少人口，然后向郡汇报，郡每年九月派一个官吏向中央汇报工作，这叫“上计”。

而郡县“上计”之后，这个汇报工作的人要向中央政府的宰相和皇帝报告：这一年我这一个郡到底有没有开发更多土地，有没有滋生更多人口，钱粮是如何征收和支配的。而地方官吏郡守和县令，每三年要考核一次，这叫三年考绩。三年考绩之后，要判定他的序列，名列前茅的叫作“最”——就是最好最坏的最；排在最后的叫作“殿”——殿是这个宫殿的殿，就是排在最后，殿军。排在前面的“最”要给予迁，排在最后的“殿”要给予黜，就是所谓的罢黜。

大家很难想象，在秦汉时代，尤其是一些低级官吏，如果经过考核排在最后，而且犯的错误比较明显，是要被郡县的这些长官扒掉裤子打屁股的。后来是皇帝发现这样也不太合适，还专门发了一道圣旨，不许郡县侮辱长吏，就是不许打县令、县长的屁股，但是一般的官吏如果经过考核不合格，该打还是要打。

同时，为了考核好官员，汉代在汉武帝时代将全国分为13个州[1]，每一

1　包括朔方、兖州、青州、豫州、徐州、冀州、幽州、并州、扬州、荆州、益州、凉州、交州。

个州派一个中级官员叫刺史，去监察这个地方上的郡。这个刺史是不管老百姓的，他是按照六条来考核郡的郡守。所以刺史是针对谁的呢？刺史主要是针对2000石的郡守和郡尉的。这种考核也成为地方官员升迁和罢黜的一个基本标准。

可以说，为了郡县制，秦汉时代建立了一套人才选拔、官僚考核、人才教育的系统。大家要问，儒学何以独尊呢？简单一句话回答，就是儒学把自己的教育系统绑在了国家的选官系统上。你想做官吗？那你就要接受我儒家的经典教育。所以两千年的中国，儒学之所以能长久保持独尊，成为每一个人的信仰，根本原因在于，国家的选官系统和儒生们的教育系统绑在了一起。

做一个总结。毛主席曾经说过“百代都行秦政法”。一百代以来，大家都沿着秦的法制建设、法令建设，这种秦的法令建设，最重要的就体现在郡县国家这个层面上。郡县制度是中国古代政治制度的基石。中国古人有这样一个说法，说“郡县治，则天下安”，只要每一个郡、每一个县治理好了，这个国家就安定了。这就是我们今天要讲的，郡县国家——这种战争催生出来的高效率的副产品，后来成为两千年来中国维系统一和行政的基石。

“李广难封”背后的汉代社会等级制度

我想从一个小问题来引发大家的思考：我们发现，中国古代的玉雕有一个非常奇特的题材，雕了一匹马，马上面趴了一只猴子，人们把这个题材叫作“马上封侯”。很多时候这种题材也被画成画像，一幅画，中堂上挂了一匹马、一只猴，这似乎是中国人的一个理想。甚至我看到一个学者刻了一方印章，叫“拥书可拜小诸侯”，就是我自己家里四面墙都是书，我就好像是一个小的诸侯、小的侯爷一样。甚至陆游的诗里也会写：“当年万里觅封侯。”那么“封侯”到底在中国古代是何种意味？爵位，又是一种怎么样的安排？我想通过这一节，帮助大家理解爵位在秦汉时代的意义。

今天距离我们祖先生活的秦汉时代已经很远了。在秦汉时代，我们的男性祖先如果是一个普通人，他和今人有一个最大的区别，就是他们每个人身上会背着一个爵位，这个爵位叫作军功爵。这个爵位是什么内涵？又有什么意义呢？下面我们来做一个分析。

爵位产生的背景，是小家庭化的这种社会。秦汉时代经过商鞅变法之后，把氏族制度下的大家庭剿灭掉了，分割成一个又一个的小家庭。商鞅变法就曾经有一个规矩，说民有二男而不分异的，则倍其赋。就是家里你有两个成年男孩，这两个成年男孩你不分家的，你的家长和两个成年男孩，每个人要加一倍的赋税，这是要把大家庭变成一个又一个的小家庭、小单元。所以我们会发现秦汉时代的这种户和口，就是人口和户，往往是一种五口之家的对应关系，就是父母、一个老人加上一两个未成年的孩子，这种五口之家的小家庭化的单元格局。

这种小家庭，家庭之间是完全平等的关系。贾谊在《治安策》里讲到秦朝的风俗时，就说“借父耰锄，虑有德色；母取帚箕，立而谇语”，说儿子把自己的铁锨和锄头借给父亲用，脸上就好像有恩惠一样；母亲到儿子家里来借一个簸箕，借一个笤帚，儿媳妇对着这个母亲，张口就骂，就表示一种“你好像占了我便宜”一样。

贾谊的这种批评恰恰向我们展现了，秦汉时代的国家，它的基层单元是一个个独立的小家庭。这种小家庭又是以什么为网络被串起来的呢？答案就是爵。

在秦汉时代，爵分为二十等，四个层级。第一等叫君，就是封君，有彻侯和关内侯。第二等叫卿，有九个层级，从左庶长、右庶长、左更、中更、右更、少上造、大上造、驷车庶长、大庶长这九个层级。我们比较熟悉，商鞅变法当中，商鞅就曾被封为“大良造”。这个所谓的大良造就是这个九个卿里面的第三级，叫大上造。那么再往下一个层级是大夫，大夫有五个层级，第一个叫大夫，高一点的叫官大夫，再高的叫公大夫，再高的叫公乘，最高的大夫叫五大夫，因为他是第五级的大夫，所以叫五大夫。

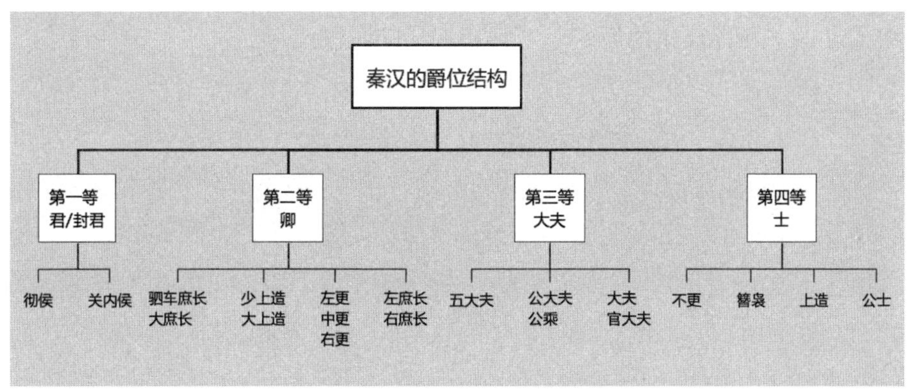

大家知道，秦始皇登泰山的时候遭遇了风雨，这个时候，秦始皇躲在一棵松树下避雨，这棵松树就被秦始皇封为“五大夫松”。这个五大夫松，不是五棵大夫的松树，而是第五级大夫的松树，叫“五大夫松”。

那么再往下就是一般的士卒，分为四等，一等叫公士，就是普通的士兵；接下来叫上造，就是经过严格训练的士兵，类似于今天所谓的军士长；接下来是簪袅，就是可以骑着马，头上戴着这个小冠，象征一种军官的身份；再往上叫不更，就是经过多次战争和打仗，已经成为成熟的士兵。

秦汉的爵位分为二十等，从公士到列侯，这些爵位你如何能够一步一步地往上升迁呢？你要通过军功。秦汉时代的战争是相当残忍的。我们知道，秦汉时代打完仗之后，要数每一个士兵杀死了多少个敌人，从而记你的功劳。大家想象一下，当事人如何数你杀了多少敌军呢？在战场上他们有这样一个规矩：每杀死一个敌兵，要把敌兵的右耳朵割下来，然后拴在战胜的这个士兵的身上，等到一场仗打完就数一数，他割了多少个耳朵，就意味着他杀了多少个对方的士兵；每斩杀对方多少个士兵，就意味着他可以在爵位上获得多少的提升。

而这个爵位有什么用呢？首先这个爵位是特权的象征。爵位可以抵罪。你犯了罪之后，通过降低你的爵位，或者是免除你的爵位，可以抵一定的刑罚。爵位还可以减免徭役。有爵位的人，56岁就可以免除徭役，而没有爵位的人，要到了60岁才能免除徭役、兵役。汉代还有一种规定，这种规定是一种特权化的规定。刘邦在起兵的时候给自己发明了一种特殊的帽子，称为刘氏冠。《汉书》的《高帝纪》记载，刘邦规定爵位达不到第八级——公乘以上，不准戴这种刘氏冠。爵位的特权不仅体现在生前，还体现在死后。列侯的坟可以高4丈，就是40尺高，而普通人的坟，只有几尺高。

另外，国家所有的资源性的分配，都和这些爵位挂钩。《九章算术》上有这样一个记录，说今有大夫、不更、簪袅、上造、公士5人，打了5头鹿。我们常识认为5个人打了5头鹿，应该是怎么样？平均分配，每人1只。秦汉时代可不是这样分配，秦汉时代的分配方式是，大夫可以得1又2/3只鹿，而公士仅能分得1/3只鹿。参加同一场打猎，爵位越高的人，分得的猎物的份额也就越高。另外，爵位和你平时能够获得的资源、许可也有关系。汉代规定，关内侯最多可以占有95顷土地，也就是说如果买土地的话，关内侯最多可以买95顷，而公乘只能买20顷，大夫只能买5顷，而普通的公士只能买1.5顷，也就是说，普通的公士只能买150亩的土地。

汉代不仅男性有爵位，如果男性死了，这个家庭由一个成年女性作为户主，那么这种女性就被称为女户，这个女性也可以得到相应的爵位，用这个爵位参与国家事务的分配。一旦打起仗来，这些背着爵位的男性就组织成军队，而相应的爵位就对应了相应的军官和待遇。

我们大概知道，秦汉时代，每100至500名士兵，就由1名享有五大夫爵位的人来率领。而且秦汉时代规定爵位分为官爵和民爵，普通老百姓最高的爵位只能是第八等，叫公乘。如果你获得的层级已经超过了公乘，怎么办呢？你可以把这个爵位让给自己的儿子，让给自己的弟弟或者是哥哥，让给自己的哥哥或弟弟的儿子；而如果你做了官，获得了600石以上的官职，则可以赐爵为五大夫。

这也就是说，官僚的职级和他所获得的爵位有一个对应的关系。这些爵位还可以继承。如何继承呢？根据秦汉时代的法律规定，成年的男子从20到23或24岁不等，要到所在的单位，就是所在的乡、县，去进行登记。这种登记被称作“傅”。这种傅就意味着你接下来可以成为这个家庭的继承人，或者你成为一个独立的社会人，你可以享有爵位的获得，以及爵位的买卖、继承等。

秦汉时代，随着爵位主人的死亡，这个爵位就消失了，但是只有一种爵位是可以不降低标准直接传给后代的，那就是侯爵。侯爵在汉代非常稀少。刘邦建国的时候，和他共同打天下的兄弟，一共封了143个侯爵。这143人当中，除了4人是刘邦的亲属——直系亲属和亲戚之外，其他的139人都是依靠军功获得的侯爵。而这个侯爵可以毫不损耗地一代一代传给子孙。当然子孙如果犯了罪，这个侯爵也就被取消掉了。

我们知道，秦汉时代的名将李广，一生遭遇多次战争，在汉代人的眼中，李广是最应该被封为侯爵的人。可是由于种种原因，李广到死都没获得侯封，这就为后世留下了一个成语，叫“李广难封”。这里面除了李广个人的这种悲剧之外，我们也看到封侯在汉代曾经是多少人可望而不可即的一个美好的梦想。

最后我们要说，在整个秦汉人的日常生活当中，爵位是须臾不可离的这样一个身份标志。不仅我们今人有身份证，汉代人也有所谓的“身份证”，秦汉人把自己的身份标识称之为“爵里刺”。“爵”就是自己的身份，“里”就是记自己的籍贯，“刺”就是名刺，就是一个名牌，这个“爵里刺”往往要写上：首先你的职务是什么，其次你是哪个郡的人，你是哪个县的人，你是哪个乡的人，你是哪个里的人，你的爵位是什么，你多大年龄，你长什么样子。比如说大家非常熟悉的司马迁，司马迁的“身份证”就这样写：“太史令”是他的职务，“茂陵”是茂陵县，他是关中人，“显武里”是他所在的这个“社区”的名称，他的爵位是“大夫”，他的名字叫“司马迁”，“年二八”28岁，他的太史令职务是“三年六月乙卯除”（除就是任命的意思），他的行政级别是“六百石”。所以两千年后，我们仍然能够看到司马迁的“身份证”是这样一个描绘。

可以看到，爵位是秦汉时代每一个人必备的身份特征。有了爵位，爵位越高，就意味着你享有越高的特权；而爵位越低或者是没有爵位，就意味着你在生活乃至各项活动当中，你失去了话语权，失去了分配的优先权。所以说，“李广难封”的背后，是秦汉一种特殊的国家管理体制，这种管理体制，就是国家用身份编成了一张网，而把每一个人都纳入这张网当中来。

“新郎”的来历和汉代官员选拔

在男女结成婚姻的时候，丈夫被称为“新郎”，“新郎”好像已经成为将要结婚的男性的一个标志。然而“新郎”到底指的是什么？“郎”又是如何来的？我想很多人可能不知道这样一个渊源。“郎”在中国古代是一个官的名称，可是它又不是真正的官。“新郎”这个郎官，它是中国古代宦官的一种名称。可是大家又要说了，哎呀，老师您说的宦官不就是太监吗？“新郎”这么吉利的名字，怎么能和太监联系在一起？这是我们一个错误的认知。

早期的宦官，指的并不是我们后来讲的太监、阉人，宦官是一种特别的学习为官的方式。这就是今天我们要讲的“郎官”，它到底是怎么一回事呢？秦汉时代，为了配合官僚制度，统一的大帝国发明了全新的官僚选拔机制，架设了由地方到中央、流通的官员选拔渠道。可是这样一个渠道并不是一蹴而就的，它有一个长期的铺垫，这种铺垫就是源自战国时期的“宦”这样一种特别的官吏的学习和选拔机制。秦朝曾经在焚书坑儒的时候说了这样一段话：如果想学习法令的，可以以吏为师。以官吏作为老师，这不是一句随便说的话。

《礼记》上就有“宦学事师”的说法。所谓“宦学事师”就是学习做官、学习成为官僚的这样一个过程。而学习的这个过程当中，这些学徒是没有工资的；他不但没有工资，还要向官吏缴纳学费。而一旦将来成为官吏之后，这种学习到的本领就成了一种谋生手段。所以秦汉时代专门有一种职业，就是通过学习为官，为将来做官，以及官的低级官员、公务员——吏做准备。那么这是跟着低级官员学习，叫作以吏为师。

那么跟着君主和皇帝学习，叫作什么呢？这就叫作宦。而跟着皇帝和君主学习的人就被称为宦官。这些学习的人，很多时候，君主会对他们进行赏赐，有任免，他们就被参照公务员管理，所以他们身上就有了公务员的行政级别，叫作“秩级”。我们看到一些早期的官员往往是“比多少石”，这个“比”就是参照公务员管理的意思。那么这些宦官在学习和见习期间，他们有一个特殊的身份，这个身份就叫作郎。

郎是什么意思呢？在皇宫，皇帝居住的宫殿周围，有所谓的廊，在廊下，有侍卫执着一个戟。郎最早的意思就是拿着一个兵器值班的这些侍卫。我们知道韩信在项羽的帐下就曾做过执戟郎中。这些郎官就是皇帝的私人卫队，他们一方面承担着保卫的工作，一方面也向皇帝学习如何成为公务员，他们同时也被皇帝派出去参与一些使节、传达命令的工作。在这样的工作当中，就形成了对官僚、对事物的一些认识。

郎官和官吏不同，在皇帝看来，郎官是属于自己的私人卫队，是自己的私属，和真正为国家服务的官存在区别。

我举一个例子，东汉的光武帝刘秀，这个人其他时候对大臣都非常好，他是一个性格比较温和的人。可是，刘秀有一个毛病，他身边的这些郎官，做事情稍微让他不满意，他就用手中的手杖顺手敲打他们。这些郎官，有的就默默地忍受。有一天，刘秀又对一个郎官不满意，就拿起自己的手杖捣了这个郎官一下，这个郎官站起来就跑，刘秀就在后面追。这个郎官一边跑一边喊：“天子穆穆，诸侯皇皇，未闻人君，自起撞郎。”天子有天子的威仪，诸侯有诸侯的威仪，从来没见过哪一个国君站起来自己打郎官的。刘秀听了之后哈哈一笑，这个事情就算过去了。我举这个例子是想说明，郎官不同于国家真正序列的公务员，他实际上是皇帝身边选拔来跟着皇帝承担侍卫工作，同时学习、见习，将来成为公务员的这样一批人。

那么这些郎官是哪里来的？秦汉时代关于郎官的选拔有这些规定。首先，贵族的子弟可以优先获得成为郎官的权利。比如说我们知道，汉代初年，功臣张良的儿子就在宫中作为一个见习公务员为皇帝服务。

第二种就是所谓的“赀（zī）选”。所谓的赀选，就是你家里要有钱，你才能够参与郎官的选拔。要多有钱呢？有一种郎官叫常侍郎，就是经常在皇帝身边工作的郎。这种常侍郎要有500万的家产，你才能够获得入选为常侍郎的资格。为什么呢？在担任郎官期间，他的生活费用要自理，他的衣服要自己买，他参加国家仪仗队，骑的马要自己买，他身上别的带有仪仗性质、礼仪性质的剑要自己买。

汉代有一个担任廷尉（就是大法官）的人叫张释之，他早年跟他哥哥是同居。所谓同居，就是跟他哥哥没有分家，两个人财产在一起。他因为哥哥特别有钱，就被选为骑郎。所谓骑郎，就是皇帝出行的时候承担保卫和侍奉工作的郎官，他在汉文帝面前服务了十年，没有被升迁，没有被派出去做官，张释之就很不高兴。他说：“久宦减仲之产，不遂。”说我再这样担任郎官，我二哥的钱就要被我花光了。算了，我还是回家吧。正因为张释之主动要求辞职，所以他的上一级的管理人员，中郎将袁盎，就知道张释之是个很不错的年轻人，就特别向汉文帝推荐了张释之。张释之因此就由骑郎升为谒者，成为国家更高一级的公务员。所以郎官的一个很重要的选拔叫赀选。

第三种，是通过门荫。父亲或哥哥做到了2000石以上郡守、部长这样的高级官吏，自己就能得到成为郎官的资格。

汉武帝时代还有一种创新，就是所谓的“孝廉郎”。什么叫“孝廉郎”呢？就是在地方的老百姓当中选拔，比如说，每到逢年过节组织大家做事情比较廉洁、侍奉父母比较仁孝的这种人，分别以“孝”和“廉”作为考核标准。这种人通过考核之后，就被推荐到中央充当宿卫官，这就是所谓的“孝廉郎”。

汉武帝的这种创新，实际上是给地方上的文教精英出路，这是董仲舒提出来的建议。董仲舒提出来，这些读了书的人，自己德行很好，朝廷要给他们出路。那么汉武帝就说，那这样，每个郡根据大小分配名额。汉代规定，大郡每年可以推荐两个人到中央来担任郎官，小的郡可以推荐一个人，再小的一些边郡，每两年推荐一个人来担任郎官。

孝廉的分配是完全按照地域化来分配的，它保证每一个郡每年或每两年都有人能够被推举出来。所以，这就像我们今天的高考一样，高考是按照省来分配名额，而当年的孝廉选拔是按照郡来分配名额。通过这种分配，从而建立起每个郡的人才上升通道，从地方到中央，它可以实现个人由一个地方的精英，成长为中央国家的官员。

那么这些被选过来的郎官，他们的出路怎么样呢？这些郎官应当说都有一个美好的前途。他们每三年在中央升迁一次，刚开始叫郎中，后来叫侍郎。郎中是比三百石，就是参照三百石公务员来管理；侍郎是比四百石，参照四百石的公务员来管理；最高级别的郎官叫中郎，是比六百石，参照六百石的中央中高级官吏来管理。这些郎官的出路，被称为“上应列宿，出宰百里”。所谓“上应列宿”，就是这些郎官将来可以担任部长，像天上的星宿一样；或者放出去做县令、县长，管理100里的土地，这叫“出宰百里”。可以说成为郎官是有美好的前途的。

东汉的时候有一个公主，她向皇帝请求：我的儿子可不可以到中央来当郎官？皇帝可能是出于一种故作姿态，就说了刚才这句话，郎“上应列宿，出宰百里”，郎官不是随随便便可以做的，我可以赐给你家很多钱，但是你不能夺了其他贫寒子弟的这个路径。

郎官既然是由孝廉选拔出来的，那么地方的孝廉又是如何来的呢？地方的孝廉是由地方的两千石的官吏负责选拔出来的。由于地方的两千石负责选拔孝廉，所以这种权力往往被看成是一种极为厚重的选举权力。崔寔在他的《政论》里面就曾经这样说，“州郡记，如霹雳，得诏书，但挂壁”。说州刺史他有权力推荐茂才，郡太守他有权力推荐孝廉。所以州郡的这个公文来了，就像一声霹雳一样打到地方，地方的官吏都认认真真执行；得了皇帝的诏书往墙上一挂，大家知道就好了。这就是崔寔所说的“州郡记，如霹雳，得诏书，但挂壁”。州刺史和郡太守，之所以他的权力这么被看重，就是因为他们有权向中央推荐地方上的人才。

那么这种由地方向中央推荐人才的方式，正好又符合了儒学所谓的“智效一官，行比一乡，德合一君，而征一国”的理想，就是说，你的能力和才华能够为一个官服务，你的行为能够在一个乡里得到老百姓和官员的认可，你的道德符合君主的要求，进而能够被推荐到中央去工作。这种要求下，两汉时代，地方上的人为了让自己能够被推荐，往往要特别强调克己修身，就是克服自己身上的各种毛病，让自己成为道德的楷模，成为别人公共话语中的核心和灵魂人物，然后被推荐到中央。

为了获得乡里的赞誉，我们知道很多人就开始玩起了“行为艺术”，故意做出一些大家觉着非常奇怪，但是很有道德操守的行为。比如说我们会发现，二十四孝作为中国古代24个孝子的经典案例，很多都发生在东汉时代。例如所谓的郭巨埋儿，郭巨为了孝敬老母亲，挖个坑，准备把自己的孩子埋掉；王祥卧鱼，自己家的父母想吃鱼了，大冬天打不到鱼，自己趴在这个冰窟窿上要把冰融化，然后从里面捞到鱼，结果一个鲤鱼被感化了，主动跳上来，让他拿回去侍奉双亲。

所以，这种“行为艺术”就成为当时人为了获得乡区赞誉的一条路径。为了获得乡区的赞誉，一个人往往要经历漫长的这种人生轨迹。大家以前在中学课本上都学过一首长诗，叫《陌上桑》。《陌上桑》里罗敷女这样形容自己丈夫的人生经历，她说自己的丈夫是“十五府小吏，二十朝大夫，三十侍中郎，四十专城居。为人洁白皙，鬑鬑颇有须。盈盈公府步，冉冉府中趋”。就说自己的丈夫啊，15岁就在府里做一个小吏，20岁在府里就成为一个比较重要的官吏。这个“朝”指的是县官的办公地，府尹的叫作“廷”，“二十朝大夫”指的是20多岁就成为郡县的一个主要的属吏。“三十侍中郎”，30岁被推荐到中央做了郎官，做了10年郎官；“四十专城居”，40岁就从中央放出来做了县令，或者做了太守。说“为人洁白皙，鬑鬑颇有须”，他的容貌非常美，皮肤比较白，长着雅致的胡须；“盈盈公府步，冉冉府中趋”，经过了20余年在官府和中央的训练，他连走路都是公府里面那种慢吞吞、一板一眼的姿态。

《陌上桑》的描绘并不是个案，我们可以把它看成东汉，乃至整个汉朝，地方这些精英，从一个小吏成为中央国家的管理人员的一条必由之路。所以说，人才经过地方的举荐，通过入仕、选举，进入中央。选举的中心在地方，人才的荟萃也在地方，而地方的人才经过察举进入中央高层权力核心，又保证地方对中央这种向心力和流通管道的畅通。所以在郡县制之后，通过人才的选拔，建立地方到中央的顺畅的通道，保证了国家对于人才的任用，同时也保证了地方对于中央的信任和依赖。

讲了这些，大家就知道，古代所谓的“郎”是一个冉冉升起的政治明星。所谓的“新郎”，就是刚刚担任郎官的年轻人，把丈夫比喻成新郎，是一种赞美，更是一种吉祥的说法。所谓的“新郎”就意味着洞房花烛夜，金榜题名时。所以今天我们把丈夫叫作新郎，它的历史渊源正是汉代官吏选拔的这样一个历史背景。而这样一个历史背景，正是我们的先民探索国家治理和人才选拔的一种合理的尝试。

造反者也是学习者：汉如何重走秦帝国的老路

下面我们来讲一个新的课题：汉是如何重走秦帝国的老路的？我们要理解，汉政权它是打着“反秦”的旗号起家的。但同时，它也是秦最大的继承者。秦奠定的帝国格局被汉完全继承。那么汉为什么选择继承秦？换句话说，秦汉间权力转移之后，如何将统一帝国运作模式固化成为新帝国的形态？

首先我们要问一个问题，这个问题可以帮助大家加强对秦汉交替的理解。我们想一想，汉高祖刘邦到底是什么时代的人？有的听众会张口回答，汉高祖刘邦，当然是汉朝人。真的吗？我们仔细想一想，刘邦一生总共活了60多岁，他在汉朝只生活了7年，他在秦朝生活了10多年，而他的一生30多年接近40年的时间是生活在战国的尾巴上。所以如果我们从大多数的角度来看，刘邦实际上是一个地地道道的战国时代的人。可是因为他是汉高祖，我们会有一种错觉，说刘邦是汉朝人。如果我们把刘邦看作是战国时代的人，那我们看秦汉之间的关系就更为清楚了。

所以第一个问题，我们要来回答，秦汉之间是什么关系？司马迁在研究秦汉历史，撰写《秦楚之际月表》的时候，就说了这样一段话，说“初作难，发于陈涉；虐戾灭秦，自项氏；拨乱诛暴，平定四海，卒践帝祚，成于汉家”。他说从秦末到汉朝初年的历史，经历了三次转折，第一次转折是陈胜、吴广揭竿而起；第二次转折是在项羽的领导下，诸侯合起伙来消灭秦朝；第三次转折是平定四海，最终实现新的统一，建立新的帝国，这就是汉朝。

司马迁说“五年之间，号令三嬗”，就是从秦朝崩溃到汉朝建国的五年之间，国家的名号转了三次。哪三次呢？秦转变成为陈胜、吴广的“张楚”，陈胜、吴广的张楚转变成为项羽的“西楚”，而项羽的西楚又转变成为刘邦的“汉”。这三者是什么关系？历史学家田余庆先生说，“非张楚不足以亡秦”，不把楚这个最为仇恨秦的国家的名号拉出来，是不足以灭亡秦朝的；“不承秦，不足以立汉”[1]，如果不继承秦朝，就无法建立新的汉朝。所以我们就要理解，为何“承秦”才能“立汉”？

我们要分析一下汉朝初年，刘邦的军功集团当中，那些人物都是一些什么身份。我们先看看萧何。根据《史记·萧丞相世家》记载，萧何“以文无害为沛主吏掾”。这句话的意思就是说萧何“文无害”，就是说他的

1　见中华书局出版的田余庆著《秦汉魏晋史探微》。

水平最高，对法令的掌握最为娴熟，没有人能够超过他。他因为“文无害”而成为沛县最主要的官吏，也就是说他相当于沛县的秘书长或者是组织部部长。

我们再看汉朝的第二位宰相，也是刘邦集团当中很重要的一个人物——平阳侯曹参。平阳侯曹参也是沛县人，他说“秦时为沛狱掾”，他是监狱的管理官员。萧何是主吏，萧何是他的上级，两个人都是秦代沛县的豪吏。

我们再看第三位刘邦集团的重要人物，他就是后来的汝阴侯夏侯婴。夏侯婴是“沛厩司御”，他是沛县负责车马的一个小官吏，而且他跟刘邦的关系很好。每次夏侯婴作为负责车马的官吏迎送客人，路过刘邦所在的泗水亭时，都要跟刘邦聊聊天，一直聊到太阳西斜才回去。后来有一次，两个人大概是喝酒喝多了，打了架，夏侯婴受了点伤。夏侯婴为了替刘邦遮掩，防止刘邦背上打伤人的罪名——故意伤害罪，还说了假供，做了伪证，结果夏侯婴也被连坐抓了起来。

我们看看刘邦集团的萧何、曹参、夏侯婴，他们的身份是第一类，都是秦的小吏，就是秦的下级“公务员”。我们知道，刘邦本人也是秦的下级“公务员”。

接着我们看汉朝军功集团当中的第二类人。在汉朝初年曾经长期掌握兵权的太尉周勃，他是沛人，是刘邦的老乡，而他的身份是“以织薄曲为生”，就是编席子为生。而且，农闲的时候“吹箫以给丧事”，就是别人家里办丧事了，他就吹吹打打。第二个人就是刘邦的连襟，我们知道刘邦的太太叫吕雉，吕雉的妹妹叫吕媭，吕媭嫁的是樊哙。樊哙这个人在鸿门宴上曾经发挥了重要作用，他救了刘邦。樊哙是什么人？《史记》记载说樊哙“以屠狗为事”，他在沛县主要工作是屠夫，杀狗的。第三个，曲周侯郦商。郦商是高阳人，他不是刘邦的老乡，可是当陈胜起事的时候，郦商东、西聚集了数千个少年参与起兵，等到刘邦到了陈留的时候，郦商就把自己的军队交给刘邦来领导。所以，我们发现周勃、樊哙和郦商这三个人都是市井之徒。所谓市井之徒，就是没有一份正当的职业的人，他们不是农民，而是混迹在社会的底层人物。

第三类刘邦集团的人物叫卢绾（wǎn）。卢绾这个人跟刘邦是同年、同月、同日生。卢绾的父亲跟刘邦的父亲，两个人关系本身就很好，等到后来刘邦跟卢绾同年同月同日生，乡里人都来祝贺两家的孩子同日而生。刘邦年轻的时候，有事经常躲避出入——就是逃脱官吏的追捕，卢绾就跟他形影不离。有时候刘邦睡在什么地方，卢绾也睡在什么地方。两个人经常是同吃同睡，同在民间为非作歹，所以卢绾这个人是刘邦的亲信。

正因为如此，我们发现刘邦集团、汉朝的军功集团有这样三种人。第一种人是秦故小吏，第二种人是市井之徒，第三种人是刘邦自己的亲朋好友，关系比较密切的。那么刘邦在这个集团当中，他的地位又是如何的呢？《史记·高祖本纪》这样形容刘邦，他说“萧、曹等皆文吏，自爱，恐事不就，后秦种族其家”。意思就是说，萧何、曹参这些人，都是懂得法律的，非常爱惜自己，唯恐造反这件事情做不成，秦会灭他们的门，所以在起兵造反的时候，他们把领导权让给刘邦。而且他们说，大家平时经常能听到刘邦有很多异象，而且通过占卜，刘邦作为领袖最吉利，于是大家才立刘邦为沛公。故而我们知道，刘邦之所以能够成为汉朝建国军功集团当中的核心人物，并非由于他有多么大的力量，也不是因为他有多么大的人格魅力，而是一种时势让大家觉着可能他出来挑头更为安全。所以刘邦在这个集团当中就不具备绝对的优势。

那么如何将不具备绝对优势的刘邦，从这些小吏、市井之徒、乡亲父老当中推成一代领袖，成为汉帝国的开国皇帝呢？有这样一个家族，有这样一群人，起了非常重要的作用。这就是刘邦的外戚——吕氏家族对刘邦建国所立下的功劳。《史记·高后本纪》这样记载，说“吕后为人刚毅，佐高祖定天下，所诛大臣，多吕后力”。说吕后这个人性格刚强，是她帮助刘邦底定天下，而诛杀功臣都是吕后的力量。

我们熟悉历史的都知道，吕后后来参与诛杀韩信、彭越等人。可是吕后如何帮助刘邦定天下的呢？在史记的另一篇文章《荆燕世家》里面，司马迁借田生之口这样讲吕后在汉朝初年的地位，他说“吕氏雅故本推毂高帝就天下，功至大”。所谓“推毂”，就是当车轮在向前进的时候，一个人从旁边推着车轮，让车走得更平稳、更快。

司马迁在两处地方肯定了吕氏家族对刘邦事业做出的帮助和贡献。那么我们就要看看吕氏家族到底做了什么事情。首先我们知道吕氏家族是参与帮助神化刘邦的人。如何参与帮助神化刘邦？有这样三则故事。

第一则故事，吕后的父亲刚搬到沛县来的时候，大家看来了一个有名的富翁，就都去表示祝贺。在祝贺过程当中，每个人都要送一点钱。当时主持仪式的人说，送钱不满一千钱的人就坐在堂下。刘邦这个时候闯进来，大声说：“我贺一万钱！”就是我有一万钱送给吕公。满座皆惊。萧何就说，“刘季固多大言，少成事”。刘邦这个人我了解，他经常说大话，真的很少做成事。而吕公这个时候说：“我以前经常给人看相，看的人很多，没有一个人比刘邦的相貌更好。我有一个女儿，我在这个宴会上决定，把女儿嫁给刘邦作为夫人。”这是《史记》记载的一则故事。我们知道《史记》记载这则故事的时候，已经是汉代的中期，这个故事已经成为汉朝人的常识。

可是我们想一想，刘邦这样一个市井之徒，在一次宴会上，登高一呼说他送了一万钱来，但其实一分钱也没拿。吕公就能够凭借他的眼光说刘邦以后能成大事，就把自己的女儿嫁给刘邦，这件事情可靠吗？这里无非是要渲染刘邦天赋异禀。刘邦有奇特的相貌，吕公作为一个有经验的长者，一眼就看到刘邦相貌非凡，这其实是吕氏家族的人在帮助塑造刘邦的神话。

第二个故事是这样的。《高祖本纪》记载，秦始皇经常讲，东南有天子气，而刘邦就经常到处逃窜，在逃窜的时候，吕后经常能够知道刘邦在什么地方，其他人都不知道。有一次刘邦就很奇怪，问吕后说：“你怎么知道我在什么地方？”吕后就说：“我看到你头上有云气，所以跟着这个云气就找到了你。”这本来是一句夫妻之间的家常话，却被浓重地渲染，并被写进了《史记》里面。而刘邦所谓的“云气”和秦始皇所谓的“东南有天子气”，我想都是汉朝初年的人为了塑造刘邦的神话而说的一个故事而已。这种故事的塑造者无疑又是吕氏家族的人。

我们再看一个小故事。有一天吕后带着两个孩子，就是汉惠帝和鲁元公主，在田里耕种。有一个老妇过来看相，看到吕后说：“夫人你的相貌很好，贵不可言。”吕后又让他看了一下这两个孩子，老妇就说：“夫人，你之所以相貌这样富贵，是因为这两个孩子的相貌非常好。”过了一会儿，老妇走了，刘邦回来，吕后把这个故事讲给刘邦听，刘邦赶快追上这个老妇请她看相。老妇说：“刚才看孩子和夫人的相貌贵不可言，实际上都是因为您啊。”

这又是一个佐证刘邦是真命天子的预言。这三则预言合在一起，我们可以想见，是吕氏家族在刻意塑造刘邦的神话。他们要改变刘邦只是一个妥协产物的现状，要改变刘邦只是这些下层的小吏、市井之徒当中一员的本质，他们要把刘邦推向汉高祖的宝座。

后来的韩信和彭越之死，吕后也多多少少有参与。韩信临死之前是这样一个情况。当时因为外部有军事叛乱，刘邦率领军队在外镇压叛乱，为了防止韩信在长安作乱、里应外合，于是吕后就派萧何召韩信进宫，然后直接将韩信抓住，杀死在长乐宫的钟室。刘邦平定叛乱，回到长安，听说韩信死了，《史记》这样记载刘邦的态度，叫“且喜且哀之”，又高兴，又悲伤。高兴的是，他的大对头韩信终于被消灭了；悲伤的是，一代英雄竟然如此没落！我们知道，帮助刘邦下决心诛杀韩信的正是吕后。

第二个也是楚汉战争中的功臣彭越。彭越被封为梁王，被人告发谋反，关在洛阳。刘邦把彭越的罪行赦免，把他贬为庶人迁到四川。在彭越去四川的路上，正好遇到吕后从西向东来，吕后答应彭越向刘邦求情，说他无罪。可是当吕后把彭越带到刘邦面前的时候，就对刘邦说：“彭越是楚汉战争中的豪杰，这样一个人你放他去四川，岂不是自己给自己留下后患？不如诛杀他，所以我把他带过来了。”于是吕后让彭越的下属告发彭越，彭越就被杀了。

综合以上，我们了解了刘邦集团的成分结构，了解了刘邦集团当中刘邦的位置和他的出身；我们又了解了吕氏家族怎样帮助刘邦一步一步走上皇帝的宝座。这样我们就能理解这样一个从民间崛起的皇帝，他为了保持自己的绝对优势，是不会跟自己的同僚分享反秦斗争胜利的果实的。那么，如何让自己的权力一家独大，不再被分享，不再被蚕食？只有走一条熟悉的老路，那就是向秦学习，重建帝国，重新登上至高无上的皇帝宝座。

《高祖本纪》记载了这样一个小小的细节，说刘邦死后，吕后把刘邦已经死掉的消息隐藏了四天，不发丧。她跟别人谋划说：“当年这些军功将领和刘邦一样，都是老百姓，编户齐民。而现在这些将领要北面向我们刘氏家族和吕氏家族称臣，他们心里怎么会服气？他们怎么会臣服于一个少主？不把这些军功贵族杀掉，天下是不会安定的。”也正是基于此，吕后后来对这些军功贵族大开杀戒。

我们知道皇权一旦到手，就不愿意分享。如何维系住这到手的皇权，就成了刘邦和吕氏家族要好好动脑筋思考的一个问题。那么只有借用秦帝国的旧架子，重新走上专制主义的中央集权、皇帝一家独大的老路，才能让这个新兴的帝国看起来更加稳固。所以这就是我们讲的，如果不向秦学习，就没有汉。所以我们说，造反者也是学习者。曾经反秦的急先锋刘邦，他最后走上了模仿秦帝国的道路。

王莽：葬送西汉的理想主义者

提到王莽，大家都会想起一首诗，“周公恐惧流言日，王莽谦恭未篡时”。王莽这个人，现在就成了一个伪君子的象征，一个篡逆、大反派的人物。《汉书》把王莽放在倒数第二，给他立了一个传叫《王莽传》，明显是作为反面教材放在里面的。可是王莽到底是怎样的一个人物？是什么样的因缘际会把他推向历史舞台中心的？王莽是自己要求篡夺汉家政权，还是被历史潮流顶到了那样的一个位置上？这些其实都是我们需要重新考量的。

我们说王莽的失败，是中国历史上非常可惜的一次理想主义乌托邦的失败。首先我们来看王莽的背景。王莽上台和生活的背景是西汉的中晚期。西汉的中晚期以来，汉代的政府格局已经发生了变化，从汉朝初年由军功集团赳赳武夫形成的政府，已经转变成为由儒生文治政府来把控政局。

我们看到，首先皇室的学术背景发生了转变，汉元帝、汉成帝、汉哀帝三代皇帝都已经是儒家教育出的知识分子。而另一方面，经术之士充盈朝廷，所谓“经术之士”就是有学养、有文化的这些儒生，例如像萧望之、韦贤、匡衡、孔光、谷永、龚胜、薛广德等。他们都因为在经学上有突出的成就，在文化上有较高的造诣而成为国家的高级官吏。这些人的上台，给当时的政局带来了耳目一新的变化。

首先，他们利用经学批评政治，犯颜直谏，直接指摘政治得失；其次，他们利用阴阳灾异之说，借天人感应抨击政治失败。可以说西汉后期，儒生知识分子的理想已经发生了变化，这种变化我们以汉武帝时代为分界线。经过比较可以发现，汉武帝之前儒生的理想在于“改制”和“更化”。所谓“改制”和“更化”是消弭秦朝政治遗留下来的一些特征。而汉武帝之后，儒生的理想在于“改制”和“复古”。所谓“改制”和“复古”，就是走向太平，实现儒生理想当中的、理想主义的太平世乌托邦。那么儒生如何来展现自己的理想？通过现存的历史文献，我们可以发现，西汉后期，儒生通过批评政治，通过议论政治，展现自己的主张。

第一个主张，他们崇尚节俭，节制宫廷开销，避免与民争利。我们以汉元帝时期的重要官员贡禹为例，贡禹曾提出，皇宫、长乐宫和离宫，这些地方用来看门的守卫可以减少一半。减少一半，替国家服徭役的人就少了。而国家养了10万多奴婢，这些官奴婢无所事事，每年要收纳老百姓的赋税来养他们，应当把这些官奴婢免为庶人，让他们去镇守边关，替国家服徭役，由国家养活他们。

贡禹又认为，凡是国家的重臣，不得参与经营性的活动，与民争利。如果犯了就要削去官爵，不得仕宦。更为激进的是，贡禹还主张取消货币。贡禹认为，货币的铸造，一年要花费10万以上奴隶的人工；一个奴婢的生活需要7个中等农民的税赋才能供养。而10万人工就意味着70万人要出税赋来养这些采矿、炼铜、铸钱的人。那么贡禹主张，不如我们把货币取消掉，不再使用金属货币，而改用古代的贝壳做货币，这样的话就可以减省70万人的赋税。

我们今天听来，这些政治主张完全不顾经济和现实的客观规律，完全是出于儒生的朴素的、质朴的理想主义。

第二个，儒生们主张宽刑，就是刑罚要宽，不能像汉武帝时代那个样子，严刑苛法，更不能效法秦朝。

第三个，儒生们提出政权要合法地传递和转移。我举一个例子来说明，当时有个儒生叫谷永，他说出这样一段话，他说“臣闻天生烝民，不能相治”。老天生的老百姓啊，无法管理，所以“为立王者以统理之”，所以，老天为老百姓设了君主，让君主来管理老百姓。谷永接着说，“方制海内，非为天子，列土封疆，非为诸侯，皆为民也”。意思是说设了天子，设了诸侯，都不是为了天子本人，也不是为了诸侯本人，而是为了老百姓。谷永接着说，“垂三统，列三正，去无道，开有德，不私一姓，明天下乃天下之天下，非一人之天下也”。

大家听了这段话，甚至都觉着，这已经不像是两千年前汉朝人说的话，倒像是出自辛亥革命，和孙中山先生提出的“天下为公”的主张一样，其实他们的思想渊源是一致的。我们可以看到，在两千年前儒生议政的时候，就直接挑战皇权的权威，认为天下是天下人的天下，不是皇帝、哪一家人的天下。也正是如此，在以上主张的基础之上，在西汉末年，一股“托古改制”的思潮泛滥开来。

这些托古改制的思潮，具体表现为四个方面：一、他们要改变汉朝建国以来宗庙的祭祀制度；二、他们要改变汉朝建国以来祭天的郊兆制度[1]；三、他们要改变汉武帝以来形成的职官制度；四、他们要改变秦汉以来形成的经济制度，恢复井田，以乌龟壳和贝壳代替金属货币。可以说西汉后期，托古改制之风日盛，这种改革是没有出现统治危机情况下的自我革新。

为什么这样讲？根据历史记载，到了汉宣帝、汉元帝时代，汉朝已经十分富裕，而且这个时候，汉朝的人口滋生已经超过此前所有的历史记载。正是在这种情况之下，人们开始自我革新、自我改革，这不是危机中的拨乱反正，这是站在一个历史的高度去追求更高的高度；也正是基于此，王莽被逐步推到了历史的前台。

我们看看王莽这个人是什么样的一个出身。根据史书记载，王莽出身孤寒，但是却非常有操守和德行。他是汉元帝的皇后王政君的侄子。王政君凭借自己是汉元帝的皇后，是汉成帝的太后，是汉哀帝时代的太皇太后的身份，将家族兄弟都封为列侯。而王莽的父亲因为早死，没能得到封侯。王莽的同辈兄弟皆是诸侯子弟，奢靡腐败，而王莽由于年少时父亲早死，孤贫，他折节为恭俭，乐于学习儒家经典。

他对母亲和已经孀居的嫂嫂十分关爱，他把兄弟的儿子当成自己的儿子来养。据说王莽的叔叔王凤生病的时候，王莽衣不解带地在旁边侍奉汤药，乱首垢面接连数月。王凤临死之前，把王莽托付给太后王政君，说我们王家呀，王莽是最为贤德的人。于是王莽在政治上崭露头角。

在政治上有了出身的王莽并没有因此而腐化堕落，他是更加折节邀买人心，匿情求名。据说王莽的哥哥王永早死，留下一个儿子名叫王光。王莽让王光在博士门下学习，王莽每次放假回家的时候，都要让车马先到太学，带着羊肉和酒去慰劳王光的老师，同时将多余的钱财分给王光的同学。所以学

1　“郊”是周代的祭天制度，在郊区祭祀上天叫作“郊兆制度”。秦代由于不知道周代的祭天礼仪，是在雍地祭祀秦的上帝，汉承秦制以后，也就沿袭秦的祭天办法，现在要改成按照周代的祭天办法来祭天，这就是所谓的改“郊兆制度”。

校里的老师、学生都出来观看王莽，认为这是一个贤德的大臣。

王莽将王光养大之后，在同一天为他和自己的儿子王宇一起举办婚礼。正当宾客满堂的时候，一个人上来汇报说，王莽的母亲突然生病，要饮药，王莽突然就要求宴会停止，自己转入内堂去侍奉母亲汤药。可见，王莽不但是一个贤德的人，而且在别人面前还要装出一副孝子的形象。也正因为如此，王莽在民间获得很多人的赞誉。

王莽不但自己恭俭退让，他连自己的妻子也管得非常严格，要求妻子实行节俭。王莽的妻子衣着非常简朴。有一次王莽的母亲病了，公卿列侯就派自己的夫人去王莽家里问候。王莽的妻子出来迎接，人们看到一个中年女性衣不曳地，身上的衣服连膝盖都盖不住，以为这是王莽家的奴婢，一问才知道，这原来是王莽的夫人。大家都大吃一惊，没想到王莽这么节俭。

所以，就是在这样一种情况下，王莽在当时获得了很高的威望，也正是这种威望，使得当时的士大夫一致要求王莽出来担任士林的领袖。但王莽走上执政的位置，并不是一帆风顺的。汉哀帝时代，王政君为了避让汉哀帝家的外戚，将王莽贬斥回家，让他回到自己的封地居住。

王莽在人生低谷的时候，还赶上这样一件事情。他的一个叫王获的儿子，误杀了一个奴婢，王莽就严厉地责备他，逼他自杀，以示自己公正廉明。据说王莽在封地居住了几年，官吏和老百姓上书替王莽讼冤的有数百份。于是在这种情况下，王莽在人们的拥护声当中，一路又回到了汉朝的中央，回到了执政的位置上。

我们讲了王莽的出身，我们接下来要讲一下王莽的理想主义改革。王莽的改革可以说是在我们刚才讲的西汉末年激进主义的基础之上全方位的改革。王莽改制有这样一些措施：

第一个措施就是实行土地国有的制度，所有土地由国家分配，不得买卖，这个就是所谓的“王田制”。

第二个措施，就是王莽规定，当时国家最重要的劳动力资源——奴婢不得买卖，由国家统一分配，这就是所谓的“私属制”。

第三个措施，王莽规定，如果各地之间出现物价的不同，有的地方物价高，有的地方物价低，那就由国家在低的地方收买，在高的地方售出，从而调节物价，这种措施被称为“五均”。“五”是多的意思，“均”是均衡物价的意思，所谓“五均”就是多方面地均衡物价。

第四个措施是所有的贷款都要由政府来发放，这就是所谓的“赊贷”。

第五个措施，由于王莽以上的经济政策造成了通货膨胀，物价飞涨，所以王莽又实行币制改革。他颁布“五泉十布”，就是五种泉币和十种布币。所谓“五泉”，就是从“小泉直一”（就是一块钱）到“大泉五十”（到面值五十块的钱），又颁布“十布”，从“幼布一百”到“大布黄千”（就是从面值一百的铜钱到面值一千的铜钱）。最后，王莽还颁布了面值五百、面值五千乃至国宝金匮直万，就是面值一万块的铜钱。

王莽以上的改革造成了全面的经济混乱。后世学者把这种改革叫作“六管”，就是六种国民经济重要的命脉，在当时都由国家行政权力管控，它包括盐、铁、酒、货币、五均和赊贷。“六管”由国家管控，就意味着民间经济失去了活力，市场失去了调节作用。当时的国民经济被王莽的改革活生生地逼到了崩溃的边缘，王莽的政权也在人们的起义当中冰消瓦解。

我们可以说，王莽政权的崩溃，是一次理想主义乌托邦尝试的失败。这种理想的尝试并不是建立在政治危机之下而进行的调整，而是在西汉政治、经济都走得非常平稳，都走到一个新的高峰的时候，为了追求更高的顶点，为了追求理想中的太平盛世而进行的改革。这种前卫的、激进的、乌托邦式的改革，是儒家的一次尝试，同时也葬送了儒家的理想。王莽的失败，为中国古代儒家的经济改革敲响了一次警钟。儒学的理想主义并不能够解决残酷的现实问题，它不但没有把人们带到太平世，反而把人们推向了另外一个深渊。所以我们可以看到，秦汉的帝国做出了很多的努力，做出了很多的尝试。有的努力是正面的，而有的尝试却是买了一个巨大的教训。

靠文书传递维系着的汉帝国

这一节我们来谈谈，秦汉帝国是如何实现自己的管理体系和管理体制的。

我们可以说，汉代是一个文牍国家，就是通过信息的传递与行政的管理这种文书化的形式，将庞大的帝国管理起来。那么汉代有多少个郡国呢？汉代有13个大的省级行政区划，叫作“州”[1]，加上中央的所在地司隶校尉部，一共是14个这种省级的监察区；然后有103或105个左右的郡，每个郡又有若干个（小的有七八个，多的有三十几个）县级的行政单位。

汉代的官员有多少呢？根据西汉末年的统计，定编的官员从最低级的左使到中央的丞相，一共是12万人上下。这12万人如何管理，如何让他们知晓皇帝的意志和中央的政令，以及这12万人又如何把国家的政令传递到每一个老百姓头上，它如何实现这种管理方式？其中很重要的就是通过公文、文件、文书，由上而下地把中央的政令贯彻下去；再一个，就是由下而上地把地方的情况向中央汇报。

除了每年底例行的“上计”之外，像是地方的行政案件，尤其是像死刑案件，也要以文书的形式向中央报备。遇到了疑难，不知道该如何判理的案件，要向中央奏谳，由中央批复。所以，通过文书就实现了这种上传、下达的管理体制。可以说，文书是一种信息交换的机制，中国古人很早就发明了这样一个庞大的文书系统来管理国家。

也就是说从中央（咸阳、长安、洛阳），到地方的州（刺史）、郡（郡守）、县（县令、县长），乃至到普通的乡、亭，这样一个庞大的、有着若干层级的帝国，它一层一层地进行管理和控制，依靠的是文书来传递信息、

---

1 大致是徐州、青州、豫州、冀州、并州、幽州、兖州、凉州、益州、荆州、扬州、交州和公元194年分的雍州。

下达管理指令，通过庞大的公文交换系统，联系着帝国的管理命脉。

这个文书传递系统，它依赖于这样几个因素：第一个因素是交通因素，第二个因素就是文字的使用，第三个因素是文书的传达和管理的体制。那么我们就来一一分析秦汉帝国这个文书制度是如何形成的。

在《史记》里记录了这样一个小故事，说秦始皇是非常勤政的，他每天批的公文要重达一百二十石（这个“石”是一个重量单位）[1]，可见这个公文来往是非常复杂和繁多的。那么我们就要问，这么多的公文是如何传递的呢？

我们首先来看看战国以来的交通系统。战国以来，为了满足战争的需要，为了调动军队、运输补给而修建了各种各样的交通设施。比如说在中原的黄土大道上，大家夯筑、打筑了道路；在相对偏远的山区，或者是道路不太方便的地方，人们沿着山谷和峡谷修建了栈道。可以说自战国以来，这种道路的修筑已经成了联系各国之间军事、经济和文化的重要的桥梁。

秦统一以后，修筑了很多驰道。这个驰道是国家专用的“高速公路”。根据史书记载，秦的驰道有50步宽——这个“步”不是我们今天一步两步这个步子的意思，它这个“步”指的是一种计量的宽度——两边还要种上树。为什么要种树呢？一个是标志道路和一般的农田、其他设施的界限，最关键的是，国家遇有重大的事故可以直接砍伐驰道两边的树木，作为战略物资，同时叫“隐以木椎”[2]。

这个“木椎”，有的学者把它解读成为一种武器。我想，这个木椎大概就相当于削尖了的栅栏，类似于我们今天的高速公路旁边的防护和隔离的设施。为什么要这样做呢？秦汉时代规定，驰道的使用是由国家专控的，一般人是不可以使用驰道的。这个驰道皇帝的车马可以走，传达中央紧急文书的驿使也可以走。所以驰道是保证交通高速、实现文书传递的一

1　“石”作为计量单位，读本音（shí）较多，也可读作（dàn）。

2　“隐”即“筑”的意思。

个重要的物质基础。

除此之外，在驰道上，它要有管理驿递的一些机关和设施。秦汉时代建立了从中央到郡县普遍驿递的一个机构，我们把它叫作传（zhuàn），有的学者把它读作传（chuán）。汉代的文书传递方式有这样几种形式，一种叫“以驿行”，所谓以驿行就是以驿站（类似于我们今天的这种机要文书）传播；第二种叫“以邮行”，这个邮就是像发邮件一样，是民用的传播方式；第三种叫“以亭行”，所谓以亭行，就是一个一个政治单位、政治单元之间相互传递。

而其中的“以驿行”这种形式又分为置传、驰传、乘传和轺传四个等级，有点类似于我们今天的普通快车、特快车、动车和高铁。当时规定，四匹马拉的车，这是高速的传播工具。如果四匹马的腿比较长，就意味着这马跑得比较快，叫四马高足，称为置传；四马中足，四匹马，腿稍微短一点的，称为驰传；四马下足，四匹马，但是腿比较短，这个马匹比较矮小，这个称为乘传，这个“传”就是交通工具的意思；如果是一匹马、两匹马，它拉的车是比较轻的小车，被称为轺传。

不管是置传、驰传、乘传还是轺传，只要动用国家的公共交通工具来传递文书和物资，都要持有中央或地方专有的印信，被称为传信。如果是中央发公文，要由中央的御史大夫（就是副宰相）在公文上面加上御史大夫的印章，这样做一是为了保密，另外也标志着公文在传递的过程当中，各级的驿传都要给予一定的保障。所以这种情况下，就保证了公文能够通过高速的公路系统，迅速地传播。

公文的传播，还有赖于各级官吏对于文字和文书的掌握，这里面我们就要强调一个新的小问题：汉代的人，识字多不多呢？或者普通的汉代民众认不认识字呢？根据历史学家的研究，汉代的基层老百姓识字率是非常高的。这是如何看出来的呢？

有学者从汉代的简牍文书当中发现，在当时的边境上，沿着长城有所谓的烽燧。什么叫烽燧呢？就是在长城边上有若干的据点，每隔一定的距离设置一个烽火台，在汉代叫烽燧。烽燧是戍守长城的一个单位，它相当于一个小队，里面有一个燧长，就是主管业务的一个小官，同时，底下有很多的屯卒（就是士兵）。这样一个烽燧，就是一个最基层的军事堡垒，一个最基层的军事单位。

一个烽燧居住着一支小队，他们驻扎下来戍守这样一个小的安全点。这个点上的士兵，基本上都是识字的，因为这些士兵的来源都是普通老百姓，所以学者们就普遍判断，汉代的普通民众识字率是非常高的。汉代一般的民众，9至12岁之间，要利用冬天农闲的时候，和闾里（就是乡里）的认字的官吏学习文字。学多久呢？三个冬天。所以汉代的基层官吏，比如说三老[1]，比如说相关的啬夫、有秩[2]、里长[3]，包括一些在县衙或者是在郡守府服务的小官吏，都是认字的，而且认字的年龄都比较低。

《陌上桑》里这样提到罗敷的丈夫的，说“十五府小吏，二十朝大夫”，这个15岁的“府小吏”，要认多少字呢？根据汉代的法律规定，试史学童（就是担任书写的学童）要能讽诵，就是要能背诵9000字，当然这个背诵9000字也就意味着能够书写9000字。这个9000字不是说9000个生僻的汉字，而是说能够背诵9000字的文书，他就可以到县衙里面，或者是到郡守府，去担任一个下级的小官吏，或者是一个书办[4]。

汉代民间流传着教一般民众识字的课本，叫《急就篇》。《急就篇》除了教大家认字之外，还包含了一般官僚文书的书写格套。于是我们就可以知道，汉代的底层老百姓也是识字的，因为识字就可以接受国家的管理，同时也可以把民间的情况通过文书制度反馈到上一级。汉代的帝国通

---

1 主要有县三老和乡三老，乡三老类似于乡长，主要负责当地的教化和税收，是当地的“精神领袖”。刘邦是县三老的创始人。

2 三老、啬夫、有秩、游徼、乡佐都是汉代乡官的名称，是汉代农村和中央政府直接沟通的重要桥梁。

3 又称“里正”，即“里”的行政长官。班固在《汉书·百官公卿表》中说：“大率十里一亭，亭有亭长。十亭一乡，乡有三老、有秩、啬夫、游徼。”一里有80~100户人家。

4 即管办文书的属吏。

过文书规范民间生活，到了东汉时代，就形成了一个规矩，这个规矩叫“五曹诏书，题乡亭壁”。所谓“五曹诏书”，就是由中央的尚书台发布的诏令。普通的老百姓在哪里获知中央的诏令呢？这个诏令会专门抄写、悬挂在乡或者亭的办公衙署的墙上。所以老百姓就通过乡、亭墙壁上的文书，了解和认识国家法令。

而且汉代规定，这个法令要由乡官一点一点地讲给老百姓听，让老百姓能够明白意思。在甘肃省悬泉这个地方的一个驿站，出土了一块墙壁，这个墙壁上就书写着西汉末年的《月令诏条》，就是每个月农民要做什么事。这是我们讲的第二个大问题，就是一般老百姓的识字率的问题。

第三个，就是汉代的文书是什么样子。汉代的文书，一般都是以“简牍”的形式出现。所谓的“简”，就是把一根一根的竹片或者是木片编在一起。所谓的“牍”，就是单独的一片木板。简外面要用封套，就是用丝织品把它包起来打上结，在这个结上挂上封泥，把它封印起来；而这个牍，外面要有一个像信封一样的函套，叫检署，把检署卡在牍上，用绳把它扎起来，绳打结的地方用封泥把它贴起来，在上面盖上印章以示保密。这些就是我们所谓的保密文书。

汉代还有一种一边传播一边宣讲的文书，叫作“觚”，又叫作“露布”。它是一个六棱体的木牍。一根木棍，把它削成六个平面，在这个平面上写上文书的内容，然后由负责传递文书的人拿在手上，一边传播，一边奔跑。他或者是嘴里喊，或者是每到一处，由所在官员抄写——这种传递的过程，也是宣传国家政令的过程。在今天甘肃就出土了一个画像砖，砖上有一个驿使图，画的就是一个驿使骑着马，手里拿着这样一个觚传递文书的形象。

而文书的传递是有制度的。根据出土的文献可以看到，要在落款上写明这个文书是由谁主发（就是谁起草）；同时，规定了这个文书要在什么时间内送达什么地点，它有传播的时间限制。正是因为有了这种文书制度，国家才能被管理得井井有条。

汉代每个老百姓还有所谓的户板，就是他自己有一个户口本。每年八月，由官员到县、乡去核查老百姓的户口，九月由县向郡汇报这一年这个郡、这个乡、这个县它的人口增减的相关情况。然后，由郡向中央上计（就是把一年的统计报表报到中央）。正是通过这种文书，中央朝廷实现了对广大地域上100多个郡国的管理。可以说，不但官员熟悉文书，就是民间的老百姓也非常熟悉文书，这种文书对于民间生活的影响是非常大的。

比如说，我们知道后来的道教——道教萌芽于东汉末年，而道教的很多用语其实就来自汉代的文书——有一些咒语会说“太上老君，急急，如律令”，这三句话就是汉代文书一般结尾的格套。“太上老君”是这个文书的颁发人。“急急”表示这个文书它传递的速度，汉代的文书有“急”和“急急”来标志这个文书的不同等级。“如律令”是什么意思呢？就是除了文书所描绘的内容外，其他文书没有描绘的按照律令来执行。

不仅如此，人们也会用官文书的形式来描绘民间生活，甚至形成民间的一些风俗。举个例子，从汉代到明清时代，中国有一种非常特别的封建迷信的文书，一般叫作买地券、镇墓券或者叫作买地莂。它通常是刻在砖头上，或者是铅板上，有的是书写在木牍上，人下葬的时候就将其一起埋驻地中，这是告诉地下的这些鬼神，这块葬地已经有主了，你们就不要来侵犯了。这个买地券很多时候就是汉代文书的一种迷信的翻版。

比如说在出土的文献当中，有一个孙成的买地券。他是东汉建宁四年（171）过世的，安葬时在墓里放了一张券。这张买地券中就说，“田东比张长卿，南比许仲异，西尽大道，北比张伯始”，这是告诉大家他买下来这个墓地，四邻各是谁家的；“根生土著毛物，皆属孙成”，就是说这个买地券当中所标明的地理位置上的填土，上面所生的任何物质都归孙成；“田中若有尸死，男即当为奴，女即当为婢，皆当为孙成趋走给使”，就是他买的这块地里面，如果还有其他的死人，男的就是孙成的奴隶，女的就是孙成的奴婢，都归他驱使；旁边还列了樊永、张义、孙龙等人作为他的见证人。

这样一张买地券看起来好像真的是汉代的买地文书一样。其实根本就不是。它只是一个象征性的买地文书，好像是告诉死者，你只要带着这券，这个墓地你就永远拥有了。这是汉代的官文书在民间生活，乃至丧葬用品当中的一种翻版。

可以说，文书管理是汉代国家管理的一种普遍形式，这种信息的交流，通过时间和空间的转换，实现了国家意志对于民间的管控、民间的信息向中央的汇报，通过信息传递，通过驿站和驰道传播信息。所以说，古代中国这么庞大的幅员，这么辽阔的疆土，就是靠着这种形式把它管理了起来。我们用一个不大恰当的比喻，秦汉帝国是靠什么维系的呢？可以说它是靠文书来维系的，也可以说，秦汉帝国就是靠着“快递”在维系着这么庞大的疆土。

王昭君们：购买和平的代价

秦汉时代的大一统帝国，除了自身的构建之外，它还有另外一个重要的特征，那就是它与不同文明之间发生了碰撞。复杂的国际关系、现实的政治考量，最终催化出了“和亲”这种妥协的办法，于是在中国历史上就出现了“昭君出塞”这一成语。

作为四大美人之一的王昭君，因为她个人的不幸，被历史上的诗人们、文人们反复吟咏。唐朝著名诗人杜甫在他的《咏怀古迹五首》当中这样描绘王昭君，他说：“群山万壑赴荆门，生长明妃尚有村。一去紫台连朔漠，独留青冢向黄昏。画图省识春风面，环珮空归夜月魂。千载琵琶作胡语，分明怨恨曲中论。”琵琶、胡语、怨恨，就成了王昭君所承载的和亲公主的形象。

农耕文明和草原文明的碰撞，以及农耕文明天生的军事弱势，催生了和亲，催生了妥协。而这一切到底合理不合理？到底是古人的政治智慧，还是一种美好的想象和期待？我们这一节来讨论这样一个问题：秦汉时代的和亲公主们。

“和亲”政策是被一场灾难逼出来的。我们知道，就在楚汉战争时期，北方的游牧民族逐渐壮大起来，这个族群被称为匈奴。正当汉兵和项羽相拒的时候，北方的游牧民族首领冒顿单于崛起了，他麾下拥有控弦之士30余万。在刘邦已经取得天下、汉朝建立的时候，一场军事灾难让汉帝国陷入了深深的困境。

汉朝刚刚建国的时候，把六国的一个旧贵族韩王信（这位韩王信不是汉初三杰的韩信，而是韩国的旧贵族韩王）封于代地，定都马邑。就在这个时候，匈奴人大举进攻代地，围攻马邑，韩王信就投降了匈奴。匈奴人乘势向南进攻太原郡，兵至晋阳城（也就是今天的太原）下。

此时正值天寒地冻的冬天，汉兵士卒冻得手指都断掉了。刘邦在晋阳城下和匈奴人形成了对峙，匈奴人装作逃跑，一路向北走。刘邦就率领少部分骑兵，从晋阳一路向北追。

匈奴人多骑兵，汉人都是步兵，匈奴人一向北跑，追赶的刘邦军队就脱节了，除了少数骑兵能跟上，大部分的步兵都被落在了后面。这一追就追到了平城（今山西省大同市），突然匈奴人掉转马头，将率先到达平城之下的这些骑兵团团围住，把刘邦围在了白登山上。当冒顿单于纵30万骑兵围困刘邦之时，刘邦的32万步兵还在从晋阳陆陆续续奔向平城的路上。就这样，刘邦的军队被围在白登山上七天七夜，吃尽了苦头。当时的民间歌谣传唱道：“平城之下祸甚苦，七日不食，不得弯弓弩。”在平城之下，士兵们七天七夜没饭吃，拉不开弓，射不了箭。

就在这危急关头，陈平出了一个奇计，那就是离间单于和阏氏（匈奴皇后）的关系。就这样，陈平通过贿赂匈奴的皇后，解了刘邦的白登之围。

刘邦派刘敬奉宗室的女孩为公主，嫁到匈奴为单于阏氏，同时送去了大量的布帛、酒米、食物等作为陪嫁。他们相约汉朝和匈奴为昆弟关系，以和亲的方式终结战争。所谓的昆弟，就是一种远房兄弟的关系，也就是说汉朝和匈奴谁也不比谁大，谁也不是谁的敌人，两方是势均力敌的兄弟间的关系。这就是所谓的“和亲”，这也是“和亲”两个字第一次出现在中国历史当中。

然而这种短暂的和亲并没有换来匈奴人对汉朝的尊敬。刘邦死后，吕太后执政，冒顿单于用挑衅和试探的方式向汉朝发来了书信。冒顿单于对吕太后说：“我这个人生在草莽之中，长在牛马成群的地方，数次到了中国的边境，非常喜欢中国，十分想到中国来游玩一下。我听说您丈夫死了，一个人独自生活，我们两个一样，我的妻子也死了。你有的我没有，我有的你没有，要不我们交换一下，取个乐。”

你看，这是匈奴人对汉朝太后的侮辱、挑衅，也可以说是一种军事上的试探。而经过理性思考之后，一贯刚毅的吕太后竟然放软了身段。吕太后说：“我已经老了，头发也掉了，牙也缺了，走路都不稳了，单于你就不要惦记我了，我也没什么好送给你的，送给你两辆漂亮的车、几匹马，好让你过上快乐的生活。”同时，吕太后又赠上了金银、美女，来贿赂单于，实现第二次和亲。

汉朝初年，经过刘邦和吕后两次和亲政策，构建起了用金银、货币、财宝和中原的女子，向匈奴换回短暂和平的方式。然而高祖刘邦和高后吕雉定下来的和亲规矩，并没有换来匈奴人对汉朝的尊敬，亲是结了，可是和平却没有到来。所以我们说和亲，是亲而不和。

在冒顿单于统治的时代，那时汉朝的皇帝是汉文帝，匈奴右贤王曾经入寇河南地。冒顿单于死后，老上单于继位。在汉文帝十四年（前166），匈奴老上单于又率领14万人突入北地，烧了汉朝的回中宫！匈奴人的骑兵前锋进犯的位置，已经距离汉代的离宫——甘泉宫很近很近，于是汉文帝吓得赶快派出千乘10万骑，屯守在长安周边，以防匈奴人突入关中地区。

到了老上单于的后期，匈奴人日益骄横，他们每一年都要突破汉朝的边塞，在边境上烧杀抢掠，掠人民甚重，尤其是云中、辽东一带（就是今天的河北北部、山西北部，一直到辽宁南部这一带）最甚。每个郡都有上万人遭受匈奴人的抢掠，有的人口直接被掠到匈奴。匈奴这种常规化的南下抢掠，已经成为汉朝边境上的重要祸患。

老上单于之后，匈奴人立了军臣单于作为自己的领袖，军臣单于继位一年多之后就又和汉朝撕破了脸，绝和亲，他们分别派3万骑兵突入上郡、云中郡，烧杀抢掠，老百姓受害甚多。

汉文帝忍无可忍，数次准备动兵跟匈奴决战，但是始终没有下定决心。史书记载，汉文帝晚年经常在上林苑里演习骑兵，他时刻做好跟匈奴人对抗的准备。通过以上的描述，我们可以知道，和亲这样的政策并没有给汉朝带来和平，只是纵容了匈奴而已。

除了跟匈奴的和亲，汉朝还把公主嫁给匈奴的敌人，通过拉拢敌人的敌人，来实现共同对抗匈奴的目标。

在西域，曾经有一个小国叫乌孙国，这个小国本来居住在河西走廊，祁连山下，后来由于匈奴人的驱赶，他们将国家迁到了赤谷城这个地方。赤谷城在今天的新疆境内，靠近伊犁。乌孙国距离长安8900里，它有12万户，60多万人，强兵18.8万人。汉朝为了对付匈奴，就派出公主去和乌孙联合。

汉朝第一次派出的公主是江都王刘建的女儿细君公主。这个江都王是一个荒淫无耻的王，他犯了罪后，汉朝就把他的女儿派出去和亲，带有一种惩罚的性质。公主到了乌孙国，自己独自居住在一间房里。当时乌孙的国王叫昆莫（少数民族乌孙对其国君的称呼），年龄已经很大了，又和细君公主言语不通，公主非常难过、忧愁，就作了一首歌叫《悲秋歌》。细君公主这首歌这样唱，她说："吾家嫁我兮天一方，远托异国兮乌孙王。穹庐为室兮旃为墙，以肉为食兮酪为浆。居常土思兮心内伤，愿为黄鹄兮归故乡。"

细君公主这首哀歌传到了汉朝，汉武帝只是派使者多送去了一些汉朝的土特产，而没有让她回来。乌孙国和西域诸国往往实行所谓的收继婚制，这种婚俗和大汉不一样。所谓的"收继婚"，就是继位的国王（或单于），要继承前一个国王（或单于）所遗留下来的所有女人。那么细君公主就要下嫁给下一代新国王。细君公主听到这样的消息，向汉武帝汇报说，我不能做出这样有悖伦常的事情。而汉武帝为了保持和乌孙的关系，向细君公主这样回信：你就遵从当地的风俗吧，我们汉朝要和乌孙联合，共同消灭匈奴。就这样，细君公主在乌孙国先后嫁了一老一少两代昆莫，最后抑郁而终。

细君公主死后，汉朝又派了一位公主，她是另一位诸侯王——七国之乱当中被杀的楚王刘戊的孙女——解忧公主。解忧公主到了西域，同样发挥着联合乌孙对抗匈奴的作用。解忧公主前后在乌孙50余年，嫁了三代乌孙王，为乌孙生下了三个男孩、两个女孩。直到她70多岁的时候，汉朝对匈奴的作战已经取得了决定性的胜利。公主向汉宣帝上书说，我在塞外已经50余年了，我想埋到自己家乡的土地上，我要葬回汉地。此时汉朝的皇帝已经从汉武帝、汉昭帝转为汉宣帝。汉宣帝看到解忧公主的上书，专门派使者出玉门关，迎解忧公主回国。甘露三年（前51），70余岁的解忧公主，在和亲50余年、嫁了三任丈夫之后，终于回到了长安。汉宣帝以公主的规格赐其奴婢、田宅，让解忧公主在长安安享晚年。

我以前每次提到解忧公主的时候，都非常感慨。作为一个和亲的使者，我们认为她是伟大的；然而作为一个女性，她的一生是不幸的。最后我们要讲我们的主题——王昭君，王昭君的和亲与前面两位公主，以及再之前的公主们都不一样。

王昭君出嫁的背景是北匈奴已经破亡，北匈奴的领袖郅支单于被杀，南匈奴领袖呼韩邪单于在九原郡向汉朝边关上投书，要求向汉朝投降，愿意成为汉朝的附庸。这个过程中，汉朝为了交好南匈奴，就安排王昭君出塞和亲。

就这样，王昭君被送到了南匈奴，嫁给了呼韩邪单于。王昭君被封为宁胡阏氏。她跟呼韩邪单于生了一个男孩。呼韩邪死后，王昭君依据匈奴的收继婚制，又嫁给了复株累单于，又生了两个女儿。在匈奴，王昭君先后嫁了两任丈夫，生了三个孩子。直到王莽时代，因为王莽的姑母王政君和王昭君都是汉元帝的宫人，所以王莽千方百计把王昭君的女儿赎回来，送到汉朝的宫廷。

同样，作为个体的王昭君，她的生命是不幸的，然而就当时的时势来讲，王昭君确实起到了建立南匈奴和汉朝两国、两个民族之间沟通纽带的这样一个作用。就在杜甫写下“千载琵琶作胡语，分明怨恨曲中论”的时候，似乎王昭君的命运就像民间传说的那样，是毛延寿收了贿赂，把别人画得好看，而王昭君没有给贿赂，所以把王昭君画得很丑，这才使得王昭君被迫出塞一样。

杜甫之后又过了数百年，宋朝的大诗人王安石试图替王昭君翻案。王安石说：“汉恩自浅胡自深，人生乐在相知心。”汉元帝不识王昭君，不喜欢王昭君，王昭君在塞外可以找到自己的知心人。然而王昭君真的在塞外找到了自己的知心人了吗？我们无从推测王昭君跟呼韩邪、复株累两位单于的关系和感情如何。

青冢的荒草已经埋没了所有的历史尘埃，我想感慨的是，在我们中国的历史上，为了民族和国家的命运，太多的小人物、太多的弱女子承受了这种千钧重担，她们用一己的生命，用一生的幸福去完成一个伟大的事业。在后人看来，这是值得被歌颂、被吟咏的；而在她们本人来讲，这无疑是人生巨大的悲剧。

卫青霍去病：帝国的铁血青年

这一节我们要讲这样一个问题：汉武帝为什么要倾尽全国的力量来抗击匈奴，以解除匈奴对于中原地区的压力？而这样的一个过程又是如何完成的？

可以说，汉武帝时代是中国历史上一次起承转合的重要关节点。我们做一个假设，假如汉武帝时代刚刚兴起和壮大的匈奴人，没有遇到汉武帝这样一个下定决心要血战到底的英主，而是自恃武力，试图消灭中原文明，那么我们中华会不会就像古罗马一样，因遭遇蛮族而陷落？好在历史就是历史，不能假设，我们只能追寻着历史的足迹，去观察、去理解汉武帝是如何打赢这场仗的。

汉武帝时代，汉朝和匈奴关系最大的变化，就是进攻和防守方的易位。元光二年（前133），也就是汉武帝在位的第八年，汉武帝主动设了一个局，试图引诱匈奴进入汉朝边塞的一个城市——马邑，然后在马邑城周围消灭匈奴的主力。尽管这一次马邑之围，因为消息走漏而没有成功，从此汉和匈奴也进入了失和与交战的状态，但是马邑之谋是一个标志性的事件，它标志着汉和匈奴攻守易势了。

要理解汉武帝为什么要选择主动进击这样一个姿态，我们可以从以下两点进行分析：

第一，汉朝经过六七十年的休养生息，到了汉武帝时代，国力已经达到鼎盛，财富已经积累得非常丰厚，所以汉朝有了对外用兵的客观条件。我们可以借用司马迁一句话来形容汉武帝当时的心理状态。司马迁在《史记》的《建元以来侯者年表》里面这样回答，他说："况以中国一统，明天子在上，兼文武，席卷四海，内辑亿万之众，岂以晏然不为边境征伐哉！"汉武帝作为一个想要大有作为的君主，他已然席卷海内了，怎么会不想办法彻底解决匈奴问题呢？

第二，我们可以把汉武帝对匈奴的战争理解成历史上恩怨的清算。《汉书·匈奴传》上记载了汉武帝这样一封诏书。他说："高皇帝遗朕平城之忧，高后时单于书绝悖逆。昔齐襄公复九世之仇，《春秋》大之。"大意是说，汉高祖刘邦的时候被围在白登山上七天七夜，是莫大的耻辱；吕后时代，冒顿单于写信侮辱吕后，这是对汉朝的侮辱。过去《春秋》经上记载，齐襄公复九代之前的仇恨，这是值得人们歌颂的。所以汉武帝这一次主动进攻，是选择在这样一个国力强盛的条件下，清算历史恩怨，在意识形态上树立汉代对外扩张的国家形象。

汉武帝用人可谓是不拘一格，为了打赢对匈奴的战争，他用了两位青年将领作为统帅，一位叫卫青，一位叫霍去病。这两个人是舅甥关系，卫青是舅舅，霍去病是外甥。从身份上来讲，他们的出身都不算高贵。卫青是私生子，霍去病也是私生子；卫青曾经做过马奴，霍去病是卫青在回家路上捡回来的。两个出身都不算高贵的青年将领，在自己血气方刚的年龄，倾尽全力为国家打赢了这样一场决定性的战争。

汉武帝为了解决匈奴问题，先后组织了三次歼灭性的战役和一次决定性的战役。第一次战役是河南之战。在元光六年，也就是公元前129年前后，匈奴人杀入上谷（在今河北省张家口市怀来县一带）一带，汉武帝派卫青和两位当年与卫青一起做马奴的朋友公孙敖、公孙贺，率军抗击匈奴，一直追匈奴追到了龙城（今甘肃天水）。在这一次小规模的胜利之后，第二年（元朔元年），汉武帝又派卫青出云中，也就是今天黄河的河套地区，收复了河南地，把黄河以南所有的土地收归汉朝所有，并在这一块地区设置了五原郡和朔方郡。五原郡和朔方郡的设置，以及河南地的收复，意味着汉朝关中地区再也不受匈奴人的威胁了。

第二次战役是漠南之战。在元朔五年（前124）的春天，汉朝派车骑将军卫青率领三万骑兵，从高阙（今内蒙古巴彦淖尔市杭锦后旗西北方向）出发，又任命卫尉苏建为游击将军，左内史李沮为强弩将军，太仆公孙贺为骑将军，代相李蔡为轻车将军，皆属卫青率领，从朔方郡出发，一路向漠南（今天蒙古高原的南部）挺进。漠南之战，七位将军深入匈奴的腹地，他们以横截之势将匈奴斩为东西两大块，从此匈奴不可能在中国北方东西两线同时作战，解决了汉朝战略上东西首尾难以兼顾的问题。漠南之战中，就演出了七位将军横绝大漠的这样一个场景，被称为“七将绝幕”。

又过了数年，到了元狩二年（前121），以冠军侯霍去病为首，率领一万骑兵出陇西，发动了河西之战。这场战役中，霍去病以“闪电战”的打法，由河西地区沿着祁连山下，扫清祁连山河西走廊周围的匈奴势力，彻底为汉朝打通了从陇西到敦煌的这条道路，使得汉朝长安以西，出陇山，往西域去的道路被扫清，而汉朝中央的西部再也不受匈奴人的骚扰。

这场河西之战，为后世留下了两大闪光点，值得后人追记。一大闪光点是作为匈奴人世世代代居住的焉支山、祁连山被收入了汉朝的版图；另外一大闪光点是，年轻小将霍去病，不带辎重，不带粮草，以轻骑兵闪电战快速突击的方式，给予匈奴人沉重的打击。我们知道，匈奴人是善于用骑兵的，而汉人是善于用步兵的，霍去病对骑兵的使用，使得我们汉人第一次用匈奴人的打法，打垮了匈奴人。

经过河南之战、漠南之战、河西之战，三次小规模的战役，汉朝已经奠定了对匈奴战争取得决定性胜利的基础。到了元狩四年，也就是公元前119年的夏天，汉武帝又派卫青和霍去病各率5万骑兵，向匈奴发起了最后的战争，这就是所谓的漠北之战。

在漠北之战发起前，汉武帝已经发现，卫青的打法是扎硬寨、打死仗，步步为营，稳步推进；而霍去病的打法是以闪电战的形式，轻骑突击、长途奔袭。从消灭敌人有生力量，获得战争的主动权的角度来讲，霍去病的打法似乎更符合汉武帝的心意。所以刚开始，汉武帝是安排霍去病出定襄（大致在今内蒙古南部、陕西北部一带），后来听说匈奴换了方向，于是又把卫青调过来出定襄，让霍去病从代郡出发。然而人算不如天算，霍去病没有找到匈奴的主力，而匈奴的单于却和卫青遭遇了。卫青的军队带着辎重，已经出了汉朝的边关上千里地，到了蒙古高原的北部。

就在这时，卫青发现，匈奴单于早已经陈兵塞上。我们刚才已经讲了，卫青喜欢扎硬寨、打死仗，所以当遇到单于之后，卫青用武刚车（外面用盾牌和铁甲包裹的战车）围成环，搭了一个营寨，然后纵五千骑兵向匈奴人发起进攻。匈奴人急忙派一万骑兵迎击。

就在双方打得如火如荼的时候，太阳要落山了，大风刮起来，沙漠戈壁上的沙粒被风吹得击打人的脸。无论是匈奴人还是汉军，都无法清晰地辨认对方的军队。就在这种恶劣的环境条件下，汉兵纵左右两翼包抄、包围单于，单于发现汉兵突然围上来了，而且兵马强壮，如果再这样打下去，匈奴人可能占不了什么便宜。于是单于带着六匹壮马和数百个骑兵，偷偷地从西北方向突围逃跑。

汉兵过了很久才发现匈奴单于已经逃遁，又追了数百里，都没有发现单于的踪迹。于是汉兵在卫青的率领下斩首万余骑，登上了赵信城，烧了匈奴人的老巢，率军凯旋。而另外一边，霍去病率领骑兵也是横扫匈奴，封狼居胥山，抓获匈奴的将领、相国、当户都尉80余人，斩首、俘获70400余人。而自己的5万骑兵只损失了三成。可以说在漠北之战中，无论是卫青，还是霍去病，都取得了对匈奴决定性的胜利。

然而这种胜利并不是轻松获得的。我们研究历史会发现，汉武帝发动三次对匈奴的战役和一次决定性的战役，一共四次大战，都是每隔几年打一次。为什么会这样？后来我们通过研究认为，那是因为汉朝的国力不允许它连续作战，只能是积累几年，粮草丰盈了，出塞决战一次；再积累几年，再出塞打一次。就在漠北之战结束的时候，史书上记下了这样一条史料，说“两军之出塞，塞阅官及私马凡十四万匹”。就是霍去病和卫青两支骑兵各5万人，加上私人的马匹，出关的一共是14万匹。而这一仗打完，入塞的马匹不足3万匹，也就是说，为了打赢这场对匈奴决定性的漠北之战，汉朝耗费了11万匹马这样惨重的代价。

从此之后，匈奴人再也不敢轻易地进攻汉朝。而此后，汉朝也没有再组织大规模对匈奴的进攻，根本原因就是国力已经消耗殆尽了。就是在这样对匈奴的惨胜之中，汉朝迎来了重振天威的那一天。元封元年（前110），也就是发动对匈奴战争的接近20年之后，那一年的冬天十月，汉武帝亲自率师巡行边塞，自云阳，北历上郡、西河、五原，出长城，北登单于台，至朔方，临北河，勒兵18万骑，旌旗千余里，威震匈奴。

可以说，这是中国有史以来第一次由农耕文明的领袖，率领军队在游牧族群的地区誓师、阅兵，这也标志着汉朝对匈奴的战争已经取得了决定性的胜利，汉朝的边塞获得了安宁。

然而历史是不能这样轻轻松松就带过的。“几时拓土成王道，从古穷兵是祸胎。”汉武帝倾尽全力击溃匈奴，这给汉朝整个国家带来了沉重的负担，可以说饿殍遍野，民不聊生。有人曾经计算，汉朝为了支援边境上抗击匈奴的战争，从中原地区向边塞运送粮草，60余石粮食到了边境上只剩下一钟多粮食。也就是说为了向边境运送粮草，要消耗掉几十倍的粮食，才能把粮草运到塞上。而另一方面，为了支援前线的战斗，往往是“丁男披甲”，就是成年男性去参军了；“丁女转输”，就是成年女性在后方运送粮草，整个天下都为战争而摇动。

对于历史的评判，各人有各人的看法，但无论如何，我们看到秦汉帝国以一个农耕文明的基础，倾举国之力，争取到了和平、稳定、发展的空间。我们不能说这种战争就一定是正义的，但是我们要对那个时代付出努力的人，抱以同情的理解。

秦汉时代的工商文明：“千人大工厂”的出现

本节我们来谈一下秦汉时代的工商文明。中国的秦汉时代，就有千人的大工厂，这种周流天下的商业活动，是战国以来的工商传统，它呈现出的是繁荣的商品经济。秦汉时代的中国，由于战国以来不同地域间的贸易，形成了地域化的生产中心和周流天下的大市场。可以说，从事手工生产的工人，以及促进商品流通的商人之间的分工与互动，让我们看到了一个活跃的市场经济的国家。我们甚至会不自觉产生这样一种怀疑：古代的中国曾经有一条通往工商文明的道路，可是，我们最终没有选择它，仍然选择了农耕帝国。首先，战国到秦汉时代，是一个自然经济与商品经济大比拼的时代。自然经济的理想社会，是一个小国寡民的、自给自足的、一种区域化、封闭的经济形态。老子在《道德经》里这样说：“至治之极，邻国相望，鸡狗之声相闻，民各甘其食，美其服，安其俗，乐其业，至老死不相往来。”老子的意思就是说，一个真正好的社会，邻国之间的老百姓都互相能够看得见，鸡叫了，狗叫了，相互都能听得到。人们乐于待在自己那一亩三分地上，穿着自己的衣服，吃着自己的食品，安享着自己的风俗，从事着自己的职业，老死也不相往来。可以说，这是一种理想化的、小农经济的自给自足的经济形态。

到了汉代，司马迁就说，老子这种理想在汉代根本是不可能实现的。由于人们对物质有着某种欲望，这种欲望刺激着生产和流通。司马迁这样形容，说人啊，嘴里想吃小猪和鲜嫩肥美的蔬菜，耳朵想听美好的音乐，眼睛想看美好的事物，而内心又希望能够获得荣誉感，正是这些欲望刺激着生产，刺激着流通。老百姓已经浸染于这种大规模的市场活动很久了，哪怕你去一家一户轮流劝说他们，让他们回到小国寡民的时代，老百姓也是不乐意的。

所以我们可以说，秦汉的国家统一给市场的广泛流通带来了某种可能。而由于汉朝初年“清静无为”的政策——从上到下，官员们都存着多一事不如少一事的想法——在维护一般的社会稳定的基础之上，官员们不太去干涉民间的行为，这使得民间自发的商业活动越来越多。

汉代，全国性的流动已经出现了。比如说，在今天的东北地区、靠近朝鲜这一带，这个地方是汉代的辽东四郡（所谓辽东四郡，即在辽河以东，汉代设置了四个郡一级的地方单位，包括乐浪郡、玄菟郡、真番郡和临屯郡）。在辽东四郡有一些汉代的墓葬，在这些墓葬里面，就出土了西工官[1]所制造的黄金扣器和白银扣器。什么叫漆器？就是汉代人使用的碗、盘子、杯子，为了清洁雅致，尤其是轻便，他们用麻、竹、木做胎，外面大量地髹漆。另外，为了让它的使用期尽可能延长，还在这个漆器的边沿，用薄薄的金皮或者是银皮把它包边，这种漆器被称为扣器。一个四川

1 秦朝曾在蜀郡设置“东工”，生产军队急需的兵器等产品；到了汉代，政府又在蜀郡设立“西工”，主要生产漆器、蜀锦等。

生产的漆器扣器，最终出现在了东北地区鸭绿江的两岸，可见汉代的这种经济活动是多么发达。

经济活动的发达也带来了经济思想的开放。司马迁在《货殖列传》里面就这样提到，说汉代的西部地区（主要是指关中地区）多树木、竹、牛毛、玉石；而汉代的东部地区，主要是今天的山东和黄河中下游平原，多的是鱼、盐、生丝、漆器，以及能够为人们提供娱乐的声色（声是声音，色是表演）；而江南地区，多出产一些基本的金、锡、丹砂等矿产资源，犀牛角、玳瑁、珠玑之类的珠宝，以及一些姜、桂之类的基本调料；而龙门、碣石以北的北方地区，主要是山西、河北这些地区，多马、牛、羊、筋角。

所以可以说，各地不同的物产，都是人们所需要的生活必需品。它们通过生产、商业流通实现了共享。司马迁相信，经济有其内在的规律，所以他在《货殖列传》里面表达了对经济的一个重要的态度，他说："善者因之，其次利导之，其次教诲之，其次整齐之，最下与之争。"司马迁认为，经济活动有其内在的客观规律，这种规律下，它有自发的运转原则。统治者对于经济的最好的态度应该是根据经济的客观规律而行动；其次一等，是用引导的方式来对待经济规律；再差一点的态度，就是用一种教育的态度扭曲经济规律；再差一点的是用行政命令干预经济；最差的态度是统治者直接利用强权干涉经济活动，与民争利。可以说，汉代的经济思想已经是非常开放了。

在汉代，追求财富是否能够得到认可呢？我们一直认为，在中国古代的主流思想当中，追求财富，获得美满的生活，是一个可以做但是不可以说的事。我们知道很多古代的商人，尽管拥资巨万，可是他们对商人这个身份却不认同，而更想把自己看作是一个读书人，或者是一个官僚。他们更认可的是一种道德的文化，而不是商业这种追求利益的文化。

可是我们知道，在汉代，人们是认可这种追求财富的倾向的，认为生活的富足是建立道德文化的基础。司马迁引用《管子》的话说，"仓廪实而知礼节，衣食足而知荣辱”，认为人的精神建设要植根于深厚的物质基础之上。他说礼仪这种东西，是在人们有了富足的生活之后才开始讲究的；生活如果不富足，人们就会变得穷困潦倒；穷困潦倒的人，哪还有心思讲究礼仪呢？所以在汉代，人们认为贫困是值得羞耻的事情，而没有本事让自己致富，则被人们看不起。

在汉代，一度很多人都来追求财富，用各种办法致富。在这种情况下，我们看到汉代形成了很多区域性的中心城市。而这些城市当中，商业文明是非常发达的。比如关中地区。关中地区是西汉和秦的王畿，就是中央政权所在地。司马迁在《货殖列传》里就说，关中之地“于天下三分之一，而人众不过什三”。关中这个地方，它的人口只占全国的30%，土地也只占全国的1/3，可是关中地区聚集了天下60%的财富，所以关中地区是富商、大贾云集的地方。

在汉代出现了很多中心城市，像邯郸（今河北邯郸）、燕（今北京）、洛阳（今河南洛阳）、临淄（今山东淄博）、睢阳（今河南商丘）、彭城（今湖北荆州）、寿春（今安徽淮南）等。这些地方在汉代都是中心城市。这些中心城市的存在都有赖于商业文明和手工业生产。

这种中心城市周围，还有着地域化的农业生产中心，比如在山西的西南部安邑就有大量的枣树；在关中和河北就有栗树；在蜀汉、江陵，也就是在今天的四川和湖北的西部，种着橘树——汉代专门设置了负责收购和转运橘子的“橘官”，屈原也曾经写过《橘颂》。可以想见，橘在汉代人们的生活消费当中是十分重要的水果。再比如，在河南的南部有漆树，通过漆树生产生漆；在齐鲁有桑树和麻，这个主要是保障人们的穿衣；在关中的南部，在渭川平原上有竹，汉代的人们用竹子做一些日常生活中使用的手工制品，比如说竹筐、箧（就是小箱子），以及书写用的简牍，等等。

所以我们可以看到，这种地域化的农业生产中心，反过来支持着大都会的商业活动。同时，汉代还有规模性的手工业生产。比如说在这些大的都市当中，有酿酒、制造酱、制造浆（浆就是饮料）、制造皮革的作坊；

同时，有粮食、生活日用的柴、竹器、马、铜器、木器、铁器的贩运；还有僮，也就是我们今天讲的劳动力市场等。这种规模性的手工业生产，不仅可以生产出大量的手工业制品，同时也激发了对于劳动力市场的需求。

我们举几个汉代典型人物的例子。

汉代有一家人姓卓。卓氏本来是赵地人，秦灭六国之后，被强行迁入蜀地。夫妻两个到了迁徙地，结果发现这个地方矿产资源丰富，而且劳动力比较便宜。于是他们就到了临邛（今天四川的邛崃这一带），靠着这一带的矿石冶铁，成为四川地区远近闻名的冶铁致富的手工业大业主。《史记》里面记载说卓氏“用铁冶富”，他们是依靠铸铁炼铁致富的，“富至僮千人”，他们这个家族控制着上千手工业生产的工人；说他们家“田池射猎之乐，拟于人君”，也就是说，他们有了钱之后修筑一些园林，从事一些娱乐活动，比一些封建君主还要奢侈。

再比如河南南阳的宛县（今南阳市）有一户姓孔的人家，他们同样也是靠冶铁致富的。他们致富之后，说“家致富数千金”，他们家致富之后资产有数千金。汉代一金相当于一万铜钱，数千金就是有数千万的家产。坐拥如此家产，他们就引领了河南南阳这一带的社会流行文化。说当时“行贾尽法孔氏之雍容”，当时这些做生意的人，连生活方式都模仿这个宛县孔家。所以我们可以想见，汉代这种大规模的手工业生产已经有点现代“千人工厂”的味道，也正是因为这些大规模的手工业生产和商品经济，催生了汉代原始的金融业。

我们只知道，明清时代有所谓的钱庄、票号、当铺。但其实在汉代，也有了这种通过炒作资本而形成的金融行业。汉代把这种行业叫作“子钱家”（把钱作为“母亲”，用钱来生钱）。汉代中央政府规定，子钱家最高的利润，不得超过20%，也就是说汉代的放贷，它的利息不能超过20%。但是在一些关键的节点上，人们需要钱的时候，在子钱家里借贷，有的时候付给的利息可能是100%、200%，甚至300%，所以汉代也有专门用金融业致富的人家。

《史记》当中就记载了这样一个关于子钱家的小故事。在汉景帝时期，吴楚“七国之乱”的时候，长安当中这些列侯是以军功封的侯爵，国家一旦遇到大的战争的时候，他们都是军官，要去带兵打仗。“七国之乱”爆发，战争打起来了，这些列侯准备出征了，他们要准备一些衣装、行具，还有一些川资，包括自己的口粮。可是仓促之间哪有这么多钱呢？他们就跑去子钱家里，相当于我们讲的可以贷款的人家里去借钱。汉代有很多子钱家在关中，因为这些列侯的封地都在关东，而七国之乱的战场恰恰是在关东，所以这些子钱家都不敢把钱借给列侯们，生怕这一仗打输了，他们还不上。

这时候有一个叫无盐氏的子钱家，他把自己的钱拿出来借给这些列侯，要求获得10倍于政府规定的利息。我们知道汉代规定利息最高不超过20%，10倍就是200%的利息。所以三四个月之后，“七国之乱”平息了，无盐氏的千金一下子变成了三千金，成为关中的首富。这是汉代利用资本致富的情况。

我们可以说，在汉代，尤其是在西汉时代，追求致富是当时一般民众的社会心理。那么人们如何致富，以及致富之后如何保持这种财产的升值呢？

汉代的致富，有所谓的“本末”，所谓的“本”就相当于我们今天的第一产业、第二产业，比如说农业或者是手工业；而“末”呢，是从事一些比较卑贱或者是流通领域的行业。“本”是树干，“末”相当于树梢。

汉代有一种说法叫“用末致富”。司马迁说“农不如工，工不如商，刺绣文不如倚市门”，你从事农业生产致富，不如从事手工业生产；从事手工业生产致富，不如从事商业的流通；你在家里老老实实地刺绣，不如站在市场上去叫卖货品。

可是致富之后，如何使这些资产保值和稳固地升值呢？汉代人又说，“以末致富，以本守之”。所谓的“本”就是通过购置农田、购置田产，让这些资产获得保值和增值。而汉代，对于致富，人们又有着一个精神，就是所谓的“诚一之道”。只要你专注地、一心一意地做一件事情，这样就可以让自己富起来。

司马迁在《货殖列传》的结尾，列举了各种致富的形式，他说有的人靠农耕致富；有的人靠博戏（就是开赌场）这种很恶劣的行业致富；有的人靠挑着货郎担子行贾致富；有的人靠贩脂（贩猪油）来致富；有的人靠卖浆（卖酒水卖饮料）致富；有的人靠做竹器来致富；有的人靠做胃脯（就是我们今天讲的做卤菜）来致富；有的人靠做马医致富，这个马医不是我们今天的兽医，有点像专门维修汽车的4S店。司马迁说，致富的方法有许许多多，只要你能在一个行当里面做到极致，都可以富起来，而富起来的根本缘由就是你专注、诚一。

司马迁又说，致富是没有可以复制和模仿的方式的。他说："富无经业，（则）货无常主，能者辐辏，不肖者瓦解。"富，没有一个统一的模范、统一的渠道。而这些货品又没有一个固定的主人，你只有依靠自己的聪明才智和专注才能获得财富。同时，也有一些人因为自己的能力差而丢失财富。有了财富的人，获得和封建君主一样富足的生活，这在汉代被称为"素封"。

我们曾经拥有如此活跃的大市场、大流通的时代。可是这样一个时代，在中国历史上存在的时间比较短，大概就是从战国的早中期开始，到西汉中期就被消灭掉了；我们也曾经有机会走工商文明的路径，甚至我们都有了工商文明的这种理念，可是最终，我们这个民族还是选择了农耕文明。为什么会有这种转向？原因就在于汉帝国对经济利益的争夺和管控。

汉武帝：中国第一个"国企"的创造者

我们讲到汉代曾经拥有一个活泼泼的市场，这种市场是大市场，是流通的市场。而在这种市场的主导之下，有了不同的规模经营，甚至出现了千人工厂，出现了这种区域性的行业中心，甚至伴随着区域性的行业中心，出现了一些大城市，即区域性的中心城市。可是为什么这样一个活泼泼的市场被打压下去？后来的中国又为什么走向了农耕文明的道路呢？我们首先要来考虑一个大问题，那就是农业人口的问题。

汉朝初年，伴随着休养生息和战争的远去，人口开始大规模地增长。汉朝初年，一个分封的列侯，他的侯国里面的老百姓也就是几百户人家，按照五口之家的规模，也就是几千人；但是到了西汉中期我们就可以看到，这些封邑大都变成了几千户的一个小城市。可以说，从西汉初年到西汉中期，短短的100余年时间当中，人口出现了一个爆发；而另一方面，伴随着工商活动的发展，农业人口在迅速地向工商业转移。

上文提到，当时中国有区域性的、专门化的、工业生产的这种小中心的存在。比如说关于冶铁，汉代著名的冶铁家族有四川的卓氏、宛县的孔氏、济南的曹邴氏。还有比如说提供人们最重要的生活物资的盐。汉代的盐分两种：一种是海盐，一种是池盐。从事盐的生产，也需要大量的人工。此外还有前面我们提到的子钱家、从事畜牧生产以及流通业的这种大商人。这种大量的、专门化的生产部门的出现，使得原有的农业人口大批量地转入工商业，这就引发了当时一些经济学家、政治家对于这种现象的忧虑。

他们忧虑什么呢？他们忧虑人口激增会导致对粮食、口粮的需求的激增。而另一方面，相对于人口的激增，农业人口的数量在减少。由于农业人口的减少，农业、农产品的产量，以及每年新开垦的土地的垦田量始终没有增加。

今天我们有这样一个经济思维：当农产品需求量增加，而相对生产不足的时候，农产品的价格会上涨，农产品的价格上涨会导致劳动力和资本流入农业市场，这是一个经济的自然规律。我们今天能够理解，可是两千年前的中国的先贤们，他们更为紧张的是，如果出现农产品价格上涨，尤其是这种上涨背后，所暗含的是粮食生产的不足，那必将有一批人挨饿，而挨饿的显然是社会最底层的人。

所以他们带着这样一种关怀，就开始忧虑工商文明对于农业的剥夺和侵害。在这种情况下，汉代的经济活动就出现了另外的反向要求。这种反向要求首先体现在，经济活动要求资源和资本的自由流通，也就是生产各种手工业制品的原料和生产的货物，要自由地流通。当然这种自由的流通是以利益为旨归的。哪个地方价格高，我就卖到那个地方，它不会被特定的集团所把控。也就是说，它追求的是利益，而不是权力。可是我们会发现，在西汉中期，由于长期的对外战争，国家对某些特定的资源又有依赖，这就造成了国家需求和商品流通的方向之间发生了差异。这是第一种情况。

第二种情况，由于大规模的工商活动和这种商品、资本的自由流通，豪强出现了。在有钱人的庇护之下，游离于国家组织之外的游侠、奴婢以及在各种有钱人之间串联、游说、互通有无的掮客（汉代把这种人叫作患御者）[1]，大量地滋生。在西汉政府看来，这些人都是国家要重点打击的对象。

可以说，大规模的工商活动产生的一个结果是，生产和流通没有按照国家的需求走，而这种生产和流通又产生了一些不服国家管的人。于是国家就认为，这种大规模的工商活动实际上是在利用自由市场，挑战国家的权威。这种情况下，汉代就走上了另一条道路。我们看到，从西汉中期开始，一个活跃的市场被打压下去，工商文明开始向农耕文明回归。接下来我们具体地分析一下这种回归的原因和形式。

首先我们要讲一下汉代的分税制度。汉代的税收，种类非常繁多，主体上有这样几种，其中归中央政府管的，主要是田租和算赋。汉代的田租，它的税率比较低，通常是十五税一，就是收亩产量的1/15。很多时候国家为了表示对农民的关照，把税率降到三十税一，也就是说只收一个单位亩产量1/30的所得税。这是田租。

1 指帮人介绍买卖，从中赚取佣金的人，现代称“皮条客”“黄牛”等。

另外，从汉高祖四年（前203）开始，规定凡是15岁（15岁一般被称为使童，尽管没有完全成年，但是他已经可以从事一般的生产和劳动了）到56岁的成年男女，每年要向国家缴纳120个钱的算赋。这个算赋的逻辑是什么呢？就是国家要帮你组织军队、保家卫国，你这120个钱，是帮助国家养军队的，所以不论男女，只要是15到56岁的成年人，只要你活着，这一年你就要为国家缴120个钱。这是第一种，就是由政府掌控的税收。

第二种就是由皇帝私人掌控的税收，这一部分主要是特产和专有税。我们把汉代的山、林、沼泽，和不能用来耕种，但是大面积存在，可能产生物产的土地，叫作薮泽，这种山林薮泽尽管不能在上面从事农业生产，但是里面可能会有鱼、野兽、树木、竹子以及各种各样的物产。这种山林薮泽的税收归皇帝私人所有。同时，由于皇帝的钱不够用，于是再加收一部分人口税。汉代规定，7岁到15岁的未成年儿童，每年减半或者打四折收口赋，这一部分钱也归皇帝私人所有。

管着国家钱的机构叫作“大司农”，相当于今天的财政部门；管着皇帝私人荷包的机构，叫作“少府”。所以，秦汉时代的大司农和少府有点像大家都了解的清代的户部和内务府的关系。大司农管着国家的常规开支，比如说官员的工资，还维系着各种国家权力——比如说驿站，乡、亭里面的治安等；而少府则管着皇帝个人的消费，这里面很大的一块是军费，打仗了，就要赏赐那些军功贵族，这些赏赐的钱往往要从皇帝私人的荷包里面掏出来。

到了汉武帝时代，汉武帝在位50余年，他发动了长期的对外战争，同时他有很多“形象工程”，比如说去巡狩，举行泰山封禅（这是一种古代帝王祭天的仪式）；他还搞了很多国家工程，比如说修建离宫别馆，进行不同地域的祭祀，赏赐军功贵族。当然，汉武帝本人还十分奢侈，挥霍无度，这种情况都造成了汉代的资源相对匮乏。这里的资源匮乏，主要指的是皇帝私人荷包的匮乏，因为政府每年花的钱是有限的。

那么我们知道，当皇帝个人财政吃紧的时候，有两种形式来获得资源。一种是直接积累财富。在西汉中期就发生了卖官鬻爵的现象，国家把官拿出来卖，卖了之后，钱归皇帝。除此之外，国家还通过增加赋税的方式，垄断社会资源。第二种是间接的形式，就是进行资源开发，找到更多的赚钱的门路，比如说开发农田、山林。国家通过设立一些工商部门，对这些资源进行管理，以达到赚钱的目的。

汉武帝采取多管齐下的办法，为国家（其实就是为他自己）赚钱。首先他发现，人们在实际的生产和生活中，有两种物资是不可缺少的，一个是农具，关键在于冶铁；另一个就是食盐，人活着就得吃盐。所以汉武帝规定盐、铁专卖，私人不得从事盐、铁的经营。他把南阳孔氏家族的大冶孔仅和齐地的大盐商东郭咸阳任命为大农丞（大司农的副手），专门负责管理盐、铁事务。在这种情况下，盐、铁的生产就完全被国家垄断了。

除了进行国家垄断的经营之外，他还通过开征商业税和财产税的形式增加税收，摧毁工商阶层。比如说，他对商人的奴婢、牲畜、用来运输的车船以及他们占有的田宅，都开征税赋，目的是打垮一部分商人。汉武帝还专门设计了针对商人的财产税，他要求商人对自己的资产进行估值，然后按照估值缴纳一定比例的税赋。大家知道，土地比较容易估值，可是房产有的时候不容易估值。另外，随着市场价格的波动，依附于房产的一些牲畜的估值会不准。

这个时候，一个叫杨可的人向汉武帝建议实行一种叫《告缗法》的法令。这个“缗”是汉代铜钱的计量单位，一千钱叫一缗，叫缗钱。那么这个“告缗”是什么意思呢？告缗就是如果有一个人，他对自己的财产估值不准——这个不准主要是把自己拥有的高额财产低估，从而逃避国家税收。其他人去告发他，这个时候这个告发的人就可以获得被告发的人的一半财产，而这个被告发的人的所有财产将被充公。根据《史记》和《汉书》的记载，“杨可《告缗法》行，中产以上，大抵遇告皆破家”。

汉代的“中产”的资产规模大概是什么样的呢？就是估产在20到30万钱的财富水平以上。这样一个中产之家，会有几十亩到一百亩地，有一个大的牲口，比如说牛，或者是马，然后还有一座宅院，以及一些奴婢，这样一个家庭就是中产家庭。而超过这种规模的很多的富裕家庭，都因为《告缗法》而被摧毁，然后回到了贫、雇农的水平上去。

通过盐、铁专卖，和开征商业税、财产税等手段，这个国家把工商业的大户摧毁掉了。这是秦汉以来重申政府的权威，展示“兼覆无遗”的基本国策。所谓“兼覆无遗”，就是这个国家的政府要把整个社会盖起来，汉代人管这叫“覆盂”。那么通过这种经济手段，重申了国家的权威，修正了战国和秦汉早期“休养生息”以及自由经济过程中，社会上非政府力量坐大的事实，也通过摧毁工商业，实现了政府对于社会的全面管控。

这个时候，更多的资产就从市场和流通领域转入了对于土地的投资，而更多的原来从事工业生产和流通的人口就转入了农业生产。当单位农业人口更多地从事生产的时候，大家就会发现有一个新的发明被创造出来了，那就是“精耕农业”。“精耕农业”就是本来一亩地投入一个人，现在一亩地投入两个人，这个时候草就除得更多，虫就抓得更多，种植和管理就更加精心。

世界上并不是每一个国家都走的是农业社会的道路，也不是每个农业国家都有精耕农业。在东亚地区，只有中国中原地区的汉族人口，从事的是精耕农业，这和秦汉社会的工商文明转向有很大关系。那么，最后我要说，当大量的工商业被摧毁之后，人们还是有工商需求的，这个时候怎么办呢？还有一个补充性的政策，就是由国家设置工官。

所谓的“工官”，它是一种专门从事工业生产的官僚机构，它的主管官员都是有品级的，比如说令、长、丞。而它所管理的有两种人：一种是自由民（就是工人），一种是官奴婢，就是由国家负责养活的、从事工业生产的官奴。比如说在四川的蜀和广汉（汉代有蜀郡、广汉郡），这个地方就设置了生产金银器和漆器的西工官。

在《盐铁论》中就提出，一个漆器的茶杯，它的生产需要一百个人工单位；而一件漆器的屏风，要费一万个人工单位。四川一个错金的漆器茶杯，可以换五个青铜的茶杯。可见，这些手工产品是非常奢侈的。而大家知道，由官府设置的这种生产部门生产出的手工产品，除了少量进入流通领域之外，大都是为了官员和君主，以及各级官吏服务的。

所以，汉代尽管有了国有的生产部门，但是这种国有的生产部门的工官，主要是为君主和官吏服务的，它不是针对市场的。而且我们看到，这种工官的管理模式，其实是模仿战国、秦汉以来大的“企业”的管理模式，是一种流水线作业的生产模式。

1924年在朝鲜平壤石岩里丙坟汉墓，出土了永始元年的一个漆器的饭盘。这个饭盘是朱底黑彩，底部涂着红色的漆，上面有黑色的画，绘有三组云气纹环绕的熊形，口沿部有镏金的铜扣。而要生产这样一个漆器，需要髹工（上漆的工）、上工（绘画的工）、铜扣黄涂工（专门生产镏金的铜扣）、画工、汭公、清工、造工（分别负责漆器外面刷表层漆、最后整形，以及生产制造的工）、护工（相当于今天的生产“检验员”），还有管理生产事务的长、丞、掾、令史。一个漆盘的生产，往往要经过七八道乃至十几道工人的程序，它符合《盐铁论》里面讲的，一个漆器的杯子，要用上百个人工单位的描绘。

可以说，那个时代生产管理的水平还是比较高的。可是这种高水平的管理，并不是用在民用的工业上，而是用在了国有的工业上。可以说，汉武帝因为暂时的经济紧张，而通过盐、铁生产国有化的手段垄断了利源，同时，将最关切百姓生活的盐、铁、酒等必需品的生产和销售管理权收归国家所有，通过各种手段摧毁民间经济当中的规模经济生产。这是一种战时搜刮民财的政策，尽管它保证了汉武帝时代对外作战的胜利，但是完全地摧毁了一个活泼泼的自由市场，摧毁了民间工商业，也消灭了附着在工商业上的游侠、游士等社会阶层。另一方面，它使得国家权力对民间的控制更加严密，当老百姓成为附着到土地上的农民之后，这就更便于国家获得稳定的税收和兵源。

汉代农民竟然比明清农民更富有

我们再来说一下汉代的农业生产和汉代的乡村生活。

汉代的乡村生活是一种什么样的生活呢？我把它概括为“前有水井后植桑”，这是一种田园诗般的农业生活和乡村生活。首先，我要说一句，我们不要错误地理解汉代，也不要错误地理解中国古代文明史。汉代的农民，他的生活质量和生活水平，可能要远远超过我们对于后代，尤其是对于晚清时代农民的生活水平的理解。

首先，我们看一看秦汉时代农业生产的一个特质。汉代的农业生产，是小规模的、以家庭为单位的，在一片一片的农田上，通过精细化的农作，实现精耕农业的特征。这种精耕农业，一直延续到今天。在东亚地区的周边民族当中，包括中国的一些南方族群，比如说像海南岛的黎族，他们也有农业，但是他们采用的就不是我们汉族的精耕农业。这种农业植根于战国时代以来的一种以城市生活为中心的经营模式，即中国走“四民社会”的道路进行社会分工。社会当中有知识人，有专门的农民，有专门从事手工业生产的手工业者，还有进行商品流动的商贾。这种社会化分工下，无论是手工业者，还是专门从事农业的农民，他们都是一种专门化的技术人员。

从战国到秦汉，庞大的、繁华的都市随处可见，营造起了浓厚的工商文明的氛围。这种赚钱赢利和契约互惠的工商文明，就塑造了当时上至城市里面的老爷、贵族，下至农村的农民的市井心态和思想观念。

另一方面，从战国到秦汉时代，由于国家需要战争的物资，那么就要求单位土地上的产量能够发挥到极致。这个时候，就出现了大量的由国家组织、动员民间力量，修整各个层级的水利设施的一系列的举动。而田地的开垦、水利的修治，让农村生活十分景气，呈现出一种富足、安康、欣欣向荣的气象。所以秦汉真正的农民阶层生活不是非常辛苦。而且农民大体上都维持着一种小康到富裕之间的状态。

而对于社会最底层的老百姓来说，汉代的皇室还掌握了大量开垦的公田。这些田由政府组织农民开垦，开垦之后归国家所有。国家会把这些公田借给平民耕种，等到耕种了一定的时间之后，这些公田就被分给底层的平民使用。当然，它的地理位置不如刚才我们说的那种水利便利的、条件比较好的田土。

所以汉代的乡村生活是非常景气的。在汉代，人们模仿孟子所刻绘的乡村蓝图——孟子在他的文章当中提出，一个五口之家的生活状态是什么样的呢？要“五亩之宅，树之以桑”，就是五亩大的一块田宅，周边种上桑树；“五十者可以衣帛”，人到了50岁就可以穿上丝绸的衣服；然后你家里再养上一些小鸡、小狗、小猪，“七十者可以食肉”，70岁的老人，每顿饭都可以吃上荤腥。这是一种理想的状态，还是一种客观的现实呢？根据一个出土的遗址，我们可以看到汉代很典型的乡村生活。

在2003年，河南内黄三杨村遗址被发现。由于黄河泛滥，这个小村落被淤泥、淤沙埋藏在黄河的河床之下，所以它的庭院布局、耕作田垄都保存得非常好。我看到过这个遗址的照片，连农田里面被犁耕过的一道一道的犁痕都被压在黄沙下面。当被揭露出来之后，我们能够看到，这就是两千多年前我们的祖先耕过的地。房屋的屋顶和坍塌的墙体基本上都保持着原状。而且根据考古，这里面没有人的遗骸，说明老百姓已经有序地撤离了即将有洪水到来的这个小村落。

这个河南内黄三杨村遗址，在既往的考古发现当中极为罕见，因为它非常完整地向我们揭示了汉代农村的真实场景。它反映了汉代中下层农民生产、生活的状况以及生活环境。

内黄三杨村的遗址里，每家每户都有一条一两米宽的小路通往这个村落的干道，这个干道有几米宽；每一家每一户有一个院落，院落前面有一个小院子，后面是宅，中间有一道墙或者篱笆门，隔出一个两进的小院落；每家每户的门口都有一口水井，而这个宅院的后部会有一个厕所，它和这个主体的房屋隔着有几米远。这个厕所里面的人们的粪便，很可能会被积攒下来，作为田亩的肥料使用；而这个宅院的后部，往往种植有一排、两排，乃至于三排的桑树。从出土的现场可以看到，很多桑树的树根、树干还都存在。这就是一个汉代的田园场景。

这种场景在汉代是非常普遍的。比如说在江苏的盱眙和东北的辽河流域，都发现过类似的汉代村落。我们的感受是，汉代的老百姓其实生活得挺好。超出我们想象的是，这个内黄三杨村的村落里面，每一家每一户的房子都是有瓦的。这和我们印象当中，晚清时代河南农村都是夯土墙，上面苫的是茅草这种民居风格是不一样的。可见，汉代的老百姓生活还是挺富足的。这里我们要跟大家讲一讲，汉代的一个老百姓，他的生活到底怎么样？他一年要花多少钱？

我们举几个例子。根据汉代的历史文献记载，一户人家有130亩土地，价值不到1万钱，这户人家就算是贫寒了，是不是超出我们的想象啊？明清时代，家里有个十几亩土地，我们就认为是小康了。尽管汉代的亩，一定比明清时代的亩要小一些，但是130亩地，养活两口人应该是没有问题的。

无独有偶，《居延汉简》中有几个简记载了居延这个地方一些人的生活状况。有一个叫礼忠的人，他有500亩土地、1座宅院、3个奴婢，还有车辆和牲畜，总计价值在15万左右，这个15万，大概还达不到汉代一个所谓的“中产”的标准。可是，如果放在明清时代，那完全就是一个“土豪”的生活质量。

汉代《居延汉简》里面还记载了一个叫徐宗的人，他有一间房子、两头牛、50亩地，这些加起来价值1.3万。这个价格是由当事人核算的，不是我们今天人核算的。我们知道，晚清到民国时候，中国老百姓，尤其是农民的生活需求，就是“两亩地一头牛，老婆孩子热炕头”。但是在汉代，有两头牛、一间房子、50亩地的徐宗，拥有1.3万铜钱的资产，也只是一个刚刚“脱贫”的下层农民。

那么汉代每年每个农民大概要消费多少呢？我们以一个家庭为单位来算一算。根据《汉书·赵充国传》记载，说他屯田时手下有10 281个人，需要口粮27 363斛的粮食。“斛”是汉代的一个计量单位，一斛大概是10斗，一斗是10升。每人每月所得的未去壳的粗粮，大概是2.66斛。这个2.66斛指的是壮年男性士兵每个月必需的口粮。

东汉的崔寔在《政论》里面就讲，一个五口之家要有两个成年男子，我想大概是一个男主人，加上一个男性的奴婢；或者是一个男主人，加上他的男性的成年儿子。两个成年男性每个月要6斛左右的口粮。这个6斛，是没有经过脱皮的粗一点的口粮，比如说粟；女性约需要2.1斛，儿童约需要1.2斛，所以五口之家每个月要消耗11.4斛的口粮，每年就是136斛。

汉代一斛为10斗，一斛约20公斤，也就是40斤的粮食。所以一个正常的五口之家，一年要消耗的粮食就是2720公斤。这里的粮食指未脱壳的粗粮——粟。再加上社交（比如说农村逢年过节要送礼以及一些乡社活动）、穿衣服、土地税、人头税等开销。满满地算来，汉代每一年这一个家庭要消费1万个铜钱，可以说这还是很不小的一笔数字。

虽然花费甚多，但是50到100亩的田，加上一个大牲口、两三个劳动力，每年赚到的钱大致可以满足这样的生活条件和标准。所以可以说，汉代的老百姓基本上过着自给自足，相对美满和殷实的生活。

除了汉代基层老百姓的财产状况外，我们还要谈谈一些民间组织。河南省偃师商城博物馆里，保存着东汉的《侍廷里父老僤买田约束石券》，这是一件刻在石头上的契约文书，叫“石券”。所谓的“父老僤”，就是为了承担“父老”这样一个职务，大家立下的一个契约，这个契约被称为“僤”。这个“父老僤”讲的是什么情况呢？就是这个东汉的侍廷里（“里”相当于我们今天的一个村，靠近县城，就叫里；靠近乡村，就叫聚），一共有25户人家，他们一共敛了61 500钱，买了82亩的田。这块田每亩值750个铜钱，可见这个田的质量还是比较高的。这块82亩的田是如何使用的呢？不是说这82亩的田归某一个人，这82亩的田是作为这25户人家的公共财产，由里父老租用。里父老就是这个社区的负责人。在汉代，如果被选为父老，可以说是一种负担，也是一种额外的任务，谁当了这个里的父老，就把这个田租给他使用，他就可以种植这个82亩的田，同时他就要承担相应的作为父老的义务和责任。

如果这个人不再担任这个里的父老——社区的负责人，他就要把这个田交出来，交还给下一个担任父老的人来使用。可以说，这25户人家，他们为了自我保障，就共同买了80多亩的公田，把这个公田作为公共财产（他们把它叫作客田），交给他们这个社区的负责人来经营，以此公共财产来补贴家用。这个行为完全是一个自发的行为，而这种行为也体现了汉代农民自我补偿、自我约束、自我管理的民间社会的情况。

包括我自己都认为，汉代的农民其实有一个非常幸福、殷实的生活场景。尤其是汉武帝时代之后，它将工商文明摧毁，把大量的农民赶回土地上之后，好像农民也生活得不错。可是我要说明一下，这种殷实的生活场景，一切要以安定为背景。刚才我们也讲了，一个五口之家，一年要花1万多钱，这刚刚好是这个家庭财产的全部，所以他一年的辛苦劳作，可能结余非常少，只能是满足家庭正常的生活。这一切都是在安定的条件下实现的。

可是我们知道，汉武帝以后有一些战争和动荡。一旦这种家庭遭遇征兵和动荡，他们的美好生活就将成为泡影。我们在上一节里也讲过，当这些富余的劳动力被重新锁定到土地上的时候，他们就又成为国家稳定的税收，同时也是国家稳定的兵源。他们幸福的生活来自安定，可是一旦战争打响，他们就成了士兵，而失去主要劳动力的一个五口之家，他们的生活就面临着灾难性的结果。

总之，在不打仗的时候，我们可以看到汉代的民间社会，是一副井井有条、生机勃勃的民间社会的图景。它是人们在走出战国这种纷争的年代之后，底层和民间走上了一种安定、稳固、殷实的生活方式的折射。这就是我们理解的汉代的农业，它是一幅可以让我们作为田园诗来想象的生活场景。

所以，东汉时期有很多的乐府诗歌都是描绘的民间的生活情况。我很喜欢《陌上桑》，里面说“日出东南隅，照我秦氏楼。秦氏有好女，自名为罗敷。罗敷善蚕桑，采桑城南隅”。这样一幅图景，恰恰就是汉代民间社会的写照。我们把汉代的民间想象成一个比较殷实、比较勤勉、比较田园的乡村生活方式，它和我们理解的后世贫苦的农村确实有很多的不同。

远去的战国——游侠时代的结束

2018年，著名的武侠作家金庸先生过世。金庸先生通过小说的形式向我们展示了一个不同的世界，这个世界叫“侠”，可是这个“侠”和我们中国历史上真实的游侠世界是不太一样的。

依靠武力或暴力解决社会问题的体制外力量，我们把它叫作游侠。其实，我们知道的游侠有很多，可是我们没有把他们想成是游侠。比如说汉朝的第一个皇帝——汉高祖刘邦，他是什么时代的人？他前半生，有三四十年时间生活在战国时代，是战国时代的楚国人；有十多年的时间，生活在秦的统治之下；最后又有十二年的时间，生活在从反秦到立汉的这样的一个时间段里。所以总体上，汉高祖刘邦其实是一个战国时代的人。

在汉高祖刘邦的关系网当中，以及他本人的身上，都带有游侠的色彩。他的儿女亲家叫张耳，他是刘邦女儿鲁元公主的公公（张耳的儿子叫张敖，娶了刘邦的女儿鲁元公主）。同时，这个张耳曾经是战国四公子信陵君——魏无忌养的门客，所以张耳本人的身份就是一个游侠。而刘邦呢？他除了是秦的小吏之外，另外一层身份也是游侠，刘邦在秦统治下的沛县犯了事儿，就跑到张耳的家里，一躲就是大半年的时间。可见，他有一张游侠组织和民间社会的关系网。

我们所谓的民间社会，是一种游离于体制力量之外的社会网络。可以说，战国以来活泼泼的市场使得民间社会有了发展空间，形成了一批可以武断乡曲、扶弱济困的游侠阶层，而汉朝的皇室就是从这个阶层当中滋生出来的。伴随着大一统帝国的到来，游侠的命运又将如何？权力的网络和这种民间社会的关系网络发生冲突的时候，又将会是一种怎样的结果？这就是我们这一节要讲的：远去的战国——游侠的时代结束了。

首先我们看，游侠的兴起有它特殊的历史背景，这个特殊的历史背景，就是战国时代的养士之风。“士”是什么？“士”本身既不是贵族，也不是平民，他们是通过学习掌握知识之后，利用自己的知识和技能，为战国的诸侯服务的一批人。伴随着列国竞争的战国时代到来，这种士的阶层就凸显出来。

我们知道战国初年，最先进行变法改革的是三晋当中的魏国。魏国重用了两个臣子进行变法图强，一个叫李悝，李悝又被叫作李克，传说他是孔子的再传弟子，是子夏的学生；另外一个将领叫吴起，他也是孔子的再传弟子，是曾子的学生。可是他们从儒家那里学到了知识之后，就脱离了儒家，转变为利用知识为诸侯变法、富强求治的实务性的技术人才。新兴的贵族都以获取人才作为增强实力的保障，那么选拔人才的标准，除了需要这种有知识、有文化的人才之外，凡是有一技之长的人，都可以成为人才，都可以成为被选拔的对象。

所以，才会出现所谓的战国四公子——齐国孟尝君、赵国平原君、魏国信陵君、楚国春申君。他们为了执政，为了富国强兵，养了各种各样的人才，最典型的是齐国的孟尝君，说他养的人才是“鸡鸣狗盗之徒”，用今天的眼光看，这些都是游走在“刑事犯罪”边缘的犯罪分子。但是如果“技术特别过硬”，孟尝君都把他们当作人才来豢养。

战国时代的布衣都被贵族养起来，成为游侠。除此之外，战国时代的游侠中还有一种精神倾向，那就是墨子的墨家传统。墨子其实也是儒家的门徒，但是他是儒家当中的左派力量，他讲求除暴安良，讲求绝对的公平和正义。墨子甚至宣称，要以武力的方式制止武力的暴虐，他用武力维持正义，在乱世当中，用武力解决局部的秩序问题。所以，墨家就成为战国时代游侠的精神领袖，所以我们又把墨家叫作“墨侠”。

正是由于战国时代“士”的崛起，新兴的贵族广泛地养各种人才，以及墨家的这种“墨侠”传统，战国时代就有了一个新的阶层出现，这就是所谓的“游侠”。游侠又分卿相之侠和布衣之侠。那些依靠着王权，倚仗着自己有经济实力，收揽很多人才的人本身就被称为侠。所以在秦汉时代，我们看到春秋末年吴国的公子延陵季子，以及战国的孟尝君、春申君、平原君、信陵君等大贵族，由于他们是王者的亲属，所以有了卿相的地位。他们显名于诸侯国之间，招揽天下各种各样的贤士，他们就是游侠。这种游侠，他们顺风而呼（就是顺着风大呼一声），这个声音不需要多大，但是它可以传得很远。那是因为这种卿相之侠，他们有势。这里的“势”是指一个人拥有资源，拥有资本。

战国时代还存在着另外一种游侠，这种游侠被称为布衣之侠。他们生活在普通的乡里、闾巷之间，他们有名声，愿意帮助别人，而且他们讲求信义，除暴安良，尤其是为别人做了事情之后，不愿意留下名声；他们为别人做事的时候，一旦答应，就非常讲信义；尽管他们被当时的法律和官僚镇压，但是在民间他们的名声很大，这种人从战国到秦汉时代都有。

我们知道，战国以来就有这种游侠的传统，比如说春秋末年刺杀吴王僚的专诸、战国初年刺杀赵襄子的豫让，以及战国末年刺杀秦始皇的荆轲、秦舞阳。这些刺客，本质上讲都属于游侠。

游侠作为一股体制外的力量，用自己的实力操控社会，在权力不能触及的地方扶弱济困。司马迁形容那个时代时说：尧舜这种大圣人还曾被困在井里；商汤的贤臣伊尹，还曾经做过比较低级的工作；姜太公、傅说这些名臣，曾经在民间受过各种屈辱；百里奚喂过牛；管仲坐过牢；孔夫子在陈、蔡这些地方遭受过各种劫难。这些名人都有遭灾的时候，何况那些以“中才”（本身资质很一般叫中才）涉乱世的普通人？他们受到的磨难，一般人是难以想象的。而这些人遭遇的困难，往往需要游侠来替他们解决。

这里面还有一个很有趣的社会现象。我曾经对《史记》和《汉书》里面记载的游侠的家世渊源和籍贯进行了一个统计，发现在战国时代，关东六国的地域环境当中产游侠，而秦地是不产游侠的。我后来思考了一下，这可能和商鞅变法以来秦的政策有关，尤其是秦的国家权力已经深入民间，把民间牢牢地掌控起来了；而且秦有一种法令叫“告奸”，如果你的乡里邻居犯了罪，你知道之后不去举报他，可能你要被处以同样的刑罚。所以秦的土壤当中是没有游侠的。

我们再举一个例子，汉朝初年，项羽的将领季布藏在民间，别人知道他是季布，他也知道别人知道他是季布，可是他就能在民间一个游侠的家里，一藏藏了十几二十年的时间。这说明什么？这说明当地有这种丰厚的土壤，能够容忍这种社会人的存在。而关西的秦，尤其是秦故地，是不能容忍游侠存在的。

汉代游侠有很多，我就举一个人物，让大家知道汉代的游侠，以及游侠的命运。这个人非常重要，他叫郭解。郭解的外祖母叫许负，这个人很厉害，她给汉文帝的母亲薄太后以及汉代的丞相周亚夫算过命、看过相。所以郭解的外祖母，是一个地方上的小风云人物。郭解的父亲本身就是一个游侠，在汉文帝时代，被汉文帝诛杀了。

郭解这个人跟司马迁是认识的，或者说，跟司马迁的父亲司马谈是认识的。郭解这个人的形象，是一个言不压众、貌不惊人的普通人，甚至连普通人都不如。他个子很矮，五短身材。史书上说他“短小精悍，不饮酒”，也不大喝酒；“少时阴贼”，他年轻的时候，阴森森的不说话，如果跟谁有了矛盾，他会找个机会，把这个仇家杀掉。他平日里通过偷偷地铸造假币、挖掘坟冢、杀人越货，或者是替朋友报仇来谋生。

可是，他好像又有天命护佑一样，每次到了最困难的时候，总有办法逃开。他就这样逃脱了国家的管制，成为地方上小有名气的一个游侠。等到年长之后，他展现出了很多美德：一个是他生活比较节俭，他出门从来不坐车；再一个，他常常做一些除暴安良的好事，以获得名声。获得名声之后，他自己心里很满足，却从不把功劳挂在脸上，所以他在民间很有威望。

有这样一个故事，郭解的外甥有一次跟别人喝酒，喝多了，他就要灌这个陪他喝酒的人，这个人不愿意喝，两个人就发生了冲突。这个人一怒之下拔出佩刀，把郭解的外甥杀死了。然后，这个人就逃亡了。

郭解的姐姐就说："以我弟弟郭解的名声和威望，人家把他外甥杀了，竟然到现在还找不到杀人犯！"于是郭解的姐姐就把郭解外甥的尸体扔在路上，不收尸，以此羞辱郭解。郭解就派人暗中搜寻，最后找到了这个杀人犯。这个杀人犯被追得急了，最后没有办法，就偷偷地到郭解面前来认错。郭解问他相关情况，他就据实说，是因为两个人喝酒的时候产生了争执。说完之后郭解就说，这个事是我外甥做得不对，你杀他也没有什么错，于是就把这个杀人犯放掉了。然后他回过头来对姐姐说，这个事，是我们家孩子不对。然后由郭解出面，将他的外甥收葬了。当地人听说郭解的这种处理方法之后，都赞颂郭解为人有雅量，有气度，所以拥护他的人就越来越多。

还有一个案例，郭解出入的时候，因为他这个人比较阴贼，而且势力蛮大，人们都避开他。有一次，郭解出门的时候，遇到了一个乡里。这个人就箕踞着，面对郭解非常傲慢地坐在一边，也不向郭解行礼。所谓的"箕踞"，就是两脚张开，两膝微曲地坐着。因为中国古人是不穿裤子的，尤其没有内裤这一说，下身就穿一个裙子，所以这种坐姿就很不礼貌。

这种情况下，郭解就让人去问，这个对他不太礼貌的人是谁。郭解的这个朋友就准备把这个人杀掉。郭解说："我住在这个地方，别人对我不尊重，那是我道德不够高尚，他有什么罪？"于是偷偷地找到了他所在县的官僚说："我要帮这个人忙，等到他要服徭役的时候，我来出钱，帮他逃脱徭役。"所以每次到服徭役的时候，那个人总觉得该轮到自己了，结果都没有轮到他。于是他到处打探消息，最后发现是郭解出面帮了他。这个当时叉着腿、对郭解不礼貌的人，就光着膀子背上荆条，去郭解家里负荆请罪。郭解这件事情一做完，当地的社会人，就更加依附郭解、佩服郭解。

而且郭解这种以德报怨的行为，还体现在他做了好事不留名。洛阳这个地方有两家人家发生械斗，械斗之后，两家几代人之间仇怨不绝，最后就请郭解来调解。郭解就在夜里分别见了这两户仇家。经过郭解的调解之后，两家人大概都做出了一些让步，这件事情就算平了，两家人家就和好了。

郭解在调解完这件事情之后对两户人家说："我听说洛阳地方有很多民间的豪侠都来调解过你们的矛盾，你们都不听。今天，我的话侥幸入了你们的耳，但是我不能干涉别的士大夫在这个地方的权威，你们等我走远了之后，再请别人来调解。然后装作听从调解，不要让别人知道是我在其中做了工作。"经过这件事情之后，大家对郭解更加佩服，做了好事不留名，不希望别人知道他具体做了什么事。

郭解的这种行为，使得他在民间获得了很大的声誉。他这种声誉大到了什么程度呢？他到任何一个地方去，都有人请他吃饭，安排、照顾他。在他的家门口，夜里常常停着十几辆车等着求他办事。大家看，这样一个豪侠，俨然是地方的一个大势力，他可以替人解决的问题，比官府可以替人解决的问题还多。这就是我们讲的游侠在民间的这种关系网络和社会行为。可是郭解这样一个有代表性的游侠，竟然被汉武帝下令诛杀。这又是什么原因呢？

汉武帝时代有一个政策，他要把地方上这些有名望，尤其是资产比较丰厚的人，搬到京师——关中附近来居住。这个郭解家里很穷，我刚才讲过了，他出门都不坐车的；而且他替别人办事，消灾解难之后，往往自己要贴一笔钱，甚至他也不拿别人的钱。这种情况下，郭解其实是不够资格被搬家的。但是大家知道，郭解当时的名声实在太大了，远近闻名，所以当地的官员，就不敢不把郭解列入搬家的名单里。从关东搬入关中，搬到茂陵附近之后，这等于又多了一层监控的网络，所以郭解不太想搬家。他就通过各种关系找到一个人，这个人就是汉武帝的妻弟——大将军卫青，想让他替自己去向汉武帝游说。卫青对汉武帝说："郭解家太穷了，他其实不够搬家的标准。"

这个时候，大家觉得汉武帝的反应是什么？正常的反应应该是，大将军都说了嘛，给他个面子。结果汉武帝的反应是，一个普通的小老百姓，身上没有一官半职，竟然可以撬动大将军来替他说话，可见这个人的势力之大！所以，郭解家必须搬！于是郭解家就从关东搬到了关中，搬到了茂陵，而主持搬家、负责审核名单的这个人是县里的县掾，他是县里的一个叫杨季主的豪强的儿子。郭解的侄子查到这件事情之后，就找了个机会，把这个县掾的头砍了下来，于是郭家和杨家就结了仇了。

郭解到了关中，这些有名望的人都来跟郭解拉关系交往，关中的这些人也慕名替郭解办事。郭解进入关中之后，这些替郭解出头的人，又偷偷地把杨季主，就是县掾的父亲也杀掉了。结果杨家因为搬迁郭解，父子两人被杀。杨家人就到未央宫来告御状。结果郭解的门客因为受了郭解平时的恩惠和帮助，替郭解出头，又在未央宫宫门口把杨季主家来告状的人杀死。这样一来，身上背着三件命案的郭解就被汉武帝盯上了。

郭解被汉武帝盯上后，就赶快逃亡。他把他的母亲安顿在一个地方，自己到了临晋关，准备从临晋关过黄河，向东面逃。临晋关有一个游侠叫籍少公，他跟郭解素不认识。郭解走投无路了，要出临晋关，就登门去拜访了籍少公，对籍少公说："我是郭解，想请你帮我！"籍少公竟然就安排郭解出关，帮他逃到太原郡。

郭解所过之处，凡是帮过他的人，都被告发。官吏一直追郭解，追到临晋关的籍少公家的时候，这个籍少公为了保护郭解，竟然自杀了。然后这个口供就断掉了，郭解因此逃过一劫。不久，国家大赦天下，郭解又蒙混过去了。

正当郭解觉得没事的时候，又一件事情发生了。郭解的老家有一个儒生，跟皇帝的使者坐在一起谈天，郭解的一位门客在宴饮的时候赞美郭解。这个儒生就说，郭解专门以"奸事"犯公法，触犯国家的法律，他怎么能够算得上是好人呢？这个受过郭解恩惠的门客，就把这个儒生给杀了；不但杀了儒生，还把这个儒生的舌头割下来。这件事情很快查到了郭解身上。郭解在向官吏汇报的时候说："我跟这件事情完全没有关系。我从来没有让我的门客去杀这个儒生，我也不知道这件事情的发生，而这个杀人的人也逃亡了。"于是，官吏向上汇报，说郭解跟这件事情完全没有关系，是别人因为他的缘故杀了人。

这件事情汇报到了中央。主持审理这起案件的是御史大夫公孙弘，这是西汉著名的大儒，而且是西汉以儒生拜相封侯的第一人。这一次，一个儒生因为跟郭解的门客争论被杀，公孙丞相一出手就下了个狠手。御史大夫公孙弘在讨论郭解案件的时候做了这样一个定论，他说："郭解以普通老百姓的身份行使暴力，他对别人不满，就有人替他杀人。郭解自己虽然不知道，但这个罪比他亲手杀人还严重。"作为一个普通老百姓，你心里不高兴，瞪瞪眼，就有人替你杀人，你这个势力到底有多大？所以御史大夫公孙弘把郭解的罪上升为"大逆不道"，这就不是一般的刑事案件了。这属于古代的十恶不赦。这个案件批复下来，汉武帝决定"遂族郭解翁伯"，这样一个游侠就被族灭掉了。

从此以后，汉武帝派出酷吏，派出绣衣御史[1]到地方上去诛杀各类游侠。伴随着我们以前讲过的，各种工商地主、大的工商业者被摧毁，游侠赖以生存的经济环境和自由流动的市场也没有了，所以"游侠"这个阶层就从民间消失了。

司马迁在写完《史记》的《游侠列传》之后感慨了一下，说以后这些所谓的游侠，不过是民间的盗贼而已！他们和郭解这种有原则、有气度、有尺度的游侠是完全不一样的。游侠的消亡也意味着中国古代社会空间越来越扁平化，民间社会可以自由流动、自我调节的手段越来越单一，整个民间社会只能依赖国家的权力而存在，任何想跟国家权力争夺民间社会的行为，都被国家权力所摧毁。

所以，我们回到开头，金庸先生尽管描绘了一个美轮美奂的游侠世

1　即绣衣直指，"绣衣"表示受君主的尊宠，"直指"表示行事公正，不徇私。

界，尽管后来的大诗人李白专门写了一首诗叫《侠客行》来描绘侠客的风采，可是秦汉以后的中国，游侠已经没有了生存的空间，中国古代社会也再也没有了游侠这样一个非常特殊的社会阶层。关于郭解这个人的孰是孰非，我们有多种视角、多种价值来评论他。然而我们知道，以后，再也没有郭解这样的人了。

“独尊儒术”是因为儒家垄断了教育资源

这一节，我们讲一个很有趣的话题。这个话题，其实大家在中学课本里面都已经学过，即汉武帝的“罢黜百家，独尊儒术”。所谓的“独尊儒术”，就是儒生把自己的教育系统绑在了国家的选官系统之上。在我们的理解中，好像儒学是被汉武帝挑中了，要用它来统治整个社会。可是我这一节讲的这个观点，要颠覆大家的这种认识，那就是儒学不是被皇帝选中的，而是这个学派的一些特质，使得皇帝不得不跟儒学合作。

那么儒学的特质是什么呢？那就是儒学从先秦到秦汉时代，它垄断了几乎所有的教育资源，它利用古典文化进行文化教育，独霸了西周以来的所有旧传统。因为它掌控了教育资源，所以皇帝只要想建设一个文官政府，就必须跟它合作。对于大多数普通人来说，知识都来自教材，即使是信息技术极度发达的今天，大家记得最清楚的还是我们小学、中学课本上学过的那些名人名言、小说、古诗词。同样，儒学之所以力量大，是因为他们掌握着教材，掌握着战国、秦汉的教育命脉。

首先我们看到，战国到秦汉时代，确实存在着一个特殊的群体，那就是儒生。我们回顾战国时代的思想家，我们会发现，道家有老子和庄周、慎到，法家有商鞅、韩非、李悝、吴起，兵家有孙武、孙膑，名家有惠施、公孙龙等。这些思想家，都是伟大的个体。可是当我们审视儒家的时候，我们会发现，除了孔子、孟子、子思、曾子这些个体的儒者之外，他们背后，我们往往能够看到一个群体性的、儒学的学术集团存在，动辄上百人。《史记·仲尼弟子列传》就记载，澹台灭明“南游至江，从弟子三百人”，孔子的学生澹台灭明的弟子就有300个；《孟子》的《滕文公》篇记载，孟子“后车数十乘，从者数百人”，说孟子出门的时候，后面跟着几十辆车，几百人在后面跟着；汉朝初年，叔孙通降汉——叔孙通是秦的博士，在汉朝建国之前，他就投降了汉朝，据说从弟子百余人；秦始皇封泰山，因为不知道封泰山该采用什么礼仪，就从齐鲁一下子征来博士70多个人；而汉朝初年，鲁地的儒生申公，他有弟子千余人。所以我们看到，儒家不是以个体为单位在战斗，而是存在一个掌握儒家经典，教授、解释、发挥、传播，甚至是组织学生在乡里和社会中践行儒学道德要求和礼仪规范的教团。那么我们就要分析一下，这些儒生，他们是如何生活的，以及他们这样生活带有哪些意义。

我们可以看到，孔子的学生当中主要有两种思想倾向的人，我们分别把他们叫作“用世之儒”与“传经之儒”。所谓的用世之儒，像孔子的学生子路、子贡，他们都有自己的事业，或是经营商业，或是辅佐诸侯；孔子的弟子子夏，孔子的学生曾子，他们分别教出了李悝和吴起这样的学生，而李悝和吴起没有成为儒生，而是选择服务于诸侯，发挥自己的聪明才智。我们把这种儒生叫作“用世之儒”。

可是用世之儒的结局好不好呢？似乎不太好。因为大多数用世之儒是孟子的后学，而孟子的后学，在秦焚书坑儒的时候遭受了巨大的损失。东汉的学者赵岐在《孟子题辞》中就说“逮至亡秦，焚灭经术，坑戮儒生，孟子徒党尽矣”，到了秦朝，焚书坑儒，孟子的这些后学就被一网打尽了。秦的反传统使得“用世”一派的儒生，也就是利用儒家经典为朝廷服务的这些儒生遭到摧残，其人亡，其学散，其术灭。

儒家还有另外一种儒生，他们是专门从事教育的儒学集团。我们看到战国时代，人们在谈论国家大事的时候，不管是不是儒家学派的人，都能吟两句《诗》《书》，所谓的《诗》《书》，就是《诗经》和《尚书》。《诗经》我们今天看到有305篇，包含了《风》《雅》《颂》，过去学者认为《诗经》中的《国风》，反映的是民间社会的生活，其实不是这样。《诗经》的《国风》也反映贵族生活，比如说《诗经》的第一篇《关雎》，里面讲“窈窕淑女，钟鼓乐之”，普通的老百姓家里是没有钟、鼓的，所以《诗经》反映的是不同层次、不同阶段的贵族生活。那么《尚书》呢，主要是记载古代帝王和公卿的重要的讲话、命令、文诰。所以《诗经》和《尚书》反映的是西周以来王国政治和贵族生活的经典。这种儒家经典实际上是作为公共话语，成为人们言说和树立价值尺度的依据。

我们不禁要问，为什么人们多多少少都能学两句、说两句《诗》《书》呢？他们的老师是谁呢？我们可以想见，春秋战国时代，当诸侯国控制力向民间扩散的时候，民间的老百姓通过私人的学习（我们把它叫作私学），获得知识、技能。这种私学可以是学习技术，也可以是学习兵家、道家思想，而更主要的是，首先要学习认字，要通过学习从一个不认字的人变成一个掌握文字、文化的人。

那么战国时代有没有识字课本呢？根据我们的研究，战国时代是没有识字课本的。那么战国时候的人是靠什么来识字的呢？我们猜测，根据《论语》里面孔子说“小子莫若读书”“多识鸟兽虫鱼之名”，我们怀疑《诗》《书》，尤其是《诗经》就是战国以来，儒家用来从事民间教育的这样一个“识字课本”。那么人们要想识字，就要读《诗经》，这样就会不自觉地受儒家意识形态的影响。儒学正是利用这种教育的形式，把自己的意识形态渗透到民间。

正是在这样一种形式下，我们发现了另外一个奇怪的现象。根据《汉书·艺文志》的记载，中国有这样几部字典，分别叫《仓颉》《爰历》《博学》，这些字典都是出现在秦汉之际，准确地说，都是出现在秦焚书坑儒之后。我们大胆地想象一下，从战国以来，秦最早由商鞅提出了禁绝《诗》《书》，禁绝《诗》《书》就是要禁绝人们利用《诗》《书》上的价值尺度批评政治。那么继承商鞅想法的，有韩非。法家认为所有和教育、学问相关的内容都处在儒家的笼罩下，要想打破这个樊笼，就必须清除儒家经典，重新建立一个新的学术系统，这个学术系统，秦朝把它叫作“以吏为师”，就是让官吏来做老师。

秦统一之后，秦始皇非常贸然地施行了这样一个以吏为师的传统。可是问题来了，《诗经》和《尚书》被秦禁了，普通老百姓怎么识字呢？识字的字书没了。于是我们就会发现，李斯、赵高等人纷纷开始编字典。传说《仓颉》篇就是秦丞相李斯所作，《爰历》篇就是车府令赵高所作，《博学》篇就是秦太史令胡毋敬所作。有的学者认为，这些字典的编制和秦统一文字有关。而我们看到，汉朝初年，这些闾里的书师把《仓颉》《爰历》《博学》三篇，以60字断为一章，一共是55章，称为《仓颉篇》，主要不是用来统一文字，而是用来从事民间对一般老百姓识字的教育。

我们可以认为，在秦汉之际，秦在消灭了儒家的这种教育传统之后，它必须建立一个自己的教育系统，那就是以“字书”为认字课本的教育系统。结果我们都知道，非常可惜，秦焚书之后没多久，这个朝代就灭亡了。它以字典为教育的系统并没有贯彻多久，而儒家的《诗》《书》传统死灰复燃！我们看到汉朝初年，刘邦的第四个弟弟刘交，好书多才艺，他是荀子的再传弟子，他本人就喜欢《诗经》。汉朝初年的很多学者，都是儒家教育系统里面教育出来的学者。所以伴随着秦的灭亡，儒家以《诗》《书》为基础的教育系统再次获得成功。

可以说，儒生当中这种不问政事、以民间教育的权力来构建自己在民间权威的传经之儒，获得了和用世之儒不同的生活空间。他们在民间从事教育，民间的教育权反过来让他们有了独立的生活空间、独立的生活态度，两者相得益彰。他们利用自己的教育权威，重构了民间社会里面对于儒学的认识，可以说这种系统，以近乎封闭的态度，直面战国秦汉时代的社会变迁。

《史记·儒林传》记载了这样一个小故事，说汉高祖刘邦已经消灭了项羽，只剩一座鲁城没有打下来——这个鲁城是项羽最初的封地。等到刘邦带着士兵把鲁城包围起来的时候，他就听到鲁城里面的儒生照样在讲诵诗书，演习礼乐，弦歌之音不绝。刘邦就非常感慨，没有强攻鲁城。可见，这些传经的教育知识分子，完全不计外部环境的恶化，不论在什么时候，都以教育为职业，保持原有的生活方式。他们以这种庄严和自信的态度来面对社会的变迁。

经学在传播的过程当中，它和秦系的教育系统已经不同了，它不仅仅是识字和知识的教育，还可以提供日常生活的礼仪、规范和原则。而且由于学习的课本主要都是《诗》《书》，是西周时代的贵族文化典籍，这也就为学习的内容注入了古代贵族文化的恢宏气象。所以一边教育、一边培养这些读书人的宏伟理想，让他们感受这如长河落日般绚烂而壮丽的感染力的儒家经典，就成了学者们想象当中的未来空间。

我们要知道，选拔官僚首先要选拔有文化的人，而有文化的人哪里来呢？有文化的人都是儒家这些知识分子，在民间教出来的。可以说到了汉武帝时代，已经不是汉武帝要不要选择儒家的问题了，而是只要想和知识集团合作，他就必须跟掌握了教育资源的儒家合作。

所以独尊儒术的背景是什么？独尊儒术的背景是，掌控了整个民间教育集团的儒生，最后获得了与皇帝合作的机会。可以说，独尊儒术的过程，是儒者在民间经营了三四百年的民间教育的成功；而儒学也很聪明，他们把自己的教育系统绑在了国家的选官系统之上。国家你想选官吗？你一定要选受过教育的人，这个受过教育的人一定是受过我们儒家教育的人。

所以，无论是汉代的荐举制度，还是唐宋以后的科举制度，要想成为国家官僚，首先要接受儒家的教育。儒学不是通过其他的方式管控整个知识集团，它就是利用自己的教育系统，和国家的选官系统绑在一起，这一绑，就绑到了1905年，直到清朝宣布“废科举”，儒家的教育系统才和国家的选官系统解除绑定。

所以说，儒学的成功和汉武帝的独尊儒术并不是我们想象的那样一蹴而就、拍脑袋决定的，而是儒学在民间沉潜了数百年之后，向皇帝的一次叫板和摊牌；而皇帝在选择镇压了社会所有的力量之后，最后决定和知识精英合作，而这个知识精英就是来自儒者集团的这样一批人。汉朝经历了五六十年的缓慢换血，到了汉宣帝、汉元帝、汉成帝时代，官僚集团当中已经基本上都是儒生教育出来的士大夫阶层，所以汉朝也逐渐地儒家化了。到了东汉时代，社会风尚已经完全成为儒家理想当中的样子，这就是我们下面要讲的中国古代社会风气最好的时代——东汉。

中国古代社会风气最好的时代——东汉

在独尊儒术这样一个历史过程背后，儒学作为文教精英集团，他们成为先秦以来唯一被国家权力所扶持、所认可的社会阶层。而文教精英集团当中成长起来的儒生和士大夫，他们在维护纲纪、秉持风宪的同时，也在修身成德，引领着社会风尚。秦汉帝国爆发了中国历史上第一次的“清流运动”，酿成了“党锢之祸”。可是从这些党锢人物身上，我们也看到了一些复古的气质和贵族的精神。

“党锢之祸”是怎么回事？这要从汉顺帝时代开始说起。汉顺帝时期有一个跋扈将军叫梁冀，他掌控政权，并且毒死了小皇帝，立了汉桓帝。后来，这个跋扈将军梁冀危害到了汉桓帝个人的统治，于是汉桓帝就利用五个宦官除掉了梁冀。这五个宦官分别是单超、左悺、具瑗、唐衡、徐璜。因为他们帮助汉桓帝消灭了跋扈将军梁冀，所以被汉桓帝同日封侯，号称“五侯”。单超早死，剩下的四个人为非作歹，尤其是他们的宗亲、子弟、亲属，在地方上鱼肉百姓，老百姓就给他们编了一个顺口溜，叫“左回天，具独坐，徐卧虎，唐两堕”，这就引发了官僚集团和士大夫对于宦官的激烈反抗。

一些在地方上的官员，就把这些宦官的子弟、宦官的财产抄没，对他们进行打击，引发了汉桓帝末年第一次党锢之祸。汉桓帝借口张俭等人在地方上擅杀宦官子弟，又借口在洛阳的学生群体编造谣言，批评皇帝，尤其是批评皇帝的老师，抓了一批官僚和士大夫，这叫第一次党锢之祸。

但是第一次党锢之祸，由于汉桓帝的老丈人窦武等人的居中调和而不了了之，皇帝把抓的这些人放了出来。放了出来之后，把他们禁锢在地方。所谓“禁锢”就是不允许他们出来做官，只能在这个地方老老实实待着。所以这些人就被称为“党锢”。

汉桓帝死后，汉灵帝继位。汉灵帝继位之后，这些被禁锢的士大夫，以及他们在中央的一些代表人物，就有了一个判断：可以利用窦武作为皇太后父亲掌权的机会，一举消灭宦官。于是他们就密谋消灭宦官，结果事情泄露，被宦官先发制人，先是把窦武害死，然后又在地方上大肆抓捕和诛杀士人。因和这件事有关而被杀的官僚和士大夫，前后有数百人之多。这件事情被称为第二次党锢之祸。

两次党锢之祸，可以看成是官僚集团和士大夫们，与皇帝以及依附于皇帝的宦官、外戚的统治集团，两者之间的一次摊牌。顾炎武在他的《日知录》里这样形容，说三代以来，风俗之美，无尚于东京，这个“东京”指的是洛阳。也就是说顾炎武认为，从夏商周以来一直到晚明时代，这数千年的中国历史长河当中，社会风气最好的时代就是东汉。为什么顾炎武会这样说？为什么我们说东汉的社会风气最好？

首先我们要讲一讲，秦汉以来社会风俗的几次大变化。可以说，秦汉以来社会风气的第一次大变化，是从秦亡到汉兴，一直到汉代的文景时代的社会变迁。这个时代，伴随着战争的结束，政令比较宽赦，人们也不讲究繁文缛节，人们讲究解决问题，叫“轻死重气”，所以这个时候的风俗崇尚“任侠”；伴随着工商文明的发展，各种侠客武断乡曲，这是这个时代的特征。我们在前几节当中，讲到工商社会，讲到游侠，都和这样一个时代背景有关系。

第二次变化是汉武帝以后。汉武帝崇尚儒学，推崇《诗》《书》，所以学术研究和利用儒家经典教育百姓成为这个时代的特征。儒者就以自己的经典为指导，讨论政治、批评政治，为国家政治设计走向，甚至引起了汉宣帝时代要讨论儒家经典义理的异同，从而解决国策的转向问题。

到了王莽时代，王莽通过制造自己的各种神话，“篡夺”汉朝政权。当然这个“篡夺”是加引号的，因为我们以前也讲过，王莽的上台是有他的特殊的历史背景的。在王莽时代，有一些人就认为，不应该跟王莽合作，而应该隐居乡野。所以等到东汉建国后，这些在王莽时代不出仕做官，讲究名节的人，在东汉初年就成了道德楷模，为人们所看重。

东汉时代，尤其是到了东汉后期，一方面，士大夫在王莽以来追求名节的风气引领下，注重修身；另一方面宦官和外戚交替秉政，士大夫就和统治集团之间产生了矛盾，这就造成士大夫和统治集团的激烈抗争。那么两次党锢之祸，就是士大夫集团和皇权以及依附于皇权的宦官和外戚总的摊牌。

这个时候，士大夫集团批评执政的公卿，批评皇帝，表现出了一种婞直的风尚。所谓“婞直”，“婞”就是耿直，“直”是直率，不管外部环境如何，直接提意见，表达了这样一种风尚和取向。

秦汉的社会经历了这样的四次变迁，而东汉的时代被认为是世风最美好的时代，和这样一个时代背景是有关系的。我们看一看，东汉的社会风气到底是怎么样的。可以说，王莽的“篡位”对后来的继承人刘秀，也就是东汉的光武皇帝，刺激很大。

我们上次讲过，为了推王莽上台，全国好多人写信歌颂王莽的功德，可以说王莽是被抬上历史舞台的。汉光武帝刘秀，有鉴于此，就故意地尊崇人的节义，就是节操和道义，敦力明史。他所举用的都是那些操守比较好的、在王莽时代没有什么恶行的人，这就导致社会风俗为之一变。而东汉初年，自光武帝、明帝、章帝时代，又崇尚儒家经典教育。我们以前讲过，这个时代，连皇帝的羽林军、虎贲军，就是皇帝的警备军队都要通《孝经》，可见这个时代教育是多么普及。正是在这种风俗下，养成了汉代人个个都注重名节，讲究节操。

汉人讲究节操，有很多“行为艺术”的表现。比如说东汉的官员到某个地方去上任，要“十日一炊”，十天做一次饭，而且“长茹蔬菜”，就是不吃肉，以表示自己的清廉；有的官员“计日受俸”，到就任的地方后，按说他应该干满一年，但是去的时候已经是二月了，走的时候是十一月，没有干满一年，那他就把一年的工资除以365份，然后，乘以在这儿待的天数，按照实际工作的时间来拿薪水，这叫“计日受俸”；还有的官员为了显示自己两袖清风、一尘不染，老婆孩子在家里遭了饥荒了，来投奔他，他就故意把老婆孩子关在门口，不让他们进府衙，这个叫“不纳妻子”。这在东汉时代是一个非常常见的、官僚用以表示自己清廉的“行为艺术”的模式。

所以我们可以看到，当党锢之祸爆发的时候，东汉的民间社会对这些被朝廷抓的党锢人物，体现的是一种同情、帮助、支持和保护的态度，这就是东汉的风俗。

我们举东汉党锢之祸当中的两个人物作为例子。一个人物叫范滂。范滂是汝南郡的功曹，他在党锢之祸当中名声很大。建宁二年（169），也就是汉灵帝继位的时候，大诛党人。诏书下来，就要抓范滂，郡里的督邮吴导抱着国家颁下来要抓范滂的诏书，就把自己一个人关在驿站的传舍里，趴在床上哭。范滂听说吴导作为督邮在这个传舍里哭，就说，他来肯定是为了抓自己，所以就主动去县里投案自首。这个县令名字叫郭揖，他听说范滂来投案了，把自己的官印和绶带解下来，准备和范滂一起逃亡。他说：“天下这么大，你为什么要到这里来呀？”我们知道，后来《三国演义》中记载了一个人物叫陈宫，他也一样，当曹操被抓之后，他就解了印绶跟曹操一起逃亡，这就是那个时代的一个风俗。

范滂就对当时的县令郭揖说：“我死，这个罪责就结束了。我不能拖累你，更不能让我的母亲跟我一起颠沛流离。”范滂被杀的时候，他母亲来看他，母亲就说：“你今天和国家的贤士大夫‘李杜’这些人齐名了，你死，没有什么可遗憾的。你又想有个好名声，又想活的时间长，怎么可能呢？”当时的东汉时代有这样几个著名人物，早期的李固、杜乔，后来的李膺、杜密，因为他们都姓李、杜，所以当时把这种社会上的清流领袖称为“李杜”。范滂见母亲这样支持他，非常感慨，就把儿子叫过来教育：“我想让你做坏事，但是坏事不能做；我想让你做好事，但你如果做了好事，那就是害了你。”范滂被杀了后，听到范滂讲这些话的人，都潸然泪下。范滂被杀的时候33岁，这是党锢之祸当中非常感人的一个人物。

另外一个人物叫张俭。张俭在党锢之祸中，因为下狠手治理在他家乡为非作歹的宦官的亲属，而被别人举奏。张俭被举报后，就从家乡逃走了。张俭在逃亡途中“困迫遁走，望门投止”。什么叫“望门投止”？意思就是不管这个人家他认不认识，看起来像个高门大户，是个读书人家，他就敲门，请求他来保护。人家一听说他是张俭，都保护他，并且帮助他逃亡。他一路逃亡到了山东，住在东莱县的一个叫李笃的人的家里。外黄县的县令，名字叫毛钦，他拿着兵器就追到了李笃家门口。李笃为了保护张俭，就拉着毛钦说：“张俭是名闻天下的人，大家都知道他是无辜的，今天就是能把张俭抓到，你忍心把他抓走吗？”

这个毛钦就站起来，拍着李笃的背说：“蘧伯玉耻独为君子，足下如何自专仁义？”李笃就说：“我李笃虽说好义，但您今日已得义一半啊！”这个外黄县令毛钦叹息而去，李笃就想办法把张俭送出关塞，送到北方去了。张俭逃命经过的地方，因为隐藏张俭，而有数十家人都被族灭。当时史书记载，叫“宗亲并皆殄灭，郡县为之残破”。

我们看到，一个是留下来等死的范滂，一个是逃亡的张俭，他们在被害的过程当中，都有地方官员愿意以破家灭门为代价保护他们。今天，我们已经不知道李笃、毛钦、郭揖、吴导这些人在历史上都扮演着什么样的角色了，可是就因为保护了范滂、张俭而被历史留下了名字。

我们又看到，张俭可以望门投止，拍拍门说，我是张俭，请保护我，当时的人就真的愿意保护他。我们可以看到东汉末年的社会风尚到底有多好。所以，顾炎武就感慨，东汉末年，朝政日益昏聩，国家的政治日渐败坏，可是这些君子，他们依仁蹈义，舍命不渝，仍然按照自己的规则行事；风雨如晦，鸡鸣不已，不管外面雨下得多大，天多么黑，到了天该亮的时候，鸡照样打鸣。这就是讲东汉的这些君子、士大夫，不管政治多么恶劣，都不因为外部环境的恶劣而扭曲自己，我该干什么，我还干什么。

所以虽然东汉的时候，皇帝一个比一个浑蛋，政治日益败坏，大家都知道这个国家就要灭亡了，可是“倾而未颓、决而未溃”，这个国家看似要倒，看似要亡，最终又苦苦地支撑了接近半个世纪。这是为什么？这就是因为东汉有一个好的民间社会，有一个好的社会风俗。

东汉社会的儒生，他们有理想化的情绪，在生活上崇尚节俭，恪守节操，严格要求自己；在政治上也是理想严苛，用自己的道德标准去严格要求统治者。我们看到，东汉时期这些政治家、士大夫，不管是遇到像梁冀这样的跋扈将军，还是遇到像汉桓帝、汉灵帝这样的昏君，抑或是遇到了像曹节、王甫、侯览这样的大宦官，他们都是迎难而上，跟这些黑恶势力做斗争。

比如在东汉党锢之祸的最后一幕中，有一个人物叫陈蕃。这个陈蕃大家对他很熟悉，因为王勃在《滕王阁序》里面曾经写过“徐孺下陈蕃之榻”，说的就是这个老人。在汉灵帝时代，他是太尉，已经是70多岁的老人了。因为他是天下名臣，所以在第二次党锢之祸爆发的时候，宦官本来是没有想过，也不太敢动陈蕃的。可是当陈蕃听说第二次党锢之祸爆发后，他就带着自己的学生和官属冲入皇宫，跟宦官做最后的斗争。最后，被宦官团团围住，抓起来害死在监狱当中。《后汉书》这样评价陈蕃，说他“以遁世为非义，故屡退而不去”，隐起来不履行社会责任，独善其身，这是不合道义的，所以陈蕃即使屡次被别人羞辱，他也不退，他要履行自己的义务；说他“以仁心为己任，虽道远而弥厉”，以儒者的社会责任感作为自己的准则，虽然前途漫漫，可是他从来没有懈怠。

东汉到了最后的五六十年时，国家一直处在动荡当中：公元168年爆发党锢之祸，公元183年爆发黄巾起义，公元189年爆发董卓之乱。可是百余年间，尽管有这种政治的昏聩和国家的动荡，但一些大的军阀始终不敢篡夺最高政权。一些权臣和军事将领，中央一纸诏书，他们就俯首称臣。乃至于我们知道，完全不讲游戏规则的曹操，他以武力统一北方，最终都不敢走出篡夺汉朝江山的那一步。

《后汉书》说“汉世乱而不亡，百余年间，数公之力也”，汉朝最后这五六十年苟延残喘，全靠的是这些仁人君子，他们用心力来维持这个国家最后的一口气脉。儒学在东汉社会治理当中，起到了非常重要的作用，尤其是在中下层，它维护着地方网络，塑造着社会风气。东汉的社会风气之好，是后代社会难以想象的。早期的儒生们没有那种老于世故的沧桑感。

可以说，东汉是理想主义的知识分子最美好的时代。这个时代有累世经学，他们靠经学传家，因之而起门阀；他们操守自持，以仁义为标榜。但是随着东汉的崩溃，随着皇权和士大夫、官僚集团在最后的摊牌当中两败俱伤，中国一个绵延四百年的大一统王朝，就这样冰消瓦解了，儒生们从以操守自持，从以道德用事，而改为人人做好自己的“自了汉”。

伴随着东汉的结束，中国历史的又一个大变局即将开始。这个时代到底带给我们哪些变化？在接下来的几节中，我们要来总结两汉时代的社会变化。

告别山鬼——为什么美丽的传说越来越少

我们讲一个小笑话，我们中华民族是一个多民族共同发展的大家庭，我们有56个民族。可是大家会发现，56个民族中有55个民族能歌善舞，只有一个民族，提到它的时候不能歌也不善舞——这就是汉族。为什么汉族不能歌善舞？这和汉族是一个风俗划一，而缺乏地域文化多样性的民族有关。

我们很难想象，在古代中国这样一个北到长城，南到南海，东到东海，西到流沙的庞大国度里，大家过着同样的节日，说着同样的话，行着同样的礼仪。汉代人把这样的生活，称之为春秋大一统，“六合同风，九州共贯”，就是《春秋》经上尊崇的“大一统”。这里的“六合”指的是天地、上下、左右，六合刮一样的风，九州大地像被一根绳穿起来一样。这种整齐划一的风俗，是与生俱来的，还是有意被建构出来的?

我们知道，在春秋时代有两部非常重要的文学作品，今天仍然是大学里面中文系的必读作品，一部是《诗经》，一部是《楚辞》。相对于《楚辞》——它描绘的只是南方的一小块地——《诗经》里面所描绘的，虽然是中原地区许多不同地域的文化，里面所蕴含的价值观、文化、风俗是一致的。而我们从《楚辞》当中可以读出非常多样化、非常丰富、多姿多彩的文化特征。

所以，我们要讲一讲汉代的民间风俗。在西汉，我们还能看到齐、赵、楚、梁这样的称呼，这些都是战国时期国家的名字。然而经过了200多年，经过了帝国的意识形态渗透，这种地方文化的多样性与自我主体就被消解掉了。我们可以看到，到了东汉，大家再也不说齐、赵、楚、梁这种国家的称呼，而开始用济南郡、彭城郡、广川郡，这样统一帝国下的郡县作为称呼。我们可以看到秦汉帝国内部已经开始高度地同构化了。

在《楚辞》当中有一篇文章，叫《山鬼》。《山鬼》里面我特别喜欢这一句:“乘赤豹兮从文狸，辛夷车兮结桂旗。”这里的“辛夷”，指的是用一种花或者一种树木做的车子。这辆车上面有一个桂树的旗帜，而这个车是由“文狸”（大概是一种像猫的动物）和“赤豹”（也是一种猫科动物）拉的。

这一句就很有意思，很有南方文化想象的空间。《山鬼》这个故事，讲的是一个山中之鬼等待自己心上人来与她幽会的故事。它描绘的山鬼，是一个美丽、率真、痴情的少女形象。这个故事里面有很多象征、描绘和想象，这在其他的文学作品里面不太常见。

我们发现，《楚辞》当中充斥着想象力丰富的地域文化，比如说屈原后来写的《湘君》《湘夫人》，《天问》里面写的楚国的庙里面各种各样的神仙鬼怪，这些在后来的文化当中逐渐淡出，从中国的“大文化”就是所谓的主流文化，变为了“小传统”，即一种小的民间文化。那么这种风俗的统一是如何形成的呢？

我们要来讲讲汉代的风俗统一和地域文化消亡的这样一个过程。首先，我们会发现，汉代的士大夫特别注重风气的引领和培植。汉光武帝他本人就特别节俭，他用节俭的风俗教育臣下，他经常讲论儒家经典，到半夜里还在跟功臣、士大夫们讨论经典；汉光武帝的臣子邓禹有13个儿子，让他每个儿子选一门经典，作为自己立身及教育子弟的文本，所以邓禹的家庭就闺门修整，看起来是家风、家教非常好的一个门庭。所以东汉虽然不像西汉，有司马相如、东方朔、公孙弘、萧望之这些非常厉害的人才，但是士大夫的士风和家法之良好，似乎还要超过西汉时代。

民间又怎么样呢？汉代有所谓的酷吏，还有所谓的循吏。所谓的酷吏，就是以严、以猛、以苛来治理地方。汉代的酷吏喜欢以杀人立威，整肃地方环境；循吏则不讲求苛，他们讲求宽，讲求风尚的培植和风气的引领，讲究敦风化俗。

举一个人物作为例子，这个人物是今天的安徽舒城县人，当时属于庐江郡，叫庐江舒人。这个人姓文，因为他的民间声誉很高，大家尊称他为“文翁”，“翁”就是老人的意思。文翁做的是蜀郡太守，就是四川地区的行政长官。

文翁在四川，看到这个地方比较偏僻，又和不开化的蛮夷接触比较多，民风不够好，他就选拔自己官署里年轻的小官吏张叔等十几个人，亲自给他们上课，教育他们，又把他们派到京城长安。这个时候是汉景帝时代，这些人被派到长安后，跟博士弟子学习经学，或者到中央机关学习律令；同时文翁减少自己的开支，用自己的钱买了一些四川的特产，赠送给长安那些有学问、有修养的人。

每年，儒生从长安学习回来，文翁就把这些学行高尚的人推荐为地方上的主官。同时他又在蜀郡的郡治成都县，招收县以下的子弟为学官弟子，免除他们的徭役，让他们学习，学习完之后，到地方上去补这些郡县的基层官吏。

做完这些之后，整个四川地区的风尚为之一变。人们就说，蜀地的学问学风比齐鲁还要高、还要好。正是在这个蜀郡太守文翁的倡导之下，这个郡国开始设立基层学校，开始进行教学。

我想说的是，文翁他只是一个地方官，他本只需要治理好这个地方，保持地方的稳定，他不需要有其他的作为。然而，正是这样一个地方官，他通过选拔官吏、选拔人才到中央去学习，然后这些官吏再回到地方来从事教育、从事管理，改变了一个地方的风俗。这种办法后来在汉代铺开。直到今天，成都还有一个石室中学，传说就是文翁所建的最早的学校的所在地。

和文翁行为相似的还有一个人，是河北的燕人（今天的北京人），他的名字叫韩延寿。韩延寿活跃在汉昭帝时代，被魏相推荐给霍光，从而担任官员的一个人物。他后来担任淮阳太守，以治绩卓著而闻名天下。再后来他就迁为颍川太守。颍川这个地方在河南，向来难以治理。

我们知道颍川这个地方，在过去是颍阴侯灌婴家的封地。《史记》里面有一篇文章叫《魏其武安侯列传》，里面就记载说，这个地方的老百姓编了一首歌谣，叫“颍水清，灌氏宁”，颍水如果是清清的，这个灌家就会安定；“颍水浊，灌氏族”，如果颍水哪一天变浊了，这个灌家应该一个一个被诛杀。可见这个灌家在当地是横行乡里，被老百姓忌恨。

正因为这个地方社会风气不好，国家就想选比较好的官吏来治理。韩延寿这个人就被选来担任颍川太守。韩延寿到了颍川之后，就先把郡中年长有威望的、素为大家所信任的几十个人请过来，给他们设宴，亲自礼遇他们，请他们实事求是地告诉他当地的谣俗。“谣俗”是什么呢？“谣”就是我们今天讲的舆论，当时没有我们现在的舆论条件，那么人们如何表达自己的不满呢？就通过编一些歌谣，通过传唱歌谣来表达自己的不满。“俗”就是当地人的一些风俗。

通过这些长老了解谣俗，了解颍川地区的人们的疾苦之后，他就一一地做了改革，使得当地和睦亲爱，消除怨恨。更为重要的是，韩延寿还要求，颍川地区的这些校官（就是我们今天讲的在校学生）要穿着礼服，拿着祭器，到老百姓家里，挨家挨户地帮助老百姓，如果发生了婚丧嫁娶的礼仪，就由这些儒生帮助他们行礼。所以老百姓就接受了这些儒生所习的礼仪规范。这样一来，私自造偶人、偶马的这种民间风俗就被改变了。

通过韩延寿、文翁主动改革社会风俗，使得过去人们对于社会上的不同信仰、多元的想象，逐渐地统一起来了，回归了儒家经典的规范。所以，东汉时代以后，我们就看到，伴随着这种移风易俗、敦风化俗的行为，过去那种地方上纷繁复杂的信仰就不再有了。我们可以说，汉代的这种信仰风俗，尤其是丧葬风俗，经历了周代的礼制，演变成为汉代的制度。而汉代的制度最终所展示出来的丧葬制度成了日常生活的一种展现，就失去了信仰和宗教的意味。汉代人“大象其生”，像他生前的样子一样，安排自己死后的灵魂世界。

在文化上的统一到来之前，我们可以看到很多复杂纷繁的文化现象。比如说《楚辞》有一篇文章叫《招魂》，里面有这样一句，它说“天地四方，多贼奸所；像设君室，静闲安所”，这句话的大意就是天地四方，有各种各样的鬼神；把你的像，画在你的墓葬里面，让你的魂灵获得安息。这中间蕴含着一个非常复杂的想象空间，对人们的魂灵有某种期许、某种期待。而伴随着大一统时代的到来，这种纷繁复杂的多元文化逐渐都消亡了。对于鬼怪的想象，到了汉代之后逐渐扁平化，逐渐减少，甚至逐渐统一。

在汉代，除了有这种地域性的文化之外，还有很多外来文化会渗入中国文化当中。比如说，在汉代有一个广泛流传的神话故事，就是关于西王母的故事。传说这个西王母要见汉武帝，还专门派了一只青色的鸟作为使者，跟汉武帝相见。所以汉代的文化当中，西王母成为一种非常奇特的文化符号，象征着中、西的文化交流。随后这种西王母的信仰很快就中国化了。比如说中国文化里面讲求阴阳，于是东汉的人就发明了一个和西王母相对应的神祇，叫“东王公”。所以我们会从东汉的画像石中看到，左边坐着西王母，右面坐着东王公。之后，这两位神很快从一种美好的想象，和汉代人现实生活当中有社会地位的老年男性和女性融合在了一起。

这一外来文化在一两百年的时间当中迅速本土化，即“本土”成中国文化。这是一种非常有趣的社会现象。我们总有一种对异域空间的想象，这种想象里面，往往寄托了我们现实当中解决不了的一些困难。比如说，我们会想象西王母有某种法力，西王母有某种神药，可是伴随着这种风俗的变迁，这种异域空间的想象又会逐渐地融入我们的生活当中来。而我们发现，两汉时代是我们的生活空间在不断地扩展，而我们的想象世界在不断地被压缩的时代。

我们很难想象，在汉代这样一个社会，两家人相隔数千里，但他们对于死后世界的想象都是一样的。之所以如此，就是因为汉代的信仰开始扁平化了。这种扁平化最终就成了现实生活的一种折射。

在经历了从西汉到东汉这一过程后，真的实现了“六合同风，九州共贯”。在这一过程当中，有没有人希望抵抗这种同质化、同构化的社会倾向呢？有的。比如说，在西汉时代，江淮之间有一个诸侯国叫淮南国，淮南国的国王叫刘安，刘安聘请江淮之间的儒生，编撰了一部书，叫《淮南子》。

《淮南子》当中有一篇文章叫《齐俗训》。《齐俗训》这篇文章主要是想讲，天生万事万物有各种各样的差别。这种差别、这种多元不是很好吗？为什么要消灭这种差异呢？《淮南子》的《齐俗训》正是想通过这种抗争来改变两汉时代儒生希望敦风化俗、统一风俗的理念。

可是我们知道《淮南子》的这种抗争是非常无力的。到了东汉时代，这种文化上的“大一统”终于到来了。我们可以想见，东汉时代，无论是居住在渤海郡的人，还是居住在颍川郡的人，抑或是居住在长沙郡的人，他们的生活信仰、生活习俗都已经接近，甚至相同了。这是我们理解的从战国到秦汉的一大变化。这种变化就是我们讲的，从政治上的统一、军事上的统一，终于走向了文化上的统一——秦汉帝国终于在帝国内部实现了文化上的同构。

我经常讲，在我们中国这样一个大国家里，有的时候你去做一些民俗志的社会调查，是徒劳无功的。因为我们从任何一个偏远的地方、一个农村里面调查出来的婚俗、礼俗、葬俗，其实多多少少都能找到古代中国儒家伦理的影子。为什么？因为儒家的这种敦风化俗、整齐风俗的力量实在是太强大了。它制造了一个不断扩大、不断延伸、不断同构化的巨大的国家。所以说，正是这种敦风化俗，使得两千年前生活在一块广袤土地上的人们，开始有了共同的认识、共同的知识背景、共同的价值尺度、共同的信仰，以及共同的生活方式。这也就意味着这样一群人，他们拥有一个共同的名字——汉族。就是这样一个族群，在这样一种刻意的构建下，他们在文化上终于统一了。

我们如何理解这种统一？这种统一是我们中华民族诞生的一个重要的里程碑。然而，这种统一也让我们的文化失去了很多多元的、繁复的、有趣的东西。所以秦汉以后，我们很难看到一些地方性的、地域性的文化。尽管有《荆楚岁时记》《东京梦华录》《梦粱录》这样记载一个都市、一块地域的风俗人物的文献，可是它们远远不能和国家意识形态下的“二十五史”相抗衡。所以你们会发现，中国的地方志大同小异，每个地方的景色、每个地方的人物，甚至连每个地方的事件，多多少少都带有相同的味道，那就是因为我们真的统一了。

用皇权推动养老问题的大汉王朝

我们再讲一个和汉代社会密切相关的问题，就是“用皇权养老的大汉王朝”。我们发现，汉朝这个社会是一个小家庭化的社会。在前文中，我们多次讲汉代是一个“五口之家”的社会，在这种社会中，养老就成了一个问题。

上古以来的氏族制度，被战国和秦帝国的“实用主义政治”击碎了，大家族一个接着一个被瓦解。庞大的氏族组织，被这种五口之家的小单元的平民社会取代了。那么失去劳动力的老年人如何生活，这就成了一个问题。在反秦的浪潮中，继承了秦帝国全副衣钵的大汉王朝，在一开国便提出了一个关于社会保障的新观点——“本朝以孝治天下”。利用皇权推动养老，可以说是两汉400多年政治的一个基调。

熟悉历史的都会发现，汉代从汉高祖刘邦以后，每一朝皇帝死后的谥号当中，都有一个“孝”字，汉文帝叫孝文帝，汉景帝叫孝景帝，汉武帝叫孝武帝。从汉初开始，就推行以“孝”治天下。皇帝把孝看成是立身成人的最基本的准则。故而帝业如何，乃文乃武，这些都是可以商榷的，可是皇帝作为国家的政权继承人，他的最基本的立身标准，就是要讲孝道，也就是说，皇帝要以身作则地执行养老任务。

刘邦的儿子汉惠帝刘盈，为了彰显孝道，令郡和诸侯王国，为刘邦立了高庙，在民间选拔“孝者”“悌者”“力田”这一类的道德模范，免除他们的徭役赋税，让他们专门从事教化，为民表率。据湖北张家山出土的汉简《二年律令》说，汉朝初年，国家颁布了《受鬻法》（这个“鬻”其实是粥，即国家赐给的粮食），法律规定：凡是拥有大夫（也就是第五级以上爵位）且年满90岁的老人，和一般年满95岁以上的全体老人，国家每个月赐给粟米一石，供这些老人熬粥养生。

到了汉武帝时代又规定，老百姓90岁以上就能享受《受鬻法》的福利。为了让老人有所养，这些老人可以让一个儿子或者一个孙子免除徭役，来专门服侍老人的生活起居。到了东汉时代，《受鬻法》演变成了行糜粥的制度，以示对老人的优待。年龄从90岁以上扩展为70岁以上，而这些老人，可以按照年为单位，领取国家颁发的专门用于养老的粮食，叫粟米。受众扩大了，颁赐也更具有象征意味了。这时候，孝道和养老就已经弥漫了整个东汉社会。

在汉代，为了表明孝是国家的基本国策，有一部书成了所有人的必读教科书，这就是《孝经》。《孝经》这部书可以说是来历不明，因为它是在汉代出现的，此前没有人提到过这本书。《孝经》当中记载了孔子为他的学生曾子讲孝道大义的一篇文章，开篇就说："夫孝者，天之经也，地之义也，人之行也。"就是孔子对曾子讲，孝是天经地义和人伦。

汉代还流行过一段孔子的自述，他说"吾志在《春秋》，行在《孝经》"，我的志向都记在《春秋》经里了，我的所有行为方式都写在《孝经》里面。汉文帝时代为《孝经》专门设立了研究的官员，叫"孝经博士"。汉武帝时代罢黜了杂学博士，孝经博士虽然取消了，但是《孝经》和《论语》却成为汉代小学入门的必读经典。所以汉代做官的人，只要读过儒家经典，可以说都读过《孝经》。

在汉代有所谓"七经"的说法，就是把儒家经典的"五经"[1]和《论语》《孝经》合在一起，成为人们日常的必读书。而且国家在基层的学校当中，也配备《孝经》，经师专门为地方上的这些老百姓讲《孝经》。可以说在汉代，《孝经》是一部家喻户晓，无论士庶男女人人都能背诵的经典。

东汉光武帝和汉章帝两次下诏书，要求"虎贲士皆习《孝经》"，也就是说，凡是中央警卫团的士兵，都要求他们读《孝经》。有的史书说是"自期门羽林之士悉通《孝经》章句"，意思是一样的，也就是要求中央警备军队的士兵们都要通《孝经》。除了经典上的保证之外，汉代的选官也从有孝心的人开始。汉代选官最重品行，号称"名教"，就是以名誉作为教化的旨归，而人的名誉和品行当中，最受重视的就是孝心。

汉武帝时代，在董仲舒的建议下，国家要求每个郡每年要向中央推荐"孝廉"两个人。经过考核之后，这两个人可以作为"见习公务员"，就是我们以前讲的郎官。这个郎官被称为"孝廉郎"，"孝廉郎"是国家官

1　即《诗经》《尚书》《礼记》《周易》《春秋》。

僚队伍的“后备军”。而所谓的“孝廉”，就是他在立身上要孝；他的行为，要廉洁。可见，当时在选官制度上，也把“孝”作为一个人品德的基本的考察标准。

将推行孝道与选官制度挂钩，这是汉代的一大发明。那么为什么汉朝要不遗余力地推行孝道呢？这与集权帝国的治理实践有关。西汉它继承了秦朝的制度，是一个平民化的集权帝国，社会治理的单元是一个个的小家庭，甚至是自由民。这个自由民，既有农村的自耕农，也有城市的小手工业者、小工商业者，他们的社会保障体系是脆弱的。失去了庞大的家族，自由民的养老问题就无法解决。我们看到，汉代的户口，甚至出现过女户，就是这个家庭的男主人死掉之后，没有了支撑，就由家庭当中的妇女直接成为这个家庭的户主。所以汉代是有女户的。

那么通过制度性的手段，崇尚孝道，提倡家庭养老，无疑是最简单的解决社会保障的一个路径。在迷信“郡县治而天下安”的汉朝皇室眼里，一个个小家庭和睦了，那么郡县自然就安定了。汉朝人笃信孔子说的“事亲孝，故忠可移于君”，说一个人如果对父母孝顺了，他就一定是忠诚的，他对君主就会很忠心，所以汉代人讲求“求忠臣必于孝子之门”，要在孝子家里找忠臣，将人遵循孝道与否与这个人将来是否能够胜任为国家服务的官吏挂起钩来。

国家还通过一系列的仪式和制度保障老年人的权利，比如说，汉代通过“赐王杖”来保护老年人。汉文帝时代就颁布了《王杖诏书》，向年满70岁的老年人颁赐王杖。所谓的王杖就是将青铜器铸造成鸠的形象，作为手杖的杖首，凡是接受这个王杖的人，就成为受到国家专门照顾的老年人群体。

汉代有免老制度，年满56岁到62岁之间不等的男性，根据你爵位的高低免除徭役和赋税。年满70岁，受一定特殊的待遇。根据《王杖诏书》，70岁的老人接受了王杖之后，就享受六百石官吏的政治待遇。这个“六百石”是中级管理者和低级管理者之间的一道鸿沟。凡是享有六百石待遇的老人，在进入官府之后，可以不用一路小跑（表示很战战兢兢）；如果不是主动地动手打、杀伤人，也可以免予起诉，或者不受刑事案件的牵连；普通老百姓辱骂、殴打持有王杖的70岁以上的老人，要以“大逆不道”的罪判处死刑。

我们看到有一个案例，河平元年（前28）前后，在汝南郡的西林县，有一个叫“先”的老人，他年满70岁了，受赐一根王杖，结果他在某天受到了县里面的一个游徼（这个游徼就相当于我们今天公安局的一个刑警队的队长）吴赏的随从的殴打。这个老人便到汝南太守处去告发这个小官吏吴赏，太守不好判断这个案件，就把案件上报到廷尉府。廷尉府批复，罪名清楚明白，因殴打持有王杖的70岁的老年人，吴赏被处以弃市的罪行。所谓“弃市”，就是杀死之后，尸体要扔在这个市场上，暴尸以示警诫。

由此可见，王杖在地方上是一种权利的象征。正是在这种情况下，两汉时代多孝子。也正是因为提倡孝道，在以皇权督促民间养老的社会风气下，我国历史上就出现了这种“两汉多孝子”的独特历史现象。

在民间故事《二十四孝》当中，汉文帝亲尝汤药、蔡顺拾葚异器、郭巨埋儿奉母、董永卖身葬父、丁兰刻木事亲、姜诗涌泉跃鲤、陆绩怀橘遗亲、黄香扇枕温衾、江革行佣供母，一共九个典型的案例都出自汉朝，这在《二十四孝》故事当中占了三分之一还多，而且其中又以东汉人最多，这与崇尚名教、讲求孝道的东汉社会风气有关。

孝道本为人伦常情，可是为了彰显孝道，突出个人的品行，不免就演出了“郭巨埋儿”（郭巨为了养自己的父母，把自己的儿子埋掉）、“董永卖身”（董永为了葬父亲，把自己卖到别人家里当奴婢）这种有悖常理的极端行为，这些行为又被后世人称为“愚孝”。

这种愚孝的行为已经超出了行孝本身，这和汉代有了孝行的名声之后能得到很多社会利益会有关系。汉代尽管看起来多孝子，但未必真的都能够孝顺父母。汉代晚期有这样一个说法，说“举秀才，不知书”（举秀才的人根本不懂《书》），“举孝廉，父别居”[1]（举孝廉的人，父亲跟他都不住在一起，他也从来不管父亲的事情）。

可见，这个孝行的名声和日常生活中的具体行为，已经因为利益关系的掺杂，而变得不那么纯粹了，这就是我们讲的皇权养老的大汉社会。

中国古代历史为什么走不出循环的死结

我们前面已经领略了秦汉帝国的各个方面，我们可以说，秦汉的立国意义，在于为后世中国提供了一个立国的样板。通过历史的实践，将结构、疆域、文化固化成了观念。可以说，后代的中国都是延续着秦汉帝国的余风、余脉在前行；同时，这也将中国历史带入了两千年的死结循环当中。我们如果要重新审视历史的境遇，就要回答历史的伦理问题。

要回答这个问题，我们首先要了解，政治上的成功与道德上的合乎伦理，真的能够统一吗？我们似乎看到，秦汉之际，项羽更像一个英雄，而刘邦获得了政治上的成功。家与国、公与私、家庭伦理和政治伦理之间真的能统一吗？现实的失败与将来可能的青史留名相比，后者又真能弥补前者吗？

古人说，“千秋万代名，寂寞身后事”。南宋的遗民谢枋得在他《与李养吾书》里面就提到，大丈夫行事，要讲究是非，不论利害；论顺逆，不论成败（就是论你的行为是否合乎道义，不论是否取得成功）；论万世，不论一生（要讲求千秋万代的名声，而不论你一己的成败得失）。谢枋得说，“志之所在，气亦随之；气之所在，天地鬼神亦随之”。人活着就像有一个超脱于现实之外、永恒的气息在那里，天地鬼神都能随之而在一样。

1　这两句传说是汉桓帝、汉灵帝时期流行的童谣：举秀才，不知书；举孝廉，父别居；寒素清白浊如泥，高第良将怯如鸡。

人的一生是短暂的，可是人如何在历史的长河当中获得永恒，这是我们在思考历史的时候，不得不回溯的伦理问题。千秋万代名与英雄的寂寞身后事，真的可以达到历史天平的平衡吗？

我这里有一个小故事想和大家分享，这一个小故事和五首诗有关系，这五首诗都是讲的同一件事情，就是项羽作为秦汉之际的一个重要的关键人物，在乌江渡口最终选择了为他自己的军队殉难，而没有逃离战争的现场，回到他的老家——会稽江东，卷土重来。《史记·项羽本纪》里面这样说："天之亡我，我何渡为！"老天要灭我了，我还过江干吗呢？"纵彼不言，籍独不愧于心乎？"尽管江东的父老子弟们不说我，我内心难道不会惭愧吗？所以项羽选择了自杀。可是围绕项羽该不该死、项羽死得值得不值得，中国历史上有反复的讨论。

唐朝大诗人杜牧，路过乌江亭——项羽自刎的地方，他写下《题乌江亭》："胜败兵家事不期，包羞忍耻是男儿。江东子弟多才俊，卷土重来未可知。"胜败是兵家常事，能够忍辱负重才是真男儿。江东还有很多的英雄才俊，谁能预料将来是否能卷土重来呢？所以杜牧对于项羽选择自杀给予质疑。

又过了不到200年，宋朝的大诗人王安石用《叠题乌江亭》唱了一首反弹琵琶的曲子。王安石说："百战疲劳壮士哀，中原一败势难回。江东子弟今虽在，肯与君王卷土来？"王安石说，项羽的败是必然的，因为从战国到秦崩，中原地区的百姓已经厌恶了战争的灾难，项羽之败肯定是势难再起。江东子弟今天都在，但哪个还愿意为项羽卷土重来呢？

如果说杜牧唱了第一首"反弹琵琶"，王安石又在杜牧的基础上第二遍"反弹琵琶"，清朝的学者姜宸英——他是康熙年间的探花，著名的诗人——又对王安石唱了第三首"反弹琵琶"。姜宸英说："虞歌曲尽怨天亡，潮落沙平旧战场。千里江东羞不渡，六朝曾此作金汤。"项羽因为虞姬唱了一首歌，就感慨是老天要灭亡他，等到历史远去，我们重新回顾这一旧战场，那千里大江，项羽当年不愿渡过的地方，东吴、东晋、宋、齐、梁、陈都曾在这里运作起了小朝廷，过着安乐、稳固的生活。所以姜宸英是对王安石又唱了一个反调，他认为项羽没有选择回江东是战略上的失误。

以上三者都是古人，最后两首则是来自一个近现代的名人，这个人物叫章士钊，他在《柳文指要》里面又对杜牧的《题乌江亭》再次提出了新评价。章士钊是赞同杜牧的。章士钊说："公孙落魄叟回肠，破庙题篇事可商。一入有心人眼底，化作天地大文章。"杜牧在乌江亭感慨项羽是"王孙落魄""叟回肠"，我老头章士钊也很感慨这件事情，在破庙里题写一篇诗，让大家来讨论。杜牧诗中有四个字，入了有心人的眼底，变成了天地之间的大文章。章士钊说的这四个字，就是杜牧所说的"包羞忍耻"。人能够在这一生当中忍住耻辱，负住重担，这才是真正的英雄。

在第二首诗当中，章士钊再次提出"包羞忍耻"四个字的重要性。章士钊说："柳州箕庙杜乌江，志大男儿总不降。两字叠山牢记取，人争隐忍定兴邦。"章士钊说，柳宗元的《箕子庙》和杜牧的《题乌江亭》，这两篇文章都写到，材质强大的男儿、英雄都不愿意投降，这和李清照讲的"至今思项羽，不肯过江东"是一样的。可是章士钊接着说，"两字叠山牢记取"，就是谢枋得说的，论是非，不论利害；论顺逆，不论成败；论万世，不论一生。哪两个字应该记取呢？一个人要想获得现世的胜利，"隐忍"两个字非常重要。

我刚才讲的这一系列的故事，包括杜牧、王安石、姜宸英、章士钊、谢枋得，我把它叫作"乌江四叠"，就是用五首诗重新、反复审视项羽该不该过江这一件事。读者朋友们，讲完这个，我其实是满腹感慨。换作我，我也不知道是该忍耻包羞地活下来，还是应该为了那一口气，成全了自我，了断了自我。当我们站在今人的立场，去回溯历史的时候，我们个个都是"事后诸葛亮"。我们不知道历史会怎么样，但是这向我们阐释了一个新的问题，那就是中国历史是有其内在的历史伦理的。

然而在秦汉时代，我们也看到中国历史的反向伦理，这是中国历史当中非常有趣的一个现象。西汉末年，有一个诸侯王叫东平王刘宇。他听说司马迁的《史记》写得非常好，就上疏向国家要求抄一套《太史公书》，即抄一套《史记》和诸子书。

汉成帝就问执政的大将军王凤："东平王刘宇来要诸子书和《太史公书》了，能不能给他？"大将军王凤这样回答，他说："诸子书或反经术，非圣人，或明鬼神，信怪物；《太史公书》有战国纵横权谲之谋，汉兴之初谋臣奇策，天官灾异，地形阸塞，皆不宜在诸侯王。不可予。"王凤对汉成帝讲，《太史公书》里面啊，有些战国的纵横家的阴谋诡计，以及汉朝建国时候的谋臣奇策，还有天官、阴阳、灾异等社会现象，以及国家的山川扼塞，这些都属于国家应当保守的秘密，不能够给诸侯王。

然后，大将军王凤又说："陛下不要直接回绝东平王刘宇，陛下就说，五经是圣人制定的，什么事情都载在儒家经典里面，你如果真的喜欢大道，你的太傅和丞相都是儒生，让他们把五经拿过来，给你早晨、晚上讲一讲，你就可以用来立身、陶冶情操，小的这些计谋，能够破碎道义，小的这些路，无法到达远方。你越想走得远，结果反而会陷溺其中。所以，诸子书和《太史公书》不足以留矣。"

这个小故事讲完之后，我想说这样几个感慨：第一个，历史是一面镜子，明了历史的人会变得聪明，而想让别人变得不够聪明，那就让他不了解历史，或者告诉他被扭曲的历史。可是，尽管要愚化他，让他不了解历史，还要编一套说辞来给予回应。这就是汉代政治中的这种政治伦理。

也正是在这种政治压力下，东平王刘宇在很早的时候就选择了逃离政治。东平王刘宇历二十年，汉元帝驾崩，刘宇就对大臣们讲："汉大臣都说天子（汉成帝）太小，不能治天下，希望我去辅佐天子，因为我是汉成帝的叔叔、汉元帝的弟弟。我看到《尚书》说'晨夜极苦'，每天早晨做事，晚上也要做事，非常苦，让我干，我干不来。现在正好是大丧期间，我知道怎么摆脱这件事情了。"

等到诏书下来，东平王刘宇哭了三次之后，照样喝酒吃肉，妻妾不离。在服丧期间，表现出一副玩世不恭的态度。正因为这种态度，新皇继位，下诏书，削了他两个县。可是过了三年，又把这两个县还给了东平王刘宇。东平王刘宇采取的是一种政治上“自污”的方式，就是我故意犯错，消除你的戒心，让你觉着我在政治上是一个没有危害的人。我们发现，这种伎俩在中国古代，尤其是在专制时代是很常见的。

秦代大将王翦去灭楚，他就不断地向秦王要求财产和土地，以此来让秦王对他放心；萧何为了使得刘邦对他放心，就故意贪赃枉法，让刘邦把他下狱，让他有把柄握在刘邦的手里；而东平王刘宇也是这样，为了逃离政治，而采取这种反向的伦理方式来自污。

我们可以说，大一统的时代，政治上的专制和权力上的集中，给中国带来了一种政治上的死循环。君主为了拢住自己的权力，就不断地将手伸向民间、贵族和官僚集团。而这种伸手造成的危机，又加剧了他皇权的衰退。皇权的衰退又使得他不得不再次伸手。

所以大家会发现，秦汉时代的中国已经无法走出历史循环的这种死结，无论何种伦理都解决不了。我们观察中国古代的历史会发现，中国古代弥漫着很多国家不曾有的、一幕接一幕的改朝换代的情况，而这在秦汉时代尤为突出。秦朝经过五六百年的积累，统一了天下，却转瞬即逝；汉朝经过五年的辛苦鏖战，取得了天下，延续了四百年。

秦汉的这种变迁，让我们领略到兴亡之间唾手可得。转瞬之际，沧桑百变，中国历史到底该以什么样的形式来演进呢？我常常把中国古代的朝代更迭归结为两种方式：一种方式叫作“结构性的崩溃”，就是整个机体已经到了无药可医、无法可治，没有任何办法进行和解、调试、改造的时候，整个结构就崩溃掉了。我们看到，其实秦的崩溃和东汉的崩溃，都是这种结构性的。

而我们在秦汉时代也看到了另外一种方式，那就是所谓的“抽芯一烂”，就是整个地方社会没有出现大的危机、大的灾难，而最高统治者，以及统治者的周围发生了质变，甚至发生了“癌变”。比如西汉末年，为了追求更宏大的理想，王莽被推上历史的舞台，而王莽改革的胡来，造成了新莽中央政权的“抽芯一烂”。无论是这种“抽芯烂”的结局，还是这种整个社会土崩瓦解的结构性崩溃，我们会发现它们在后世中国不断地上演。而最让我们感慨的是，这种王朝的更迭，似乎是无法走出的历史循环的怪圈。

人们总相信，新时代会比旧时代好一些，可是很快又发现，没好几天，又走上原来的老路。每到这个时候，我就要说，我们是不是应该重新审视一下主宰时代命运的这个最高权力？它到底在时代的运行当中，有着什么样的力量、起到了什么样的作用？这个最高权力符不符合历史的伦理？它会不会酿成更多的历史的反向伦理和人间的悲剧呢？我总说，学历史是找不到答案的，更多的是给人一种感悟。我们很难从秦汉的大变局当中得出历史的结论，但是我们可以从中看到历史展开的影子，看到历史最初的那个原点。

振大汉之天声：帝国的遗产与汉民族的诞生

我们如何理解秦汉？秦汉在中国古代史上到底有什么意义？我常讲，秦汉是中国历史具体展开的一个总序，甚至可以说，后世中国历史的一些问题、一些现象，在秦汉都出现了，后世只不过是一次又一次地重演，一次又一次地修订。

首先，我们看国家政体，秦汉时代由封建，也就是这种“诸侯联邦制”的政体，最终转变为了郡县的政体。后世尽管偶尔会出现封建，但是总体上郡县制度被稳固地继承下来了。直到今天，我们使用的仍然是秦汉的郡县制度。

在行政层级上，秦是郡、县两级制，汉是州、郡、县三级制，后世的中国，是道（路）、州、县三级制，有的时候是省、府、县三级制。也就是说，在行政层级上，秦汉的探索，也和后世的实践几乎一致。

秦汉时代，是我们从城邦国家过渡到领土国家的一个重要时代。那么什么才是汉的领土？什么才是确定我们国家领土的标准？大汉的边界在哪里？研究历史，我们发现确立秦汉的边界有两条标准：一个是“王化所被”，就是中华的文化被接受、被使用的地方就被看成是中国的国土；一个是“流官所及”，就是中央政府派遣的官员所管理的土地就是中华的国土。

我们会发现，如果单纯从“流官所及”上来讲，后世中国的疆域比较局限；可是如果从“王化所被”上来看，我们的领土又大了不少。在明清时代有很多国家成为明帝国和清帝国的附庸。

从权力的传递关系来看，秦汉时代有三种最高权力转型的办法都在中国上演了。第一种是暴力革命，刘邦、项羽通过暴力革命的形式，推翻了秦朝；第二种是世袭，以父子相承、兄终弟及的形式传递最高权力；第三种形式是禅让，前一朝皇帝完整地把最高政权让出给新任的皇帝，这个在西汉末年王莽改制的过程当中，和东汉末年曹魏代汉的过程当中，都分别上演。但是最后我们发现，改朝换代使用最多的办法是革命。

在秦汉时代，人才选拔也成为国家管理的重要方面。秦汉时代有考试，有荐举，以荐举为主，以考试为辅。我们可以想象，后世中国的人才选拔，也没有逃出这两种形式。

秦汉时代与周边民族的关系有羁縻，例如和亲、称兄道弟；也有征服，倾尽举国的力量，跟这个民族发生战争，最终消灭它，或者征服它。秦汉帝国也是中国历史上以农业文明征服游牧文明为数不多取得全胜的时代。

秦汉时代，对于经济管理的政策，有放任自由的文景时代，有全面管控的汉武帝时代，也有不分青红皂白，一切收归国有的王莽时代。人们可以说开辟了三种不同的试验田，最终走向了放任经济自由发展和国家局部管控相结合的道路。

秦汉时代对于民间社会的管理，有的是放松整体而管理家族，有的是具体严抓狠打，管到个人头上。总之，秦汉时代制造了一个“扁平”的社会。可以说，在今后的南北朝、唐、宋、元、明、清，不同的时代所面临的问题，在秦汉时代都已经尝试过一遍了。

难怪前四史能够成为历朝历代君主和士大夫必读的史料。因为《史记》所述、《汉书》所讲、《后汉书》所记、《三国志》所载的历史问题，其实在后代当中都能找到影子。历史学可以说是无用之学，如果我们用老子辩证的眼光看来，无用至极，是谓之大用也。

我们读历史，无法改变现状；更重要的是，我们读历史，无法杜绝历史上曾经发生的灾难、变乱再一次产生。然而我们读历史，知道古人的兴亡成败后，能够从历史当中吸取经验和教训，知道如何把一个乱世拨回正轨。

清代有一个词人叫项鸿祚，他很有意思，他在词中说："不为无益之事，何以遣有涯之生？"如果不干点无聊的事情，怎么打发掉人这一辈子呢？我们人这一辈子很短，我们所经历的很有限，可是我们可以通过读历史，开阔我们的眼界，看到更多人的命运，看到更多人的人生。

我是一个历史学者，通过阅读历史，经常会感慨：为什么会这样？对我心灵最为震撼的一个刹那是在2017年8月，我和几位学生走到了甘肃的玉门关，在玉门关的长城边上，看到了很多用来点烽火的草。它们一层一层，十厘米一层，码得整整齐齐，等待着被使用。两千年过去了，它们已经石化，有的已经被沙漠上的黄沙掩埋了起来。然而那一刻，我的眼前似乎能看到，汉代的人在那儿辛辛苦苦地戍守着长城，积累着用来点燃烽火的这种柴草以备敌人的到来。

我经常感慨，我们这个民族之所以有今天，是无数的先贤和祖辈用生命和鲜血的代价换回来的。他们用生命在试对，或者在试错。可以说，我们今天都是在延续着前贤的脚步。我特别喜欢一篇文章，这篇文章被记录在范晔的《后汉书》上，是班固当年随着车骑将军窦宪驱赶匈奴，保家卫国，登上燕然山，在燕然山上勒下的一段碑铭。2017年的时候，这一段碑铭被重新发现，公布出来。

这段碑铭里面有这样几句话："所谓一劳而久逸，暂费而永宁者也”“光祖宗之玄灵”“振大汉之天声”。我们的祖先，为了我们这一块土地的安宁，他们立下了这样的誓言，用一劳永逸的办法，用短时间内奢侈的花费，换取永远的安宁。尽管我们知道这不可能，但是他们的说法仍然是这样掷地有声。尤其是这样一句——“振大汉之天声”，我仿佛看到2000年前那个帝国的遗产穿越了时空，穿越了时间和空间的线索，一直来到今天。

秦汉帝国虽然灭亡了，但是它留给我们一个汉民族，留给我们一个中华，留给我们一段文化，留给我们一段记忆，留给我们一套制度。我们今天每一个人的基因都曾在那个时代生活过，我们无法逃脱那个时代在我们身上留下的烙印。我想，秦汉帝国带给我们的就是“中华民族的诞生”这样一个伟大的课题。历史啊，是一部读不尽的书，我希望跟大家一起来阅读、一起来分享。

第三章

魏晋南北朝：民族与思想大融合
（公元189—589年）

仇鹿鸣
复旦大学历史系副教授
石刻文献学者
魏晋南北朝史专家

钱文忠[1]
复旦大学历史系教授
师承季羡林先生
佛教文化研究学者

传说中的“黑暗时代”：魏晋南北朝的时代特征

中国人谈历史，统一与分裂是一个永恒的话题，《三国演义》开篇的那句“天下大势，分久必合，合久必分”，可谓妇孺皆知，也反映了一般人在王朝循环观念下对中国历史的认识。因此，大多数人对魏晋南北朝的第一印象就是，这是中国历史上一个漫长的分裂时代，进而联想到因为国家分裂，战乱频繁，而造成的人民流离失所，生活痛苦。因此传统观点也把这一时代视为中国历史上的一个“黑暗”时期。

魏晋南北朝的特点是，分裂的时间持续得非常长。中国人平素喜欢讲“强汉盛唐”，汉和唐是一般中国人最引以为豪的两个朝代，迄今为止，

1　本章中，自“传说中的‘黑暗时代’：魏晋南北朝的时代特征”至“长歌当哭：士族政治的僵化与衰落”为复旦大学仇鹿鸣先生所作（第278页—315页）；自“有‘胡’自远方来：魏晋南北朝时期的文化特征”至“曾经强大的草原民族，他们去哪里了”为复旦大学钱文忠先生所作（第315页—第364页）。——编者注

仍是各种文学作品、电视媒体宣扬的盛世。尽管“汉唐”这个词经常被使用，但是我们查一下中国历史朝代表便不难注意到，在汉与唐两个大一统王朝之间，横亘着魏晋南北朝这样一个分裂时期。

我们把《三国演义》的开头——公元189年董卓进京，视为东汉政权瓦解的标志，同时也是魏晋南北朝的实际起点。尽管在此之后，东汉政权名义上仍维持了三十几年，但已是天下大乱、群雄逐鹿的格局。大家熟悉的三国英雄人物曹操、刘备、孙坚等都在此期间登场，相互厮杀。直到公元589年，隋文帝平定了南方的陈朝，重建了统一。在整整四个世纪的时间中，除了西晋曾经有十几年的短暂统一之外，其他时候中国都是处于分裂的状态。这种分裂状态维持时间之长，是秦建立大一统帝国之后，所不曾有过的。

魏晋南北朝的分裂，除了时间长之外，另一个特点是“碎片化”，尤其是在前期，我们一般称之为“东晋十六国”。中国北方在一个多世纪的时间中，先后走马灯般出现了十六七个或短命或割据的政权。尽管在此之后，中国历史上仍有分裂时期，但可以注意到，之后的分裂与魏晋南北朝时期的分裂有着本质的不同。例如五代十国，从公元907年到960年，不过半个多世纪的时间。而且五代十国时的北方，主体仍然是统一的，只不过是五个短命的政权旋起旋灭而已。

到了之后辽、西夏与北宋，以及金与南宋对峙的时候，中国的主体仍然是统一的，与东晋十六国时期碎片化的分裂很不一样。我们现在经常讲，中国历史上统一是主流，分裂是支流，这是我们站在几千年以后回看中国历史得出的结论。这一说法当然不错，但是一个生活在隋唐初年的人，能否得出这样的认识，恐怕要打上一个大大的问号。

秦汉帝国当然是大一统的时代，尤其是东西两汉存续了400年，是非常成功的统治。但在此之前，是500多年的春秋战国；在此之后，是四个世纪的魏晋南北朝，都是分裂动荡的时代。甚至我们需要反过来追问——为何经过了魏晋南北朝这么长时间的分裂，中国仍旧能重新走向统一，而不是陷入进一步碎片化的状态？更重要的是，经过了魏晋南北朝的长期分裂之后，中国历史上再也没有出现过长的分裂时期。在此之后，我们才能确认中国历史上统一是主流，分裂是支流，这也是魏晋时代在中国历史上的意义和深远的影响。

刚刚我们讲到两汉有400年的天下，是中国历史上数得出的成功王朝，那么我们首先要讲一下，在魏晋南北朝的统一与分裂之前，东汉这样一个成功的王朝是如何瓦解的，并留下了一个四分五裂的局面。

东汉与西汉都是刘家人建立的天下，西汉末年王莽篡汉，汉朝宗室刘秀起兵兴复汉室，定都洛阳，后来的人为了将之和定都长安的西汉相区别，一般称为东汉。也正因为如此，在一般人的印象中，西汉与东汉的统治结构是相近的。但其实不然。刘邦在中国古代开国皇帝中出身算比较卑微的，早年只是一个亭长，类似于现在的派出所所长；而追随刘邦打天下的功臣，也大都出身平民，比如樊哙曾以杀狗为业，夏侯婴则是一个马车夫，汉初第一功臣萧何出身稍微好一点，也只不过是沛县的县吏而已。因此清代的学者赵翼讲，西汉初年出现的是一个典型的布衣卿相之局。但是到了东汉，情况发生了很大的变化。经过了西汉200多年的统治，被分封在全国各地的刘氏宗亲都已成为当地的豪强。如刘縯、刘秀兄弟起兵之前，就是居住在南阳的豪族，刘秀的起兵之所以能够获得成功，很大程度上依赖于各地豪族的支持。因此，东汉政权某种意义上是一个豪族联合政权。

在此背景下，东汉与西汉有一个明显的区别，西汉的皇后很多都出身卑微，甚至到了中后期也是如此。大家熟悉的汉武帝的皇后卫子夫、汉成帝的皇后赵飞燕，都是如此。但是东汉的皇后大都出身世家大族，每一个皇后都代表了一个重要的政治家族。或许是历史的偶然，东汉的皇帝大多短命，尤其是汉章帝之后，连续十来个皇帝都是幼年继位。最年幼的殇帝，继位的时候出生才百天，真正是襁褓中的婴儿，这给了太后临朝听政的机会，而这些执掌朝政的太后，出身世家大族，家族本身在朝廷中就很有影响，进而重用她们的兄弟或父亲，控制朝政，形成了外戚专权的局面。

后来，为了更久地控制朝政，甚至刻意选立年幼的皇子继位。《后汉书·皇后纪》讲，东汉的情况是“皇统屡绝，权归女主，外立者四帝，临朝者六后，莫不定策帷帟，委事父兄，贪孩童以久其政，抑明贤以专其威”。意思是讲，东汉的皇帝因为短命，所以往往来不及留下自己的子嗣，而要从宗室中选择其他的子弟来立为皇子，这给了太后临朝听政的机会。而太后贪恋权力，往往选择年幼的皇子立为小皇帝。但是，当年幼的皇帝慢慢长大，不免要产生夺回权力的想法。由于外戚与太后牢牢控制了内外朝（汉代实行内外朝制度，正式的朝会是在外朝举行的，皇帝居住的地方是内朝，属于宫廷中的生活区，称为“禁中”，普通朝臣不能出入。只有少数带有“侍中”头衔的朝臣才能出入。尽管侍中后来地位日益重要，成为宰相的官名，但在汉代，最初是名实相符的，意思就是说，有了这个头衔，就能够出入禁中），那些有意独揽大权的外戚当然也明白孤立和控制皇帝的重要性，往往以录尚书事、大将军等头衔牢牢控制着内朝。尚书台相当于皇帝的秘书机构，大臣给皇帝上奏章，都要经过尚书台的中转。控制了尚书，就能成功地隔绝内外，使得皇帝身边缺少可以信任的朝臣。于是孤立无援的皇帝只能依赖身边的宦官，通过发动宫廷政变来夺回权力。

一旦亲政，皇帝便大肆封赏有功的宦官，甚至不惜给予封侯的待遇，造成了宦官跋扈的局面，宦官的亲属和依附宦官的势力也跟着狐假虎威，横行不法，鱼肉百姓，搞得民怨沸腾。《三国演义》开篇中提到的“十常侍”便是东汉晚期宦官专权的一个典型。更糟糕的是，亲政之后的小皇帝往往经受不住声色犬马的诱惑，纵情享乐，无心政事，不但造成了政治的败坏，而且导致皇帝本人年纪轻轻就突然去世，有些甚至没有留下子嗣。于是又给了太后选立新的年幼继承人的机会，外戚再次当权，等到小皇帝长大，又会出现新的矛盾和斗争。于是外戚与宦官的交替专权，构成了东汉中期以后政治上反复出现的恶性循环。

东汉末年分三国的深层原因是儒家意识形态的瓦解

在外戚与宦官交替专权的循环中，东汉的政治日益腐败，卖官鬻爵的现象比比皆是，甚至连三公这种相当于宰相的高位都可以通过行贿来获得。这种现象，招致了有良知的士大夫的激烈批评，掀起了巨大的舆论波澜。当时人们将这种批评政治的风气称之为“清议”。范晔《后汉书》中对此有生动的描写：“逮桓、灵之间，主荒政缪，国命委于阉寺，士子羞于为伍。故匹夫抗愤，处士横议，遂乃激扬名声，互相题拂，品核公卿，裁量执政，婞直之风，于斯行矣。”所谓“国命委于阉寺”，就是说国家的权力被宦官所掌握，而士大夫羞于与之为伍，大家都纷纷起来议论政事，品评人物，形成了东汉清议的风潮。诸葛亮的《出师表》中所讲的，“未尝不叹息痛恨于桓、灵也”，其实便是指这一时期政治的腐败。

清议的核心是品评人物，议论政治得失。在汉末清议的环境中，一位士大夫的声望和品行，并不是由他的官位来决定的，而是取决于他有没有得到清议的肯定，“风雨如晦，鸡鸣不已”[1]，汉末士人勇于批评政治，以天下为己任的精神，历来受到非常高的评价。

清议刺激产生了一套与官方评价不同的人物评价标准。当时敢于反对宦官或者德行高尚的人被称为“清”，得到士大夫的推崇；宦官和因为依附官宦而掌握权力的官僚，虽然身居高位，却受到士大夫的鄙视，被视为“浊流”。在清议中，得到士大夫最高评价的人物，根据他们的德行与才能分别被标举为“三君”“八俊”“八顾”“八及”“八厨”等名号。比如，什么样的人能够被称为“君”呢？《后汉书》中便有解

1　详见《诗经·郑风·风雨》。

释，“君者，言一世之所宗也”，就是为当时人所景仰和效仿的人物；而“八厨”的“厨”字有些难以理解，其实指的是用财产周济别人的人，有点类似于《水浒传》中仗义疏财的“及时雨”之类的角色[1]。这些被士大夫所推重的清议领袖，一方面批评政治的腐败，另一方面积极打击宦官及其党羽。

党锢之祸的爆发，表面上看是一个偶然事件。当时有一个叫张成的人，依附于宦官。据说张成善于占卜，能够预知未来，他预测朝廷很快就要大赦天下，故意纵容他的儿子杀人。当时的河南尹李膺（字元礼）逮捕了他之后，不顾赦免的命令已经下达，仍旧把他杀掉了。李膺是当时人景仰的士人，被称为“天下楷模李元礼”。于是张成的弟子牢修控告李膺等人结党，诽谤朝政，朝廷下达了逮捕“党人”的诏书，历史上一般称之为“党锢之祸”。

被列入党人名单的，大都是公认正直而有声望的士大夫。尽管他们遭到朝廷的追捕与迫害，但当时人仍愿意冒着危险，收留和庇护党人。“八及”之一的张俭在逃亡的路上，很多人宁可冒着被牵连的危险也要保护他，谭嗣同“望门投止思张俭”[2]的名句便是化用这一典故。同样，对党人的迫害也激起了舆论强烈的反弹，当时刚刚平定凉州的羌乱，声望非常高的名将皇甫规，甚至因为自己没有被列入党人的名单而感到非常羞耻和愤慨，主动上表要求把自己列进党人的名单中接受处分，可见人心的向背。

党锢的兴起有偶然的因素，特别是建宁三年（170）第二次党锢的发生，主要是因为窦武与陈蕃一起密谋诛杀宦官，失败之后，宦官对他们进行了大规模的政治清洗。窦武与陈蕃都名列三君，是当时士大夫清议的领袖，因此朝廷镇压的残酷和牵连的范围都远远超过了第一次。这背后实质

---

1 施耐庵所作古典名著《水浒传》中的人物宋江，别号“及时雨”。

2 出自谭嗣同《狱中题壁》。

上反映的是宦官、士人与皇帝三者之间矛盾的激化。

“结党”在中国古代是一个非常严重的罪名（我们可以注意到，繁体字的“黨”下面其实是一个“黑”字），古人也一直有“君子不党”这样的说法。因为皇帝制度的设计是希望大臣作为“原子化”的个人效忠于皇帝本人，大臣们一旦结党，便意味着有自己的小集团，有自己的利益和目标，所谓“结党营私”这个词，就是这样来的。结党就等于迈出了不忠于皇帝的第一步，构成了对皇权的威胁。因此在中国古代控告大臣结党，其实要比控告大臣“贪污”这样的罪名严重得多。

尽管清议在后人看来表现的是士大夫的气节和风骨，值得表彰，但在当时，对皇帝的权威形成了巨大的冲击。秦汉以来，皇帝的统治是通过官僚制来实现的，对官员个人的升迁和贬谪是皇帝控制、评价官僚最重要也是最基本的手段，但是在清议的浪潮中，“清”与“浊”取代了官位的高低，成为评价士大夫的标准。试想，如果皇帝重用提拔的人被视为浊流，遭到士大夫的鄙夷，皇帝的权威何在呢?

因此，表面上看，党锢是士人与宦官的冲突，但究其实质是清议和皇权的对立。对于士大夫来说，党锢同样是巨大的打击。表面上看，党锢的处分并不算重，“锢”是禁锢的意思，就是禁止党人做官（有点类似于我们现在“剥夺政治权利”）。但这些党人和他们的追随者很多都是出身于地方的官僚家族，东汉政权对党人的处分和追捕，使得很多地方大族产生了与东汉政权离心的倾向。因此，到了中平元年（184），黄巾起义爆发后，朝廷为了挽回人心，防止党人与张角等人合谋，立刻解除了党锢的禁令，但更沉重的打击是在心理层面。

自从汉武帝“罢黜百家、独尊儒术”以来，汉代一直以儒家学说作为治国的思想，到了东汉末年，已经有300年的时间，可谓深入人心，受到世人广泛的尊奉。汉末的清议，最初是按照儒家道德标准来批评政治的，本意是“反宦官不反皇帝”，参与其中的士人，很多有着非常好，甚至可以说是严苛的道德操守，他们无疑希望皇帝能够按照儒家的理想来治国，抛弃宦官，和士大夫共治天下。但最终，士大夫发现皇帝竟然站在了宦官一边，士人的道德理想一下子破灭了，而维持这种道德观念的儒家意识形态也受到了重大的打击，失去了对士大夫的吸引力，后来玄学、清谈兴起，士人“非汤武而薄周孔，越名教而任自然”，放浪形骸风气的出现，都与此有关。成汤、周武王、周公、孔子都是儒家学说中的圣人，在汉人眼中是不能够被非议的，但是在清谈的时代，这些人也可以被讨论，这个其实就意味着儒家意识形态的瓦解。

此时，我们发现士大夫的思想发生了一个明显的转变。汉末魏晋时，人们经常论辩的一个话题叫作“君父先后”论，就是皇帝和你的父亲发生冲突的时候，你应该站在哪边？这个题目带有一点伦理学的色彩，有点类似今天网络上流传的经典段子——“当你的妈妈和你的女朋友同时掉进水里的时候，你先救谁？”这本质上是一个道德困境的隐喻，大家的看法也各种各样，并不统一。但是我们要注意到，这一话题能够成为公众性的话题，背后反映出来的实质是什么呢？在士大夫看来，国家和家族的利益是有可能发生冲突的，这个时候就要选择是继续忠于朝廷，还是维护家族的利益。但是早先，士人没有这样的焦虑，汉代选拔官员强调“求忠臣必于孝子之门”，因此，汉代察举制基本的名目叫作举孝廉。孝，我们现在看起来，只是一个人基本的道德品质，和你做官的能力没有关系，但是这是汉代人考核官员的最基本的要求。因此，在这一观念中，“家族”与“国家”是一致的、同构的。但到了此时，形势发生了变化，家与国之间的矛盾开始出现。我们经常讲，后来的魏晋南北朝的士族往往注意保全一家一姓的地位，而缺少忠诚于朝廷的观念，这是士族社会一个非常重要的特征。而这种“先家后国”的转变，其实可以追溯到汉末，党锢作为一个政治事件可能并不能算是非常重要，但对于士大夫心理层面的打击可以说是非常深远的，维系两汉的儒家意识形态的瓦解，也是之后长期分裂局面形成的重要的、深层次的原因。

二重君主制："伯乐"和"老板"的矛盾

除了儒家意识形态的瓦解，魏晋南北朝分裂还有其他原因。汉代选拔官员的制度一般被称为"察举制"，察举与后世通过科举考察官员有所不同，本质上仍是一种推荐任官的制度，每一个郡根据人口数量的多寡，郡守有权推荐若干士人出任官职。以最常见的举孝廉而论，大约每20万人可以推荐1人。学者一般认为，汉代通过将独尊儒术与察举制结合，建立起了一套相当有效的制度。独尊儒术使得儒家经典成为士人想要做官就必须阅读的书籍，在潜移默化之间统一了士大夫的思想。察举制一方面促进了儒家思想的传播；另一方面则使全国各地的精英都有机会进入中央做官，参与政治，大大扩展了两汉的统治基础。但是其中也有一个明显的弊端，就是当时有条件系统学习儒家经典，并且通过察举制获得做官机会的人，大都是出自地方上的世家大族，而非一般的老百姓。因此察举的权力，名义上虽然操持在朝廷任命的郡守手中，但实际运作的过程中则有被地方大族把持的危险。

因此，如何监督地方官员便成了一个棘手的问题。汉代疆域辽阔，在古代的交通与通信条件下，要对千里之外的地方官加以有效的监督，谈何容易。一方面，汉代非常重视对郡守人选的选拔，汉宣帝曾经有过一句名言，"与朕共治天下者，其唯良二千石乎"。"两千石"就是郡守的品秩。郡守作为莅民之官，在汉代非常受重视，一旦有突出的政绩就很有可能入朝为九卿，被提拔为宰相的例子也不鲜见。这算是正面的绩效奖励。另一方面，则是利用刺史制度予以监督。汉代的郡有100多个，数量不少，事实上造成了中央监察的困难。自汉武帝开始便分天下为十三刺史部，派出刺史巡行各郡，以"六条问事"，就是以六个主要的条目来考察官员是不是行为不法。其中的核心就是检查郡守有没有和地方的豪强相勾结，鱼肉地方，祸害百姓，比如其中一条是“二千石违公下比，阿附豪强，通行货赂，割损政令”。这一制度运行有效的奥秘，就是用品级比较低的官员来监督品级比较高的官员。汉代的郡守是二千石，刺史虽然权力很大，负责监察郡守有没有不法的行为，但是本身的品秩只有六百石。地位相对比较低的刺史有着非常强的晋升动力，因此，往往会努力地扳倒地位比自己高的郡守，避免了常见的官官相护的弊端。

历来讲到汉代制度的优点，刺史监察是经常被举出来的例子，明末的思想家顾炎武曾经赞赏这一制度是“秩卑而命之尊，官小而权之重。此小大相制、内外相维之意也”，就是用品级比较低的官员来监察品级比较高的官员，形成了一种有效的激励机制。这可以说是刺史制度设计上独具匠心的一面。

刺史监察在初期确实称得上运行有效，满足了中央监督地方的需求，但是时间一久，弊端也渐渐暴露出来。尽管刺史名义上品秩比较低，但是权力很大，郡守们的奖惩、升迁，都操持在他们的手中，逐渐反客为主，地位凌驾于郡守之上。起初，刺史仅有监察的职能，也没有固定的驻地，要在各郡当中巡行，后来慢慢有了固定的治所，甚至侵夺了郡守的行政权力，当然这些刺史的权力并不是制度化的。到了黄巾起兵之后，天下大乱，宗室刘焉上奏“以为刺史威轻”，建议把刺史改成州牧，提高品级与地位，选择有威望的大臣出任。刘焉的上表其实包藏着自己的私心，他已看到天下即将大乱，不想继续留在洛阳，想找一个比较安定的地方来躲避战乱。改置州牧的建议被采纳之后，刘焉就自己请求出任益州牧，他和他的儿子刘璋两人割据益州二十多年，直到被刘备消灭。我们读《三国演义》时，荆州牧刘表、冀州牧袁绍、徐州牧陶谦这些熟悉的称谓便源于这次改革。

从刺史到州牧，表面上看起来只是一个名称的变化，但影响深远。汉代地方是郡、县两级制，全国有100多个郡，虽然有些不便于管理，但是每个郡的力量都很有限，即使郡守有意图谋不轨，也很容易被镇压。但把刺史改为州牧之后，等于在郡的上面又增设了州一级，变成了州、郡、县三级制，州直接管辖郡，一个州牧控制的土地和人口约占据了天下的1/10。因此一旦州牧个人有了野心，很容易形成尾大不掉的局面，变成割据一方的诸侯。

历史的变化证明了这一点，在汉末群雄割据、互相混战的局面中，州恰恰成为最重要的行政单元。地方行政体制从二级制到三级制的转变，使得中央与地方的实力对比发生了变化——地方坐大，中央衰落，这也是造成长期分裂局面重要的制度性因素。另外，随着监察的松弛，察举制逐渐被地方大族所控制，最晚到东汉后期，本地世家大族的子弟，享有优先被推荐的权利，已被视为惯例。州郡僚佐中比较重要的职位按例都被地方上的大姓所垄断，州郡的大吏往往带有世袭性。

在这一背景下，出现了一种汉代人非常看重的人伦关系，即府主与故吏的关系。这一关系的重要性，可以举一个例子来说明。大家都知道，在东汉末年群雄逐鹿的局面当中，袁绍一度实力最强，拥有四州的地盘。或许有读者已经注意到，袁绍坐大所掘得的第一桶金，竟然来得非常容易。冀州这块天下最富饶的土地，是韩馥主动让给他的，袁绍没有花费一兵一卒。当时如果从实力对比而言，韩馥控制的冀州，号称“带甲百万，谷支十年”，粮食和军队都非常充沛。而袁绍与董卓决裂之后，虽然号召关东的诸侯起兵讨伐董卓，但他自身实力有限，与韩馥之间的实力对比相当悬殊。尽管韩馥本人对是否要把冀州让给袁绍，也很犹豫，但最终仍下定了决心，其中最关键的因素——他是袁家的故吏，袁家对他有恩，如果此时不回报袁家，反而兵戎相见的话，会被天下人耻笑。

因为征辟是汉代士人进入官场的第一步，因此辟举者（就是推荐的人）和被征辟的人（被推荐的人）之间所形成的府主与故吏的关系成为汉代人最看重的人伦关系。顾名思义，“故吏”的意思是“以前的属下”，但是这种关系并不随着官员任期的结束而终结，反而是终身性的，即故吏一直有回报府主的义务。著名的史学家钱穆将府主故吏的关系与君臣关系并提，认为汉代有“二重君主制”，故吏同时忠于皇帝与府主，这一说法有不少学者支持。因此我们看到，袁绍本人尽管才能平庸，但他却能够成为汉末最强大的割据势力，最重要的资本就是他出身显赫。袁家“四世三公”，就是连续四代人都做到了“三公”的高位，在这一过程当中，袁家门生故吏遍布天下。在当时的道德观念中，这些曾经受过袁家恩惠的人，都有义务回报袁家的恩德，成为袁绍可以利用的力量。史书记载，袁绍的叔父袁隗被董卓杀死后，天下的人都对他们家遭受的灾难感到同情，人人都想回报他们家的恩惠。于是，州郡的人起兵，都是假借着为袁家报仇的名义，由此可见袁家的影响之大。

这种府主与故吏的密切联系，在中央权力强大的时候尚看不出有多大的问题。一旦中央权力衰落，府主有意割据一方，而他们辟举的故吏大都又出身于地方上的大族，两者结合，便成为割据势力形成的一个非常重要的因素。

除此之外，黄巾起兵之后，东汉为了镇压黄巾，允许地方自行募兵。我们看到曹操、孙坚、刘备这三个三国的奠基者，尽管出身各自不同，但有一个共同点，他们都是在镇压黄巾的过程中，招募军队，拥有了自己的武装势力。这一举措虽然对于镇压黄巾起到了良好的效果，但同时也打开了地方军事化的“潘多拉的魔盒”，各地有野心的人都可以借此名义招募军队，互相攻伐，中央任命的刺史、郡守，经常被这些地方实力派驱逐，甚至杀害。天下大乱的格局，遂一发而不可收。

禅让：曹魏代汉的闹剧背后是什么

大家都知道，曹魏取代东汉是通过禅让的形式。所谓“禅让”，名义上仿照上古时期的圣王，传贤不传子，把天下让给更有德行的人。因此，表面上看，汉献帝是主动把皇位让给曹丕的。整个仪式有很强的表演性，为了表示谦虚，曹丕还不能立刻接受皇位，起码要推让三次，显示出自己是为天下苍生的福祉考虑，才勉强接受皇位的。我们都知道这是一场虚伪的表演，汉献帝无疑也是在威逼之下，才被迫配合这场演出。曹丕本人在完成禅让仪式之后说了一句意味深长的话，“尧舜之事，吾知之矣”。尧和舜都是中国古代的圣王，他们就是通过禅让来传递皇位的。正是因为现代人已经看穿了其中的虚伪，所以便很少去关心这场戏在当时对人们意味着什么。

中国古代王朝更替的方式有两种：一种是革命，一种是禅让。古人所说的“革命”，与现代汉语中的“革命”意思稍有不同，指的是天命的改变。儒家思想强调尊君，自然不会鼓励臣子起来推翻君主。但有一种情况可以例外，如果前一个王朝的统治太过残暴或者太过腐败，失去了民心，便同时也失去了天命，这就是孟子所说的“桀纣之失天下也，失其民也；失其民者，失其心也”。失去了民心，就失去了天命。于是，此时臣子起来推翻君主便不再是乱臣贼子，而是顺天应人的举动。《周易》中讲“汤武革命，顺乎天而应乎人”便是最典型的例子。因此成汤、周武王虽然曾经是夏桀、商纣的臣子，但他们的起兵是具有合法性的，并不妨碍他们成为儒家推崇的圣王。在这一语境下，“革命”往往是指用暴力手段推翻前一个王朝的统治，其中暗含的意思是前一个王朝因为胡作非为，已经失去了天命而被推翻，新王朝是建立在否定前朝统治合法性的基础上的。秦末各地起兵反秦便是如此，所以陈胜讲“天下苦秦已久矣”，就是天下人怨恨秦朝残暴的统治已经很久了。但禅让的意思则微妙得多，汉献帝之所以要把皇位让给曹丕，名义上是因为曹丕更具有德行，人心归附，因此拥有了统治天下的资格。禅让是通过“和平”的形式进行的，因此也不否定前朝的合法性。

禅让完成之后，汉献帝被封为山阳公，可以在自己的封地之内保留汉的正朔，依旧使用天子的礼仪。同时，我们可以注意到，通过“禅让”的形式转移政权，对此后产生了深远的影响，形成了一个新的政治传统。魏晋及隋唐新王朝的建立，大都采取了禅让的形式，一直延续到宋代，宋太祖赵匡胤通过陈桥兵变，黄袍加身，但在形式上仍然是要由后周的小皇帝把皇位“禅让”给他。

历来对于曹操是否有取代汉室的野心有很多争论，但这种对于个人心理的揣度，无论是肯定还是否定，都很难在学术的层面上加以验证。但是我们可以思考的一点是，曹操挟天子以令诸侯在当时具有什么样的意义？

自从公元189年董卓进京之后，东汉的统治实际上已宣告瓦解。从建安初开始，曹操便控制了汉献帝。尤其当他在官渡之战击败袁绍，统一北方后，独揽朝政，可以说已经具备了取汉而代之的外在条件。一方面，我们看到曹操做了一系列铺垫的工作。比如说封魏公、加九锡（皇帝才能够使用的九种礼器，包括车马、服装等），最后晋爵魏王，一步步地逼近皇位。另一方面，曹操确实终其一生，也没有迈出称帝的最后一步。直到公元220年，曹操去世之后，他的儿子曹丕才取汉而代之，东汉王朝名义上又延续了30多年。这些看上去有些自相矛盾的行为，或许可以证明，虽然汉献帝早就没有了什么实际的权力，但是曹家要真正取汉而代之，却也不那么容易。

两汉400年的天下，尤其是西汉末年王莽一度篡汉成功，但很快又迎来光武帝的中兴。所以在当时人看来，汉确实是一个“千年帝国”，具有很强的合法性，甚至到了魏晋南北朝，起来造反的人，很多人也自称姓刘，或者是本来不姓刘，但是冒姓为刘，显示出“汉”这个符号在当时所具有的深远影响。

其实，如果我们把“皇权”这个概念，进一步分解为“权力”和“权威”两个不同的层次，可以看得更加清楚一点，汉王朝实际的统治在黄巾之乱后已经宣告瓦解，但是汉的政治权威则维持了更长的时间。这便是曹操“挟天子以令诸侯”的意义所在，也是之所以要通过“禅让”的方式来实现汉魏易代的原因所在，因为汉在当时人看来具有很强的正统性。

事实上，在皇权转移的过程中，如何恰当地表现“天命有归”的正当性，其意义不下于对实际权力的操控。表面上看，这些政治话语的构建只是对于权力的一种缘饰、一种装点，但是我们需要注意的是，丧失道德合法性的政治权力是没有办法长期维持的。当然，如汉献帝那样，仅仅具有合法性，而缺少支撑它的实力，也会瓦解，这点恐怕是现代人读史的时候多少会忽略的一面。

我们从另外一个例子中也可以注意到正统的重要。我们比较一下三国三个君主称帝的时间，会发现一个很有趣的现象。公元220年曹丕代汉；紧接着221年刘备称帝；但到了八年之后，公元229年孙权才称帝建立吴国。我们都知道，诸葛亮著名的《隆中对》中讲道，“孙权据有江东，已历三世”，基业稳固，可以说，在三国之中，吴国的疆域与统治是最早形成的，但称帝的时间反而最晚，尤其是在魏、蜀两国都已经称帝的情况下，孙权为什么迟迟没有迈出那一步呢？其中的关键就在于，较之于魏、蜀两国，吴缺少足够的正统性。

曹丕称帝是承袭了汉王朝的正统，尽管禅让是一场表演，但表面上演得还算逼真，汉献帝主动把天下让给了曹家，一副“你情我愿”的样子。刘备则是汉王室的远亲，自称是中山靖王刘胜之后，尽管血统上不但疏远，而且有些可疑，但这个身份给刘备带来了很大的便利。他只要声称汉献帝的禅让是被迫的，他就有复兴汉室的权利与责任。刘备称帝的时候也利用了一个谣言，这个谣言说汉献帝已经被曹丕杀害，既然献帝已死，作为汉的宗亲，刘备的称帝也显得顺理成章了。

因此，曹、刘两家都可以比较容易地宣称他们继承了汉的正统，孙权则两边不靠，地位尴尬。更麻烦的是，孙权原来在汉的官僚系统中也爵位不高，仅仅被封为南昌侯。孙权袭杀关羽，夺取荆州之后，孙刘联盟破裂，为了防止受到两面夹击，在刘备可能复仇的情况下，孙权一度向曹丕称臣，对于给予归降的孙权什么样的待遇，曹魏政权中曾经有过激烈的争论。刘晔便反对封孙权为吴王，他的理由是“夫王位，去天子一阶耳，其礼秩服御相乱耳。彼直为侯，江南士民未有君臣之义也”。孙氏尽管三世据有江东，但他仅仅是汉的南昌侯，所以他和江南的老百姓并没有君臣的关系。所以刘晔主张可以封孙权为万户侯，但绝对不能封王。“王”距离“皇帝”仅一步之遥，封孙权为吴王其实给他日后称帝提供了一个重要的台阶。后来的历史发展证明刘晔是有先见之明的。

孙权非常重视祥瑞，也喜欢改年号。比如说，在正式称帝之前发现夏口、武昌两地都出现了黄龙、凤凰。可以说除了武则天之外，孙吴政权是中国历史上最喜欢改年号的政权。我们看看孙权称帝前后所使用的各种年号：黄龙、嘉禾、赤乌、神凤。可以发现，几乎所有的祥瑞都曾经接连登场，被用了个遍。越是喜欢改年号，越是喜欢制造各种祥瑞，就说明内心越虚弱，这些祥瑞、年号的改变，恰恰反映出孙吴统治合法性的不足。

司马懿政变：比轮盘赌还冒险的孤注一掷

曹丕通过禅让的形式完成了汉魏易代，开启了三国鼎立的时代。正始十年（249）的高平陵之变则是曹魏历史的转折点，趁着执掌朝政的大将军曹爽奉魏帝曹芳之命到洛阳郊外的高平陵为他的父亲扫墓的机会，赋闲多年的老臣司马懿突然发动政变，控制了中枢政权，进而开启了代魏的历史进程。

我们先把时间拨回十一年前，景初二年（238）末，魏明帝弥留之际，司马懿与曹爽一起接受顾命，辅佐幼主。不久之后，曹爽就奏请转司马懿为太傅，剥夺了他的实权，自己独揽朝政。到高平陵之变时，司马懿被排挤出权力中心已经有十年。此时突然发动政变，并取得成功，不能不说是一件令人意外的事情。对此，宋代学者叶适曾有一段评论，大意是说，高平陵之变是一件非常奇怪的事情。曹氏的基业虽然没有像两汉那么稳固，但是到此时已有半个多世纪。一般的老百姓都已经认可了曹魏政权。司马懿虽然是两朝托孤重臣，但此时已经失去了权力，和普通人没有什么区别。借着皇帝外出的机会关闭城门，夺取权力，和造反没有什么区别，这是最愚蠢的人也不敢做的。司马懿号称智谋过人，竟然如此轻举妄动，这是灭族之祸，竟然还取得了胜利，真是让人觉得非常奇怪。

那么，我们来回顾一下高平陵之变前，曹爽与司马懿双方实力的对比。自从曹操起兵以来，根据曹魏的军事传统，中央的禁军一直是由曹氏与夏侯氏的人控制，司马懿早年虽然多次率领大军在关中抗衡诸葛亮，有很高的声望，但是他从来没有机会染指禁军的指挥权。而我们再来看看曹爽。作为名臣曹真的儿子，他给一般人的印象只是一个纨绔子弟。确实，他在辅政之前并没有太多的事迹值得称道，也缺乏必要的政治历练，但他在魏明帝时，曾经担任武卫将军一职。因此，曹爽对禁军的重要性有着深刻的认识。执政之后，任命他的弟弟曹羲为中领军，又先后任命自己的亲信毕轨、夏侯玄出任中护军，借此牢牢控制了禁军，为曹爽长期把持朝政奠定了基础。因此，司马懿发动政变时，所能依靠的力量非常有限。

司马懿在高平陵之变中的行动大体安排如下：自己先率领军队占领武库，然后命令长子司马师、弟弟司马孚率领军队攻取司马门，次子司马昭率领军队监视太后，司徒高柔代理大将军的职务，控制曹爽的军队，太仆王观代理中领军的职务，控制曹羲的军队。在以上的战略要点都被控制的情况下，最后才和太尉蒋济一起，率兵屯驻在洛水浮桥边，准备迎击曹爽可能的反扑。

从司马懿的安排中不难看到，武库的得失对高平陵之变的成败有着生死攸关的意义。他的儿子司马师虽然为政变豢养了三千死士，但是私藏兵器、甲胄历来都被认为是试图谋反的大罪，处分非常严格，司马懿虽然是朝廷重臣，但恐怕也不可能密藏有足以武装三千人马的武器。因此，只有在占据武库之后，参与政变的人马才能获得大量的武器。这是其他行动得以展开的前提。

另一方面，占据武库等于切断了忠于曹爽的军队的武器来源。按照当时的制度规定，除了正在担负巡逻、宿卫任务的兵士之外，其他禁军部队平时身边也没有武器，武器被集中保管在武库之中。

根据文献的记载和考古发现，我们可以知道，洛阳武库位于城市的东北角，而曹爽的府邸恰好位于武库之南，曹爽选择此地为府，大概有便于就近控制武库的意思，可知曹爽并非我们想象中那么无能，他也知道武库的重要性。因此，司马懿想要夺取武库，必须经过曹爽的府邸，在这个过程中发生了一个有趣的故事。当时留在洛阳的曹爽妻子刘氏，以为司马氏的目标是攻取曹爽的府邸，惊慌失措，双方对峙，冲突几乎一触即发。但司马懿完全没有和曹爽府中的卫士纠缠，经过了曹爽府，径直奔武库而去。司马懿早就断定，在洛阳城中群龙无首的局面下，忠于曹爽的军队并不能进行有效的抵抗，他首先攻取武库的釜底抽薪之举，已经切断了城内曹爽军队的武器来源，瓦解了他们抵抗的意志。

司马懿需要攻取的另一个重要目标是司马门，其他的司马氏成员司马师、司马昭、司马孚都被安排参与攻打司马门的战役。司马门是洛阳宫城的正南门，是拱卫帝王、保护宫城安全的主要屏障，也是宫城防卫的重心。司马懿非常清楚地知道，只有攻取司马门，进入宫中，控制了太后，由郭太后下诏废黜曹爽，才能为这场政变染上一些合法的色彩。另外，只要控制了司马门，隔绝宫内外，驻扎在宫外的曹爽、曹羲两营的军队与宫中就失去了联系，自然也掀不起大的风浪，整个政变可以算是大功告成。

总体而言，高平陵之变是司马懿一生所经历过的最为艰难的斗争，面对掌握禁军的曹爽，司马懿所能控制的军事力量明显处于劣势。但是由于曹爽兄弟轻率地带着小皇帝出城谒陵，致使政变发生后，城内禁军陷入群龙无首的局面。司马懿运用自己丰富的政治经验，抓住了这一转瞬即逝的良机，在兵力不足的情况下，放弃攻击曹爽府邸这样显而易见的目标，转而把有限的力量集中于武库、司马门这样最富战略价值的地方，铤而走险，奋力一击，从而改变了整个魏晋历史的走向。

除了司马氏家族的成员之外，参与政变的蒋济、高柔、王观等人都是曹魏的老臣。表面上看，这场政变似乎得到了曹魏政权中元老和功臣们的大力支持。但是我们需要注意到，这些曹魏老臣之所以支持司马懿发动政变，主要是对曹爽之前改革的不满，他们意图恢复原有的政治秩序，维护自身的既得利益。但是他们并没有支持司马氏改朝换代的意图和打算，反而“心存曹氏”。因此，在司马氏家族独揽朝政之后，他们与司马氏家族也渐行渐远，甚至有些人成为司马氏专权的反对者。例如之前同情高平陵之变，曾帮助司马懿说服曹爽放弃抵抗的两位朝臣许允、尹大目，后来都站在了反对司马氏的立场上：许允参与了李丰废司马师、拥立夏侯玄辅政的计划，而尹大目则在司马师讨伐文钦、毌丘俭之役中临阵泄密，暗助毌丘俭。所以司马懿尽管在高平陵之变后，掌握了曹魏政权，但他代魏的过程绝非一帆风顺。事实上，司马氏家族经过祖孙三代、四人长达十六年的努力，才最终完成了魏晋易代，这在中国历史上是绝无仅有的现象，在其中发挥关键作用的则是一般人注意不多的司马师。

在之前讲过的高平陵之变中，司马师豢养的三千死士便起到了决定性的作用。根据记载，政变是由司马懿、司马师两人精心谋划的，司马昭事先都不知情。司马懿死后，司马师以抚军大将军的身份执政，继续控制朝廷。虽然司马师从嘉平三年（251）执政到正元二年（255）去世，其间不足五年，时间上并不长，但对司马氏代魏的进程而言，却是意义非凡。司马师执政后，他所面临的形势相当严峻。司马懿对曹魏政权的控制，更多的是依靠他个人的政治声望和长期积累下来的人脉，生前并没有来得及对中央和地方潜在的反对者加以清洗。而司马师则逐步扫除了中央与地方的反对势力，对内镇压了李丰、夏侯玄的未遂政变，废了齐王芳，另立高贵乡公曹髦，借此肃清了朝廷中忠于曹氏的力量；对外则亲征淮南，平定了毌丘俭的起兵；同时，司马师以曹魏官二代为中心，培植起一支支持司马氏代魏的政治力量，他所援引的贾充、钟会等人，后来都在代魏的过程中发挥了关键作用。可以说，通过司马师的努力，奠定了魏晋易代的基本格局，也正是因为司马师有大功于晋室，他的养子齐王司马攸在魏晋之际具有很高的声望和地位，很多人主张立他为太子，接续大统，对于西晋初年的政局产生了深远的影响。

邓艾与钟会的悲剧：西晋政权的结构性矛盾

司马懿父子两代人经过苦心经营，大体完成了魏晋易代的准备工作。那么，为什么西晋要到高平陵之变的十六年之后才得以建立呢？其间发生了哪些重要故事呢？

曹魏景元四年（263）的伐蜀之役可以说是小说《三国演义》中最后的一个高潮，邓艾率领手下的将士，翻山越岭，穿过崎岖的阴平小径，绕过剑阁天险，出其不意地出现在成都平原上，进而一举灭亡蜀汉。这场奇袭是中国军事史上有名的经典战例。

但令人奇怪的是，战争的胜利反而激化了两位主将——钟会与邓艾之间的矛盾。钟会抵达成都之后，污蔑邓艾谋反，将他囚禁。后来钟会又在姜维的撺掇下，意图割据自立，遭到监军卫瓘（guàn）的讨伐。在混乱中，两位伐蜀的主将先后被杀，胜利最后演变成了一场悲剧。这个故事经过《三国演义》的渲染，在中国可谓妇孺皆知。那么，在邓艾与钟会的矛盾背后，是不是存在更深层次的原因？我们先看一看这两个人的出身。

邓艾原本是襄城典农属下的部民。典农是曹魏负责屯田的机构，一般来说，参加屯田的农民比自耕农地位更加低，而且贫穷，没有完全的人身自由。因此，邓艾的出身可以说是相当卑微，完全是依靠自己的战功才得以登上高位，没有任何能力之外的资本。而当时官场的主流是曹魏“官二代”，邓艾与他们在社会出身和文化风习上有很大的不同。《世说新语》中记载过一个和邓艾有关的故事。邓艾有一点口吃，司马昭嘲笑他说：“卿云艾艾，定是几艾？”你说话的时候经常“艾、艾”，那你的名字到底叫什么呢？邓艾的回答非常漂亮：“凤兮凤兮，故是一凤。”用的是《论语》

中楚狂接舆歌而过孔子之门，喊“凤兮凤兮，何德之衰”的典故，其实意思就是说，接舆说“凤兮凤兮”，其实只有一只凤凰。但是在这个玄风兴起、崇尚清谈的时代，邓艾的口吃无疑与当时的主流文化格格不入。

钟会则不同，他是汉末名臣钟繇的儿子。颍川钟氏是汉末清议中最受推崇的家族，在士大夫中有很高的声望。作为曹魏官二代，钟会与司马昭关系密切，是司马昭最亲信的谋臣之一。

《世说新语》中记载了一个和钟会有关的故事。有一次司马昭、陈泰、陈骞、钟会四人约好一起出行，但是钟会迟到了，司马昭便嘲笑他说：“与人期行，何以迟迟？望卿遥遥不至。”就是说，你和人约好了，为什么要迟到呢？在此处，司马昭故意提及了“遥”这一钟会的父亲钟繇名讳的同音字。我们之前讲到过，魏晋人重视孝道，因此与人交谈，万一不小心提到了对方已故的父亲、祖父的名字，是一种非常严重的冒犯行为，连谐音字也不行，被冒犯的人应该当场痛哭，表示被触及伤心之事。当时有些清谈名家，在一日之内与上百人接谈，而能做到不触犯任何一个人的家讳，这是记忆力惊人的表现。但反过来，如果是关系十分亲密的朋友，有时候则会用对方的家讳来开玩笑，这成为魏晋名士特有的一种“智力游戏”。司马昭便是因为钟会的迟到，拿他的家讳来开玩笑。素来反应敏捷的钟会也不甘示弱，他反击道：“矫然懿实，何必同群？”意思是说，我一个特立独行的人，何必要和你们一起出发？一方面美化了自己迟到的行为，更在短短的八个字中巧妙地点到了车上另外三个人的家讳——司马昭的父亲司马懿、陈泰的父亲陈群、陈骞的父亲陈矫，这同车的四个人都是曹魏的官二代。这场智力游戏的第一个回合，无疑是钟会占了上风。司马昭不甘心吃亏，继续发问：“皋繇何如人？”再次触犯了钟会的家讳。钟会回敬道：“上不及尧、舜，下不逮周、孔，亦一时之懿士。”同样回击了司马昭。

当时，把持朝政的司马昭已经开始准备篡魏，人称“功德盛大，坐席严敬，拟于王者”，虽然还不是皇帝，但是已经有了皇帝的派头和排场，对于旁人而言，事实上已经有了君臣的差别。但这些从小一起长大的贵公子之间依然可以毫无顾忌地拿对方父祖的名讳来开玩笑，以为戏乐，并无太大的尊卑、等级之差。司马昭对于钟会的信任和重用，便是建立在这种深厚友谊的基础上的，与邓艾相比，亲疏差别很大。

我们再回过头来看一下伐蜀之役，这是一场受内政驱动的战争，并非司马氏有统一天下的志向。早在五年之前，甘露三年（258）二月，司马昭平定了淮南诸葛诞的起兵，已经扫清了篡位道路上的最后一个障碍，因此到了那年五月，便有了“封晋公，加九锡”的提议。有了之前汉魏禅让的先例，大家都明白这标志着“禅让”连续剧的正式开场，高贵乡公曹髦讲了句名言：“司马昭之心，路人皆知。”什么叫作“路人皆知”呢？就是说，一旦有了“封晋公，加九锡”这样的动议，司马氏要篡位的野心，就连路边的人都知道了。此时，曹髦这位性格刚烈的年轻皇帝，做了一个出人意料的举动——率领亲随出宫攻打司马昭，结果还没走到司马昭的府邸便被人刺杀了。但是曹髦的被杀给司马氏造成了巨大的道德压力，同时也戳破了“禅让”连续剧中“你情我愿”的面纱。在此之后的五年中，尽管屡次有“加九锡”的提议，但是司马昭一直没敢接受，魏晋易代的进程陷入僵局。

在此背景下，司马氏被迫寻求建立不世之功，来重启代魏的进程，而不是因为魏蜀两国的实力发生了什么样的变化。事实上，直到司马昭决心伐蜀的前一年，姜维依然在骚扰曹魏的边境。最初邓艾对于伐蜀也是反对的，直到司马昭专门派人去说服之后，他才勉强同意。因此，整个伐蜀之役是钟会一手谋划的，邓艾只不过受命率领偏师而已。

这样大家都能够想象，心高气傲的钟会被姜维堵在了剑阁，最后让邓艾抢到了头功，他心中的嫉妒、愤懑、不满可想而知，两个人之间矛盾的激化便是自然而然的。

更值得注意的是，与邓艾、钟会冲突类似的情况，也出现在后来的伐吴之役中。从益州顺流而下的王濬（jùn）没有按照原来的计划，在秣陵停军不前，接受王浑的指挥，而是直取建业，逼迫孙皓投降，这便是唐人刘禹锡的诗歌当中所讲的“王濬楼船下益州，金陵王气黯然收”。王濬的胜利激化了他与王浑之间的矛盾。王浑上表指责王濬违反诏命，不接受调度，污蔑他有罪，朝廷中的大臣则建议用囚车把王濬押解回来，幸好这次司马炎的处置比较稳妥，否决了这一提议，只是下诏责备王濬，没有激起更大的祸端。

观察一下王濬、王浑两个人的出身，便不难发现其中的奥秘。王濬家族在整个曹魏时代都没有仕宦的记录，与司马氏家族缺少渊源，因此在司马氏集团中处于边缘地位。而王浑出自太原王氏，他的父亲王昶是曹魏的司空，与司马氏家族关系密切。

马克思曾经说过，一切重大的世界历史事变和人物，都会出现两次：第一次是作为悲剧出现，第二次是作为闹剧出现。如果说邓艾与钟会之间的冲突具有一定的偶然性，那么类似的冲突在王濬、王浑身上的重演，反映的则是西晋政权的结构性问题。

实际上，西晋官僚阶层经过魏晋两代的生长发育，已经形成了一个通过婚姻、交游、同事、征辟等方式凝聚起来的利益共同体，加上魏晋之际玄学与清谈的崛起，这些士大夫除了政治利益之外，在文化上也逐步形成了共同的趣味与认同。西晋政权的核心都是司马氏家族最为熟悉的姻亲和世交，没有任何起自孤寒的新鲜血液。这种政治基础的狭隘化，实际上是西晋开国之初就显得暮气深重的重要原因。

曹魏官僚子弟为了垄断既得的政治利益而表现出来的排他性，不但激化了司马氏集团内部的矛盾，这种对于政权的垄断，在抑制了官僚阶层内部流动的同时，也造成了整个官僚集团的僵化和缺乏活力，无法应对新的政治危机。左思《咏史》中“世胄蹑高位，英俊沉下僚”生动地描写了这一场景：位居高位的人都是官二代，而有才华的、出身贫寒的人只能做下层的官员，这也是西晋短促而亡的深层次原因。

晋武帝司马炎：就让我任性一次

司马炎虽然在咸熙二年（265）接受了曹魏的末代皇帝曹奂的禅让，建立了西晋。不过相对而言，他是一个弱势的皇帝。司马炎登基的时候已经30岁了，之前并没有多少实际的政治历练，他的父亲司马昭在完成了灭亡蜀国、称王、开建五等、制定礼律等几乎所有代魏的准备工作后，在距离登上皇帝宝座仅差一步的时候去世了。尽管史书中没有记载司马昭去世的详情，但咸熙二年五月，司马昭完成了建天子旌旗、立王妃为王后、立世子为太子、建晋国百官等一系列工作。此时距离他八月去世，之间留下了三个月的空白，我想，司马昭是在这三个月中暴病不起，突然去世的。因此，司马炎尽管名义上是西晋的开国之君，死后谥号为“武”，但他主要是仰赖父辈的基业才得以登上帝位的，实在是有些名不副实。

另一方面，他的弟弟齐王司马攸，早年被过继给没有子嗣的伯父司马师。我们之前讲到过魏晋易代的基础是司马懿、司马师父子奠定的，齐王攸又是司马懿生前指定过继给司马师的嗣子，如果不是司马师的意外早死，西晋的皇权本来应该传递到齐王攸手中。而且据说齐王攸颇有才华，当时人认为他“才望出武帝之右”，就是比他的哥哥司马炎威望更高，更有能力，在司马氏集团内部具有极强的继承皇位的合法性。据说，司马昭经常说“此景王之天下也，吾何与焉”，景王是司马师的谥号，他的意思就是说，这是司马师打下的天下，和我没有关系。他自己只是暂时代理宰相的位置，选择立储的时候，司马昭也曾经有过犹豫，曾说“百年之后，大业宜归于攸”，等他死后，天下最终还是要还给齐王攸的。最后，司马昭是在贾充、何曾等人的劝说下，才立司马炎为世子。不管司马昭的这些表态是真心还是假意，但因为司马师有大功于西晋，使得齐王攸也具有继位的合法性，这点是没有疑问的。

本来随着晋武帝登基为帝，他与司马攸之间君臣名分已定，这件事情已宣告结束，但随着太子司马衷年龄的增长，他的愚笨却成为朝廷中普遍担忧的问题。伴随着“要不要废太子”的争论，齐王司马攸地位的问题再次浮现出来。起初，由于武帝正值壮年，接班人的问题尚未凸显，双方暂可相安无事。但到了咸宁二年（276），晋武帝病危这一意外事件，彻底激化了双方的矛盾。

《晋书》对这件事情只有简略的记载，“二年春正月，以疾疫废朝”。正月元旦的元会是一年之中最重要的朝会，象征着国家的礼仪秩序，武帝因病取消了咸宁二年的元会，说明他的病势无疑已相当沉重。更关键的是，由于元会参与的人数众多，大量前期准备的工作和各地上计吏（到中央来汇报工作的官吏）赶往京城，都需要耗费相当多的时间，无疑，前一年十二月的时候各项准备工作都已经全面展开。但是武帝因病突然取消了元旦的元会，这件事无疑会在准备参与元会的上万官吏中引起强烈的忧虑。这一关系到国家体制的重大典礼突然被取消，实际上是把武帝病危的消息透露给了帝国上下所有的官吏，使得皇帝身体状况这样绝密的消息不再能够像往常那样被保守在宫廷的内部，而成为整个朝野上下关注的公共话题。

那么，这场把41岁的武帝击倒的瘟疫，又起源于何处呢？史书记载，在两个月之前，武帝还亲自在宣武观检阅了军队，说明此时武帝的健康状况依然非常良好。那么武帝突然身染重病的唯一可能，便是与十二月在首都洛阳暴发的瘟疫流行有关。在当时的医疗条件下，瘟疫是一种死亡率非常高的传染性疾病。武帝虽然贵为帝王，也未必能够逃脱这场灾难，甚至一度传出了病危的消息，直到咸宁二年三四月间，武帝的病情才逐渐好转。

在武帝病危的三四个月中，朝臣围绕着“万一武帝去世，由谁来继承皇位”的事情进行了一系列秘密的协商。由于太子司马衷的愚笨众所周知，当时朝廷中的主流意见是希望由齐王攸来入继大统，甚至连一贯支持武帝的贾充也表现出了犹豫。但是武帝幸运地活了下来，而且恢复了健康，那么所有拥立齐王攸的努力只能暂告一个段落。

西晋政治表面上回到了原来的轨道中。可是钟摆虽然再次摆回了原点，但齐王攸的威胁已深深地在武帝心中留下了不可磨灭的印迹。在此之后，武帝不顾朝臣的反对，一反魏晋以来抑制外戚的传统，转而重用外戚杨氏，将之作为自己的亲信力量加以培植，抑制功臣、宗室两股既成的势力。在此之后，武帝开始积极筹备伐吴。可是我们需要注意到，武帝准备伐吴并不是因为他有统一天下的雄心。要知道在此之前，他已经做了十年的皇帝，从来没有提起过要伐吴。他其实是希望借助伐吴成功带来的威望，改变自己弱势皇帝的形象，从而把齐王攸彻底地从朝廷中驱逐出去。

毫无疑问，公元280年伐吴的胜利、天下的统一大大增强了武帝的权威。当时人讲“大晋之兴，宣帝定燕，太祖平蜀，陛下灭吴，可谓功格天地，土广三王”。“宣帝定燕”就是指司马懿曾经平定了辽东的公孙渊，“太祖平蜀”是指司马昭灭亡了蜀汉，而司马炎平定了吴国，统一了天下，因此他可以和他的父亲、祖父相比，成为一个强势的皇帝。借此助力，武帝得以摆脱功臣与宗室的牵制，重新把目光投向内部，以求彻底解决齐王攸的问题。

太康三年（282）十二月，武帝最终下达了以司空齐王攸为大司马、都督青州诸军事的命令，要求齐王攸立刻赴任，离开洛阳。诏命下达之后，立刻招致了朝野上下强烈的反对。史书记载曾经上书反对此事的大臣接近二十个人，其中包含了宗室、外戚、禁军将领、清流名士等多股政治力量，齐王攸本人也拖延着不走，皇帝与大臣之间形成了互相对峙的僵持局面。这场争论随着齐王攸在第二年三月的暴病身亡而戏剧性地画上了句号。

表面上看武帝似乎取得了胜利，齐王攸的去世消除了太子继位最大的政治隐患。但是在胜利背后，武帝却在西晋政治中留下了难以弥缝的裂痕。我们首先需要认识到的是，大批朝臣反对外放齐王攸，并不意味着他们支持司马攸取代太子司马衷，而是希望维持朝廷中的政治平衡，不要发生大的动乱。事实上，官僚集团作为政治既得利益阶层是最希望保持稳定的。因此，武帝的姻亲王浑所谓“若以妃后外亲，任以朝政，则有王氏倾汉之权，吕产专朝之祸。若以同姓至亲，则有吴楚七国逆乱之殃”，就是说如果你认为外戚可靠的话，那么王莽篡汉、吕家专权都提供了历史的教训；如果你认为宗室可靠的话，那么汉景帝的时候吴楚七国之乱也是一个教训。因此，外戚和宗室任何一方独揽朝政，都会对皇权构成威胁。在武帝不愿意废黜愚笨的太子的情况下，王浑提出的以齐王司马攸、司马亮、外戚杨珧三个人联合辅政的建议，实际上是应对武帝去世之后政治变局的最佳解决方案。可惜武帝在咸宁二年之后，和齐王攸之间的矛盾已不可调和，根本不愿意接受任何将齐王攸留在权力中枢的安排。

由于这场声势浩大的政治抗争，朝廷分裂成了同情齐王攸的多数派与支持武帝的少数派。特别是武帝后期最有才能的政治家张华，因为反对将齐王攸外放，也失去了武帝的信任。由于这一裂痕的存在，在武帝晚年的政治中，更加倾向于重用外戚、亲信，尤其是杨氏家族，将公开的政治运作变成了一个小集团内部的密室政治，甚至只信任外戚杨氏，使得本来就存在着统治基础狭隘、官僚阶层流动性不足毛病的西晋政权，进一步走上了狭隘化的道路。

武帝为这场胜利所付出的另外一个代价是：他所倚重的外戚杨氏在西晋政治中彻底名誉扫地，失去了整个官僚阶层的支持与信任。武帝一死，他精心设计的辅政格局也便轰然倒塌。

“最丑”皇后贾南风与八王之乱

危机在晋武帝病危的时候就已经出现，陪伴在武帝身旁的外戚杨骏假传旨意，命令司马亮出镇许昌、都督豫州诸军事，以便自己独揽朝政。此刻，武帝先前看重司马亮的最大优点——没有政治野心，反倒成就了杨骏的专权。在朝野人心归附的情况下，司马亮却主动选择了退让，连夜奔赴许昌。武帝去世之后，司马衷得以继位，史称晋惠帝。晋惠帝是中国历史上著名的白痴皇帝，除了大家熟知的，他听说国内正在闹饥荒，有人饿死，于是问手下大臣“何不食肉糜”之外，他的另一桩逸事则是问了手下大臣一个颇具“哲学”色彩的问题——“外面的青蛙叫，是为公还是为私？”尽管有学者认为晋惠帝并不是现代医学意义上的“白痴”，甚至他都不能算是晋代最愚蠢的皇帝。据说东晋时候的安帝，“自少及长，口不能言，虽寒暑之变，无以辩也”，连最基本的语言表达和感知冷热的能力都没有。

连续出了两个白痴皇帝，大概只能推想司马氏家族的遗传基因存在着一些缺陷。毫无疑问，惠帝的智力仅相当于三四岁的小孩，缺乏处理实际政务的能力，只能任由身边的大臣摆布。

经过了晋武帝晚年的一系列政治风波，作为排挤齐王司马攸的主谋，杨骏此时虽然大权在握，但是朝野上下对他的讨厌有增无减。杨骏试图通过大量赏赐来收买人心，似乎也没收到太好的效果。螳螂捕蝉，黄雀在后。此时，之前被排挤到政治边缘的晋惠帝皇后贾南风发现了机会，她利用朝野上下对外戚杨氏专权的不满，召楚王司马玮进京。司马玮与禁军中不满杨氏专权的将领孟观、李肇等联合，发动政变诛杀了杨氏一家。贾皇后是西晋开国功臣贾充的女儿，史书记载她的相貌“丑而短黑”，说她又矮又黑，而且性格残酷，又善妒。加上她后来擅权妄为，历来人们对她评价非常低。其实较之于杨骏之流，贾皇后的政治手腕要高明很多。在政变的过程中，她先是唆使楚王司马玮借着混乱把宗室元老司马亮和威望甚高的功臣卫瓘一起杀掉，接着反过来嫁祸楚王玮，指责楚王玮假传旨意杀了司马亮与卫瓘，把他处死，为自己独揽朝政扫清了障碍。晋武帝晚年精心设计的身后安排，在他死后不到一年便已分崩离析，两位辅政大臣的候选人杨骏、司马亮先后在政变中被杀，贾皇后作为一系列血腥政治斗争的胜利者，“挟惠帝以令天下”，掌握了朝廷大权。贾皇后虽然性格残暴，但她执政的元康年间是西晋政治“回光返照”的稳定时期，当时人说“主昏于上，政清于下”，意思就是惠帝这样的皇帝是非常昏庸的，但是当时的政治倒还算清明。这主要归功于贾皇后能够信任富有才干的大臣张华，双方合作，保持了西晋政治的稳定。由于张华出身卑微，在曹魏官僚子弟占据多数的西晋统治集团中属于另类，所以他的特点是“退为众望所归”，但“进无逼上之嫌”，他尽管声望很高，但是因为出身寒微，在政治中没有支持的力量，所以对皇权不构成威胁，可以放心地把日常政务交给他打理。

但安定了几年之后，新的矛盾在太子司马遹（yù）与贾皇后之间产生，并逐渐激化。与愚蠢的父亲相反，司马遹自幼就聪明过人。据说有一次宫中失火，他的祖父司马炎登上城楼查看火势，年仅五岁的司马遹特地把武帝拉到一个阴暗的角落里，提醒他说如果这个时候让有野心的人看到皇帝站在明处，您很容易遭人暗算。这让晋武帝啧啧称奇，特地把他分封在传说中有天子气的广陵。可以说司马遹这位天资过人的皇孙的存在，是愚笨的司马衷得以保持太子地位的重要因素。武帝的如意算盘是，只要皇位能够平安地传递到他所钟爱的司马遹手中，那么他立白痴为太子的政治冒险就可以算是大功告成。因此，惠帝一朝太子司马遹的影响和人望非比寻常。由于司马遹并非贾皇后亲生，太子和贾皇后之间的关系本来就相当微妙。一方面，贾皇后诱使太子沉溺于声色犬马之中，打击他的声望；另一方面，也在为废黜太子寻找理由。

元康九年（299）十二月，司马遹落入贾皇后设计的圈套，被诬陷而遭废黜。张华、裴頠（wěi）等大臣虽然力争，但仍无法挽回太子的命运。第二年三月，太子被贾皇后所杀，刚刚获得近十年喘息时间的西晋政权，重新面临山雨欲来之势，只是这场风雨要比当时人所预计的来得更大、更猛烈，最后彻底摧毁了整个国家。司马遹虽然被杀，但他悲剧性的命运反而获得了当时人更大的同情。早年为了巩固司马遹太子的地位，特地为东宫配属了一支强大的禁军，此时这支精锐的禁军部队，成了点燃新的政治风暴的导火索。依然忠于太子的禁军选择与富有野心的宗室赵王司马伦合作，一起发动政变。

在这场政变中，不但贾皇后一族被杀，连带着之前与赵王伦有宿怨的张华、裴頠等富有声望的大臣，也一并遭到了处死。张华等人的死标志着西晋原有权力结构的彻底崩溃。之后野心勃勃又志大才疏的赵王伦自立为帝，激起了齐王司马冏、河间王司马颙（yóng）、成都王司马颖三人起兵反对，史称“三王起义”。武帝晚年为了保证司马衷继位之后，能够坐稳天下，特意将司马氏的子弟分封到全国各地为王，并且兼任地方长官，掌握地方上的军政大权。他的如意算盘是：一旦中央出现问题，这些地方上的诸侯王能够起兵勤王，保全司马家的天下，形成所谓“内外相维”之势。可惜最后的效果恰恰相反，这些坐镇一方的诸侯王确实纷纷起兵，参与到内战中去，但是他们的目的不是为了勤王，而是为了争夺天下。于是整个国家的政治动乱开始从中央波及地方，原本局限于洛阳朝廷的政治争斗逐渐演变成中央与地方、地方与地方之间全国性的内战。尽管此后西晋王朝名义上还风雨飘摇地存在了十八年，但是一个能够正常运作、驾驭地方的稳定的中央权力早已不复存在。

尽管学者一般将楚王司马玮诛杀外戚杨氏的政变视为长达十六年的八王之乱的开端，但这场动乱真正扩散到全国，造成巨大的破坏，则是从赵王伦的政变开始的。更重要的是，八王之乱不仅是一场残酷的内战，而且在这场内战的后期，战争的双方纷纷把北方胡族的力量引入中原，尝试依靠强悍的胡人武装压倒对手，取得内战的胜利。这一冒险的举动开启了“五胡入华”的历史进程。所谓“五胡”指的是在八王之乱后期，陆续进入中原的五个主要少数民族：匈奴、鲜卑、羯、氐、羌。在西晋灭亡之后，这些少数民族纷纷建立了自己的政权。

八王之乱后期，战争主要在成都王司马颖与东海王司马越之间进行。其中司马颖引入了匈奴刘渊的力量，司马越则与鲜卑合作，双方攻战不已。这些借着八王之乱的机会进入中原的胡人，很快就发现了西晋统治内部的腐败和软弱，不甘心位居其下，于是纷纷自立门户。尽管名义上司马越成为八王之乱最后的胜利者，但此时西晋政权已经摇摇欲坠，匈奴人刘渊和他手下的羯族大将石勒率领的大军，早已席卷北方。司马越在率领军队抵抗石勒的路上病故，西晋军队的主力也因此被石勒消灭，西晋的历史落下了帷幕。接下来便是动荡的五胡十六国时代。

十六国时期北方长期分裂的背后是民族融合的困境

那么在八王之乱中被引入中原的那些胡人，他们是从哪里来的呢？

这就要追溯到更早的东汉。在大家一般的印象中，西汉的武功无疑是要强过东汉的，卫青、霍去病这些率领大军穿过沙漠，出击匈奴的名将都出现在西汉一朝。东汉尽管曾有过"窦宪燕然勒功"的业绩，但窦宪只是一名外戚，谈不上是名将。不过稍显奇怪的是，汉武帝时，尽管名将辈出，也取得了不少的胜利，但并没有真正使匈奴屈服。东汉尽管武功不如西汉，但匈奴对东汉的威胁要小很多，它的边境也更加稳定。这主要是因为匈奴自西汉中期分裂之后，便趋于衰弱。南匈奴更是经常性地臣服于汉朝。在此过程中，他们慢慢移动到边塞附近，替汉朝守边，减轻了汉朝的边防压力和开支，而作为交换，汉朝为他们提供粮食、物资等方面的补给。因此在东汉一朝，匈奴不再成为主要的外患。同时，定居于边塞附近的胡族慢慢受到了汉文化的影响。例如我们上一讲提到过的汉赵的建立者匈奴人刘渊，他早年曾经随崔游学习《毛诗》《京氏易》和《马氏尚书》，喜欢读《春秋左传》《孙吴兵法》，史书说他《史记》《汉书》以及诸子百家等书都读过。这其中或许有夸大的成分，但是刘渊对汉文化有着相当深入的了解，这点应当没有疑问。

变化不仅发生在北方的边境，在西北的关中地区也是如此。西北的羌乱是东汉一代持续最久的边患，长安作为西汉的首都，原本是最富饶的地区，受此影响也日渐衰败。后来曹操与刘备争夺汉中失败后，下令把武都（在今甘肃省陇南市白龙江中游一带）的氐人迁徙到关中，想利用这些少数民族来抵抗蜀汉，当时人认为这是“弱寇强国”的妙计。结果到了西晋初年，关中地区也分布着大量的羌人和氐人。东汉以后，北方少数民族大量南下，越过长城，在辽西、幽州、并州、关陇一带和汉族杂居，这是一个多世纪以来民族迁徙自然形成的结果，然而日益复杂的民族关系也蕴含着危机。西晋初年，河西鲜卑族首领秃发树机能的起兵，声势浩大，持续了多年才被西晋军队勉强镇压，这便是一个强烈的警示。当时人也注意到了这一问题，曾经有一个叫江统的大臣，撰写了《徙戎论》，主张趁着西晋国力尚强，要把这些少数民族重新迁到塞外安置，以免后患。之后五胡入华的局面，确实证明了江统建议的预见性，但我们需要思考的是，如果西晋政府接受了江统的建议，把这些定居于内地的少数民族强制迁徙到塞外，就能避免危机了吗？恐怕结果是更快地引发动乱，激起这些少数民族的反抗。

如果说之前的八王之乱只是西晋政权内部的动乱，在中国历史上各个朝代都有类似的事情，但是五胡的卷入不但扩大了内战的范围，使内战变得更加残酷，更关键的是战争引发的民族流动与迁徙，彻底改变了中国北方的人口构成，成为中国历史上的一大变局。

不可否认的是，连年的战争造成的生产凋敝、粮食匮乏，使得生存竞争变得异常残酷和激烈。在此过程中，胡人和汉人，乃至于胡人与胡人之间的民族冲突，甚至互相屠杀，比比皆是。民族矛盾尖锐，成为十六国时期的重要特征。

在此背景下，为了驾驭对立的双方，十六国政权中，不少都采取了“胡汉双元”的统治方式。所谓胡汉双元统治，是指对胡人与汉人按照不同的方式来加以管理，设置不同的机构，分而治之。以十六国最早的政权——匈奴人建立的汉赵为例，“置左右司隶，各领户二十余万，万户置一内史，凡内史四十三”，这是统治汉人的方式。至于他们辖下的胡族部落，则设置“单于左右辅，各主六夷十万落，万落置一都尉”，这种统治方式的优点在于可以适应胡、汉不同的生产方式和社会组织，减少矛盾与冲突，但本质上仍是战乱时的权宜之计——把胡汉分割开来，而不是融合胡汉。

另一方面，由于这一时期进入中原的少数民族，大都在此之前有过长期在边塞附近生活的经历，对于中原王朝的政治制度较为熟悉。因此，尽管五胡政权建立在武力征服的基础上，但很快便能仿照中原王朝的样子，建立起一套官僚制度。但这一走向汉化的过程，并不是一帆风顺的，经常引发胡族政权内部的矛盾。例如后赵的建立者石勒的儿子石弘，文质彬彬，爱好汉文化，但他继位之后，很快就被石勒的侄子、战功赫赫的大将石虎废黜。十六国各政权皇位继承的过程中，代表政权汉文化的一面，但又相对文弱的继承人，被强悍的、统领胡族部落的将领推翻是相当常见的。而每一次政变与对抗都会引发新的胡汉冲突，这也是十六国政权短促而亡的重要原因。

这些迹象表明，当时不但存在着胡族与汉族之间的冲突，在胡族政权内部也有着汉化与胡化之间的矛盾，这种结构性的矛盾普遍存在于十六国的各个政权中。战争是实力的较量，在五胡之中，实力较强的匈奴、羯族、氐族、鲜卑慕容部，都有争霸中原的实力和野心，成为十六国历史的主角。总体而言，内迁较早、汉化较深、离洛阳较近的民族，首先建立霸权；内迁较晚、汉化较浅、离洛阳较远的民族，又依次建立霸权。

在这十六七个走马灯式交替的政权中，最为大家所熟悉的是苻坚建立的前秦。前秦统一北方之后，苻坚又萌生了统一天下的志向，亲自率领90多万大军，浩浩荡荡地南征，但在淝水被东晋军队击败。淝水之战是中国历史上著名的以少胜多的战役。据说苻坚当时看到八公山上的草木皆似人形，我们熟悉的“风声鹤唳”“草木皆兵”的成语，便源出于此。淝水战败之后，前秦的政权也宣告瓦解。但在十六国的君主中，苻坚是相当特别的一位，他具有融合胡汉，建立大一统帝国的雄心，他早年排除了氐族贵族的干扰，重用汉族大臣王猛，励精图治，先后灭亡了前燕、前凉、代国，夺取了巴蜀，甚至派遣吕光远征西域，逐步统一了北方。他灭亡前燕之后，仍然信任前燕的王族慕容暐、慕容垂，较之于之前十六国的各个政权都是以本族人作为统治的核心，苻坚的用人与施政无疑具有超越民族本位的宏大气象。他甚至不顾大臣的劝谏，把氐人的子弟分散到全国各地，而不是像之前那样集中在都城附近，拱卫政权。可惜的是，在当时民族对立的局面下，苻坚无疑是一位过于“超前”的统治者，他做出的种种“将混六合以一家”，融合胡汉的举措，最终却导致了前秦在淝水之战后迅速瓦解。之前受到苻坚信任的慕容垂等人，纷纷借机起兵，北方再次陷入分裂与混战的局面之中。

苻坚的失败意味着在五胡入华的大变局中，无论是分隔胡汉还是融合胡汉，都无法取得立竿见影的效果。十六国时期的中国北方为什么会形成这种碎片化的分裂局面，这与短时间内难以克服的胡汉矛盾有着密切的关系，民族分布格局的改变及引发的矛盾与冲突，也是魏晋南北朝长期分裂的重要因素。当然从更长远的观点来看，中国北方的黄河流域自秦汉以来已成为一个经济、文化上的整体，在政治上不可能被长期分割，十六国中几个较为强大的政权，无不以统一北方为目标。互相冲突的背后又蕴有融合，乃至再次走向统一的可能。只是不可否认，在这一民族融合的过程中，存在着艰难乃至残酷的一面，这或许是传统意义上认为魏晋南北朝是一个黑暗时代的重要原因。

长歌当哭：士族政治的僵化与衰落

较之于战乱不已的北方，南方的形势相对稳定。我们把时钟拨回八王之乱的后期，眼看着北方形势日益紊乱，出身琅琊王氏的士人领袖王衍，为司马越谋划了“狡兔三窟”之计——分别派遣王澄出镇荆州，王敦出镇青州，司马越本人则留在洛阳。其中值得关注的有两点：首先王澄、王敦都是王衍的弟弟，王衍选择派他们去出镇地方，也有保全家门的意思，显示出中古士族将家族利益置于国家之上的行为特征。其次，王衍选择的“三窟”都在长江以北，最初他并未考虑到退守江南，可见在当时人心中，偏安江南并不是一个值得认真考虑的政治选择。只是形势的恶化超过了王衍最坏的预计。随着司马越的大军全军覆没，王衍本人也被石勒俘虏。以清谈闻名的王衍还想乞求活命，跟石勒说自己“少不豫事”，意思是说自己从年轻的时候开始，就不关心实际的政治事务。石勒听了大怒，说：“破坏天下，正是君罪！”意思是说导致天下大乱的，就是你们这些只会夸夸其谈，但没有实际行政能力的人。

随着北方大乱，西晋覆灭，甚至连有机会逃到江南的司马氏宗室也寥寥无几，总共不过五个人，史称“五马过江”。其中坐镇江南的司马睿，最初仅有安东将军、都督扬州诸军事的头衔，他和西晋的几位皇帝在血缘上比较疏远，因此在人望和正统性上皆有大的欠缺。司马睿本来并不具备在江左运转皇权的条件，但随着北方的沦陷，使他因缘际会被推到了历史舞台的中心。由于司马睿本人威望不足，无法独立撑起一个政权，必须仰赖世家大族的支持，与王衍一样出身琅琊王氏的王导便扮演了这样一个角色。据说司马睿起初声望不高，没有得到吴地士族的拥戴，王导于是想了一个办法，利用三月上巳（当时非常重要的一个节日，王羲之的《兰亭集序》描绘的便是过这个节日的过程）司马睿出游的机会，王导和王敦及其他中原来的名士都毕恭毕敬地跟在司马睿的后面。江南大族的领袖纪瞻、顾荣看到这一场景，都非常惊讶，不由得拜倒在路边，这才让司马睿声望大增。

正是在王导的支持下，司马睿才得以在江南站稳脚跟，进而称帝，建立了东晋，史称晋元帝。但正是由于司马睿本人实力不足，他的地位很大程度上来源于王导、王敦兄弟的拥戴，东晋成了中国历史上皇权相对衰落的一个时期。据说晋元帝即位的时候，特地拉着王导和他坐在一起，接受百官的朝贺。王导再三推让，说“若太阳下同万物，苍生何由仰照”，意思是皇帝像太阳一样，臣子是不能够和皇帝坐在一起的。琅琊王氏在东晋政治中的地位由此可见一斑，当时称之为“王与马，共天下”，所谓“共天下”的实质是士族与皇帝共同掌握权力，这构成了东晋政治的重要特征。因此，我们一般把东晋及之后的南朝视为典型的士族社会。什么叫作士族呢？著名史学家陈寅恪曾经有一个定义：“并不专用其先代之高官厚禄为其唯一之表征，而实以家学及礼法等标异于其他诸姓。”就是说士族的地位并不仰赖于官爵的高下，而是凭借家学和礼法受到士大夫阶层的尊重。刚刚讲到的琅琊王氏便是东晋最有声望的家族。由于士族的地位源于其他士大夫的承认，而不是皇帝的任命，某种意义上形成了与皇权相抗衡的社会权力，出现了“士大夫故非天子所命”的现象。

据说南朝的齐武帝非常宠信纪僧真，任命他做中书舍人。纪僧真尽管出身卑微，但仪表堂堂，举止也颇有士人的风范。纪僧真有一次对齐武帝说：依靠陛下您的宠信，我得以升至高位，甚至我的儿子也娶了士族荀昭光的女儿，我剩下唯一的愿望就是自己能够成为士大夫。这让齐武帝犯了难，说：这件事情我无法决定，你需要去见江斆（xiào）和谢瀹（yuè），这两位都是当时士大夫的领袖。于是纪僧真奉齐武帝的旨意去见江斆，孰料刚刚坐下，江斆便吩咐左右，“移吾床让客”，意思是把他坐的凳子移开，以此表示自己根本不愿意和纪僧真搭话，还把他赶了出去。败兴而归的纪僧真回去禀告齐武帝说“士大夫故非天子所命”，就是说一个人能不能成为士大夫不是皇帝能够说了算的。这件事情很好地说明了中古士族独立于皇权之外的特性。海外的汉学家喜欢把中古士族与西方的贵族相比较，从这点上来说，倒有几分相似。

需要注意的是，一方面士族倚仗自己的门第，可以轻松地获得高官厚禄；另一方面，依靠家学礼法，创造了精致的文化。他们主要依靠封闭的通婚圈来维持他们的社会地位，如纪僧真这样的人，不管他本人到底才能、风度如何，出身便决定了他不会被士族社会接纳。因此，由士族主导的魏晋南朝，尽管产生了灿烂的文化，但其实是一个缺乏流动的时代。在此背景下，这一精致的文化也走向了形式化，变得空洞。

汉末的清议早变成了没有现实关怀的清谈，士族本身也日渐失去活力。当时的名士都以“居官无官官之事，处事无事事之心”作为行为准则。意思就是做官的时候，不关心做官的责任；处理政务的时候，也不关心应该如何来处理——对于具体的政务毫无兴趣。东晋南朝虽然名义上承袭了西晋的正统，但此时也走进了历史的死胡同中，从中产生不了重建统一的力量。

尽管魏晋南北朝的历史出口最终是由北方统一了南方，但东晋南朝对于江南地区的开发仍产生了深远的影响。例如，我们现在介绍自己，都习惯地称自己为南方人或者北方人，即使居住在陕西、四川这样的西部省份，恐怕也不会自称是“西方人”。但将南方和北方作为中国地理与文化的天然划分，并不是“自古以来”就有的。汉代有一句著名的俗语叫作“关西出将，关东出相”，意思是说关中、陇右一带因为民风彪悍，盛产名将和勇士；关东地区则文化繁荣，汉代的宰相多是出自关东。说明汉代人其实是以“东”和“西”来划分地理和文化的。如果再往前追溯，楚汉相争，战国时期秦与东方六国的对峙，甚至周武王灭商，都是东西向的对抗。因此在秦汉时代的人心中，中原才是决定天下走势的核心区域，江南虽然腹地广阔，不过是帝国边陲，无关大局。一代枭雄刘备，听说曹操占领了荆州，想要南奔苍梧，投奔他的老朋友吴巨。最初没有想到联孙抗曹，固然是因为他与孙权没有什么渊源，但恐怕也与江南之前从来不是中国政治上具有重要意义的板块有关。司马迁的《史记》中讲“江南卑湿，丈夫早夭”，记录的可靠性多少有点让人怀疑，但无疑代表了北方人对江南的普遍观感和想象。

直到东晋初年，司马睿还对江南大族顾荣说“寄人国土，心常怀惭”，就是说我寄居在别人的土地上，心中常常感到惭愧。这句话的背景，学者有很多不同的解读，但至少司马睿在心理上仍以北方作为中心，江南只不过偏居一隅。但两百多年后，这一认知已经发生了巨大的变化，陈朝的最后一个皇帝陈叔宝，听说隋朝的军队打过来了，仍然自信地说：

“王气在此，齐兵三度来，周兵再度至，无不摧没。虏今来者必自败。”就是说江南这个地方才是王气和正统的所在，北齐的军队三次打过来，北周的军队两次打过来，都遭到失败，隋朝人现在打过来，也一定会遭到失败，这反映出当时人们对于南方的认识已经和过去大不相同了。经过了东晋南朝对江南腹地的经营和开发，到了隋唐帝国重建统一的时候，形势已大不一样。著名的经济史学者全汉昇对此有很好的总结：“我国第二次大一统帝国出现的时候，客观形势和第一次大一统时有些不同。第一次大一统的时候，全国军事、政治和经济的重心全在北方，问题比较简单。可是到了第二次大一统帝国出现的时候，军事、政治重心仍然在北方，经济重心却已经迁移到南方去了。”这一从“东西”到“南北”的变化，直到现在仍影响着中国，而这无疑也是魏晋大变局留给我们的重要遗产。

魏晋南北朝尽管是中国历史上的一段乱世，但是正因为经历了这段乱世的曲折发展，到了隋唐时代，统一才真正成为中国历史上的主流。而经过东晋南朝的苦心经营，南方的经济得到了长足的发展，在经济与文化上与北方并驾齐驱，甚至逐步超过。我们今天观察到的中国南北的不同，最初便奠基于此。

有“胡”自远方来：魏晋南北朝时期的文化特征

在讲“魏晋南北朝时期的中外文化交流”之前，我有两点要说明一下：第一点，魏晋南北朝时期的中外文化交流是一个非常大的课题，而且研究难度很大。有些具体的问题，学术界恐怕还没有形成一致的、公认的观点，甚至意见分歧很大。如果碰到这种情况，那么我只能选择我个人认为比较合适的一两种观点来为您讲述。我想，在面对非常遥远的古代历史这个领域问题的时候，我们都应该用这样的态度来对待，我把它大致归纳为“让证据说话，照逻辑思维，凭常识判断”。有这么一种态度，我想我们可以比较理性客观地去看待遥远的过去。

第二点要说明的是，本节和接下来的几节所依据的主要是我非常尊敬的北京大学历史系的王小甫教授，还有范恩石、宁永娟老师，三位联合编著的《中外文化交流史》。这本论著的视野开阔，内容全面，论据确凿，而且结构安排非常恰当。

这一节主要跟大家讲述的是，在魏晋南北朝时期中外文化交流主要沿着哪几条道路进行。换句话说，我们要讨论文化“通道”的问题。魏晋南北朝指的是公元220年到589年，这一段历史的主要特征是什么呢？有些学者做了干净利落的总结，叫“北方民族融合、南方经济发展”。这样的概括，简单明了，大致是可以接受的。当然这绝对不是说，北方的经济没有发展，事实上，北方的经济也有所发展；也绝对不是说南方就没有民族融合，南方当然也有民族融合，比如山越、蛮、僚这些族群，都经历了一个汉化的过程。

这一段时期发生的最重要的一件事情，在我个人看来，是“五胡”（匈奴、鲜卑、羯、氐、羌）进入中原地区，并且创立政权。这五个民族之后都逐渐和汉族融合。

而在这个民族融合的过程当中，当时许多外来的东西都带着一个“胡”字，“胡”就是表示外来的、胡人的东西，比如胡饼、胡饭、胡羹、胡椒、胡麻、胡瓜等。还有一些胡俗——胡人的风俗、语言、歌曲、音乐，比如“羌笛何须怨杨柳”中的羌笛，就是胡人的乐器。这些胡俗都逐渐成为中原文化生活的组成部分。我们现在如果在有关那段历史时期的记载中看到一个“胡”字，我们大致就可以判断，它不是中原本来就有的东西。

当然，我们讲文化融合是一个纷繁复杂的过程，并不简单。在这个阶段，不同的文化相互融合是主流。但同时，不同的文化也相互竞争。而后一种情况，有的时候非常惨烈。文化融合最好的例子是北魏孝文帝迁都洛阳，实行汉化，他甚至禁止当时的鲜卑贵族讲鲜卑话，禁止他们穿民族服装，而且要把他们的鲜卑姓氏改掉，按照中原士族的传统，去判定门第的高低——你是不是世家大族？你的门第高不高？

这样的制度，当然反映的是当时兄弟民族的文化和中原汉族文化的交融，这是让我们非常欣喜的，也非常乐于看到和听到的。然而同时也不能否认，那时也有大规模的、不同文化之间的竞争，比如“六镇之乱”[1]就是反汉化的，它反对自己的民族，或者其他的兄弟民族汉化。“六镇”指的是沃野（位于今内蒙古五原县东北，乌加河以北）、怀朔（朔州，在今内蒙古固阳县西南）、武川（在今内蒙古武川县西）、抚冥（今内蒙古四子王旗东南）、柔玄（今内蒙古兴和县西北）、怀荒（今河北张北）这六个军镇。所谓的“军镇”就好比今天咱们讲的军区，边防军区大致分布在今天的河套西北（黄河的河套）到河北张北县一带的边际，本来是北魏用来抵御柔然，保卫首都平城的六个军事重镇。在北魏末年，这里发生了暴乱，史称“六镇之乱”，这在魏晋南北朝历史上是一件大事。在这个过程当中就出现了非常强烈的反汉化的现象。但无论如何，文化交流始终是在进行与加深。进入中原的其他各个民族和他们的文化，在中国社会文化的发展中都起了很重要的作用。

元代有一个非常著名和重要的历史学家叫胡三省，他最大的贡献是为《资治通鉴》作了注。在注《资治通鉴》的时候，他有一段感慨非常有道理，非常有见识。我在这里给大家引述一下，他讲“自隋以后，名称扬于时者，代北之子孙十居六七矣，氏族之辨，果何益哉”。意思是从隋朝开始，声名远播的人中，代北的子孙十居六七。我们知道，代北的子孙往往是指这些胡族，或者有胡族血统的人，这些人在十个里边占六七个。在这种情况下，氏族之辨还有什么意思呢？胡三省的这个说法是非常有见识的，而且符合魏晋南北朝时期的民族交融、文化交流的历史事实。他讲的虽然是“自隋以后”，但我们知道，魏晋南北朝和隋朝是直接连着的，魏

1　又称六镇起义，指南北朝时期，北魏正光五年（524），由六镇的鲜卑化贵族与将士的待遇和升迁不如洛阳的鲜卑贵族而引发的六镇“反汉化”的动乱。

晋南北朝结束于公元589年，那不就是隋朝建立的时候吗？所以它实际上总结的，是隋以前的历史进程，以及这个历史进程到隋以后显现出来的历史现象。到那个时候，代北的子孙已经在中国的历史上发挥了越来越重要的作用，占据越来越重要的地位。这句话非常有意义，充分反映了不同的族群、文化势必要融合、交流的现象。

魏晋南北朝在中国历史上是政治比较混乱的时期，这是大家的共识，但是当时的对外交通并没有因为政治的分裂而停滞，陆路、海路的交通仍然在发展，尤其是海路，甚至有加强的态势。这个道理很好理解。三国时期，曹魏占据了全部中原地区，并且统一了北方的绝大部分，所以曹魏政权就陆路、海路并举，大力去推行对外的交通；蜀汉和孙吴则分别经营西南、东南，尤其是东吴，大力发展海外交通，海上的航运业非常发达。东晋和南朝继承的正是东吴的航海和对外交通，它们依然高度重视和海外诸国的经济关系、贸易关系。

虽然在魏晋南北朝时期，海路交通日渐发达，但是陆路和西域各国的往来依然是中外文化交流的最主要的通道。通过陆路、经过西域，和中亚、西亚，乃至南亚各国互相往来。因此，整个魏晋南北朝，中外的往来和交通并没有因为政治局势的混乱而有很大的衰退，相对来说还是稳定和繁荣的。特别是北朝，时局比较稳定，尤其在北魏全盛的时候，与各国的交通非常密切。通过西北的陆路，也就是陆上交通，文化交流盛况空前。

魏晋南北朝与东罗马的文化交流

我们前面讲到了，魏晋南北朝时期政治上比较混乱。但是实际上从文化交流的角度来讲，那是一个非常繁荣、非常精彩的时期。在魏晋南北朝时期，东西方的陆路交通有很大的发展，大致可以分为这样几条道路：

一条叫南道，也就是比较南面的一条路。它出阳关（位于甘肃省敦煌市西南的古董滩附近，因位于玉门关以南，故名“阳关”），沿着塔里木盆地的南部边缘西行，翻越葱岭（今天的帕米尔高原），到达身毒。“身毒”这两个字读音还有问题。在古籍当中有过这样的注，说要读成juān dú或者yuán dú这样的音。其实我个人认为没有必要，读成shēn dú就可以了。所谓的“身毒”大致上是指今天的印度和巴基斯坦这一带。再到大月氏，相当于今天阿富汗那一带。这是南道。

中道是出玉门关（位于今甘肃敦煌西北的小方盘城），经过白龙堆（简称“龙堆”，位于新疆天山南部、若羌县以北、罗布泊东北部）、楼兰故城——楼兰故城就是今天新疆罗布泊的西北，沿着孔雀河（也称“饮马河”，位于新疆库尔勒市，是源于博思腾湖的无支流水系），到达焉耆[1]，再靠着天山的南麓往西走，到达龟兹[2]、疏勒[3]，然后再翻越葱岭，到达波斯、大秦。波斯就是指今天的伊朗这一带，当然不严格对等；大秦是指东罗马帝国那一带。这是中道。南道和中道在魏晋南北朝之前的汉代就已经被开辟了。

那么除了南道和中道，在魏晋南北朝时期，还出现了一条新道叫北道。它出玉门关，向西北，横穿大沙漠，经过高昌（大致位于今新疆吐鲁番市高昌区东南），往西到焉耆，然后再和中道会合。这个北道在后来还有发展，成为一条非常重要的道路。

在魏晋南北朝时期，陆上交通除了南道、中道、北道这三条道路，还出现了一条很重要的道路，有的学者把它称为“青海道”。它的来源是什么呢？源于吐谷浑[4]排挤诸羌，占据了今天青海附近的地域。南北朝的时候，一个主要的特点是南北对立、南北分治，所以东晋南朝就要经过吐谷

1　即《汉书·西域传》的焉耆国，又称乌夷、阿耆尼，是新疆塔里木盆地的古国。

2　当时的西域大国，以库车绿洲为中心，最盛时辖境相当于今新疆轮台、库车、沙雅、拜城、阿克苏、新和等区域。

3　当时称为疏勒国，是龟兹的西邻。

4　吐谷浑（tǔ yù hún）是中国古代居住在西北部的民族，原是鲜卑族的一支，唐后期为吐蕃所灭。

浑，来和西域以及漠北的柔然联系，这样慢慢地就发展出了一条青海道，这条道的走向大致和河西走廊平行。青海道的出现和发展，还有北道的征辟，对东西方的陆路文化交流有很大的助益。在这些道路沿线，人们发现了很多不同的文化遗存，反映了当时陆路交流的繁盛。

我们先来看看魏晋南北朝时期，中国和东罗马的文化交流。有人会说，东罗马不是离我们很遥远吗？即使在今天，在我们的心目当中，罗马都是非常遥远的。虽然说“条条大路通罗马”，但是到罗马也不是那么容易，尤其在1000多年前的古代。大家有这个想法和认识非常正常，但是这并不是历史的史实。在魏晋南北朝期间，中国和罗马帝国的交流有了进一步的发展。在之前很长的时间里，中国和罗马帝国其实一直有文化交流，而在魏晋南北朝时期，这个交流发展得更快了。罗马帝国在公元395年分裂成东、西两个帝国，西罗马帝国的都城依然在罗马，但西罗马帝国不久后就覆亡了；而东罗马帝国是当时的西方大国，它在极盛的时候，疆域往西抵达意大利半岛，包括小亚细亚和叙利亚，东边和波斯接壤，当然那个时候的波斯是萨珊王朝，而这一时期东罗马帝国和中国的联系比较频繁。

北魏曾经迁都洛阳，当时的洛阳城内就有不少东罗马商人。可以这么说，在魏晋南北朝时期洛阳城内住的来自东罗马的人，恐怕数量不会比今天洛阳城内居住的来自这一片疆域的外国友人少，可能还会多一点。由于当时的东罗马帝国和波斯萨珊帝国的实力都非常强盛，因而拜占庭的金币（也就是东罗马帝国的金币）和萨珊波斯的银币就成为西亚、中亚一带流通的货币。

沿着丝绸之路，这些外国钱币也流入了中国，甚至在部分中国地区流通。这是有证据的，比如在新疆沙漠里边，我们曾经发现过佉卢文[1]的文书，它里边就有记载说，一名胡人用两枚金币和若干枚银币买了一名男性奴隶，用一枚金钱买了非常漂亮的地毯等。在中国境内发现过不少东罗马

1　楼兰人使用的官方文字。

的遗物，其中最多的就是东罗马的金币，还有它的仿制品——在当时仿制东罗马金币的情况还不少，当然我们不能拿今天的观念去套这个现象，认为它是“伪钞”，因为它是金币，它本身的价值在那里。

而在墓葬当中出土的金币主要有两种情况：一种情况是含于死者的口中，还有一种情况是握在死者的掌内。不管这个风俗是不是受西方的影响，反正他们嘴里含的金币和手上握的金币是从外国传来的，或者是仿制外国的，这一点没有问题。

有些考古发现揭露出来的中外文化交流的事实，简直可以说是匪夷所思。1973年，在河北赞皇的一座墓里，出土了一枚东罗马皇帝狄奥多西二世时期铸造的金币，还出土了两枚查士丁一世和查士丁尼一世甥舅共治的公元527年所铸的金币。而我们又发现了一个非常重要的情况，就是这个墓葬的主人落葬的时间和金币印制的时间相差居然还不到50年。换句话说，这个金币在东罗马那边铸造了还不到50年的时间，就传到了河北，并且已经落葬了。大家看看，魏晋南北朝时期，中国和东罗马之间的交流多么迅捷和密切!

这些金币的出土和发现，很好地反映了魏晋南北朝时期，中国和东罗马帝国之间来往的频繁。在我国境内发现的东罗马的金币，很多是公元5世纪到6世纪中期所铸造的，这也证明了当时从西域东来，经由河套地区的北方陆路非常繁荣兴盛。

除了东罗马金币，经由北方的几条路线传进来的，还有东罗马风格的玻璃器，制作这些玻璃器的技法非常独特，是磨花技法。由于深受上流社会的喜爱，玻璃器往往作为珍爱之物随葬。在六朝时期的古文献里，很多都提到过玻璃器，比如晋代的郭璞在《玄中记》里就讲，大秦国（东罗马）有五色玻璃，红色最贵。在《世说新语》中，也有很多地方提到玻璃，称玻璃为宝器。豪门大族中，很多家用器皿都是玻璃材质的，比如说有一个贵族洗澡，他的侍女用金澡盆来盛水，琉璃碗盛澡豆。那个时候的人洗澡是用澡豆，他居然用琉璃碗来盛澡豆，在当时人看来这真是奢侈至极呀！又比如帝王如果驾临到臣子家里去吃饭，那么食品当然要讲究，餐具也要讲究，这时就会用到琉璃器。

这些琉璃器之所以被认为来自东罗马，不仅因为它们带有鲜明的东罗马风格，还因为通过对它们的化学成分进行分析，发现好多是钠钙玻璃，而钠钙玻璃和东罗马玻璃的基本成分是相同的，这个是更坚实的证据。在中国乃至于今天的韩国出土的一些玻璃器皿，现在的学者都认为，它们很有可能来源于罗马时期的黑海北岸，所以有日本学者提出“丝绸之路”“陶瓷之路”“麝香之路”这种概念，甚至有日本学者提出，在中外文化交流当中存在着一条“玻璃之路”。西晋的时候有一位诗人叫潘尼，他还专门为琉璃碗写了一篇《琉璃碗赋》。他的赋是这么说的：“览方贡之彼珍，玮兹碗之独奇。济流沙之绝险，越葱岭之峻危，其由来阻远。”也是在强调它的珍贵与来之不易。

当然，传进来的东西肯定不只是金币和玻璃器皿，它们多种多样，我无法一一列举。我就举山西大同出土的三件镏金高足铜杯和一个银碗为例。研究者通过对它们器形和纹饰的研究，明确断定这几件器物带有鲜明的希腊化风格，所以认为它们是地中海东部一带的金属工艺品。这样的金银器皿，当时传进来的数量是相当可观的。

1988年，在甘肃省靖远县北滩乡一家农舍的房基底下，发现了一只东罗马镏金银盘。这个银盘，它的东罗马或者说西方的色彩太明显了，一发现就广受学者的关注。不光是国内学者，它们也受到了国际学者的关注。这个银盘上面的花纹非常繁复，内部有很多相互勾连的葡萄卷草纹，这个就明显带有地中海一带的色彩了。特别让我们感到惊奇的是，在这个银盘上面还有一个年轻的男性神像，他头发卷曲，上身裸露，肩上扛着一根类似权杖一样的东西，靠坐在一头非常威武凶猛的动物身上；银盘上有铭文，据我非常尊敬的一位学者——北京大学考古系林梅村教授研究，这种文字用的字母是古代大夏的希腊字母。

古代“大夏”大致的地域在今天阿富汗的东部。学者对银盘展开了更深入的研究，他们发现银盘上面的神像还分好几层，不只有刚才我们讲到的最扎眼的那个神像。银盘的第二层有12个神像，有学者认为，这就是古希腊神话中的奥林匹斯山十二神[1]。而盘子正中的那尊青年男性的形象，有研究者认为可能是阿波罗，也可能是酒神巴丘斯，以此推断，这个银盘生产的时代在公元4到5世纪，而它的产地总归不出意大利、希腊或土耳其这几个地方。当然，对它的产地和制造时间，也有学者提出了不同的看法。比如，有的人认为它是公元2到3世纪，在罗马东方行省北非或者西亚制造的一件银盘；也有人认为它是公元3到4世纪，罗马帝国东部行省出产的银盘。这个其实都不太重要，反正我们知道，它肯定是来自西方的，沿着魏晋南北朝时期陆上交通线传到了中国内地。

我们前面提到，这个银盘上有一行大夏文的铭文，作为当今中国非常杰出的西域、中亚古代语言的研究者和试读者，林梅村教授就把它试读出来了——这一行铭文的意思是“价值490个斯塔特”[2]，也就是490个金币。大家想想，这个盘子如此精美，当然是价格不菲的，这个铭文也充分证明了这一点。

除了这种金银器，还出土了青金石，它在中国古代的时候被当作宝石[3]。现在有很多朋友喜欢收藏青金石，但是到目前为止，在今天中国的领土范围内，实际上我们并没有发现青金石的产地。而自古以来，举世闻名的青金石产地是阿富汗东北地区。所以有很多考古学家、历史学家就认定，中国古墓当中如果有青金石出土，就可以判定它的来源是阿富汗。实际上青金石在中国各地很多地方都有出土，比如在江苏徐州、河北赞皇、陕西西安的墓葬里边，都出土过镶嵌有青金石的物件。那么青金石的传入

1　奥林匹斯山十二神是古希腊宗教中最受崇拜的12位神，包括宙斯（众神之王）、赫拉（天后）、波塞冬（海神）、雅典娜（战争和智慧女神）、阿波罗（太阳神）等。

2　斯塔特即stater，是古希腊的金币单位，也被古代中亚地区所采用。详见林梅村《中国境内出土带铭文的波斯和中亚银器》一文。

3　古代东西方文化交流的见证之一，我国古时称为璆琳、金精、瑾瑜、青黛等；佛教称为吠努离或壁琉璃。

当然也是中外文化交流的一个典型例子。

我们前面还讲到过，在魏晋南北朝时期，由于南北对立，东晋、南朝如果要和西域或者漠北联系，往北是走不通的，因为往北走是北朝，道路被阻隔了。所以东晋、南朝就开发出一条新的路线——经过吐谷浑同西域和漠北联系。这条路线怎么走呢？实际上是沿着长江到益州（今天的四川），然后到鄯善（今天新疆的若羌），走一条和河西走廊大致平行的通道，因为要经过青海境内，所以这条通道叫青海道。由于南朝把吐谷浑的首领封为河南王，所以这条路又称河南道。当然这个河南跟今天中华人民共和国的河南省完全不是一回事。这条道路是我国古代沟通东西方的又一条重要路线。在魏晋南北朝时期，这条路特别重要。因为对于南朝来讲，它可以说是和西方世界、漠北沟通的最重要的一条路。

过去我们对这条路认识不清，这条路的走向是从今天的兰州往西，经过青海乐都，到达青海省省会西宁——西宁是非常重要的，十六国的南凉当初就曾在此处建都。如果大家到西宁去旅游观光，可以发现西宁市区现在还有很多古迹。从西宁往北，从达坂山[1]口和著名的扁都山[2]翻越祁连山，就进入了河西走廊，也就是中外交通的大通道。东晋著名的高僧法显，西行求法，走的路线有一段跟这条非常相近，甚至重合，那就是从长安经兰州到西宁，再北上翻越达坂山到达张掖的这一段。我们知道这条路非常有意思，可以说四通八达，沿着岷江而下，甚至可以到达成都！这一条西宁到成都的路线，是南朝通西域的重要路线。如果我们发现南朝有来自西方的物品，那么很有可能是通过青海道传进来的。

在青海道沿线，我们确实发现了大量反映东西方文化交流的文物和遗迹。1956年，就在青海西宁旧城区内的城隍庙附近施工的时候，人们发现了一个陶罐。这个陶罐是公元5世纪末埋藏的，当时的百姓如果遇到什么事

1 地处青海省大通与门源两县的交界处，是青海通往甘肃的交通要道。

2 即扁都口，位于祁连山中段，甘肃省境内。

（比如有战乱），就把陶罐藏在这里。人们将其取出，打开一看，里面有银币数百枚。当然它们有些后来流散了，最终被征集回来的不到百枚，但是学者判断，其中有百余枚是萨珊波斯时代贝鲁斯王铸造的银币。贝鲁斯王是萨珊波斯非常有名的统治者，他的统治时间是公元459年到484年。大批银币在青海西宁被发现的事实，说明这些银币当时大量在这条线路周围流通。

2000年，在青海乌兰县的一个遗址中，考古人员还发现过我们前面提到过的查士丁尼一世的金币。在青海道附近发现东罗马金币和贝鲁斯王的银币不是一次两次。在20世纪80年代，人们对这条线路进行了大规模的考古研究和探索，这里有上千座古代墓葬，比如非常著名的位于青海省都兰县的都兰墓葬里边就发现了130多种丝绸。通过对这些丝绸残片的研究，我们可以确定其中112件是中原汉地制造的，18种是中亚、西亚制造的，它们已经混在一起了。这其中有一块织锦，上面织的文字是波斯人使用的婆罗波文，也就是我们平时讲的pahlavi[1]，是迄今为止世界上发现的唯一可以确认的中古波斯文织锦。这块织锦在中国青海的发现，足可证明这条道路的重要性。

魏晋南北朝与萨珊波斯的文化交流

我们在前面曾经几次提到过“萨珊波斯”这样一个王朝。实际上，魏晋南北朝时期，中国和萨珊波斯之间交往的密切程度、频繁程度，丝毫不亚于魏晋南北朝时期和东罗马的交往，应该说是有过之而无不及。

接下来我想着重为大家介绍一下，魏晋南北朝时期中国和萨珊波斯的文化交流。在公元3世纪初，中国当时出现了三国鼎立的历史局面，而伊朗

1 即巴列维语，是一种中古波斯文。

高原上则出现了统一的萨珊王朝。萨珊王朝存在的年份是公元226年到651年，大致上和我们的魏晋南北朝相当。当然，它覆灭的年代比魏晋南北朝结束的年代晚了几十年。伊朗高原一带的古国和古代中国之间的文化联系既深又广，这点是非常值得注意的。魏晋南北朝时期，伊朗高原上的萨珊波斯王朝和中国的文化交流，就非常频繁而深入。到了之后的隋唐时期，中国和伊朗高原这一地区的文化交流又得到了更大的发展。

从《魏书》开始，中国就开始使用“波斯”这个名称，所以萨珊王朝我们也称它为“萨珊波斯”，它是古代伊朗地区非常强盛的一个王朝。在它的西面就是罗马帝国，它和罗马帝国经常互相征战、争雄；而向东是突厥，它和突厥互有联姻。由于它和突厥之间有联姻的特殊关系，所以萨珊波斯往东通向中国内地的道路是比较通畅的。当然，历史上也曾经中断过，但是总体上是比较通畅的。波斯的使节可以由陆路直抵中原。

从史籍的记载来看，北魏的时候，波斯曾经多次派遣使团来和中国通好，《魏书》中就记载了十个到达了北魏的波斯使团，前五次到了北魏的都城平城，也就是今天的山西大同，后五次到达的是公元493年北魏迁都后的新都城洛阳。北魏洛阳城中有很多的波斯商人，我过去在别的场合说过这话，现在我依然可以这么说，我想学者们是会同意的。在今天的洛阳城内，来自伊朗的外国朋友的人数，恐怕还不一定比魏晋南北朝时期来自萨珊波斯的人数多。而比较特别、值得我们重视的是，波斯的使者也通过陆路深入南朝。梁武帝年间就有记载，波斯国曾经派遣使者来进贡，也就是来“献佛牙”，其实就是带着佛牙[1]作为礼物送给梁武帝，因为梁武帝信佛。在梁武帝时期，还有波斯的使者来贡献方物，也就是地方特产。这个现象屡见于记载。

南京博物院现在保留着《职贡图》的残卷。《职贡图》上是“梁元帝萧绎”这样一个题名。当然，此画到底是不是梁元帝时期的，姑且存

1　一般指释迦牟尼佛的牙齿舍利。

疑，有可能是一个摹本。而在波斯国条题记里边就引用了释道安《西域诸国志》[1]的长文。由此我们可以知道，波斯通使南朝所走的就是我们前面讲过的青海道，或者称河南道，也就是从西域经过吐谷浑，即今天青海这一带，南下益州到达四川，然后再溯长江而下到达建康（也就是今天的南京）。

中国境内迄今为止发现的数量最多的萨珊波斯遗物，应该是萨珊波斯的银币。在1959年5月，有过一次非常惊人的发现。在中国最西部的县份——乌恰县，其西面的深山当中有一条古道，修路工在山崖下修路的时候，在一条石头缝里非常偶然地发现了13根金条和947枚波斯银币，这数量是非常大的。而这947枚波斯银币全部属于萨珊波斯时期。

沿着丝绸之路一路往东，在新疆的库车、焉耆、吐鲁番，再往东到宁夏、内蒙古、陕西、山西、河北、河南等省区，都出土过萨珊银币。当时萨珊波斯的银币是一种国际货币，广泛流通于东欧、中亚之间。公元六七世纪，还在中国河西地区[2]通用。《隋书·食货志》里边有这样的记载，北周时期——北周当然也是魏晋南北朝的一个组成部分了——“河西诸郡，或用西域金银之钱，而官不禁。”河西这个地方，通用的是西域的金钱或者银钱，而北周是不禁止的。从出土文书和考古发现来看，所谓的“西域金银钱”里边，相当一部分是萨珊波斯的银币，它们在中国境内都通用。

沿着陆上丝绸之路传进来的，还有萨珊的玻璃器，通过对这些玻璃的颜色、加工方法、类型进行对比，对纹饰进行研究，对化学成分进行分析，我们现在已经很清楚，中国魏晋南北朝时期墓葬中出土的这一批类似的玻璃器皿，基本上是伊朗的萨珊玻璃。

比较有意思的是，中国出土的萨珊玻璃器皿，它的数量恐怕还没有在日本传世和出土的萨珊玻璃器皿多。换句话说，日本历代相传的或者从地

1 又名《西域志》《西域诸国记》《西域传》《四海百川水源记》等。

2 包括现在甘肃的酒泉、张掖、武威等地，因位于黄河以西，故称“河西”。

下出土的萨珊玻璃器，比在中国到今天为止发现的可能还要多。比如在日本奈良县，它的古坟里边就出土过萨珊波斯的刻花玻璃碗。而学术界针对这个情况，比较一致的意见是，日本的萨珊玻璃器皿应该都是通过中国传入的。换句话说，我们完全有理由期待，在未来，在中国境内会有更多的萨珊玻璃器皿出土。

公元5到8世纪之间，中国的上层阶级流行使用的金银器皿普遍非常奢华，这也应该是受到了中亚和西亚的影响。早在公元五六世纪，萨珊波斯的金银器就已经传到了中国。在这方面的考古发现是相当多的，我们也不在这里跟大家一一列举了。

如果我们说金银器、玻璃器、金币、银币，这些都是一些看得见摸得着的物质性的文化交流物品，那么非常值得注意的是，这些器物传进来的同时，有一些制造工艺也传了进来。工艺当然就不像器物那么具象、那么直观了。而且这些技艺传进来以后，它们的用途还发生了改变。比如，西方在加工金属器皿图形、纹饰的时候，会采用一种叫锤揲（dié）[1]的技法，就是用小而尖的锤子在金属器皿上敲。这种被用于金属器皿上的西方锤揲工艺，却在河北景县一个公元6世纪中期的墓里边出土的青瓷樽上发现了。换句话说，从西方传来的锤揲工艺，原来是用在金属器皿上的，居然被瓷器的故乡——中国用在了瓷器装饰上。

河南安阳北齐的一个墓葬里面出土过一件瓷扁壶，表面的胡人乐舞图也是模仿锤揲手法弄出来的。在公元五六世纪，中国非常流行的双耳扁壶，毫无疑问，是受到了伊朗高原在公元1到3世纪就开始流行的双耳扁壶的影响。当然，伊朗高原上流行的主要是上釉的陶器，而不是瓷器。

在南京曾经出土过两件玻璃碗。这两件玻璃碗在制造工艺上采用的是吹制法成形，这也让当时的发现者感到十分惊讶。因为根据文献记载，中国的玻璃器采用的是传统的模铸法，用模子把玻璃液熔化以后浇在里面，

1　这种工艺充分利用了金、银质地比较柔软、延展性强的特点，用锤敲打金、银块，使之延伸展开成片状，再按要求打造成各种器形和纹饰。

有点像做青铜器的办法。当时中国并没有掌握吹制玻璃的技法，然而这两件玻璃碗是采用吹制法成形。根据文献记载，中国到北魏以后才有了玻璃吹制技术。《魏书》里曾经有这样的记载，形容西边来的人非常擅长制作五色琉璃。说他们的技艺，“观者见之，莫不惊骇，以为神明所作”，旁观的人都惊讶地以为这些玻璃器皿不是凡人所能做出来的。“自此，中国琉璃遂贱，人不复珍之”。也就是说，从西方传来的玻璃器皿，以及它的制造技术，把中国本土的玻璃制造业给打垮了。

除此之外，还有在吐鲁番阿斯塔纳公元6世纪中叶的墓葬中发现的织锦。在织锦的花纹、纹饰方面，汉族式样或者内地式样的山、云、禽兽纹，已经都几乎消失了，流行的是成对的禽类或者兽类，以及植物纹样，其中有些形象，比如狮子、单峰骆驼、莲花、对称排列的忍冬（金银花）等，这些原本是中亚、西亚和佛教艺术当中非常常见的风格，而它们此时已经出现在中原所织成的织锦上。很多学者判断这应该是中原地区为了外销而专门设计的。

在陕西三原，人们从一个公元582年的石棺中还发现了非常有意思的雄野猪的形象。根据一位非常著名的伊朗学家的研究，雄野猪是波斯拜火教神话中斗战神[1]的形象之一。我们不妨扯远一点，《西游记》里讲，唐僧师徒四人在经过九九八十一难，西天取经成功以后，孙悟空被封为“斗战胜佛”，这很有可能是受到了波斯那一带的影响。中国的丝绸织造技术很早就传入了西域，然而经过魏晋南北朝，中国丝绸的制造技术和花纹图案反而受到了西方的影响，发生了很大的变化。而这些影响主要是来自萨珊波斯。毫无疑问，魏晋南北朝时期，中国和萨珊波斯之间的文化交流是一个引人入胜的课题。

1　斗战神有10种化身，包括一阵猛烈的狂风、一头长有金角的公牛、一匹长有金耳和金蹄的白马、一匹发情的骆驼、一头公野猪、一个15岁的青春少年、一只Vareghna鸟、一只弯角的公绵羊、一只尖角的野山羊和一个武装的战士。详见王小甫《拜火宗教与突厥兴衰——以古代突厥斗战神研究为中心》。

丝绸之路“掮客”——粟特人为何在中原做起了高官

自西向东说完东罗马和萨珊波斯之后，我们再来讲一个非常特殊的民族，或者说在我个人看来，更愿意把它称为族群——粟特人，在魏晋南北朝时期，他们在中外文化交流方面的作用和地位。

粟特人主要生活在中亚的绿洲地区——阿姆河[1]和锡尔河[2]一带。他们生活的地域，大致相当于今天中亚的乌兹别克斯坦和哈萨克斯坦的西南部。从地理位置来讲，粟特人所居住的区域离中国更近一点。实际上，从魏晋南北朝时期中外文化交流的角度来看，粟特人的地位和作用也确实更为重要。

粟特人主要信仰的是琐罗亚斯德教，也叫祆（xiān）教，我在后面还会为大家专门做介绍。粟特人的特点是善于经商，也做一些半农业半牧业的营生。他们很早就出现在东西方贸易的交通要道周围。在汉唐之间的魏晋南北朝，东西方之间的陆路经济文化交流非常发达，而在很大的程度上，这种交流是以粟特人为中介来进行的。我们可以毫不夸张地说，在那个时期，粟特人操纵着东西方贸易活动。

魏晋南北朝时期，有大量的证据表明，很多粟特人迁到了中国新疆地区和内地，频繁地在中亚、西亚和内地之间转贩经商。出于经商的需要，他们在沿途的很多地方建立了相对固定的宜居地。这么一来，我们就很容易理解，他们为什么会把自己的宗教信仰（比如对祆教的信仰）、生活方式以及一些文化艺术传播到这些地区。最好的例子莫过于敦煌。敦煌在古代中外文化交流史上处于一个要冲的地位。最晚到公元4世纪初，敦煌就有

1　阿姆河，中亚流量最大的河流，注入咸海。

2　锡尔河，中亚最长的河流，注入咸海。

来自康国[1]（大致相当于撒马尔罕[2]）的粟特贵族百来人，这些贵族加上他们的眷属、跟班、奴仆，竟然有千人左右。在当时这是一个非常大的群体。再举个例子，姑臧（今天的武威）也是一个商业转运、物流的重镇。在这个地方也聚居着很多粟特人。

在中亚考古史上，曾经有过一个非常重要的发现，探险家斯坦因[3]在1906年的时候，于敦煌以西的一个古代烽火台底下，发现了九封粟特文写的信札，它的年代正是公元4世纪的初年。其中有几封信就是粟特人从姑臧或者敦煌，写给故乡撒马尔罕（也就是康国），以及布哈拉[4]（也就是安国）的，信中汇报了他们经商途中的一些情况、困难等。这是一批非常重要的信札。而北魏都城洛阳，更是当时中外人士会聚、文化交流的最大中心，那里更不例外，生活着很多粟特人。文献当中对洛阳这种异文化汇聚的盛况多有记载。近年来，在洛阳发现了很多北魏的陵墓，在这些墓中出土了一些须发是球状的、高鼻深目形象的陶俑，我们一眼就可以看出来，这是西域或者中亚一些民族人士的形象，这证实了文献的记载。

东魏迁都邺城（大致包括今河北临漳县西、河南安阳市北郊一带），也有很多商胡[5]、粟特人随之来到了邺城；到了北齐年间，商胡不仅在贸易领域和文化领域拥有重大的影响，甚至在政治方面也形成了非常大的势力。某些皇帝宠信的人当中就有西域商胡，或者说粟特人。官僚士大夫中有很多投机钻营的人，和他们称兄道弟，甚至给这些商胡做干儿子。有些帝王因为缺钱，就把地方的官职拿来出售，在这种情况下，很多的州县官职都被胡商买到了。

1　古代中亚民族国家，西汉时称作康居国，位于锡尔河至阿姆河之间。

2　丝绸之路上的重要枢纽城市，位于乌兹别克斯坦。

3　Marc Aurel Stein，汉译马尔克·奥莱尔·斯坦因，英国籍犹太人，考古学家、艺术史家、语言学家、地理学家和探险家，国际敦煌学创始人之一。

4　即Bukhara，乌兹别克斯坦城市，是中亚最古老的城市之一。

5　指古代到中国经商的胡人，多指粟特、大食商人。

公元574年，高思好[1]起兵的时候，就曾经说过这样的话："商胡丑类，擅权帷幄，剥削生灵，劫掠朝市。"这表明粟特胡商的行为已经引起公愤了。北齐宫廷里边，得势的中亚粟特胡人数量非常多，他们都是凭一技之长得到宠信的。这些"一技之长"，在当时的中原人看来，当然是所谓的雕虫小技，是不值一提的。当时有一些人被称作"胡小儿"[2]，古时候将来自中亚的一些民族称为"胡族"，"胡小儿"这个称呼多少带有一些贬义。在这些"胡小儿"里有些人名，我们一看就知道是来自粟特这个族群，比如康阿驮[3]，姓康，是来自撒马尔罕的；穆叔儿，姓穆，是来自Merv[4]这个地方的——这些都是中亚商胡家族。这些富家子弟当时深得帝王的宠信，在帝王的左右伺候，领受恩惠、好处，地位和宦官差不多。有的人甚至当了很大的官，比如当上了开府仪同三司[5]的曹僧奴、曹妙达父子；有些胡人因为特别擅长弹琵琶，所以被开府封王，比如何海和他的儿子何洪珍；此外还有何朱弱、史丑多等十来个人，都是因为能歌善舞，在音乐方面有特长，而受到了帝王的青睐。曹、何、史姓皆是出于昭武九姓[6]。

换一个角度看，我们就可以感受到西域的商胡，或者说粟特人这个族群，对中国古代社会的文化生活的影响有多么深远。在北齐的墓葬当中，屡屡发现和粟特人有关的文化遗存。比如2002年，在太原就发现了北齐的

1 南安王高思好，是北齐神武帝高欢的从子——上洛王高思宗收养的弟弟。

2 指胡人的乐工。

3 康阿驮、穆叔儿是北齐时的富家子弟，后文的曹僧奴、曹妙达、何朱弱、史丑多、何海、何洪珍等人大都是当时著名的胡人乐工。见唐代李延寿《北史·恩幸·齐诸宦者传》。本段可参考李建栋《北齐时代的西域胡戎乐东渐及其对政治的影响》。

4 即土库曼斯坦的梅尔夫。

5 开府仪同三司，官名。开府，指以自己的名义自置幕府与幕僚部属的行为。得授仪同三司加号者可以得到与三公一样之待遇。开府仪同三司一般是魏晋至元朝时，朝廷对有功大臣功劳的重赐。

6 指中国南北朝、隋、唐时期对从中亚粟特地区来到中原的粟特人或其后裔10多个小国的泛称，其王均以昭武为姓。《新唐书》以康、安、曹、石、米、何、火寻、戊地、史为"昭武九姓"。

徐显秀墓，在那里出土了一枚镶嵌着蓝宝石的金戒指。很多学者判断，这就是当时粟特商人带入中国的珠宝装饰品。徐显秀墓里边还发现了一幅壁画，这幅壁画得到了大家高度的重视和深入的研究。壁画中有菩萨连珠纹，这种独特的纹样是由外来的连珠纹和中国的菩萨像相结合孕育出来的，反映了北齐盛行的胡化之风。

在北周都城长安，同样活跃着很多粟特胡商，这已经被最近一些年多次重大考古发现所证实。2000年，在西安发掘了安伽墓，这是一个非常重要的墓葬，受到学术界的高度重视。这个墓葬的发掘为研究北周时期粟特文化对中原的影响，提供了极为珍贵的材料。墓志讲“安伽，字大伽，姑臧昌松人”，也就是今天武威一带的人，他曾经担任过同州（今陕西省渭南市大荔县）萨保、大都督。所谓“萨保”是中原王朝对商胡管理祆教祭祀活动的官员的称谓，是一个官职。安伽的祖先毫无疑问是安国人，在安伽墓出土的石刻围屏上，更是有很多胡人的形象，这些人带有明显的中亚民族特征，他们使用的酒器更是和我们中原所用的酒器有明显不同。

2003年，在离安伽墓只有两公里远的地方，发现了北周贵族史君墓。我们前面提到过，史姓也出于昭武九姓。在这个墓里边，有一个极其重要的，甚至可以说是绝无仅有的考古发现：一扇墓门是一块整石，上面刻有粟特文和汉文，记载了墓主人史君的生平。从汉文的记载来看，这位墓主是北周凉州[1]萨保，也是主管祆教祭祀的官员；墓主的妻子姓康，来自康国，即撒马尔罕。这座墓里边有很多石刻，使用了高浮雕的手法，非常醒目。我们在其中可以看到墓主人降生、狩猎、商旅等各种场景；还可以看到墓主人夫妇在家中对饮，或者说在葡萄园里设宴饮酒的场面，石刻中显示出的粟特文化色彩非常明显。当然，石刻里有祆教的文化，也有汉文化的影响。

1　即姑臧，古时也称雍州、休屠，今甘肃武威市，又称雍凉之都。

2004年，人们又在距北周安伽墓大概150米处，也就是距北周史君墓2000多米处，发现了一位名字叫作康业的粟特人的墓葬。根据出土的墓志上讲，康业还是康国国王的后裔，他死于北周天和六年（571），死后被诏封为甘州（今天的甘肃张掖）刺史。但是研究者注意到，康业的尸骨用丝绸裹着，没有经过二次瓮葬这样的粟特人葬俗——原本粟特人的葬俗应该是人在死后经过狗吞食，或者天上的鹰啄食之后，尸骨的肉被吃光，然后再用瓮来收埋骸骨，是不用棺椁的。然而康业的尸骨是用丝绸裹葬，说明他已经采取了汉人的葬俗，这肯定是因为康业生前长时间旅居在长安，已经有很高的汉化程度了。这个墓有围屏，在围屏上有线刻图案，里边有很多人深目高鼻或者高鼻秃头，胡人特点都非常明显。

粟特人在魏晋南北朝时期中外文化交流当中的声名、他们的作用，近几年来越来越得到学术界的重视。我想，随着考古发现的不断增多，随着我们对传统文献理解的日渐深刻，对于粟特这个族群的研究还会有进一步的发展。

魏晋南北朝时期的外来宗教——佛教与祆教

我们都知道，魏晋南北朝是一个各种学说、思想乃至宗教大发展、大繁荣的时期。从某种意义上来讲，它对当时中国的精神世界产生了深刻而巨大的影响。当然，这绝不是说在魏晋南北朝时期，中外精神层面的交流或者讲文化层面的交流就仅仅是由西往东，而中原地区并没有文化向西方的输出。《北史·西域传》就曾经讲过：“高昌（也就是今天的新疆吐鲁番一带）有《诗经》《论语》《孝经》，置学官弟子以相教授，虽习读之而皆为胡语。”这段记载是非常重要的，它说明在魏晋南北朝时期，中原的文化也在向西方传播。它说在高昌那一带有人学习《诗经》《论语》《孝经》，而且还有学官，即专门的政府机构来教授这些学生。不过这些学生并不是用汉语来读这些经典，而是用胡语——西域当时的各种语言——来读。这段记载被新疆考古发现证实。我们在新疆考古发现中，发现了古抄本《毛诗序》等汉文典籍。为什么我要把重点放在魏晋南北朝时期，中原地区受到的从西方传进来的文化、宗教的影响？因为这一方面的史料和研究比较多，而中原文化对西域、对中亚，乃至于对更远地方的影响，这方面的研究相对来讲还比较薄弱。

魏晋南北朝时期，沿着陆路交通要道传播进来的众多宗教中，最重要的当然首推佛教。魏晋南北朝时期有很多西域高僧陆续进入中原。两汉时期是佛教传入中原的一个发端，而魏晋南北朝时期是佛教的一个繁荣期，并且是“中国化”的一个时期。

到了魏晋南北朝时期，佛教才真正扎根中国大地。那个时候有很多来自西域、印度和中亚的高僧都到中国来传播佛教、翻译佛经。其中特别著名的鸠摩罗什[1]，就是来自西域的。在中国佛教的翻译史上，如果要推举出两位最伟大的译经大师的话，毫无疑问，一个是玄奘大师，另一个就是鸠摩罗什。玄奘大师的翻译被称作“新译”[2]，而鸠摩罗什则是旧译的代表，他们是两座高峰。

我们绝不要忽视这么一点，就是玄奘的翻译虽然是新译，但是并没有完全替代鸠摩罗什的翻译。因为鸠摩罗什的翻译非常有文采，非常有个人特点。事实上，迄今为止，鸠摩罗什翻译的佛经还有好多依然在流行。鸠摩罗什为佛教在中国的传播做出了重大的贡献。在他去世后不久，北天竺（有来自今天印度地区北部）一位叫菩提流志[3]的僧人也来到了洛阳，他曾经会集了700多位僧人，一起来翻译佛经。从魏宣武帝永平初[4]到东魏孝静

1　东晋时期后秦高僧，是世界著名思想家、佛学家、哲学家和翻译家，是中国佛教八宗之祖。

2　佛学术语，与“旧译”相对，旧译指旧时的翻译，新译则指唐以后所译的经论。

3　梵文Bodhiruci的音译，也译作“菩提流支”，佛经翻译家。

4　“永平”是北魏宣武帝元恪的第三个年号，从公元508年8月—512年4月。

帝天平年间[1]，也就是说从公元508年到537年，不到三十年的时间里，菩提流志一共译出了39部（127卷）佛经。与菩提流志大致同时期的北天竺的勒那摩提、佛陀扇多，还有南天竺的般若流志，也先后来到洛阳翻译经典。而菩提流志和勒那摩提所翻译的，大多数是印度佛教非常重要的一派，也就是无著和世亲一派[2]的经典，比如《深密解脱经》《入楞伽经》[3]《摄大乘论》《师地经论》。一直到今天，对佛教文化有所了解的朋友还都知道这些经名，甚至有些朋友还会经常去阅读。

而在北齐和北周时期，又分别由北天竺僧人那连提黎耶舍和阇那崛多来翻译佛经。北朝的佛教和南朝的佛教在当时就已经表现出了很鲜明的区别。北朝的佛教特别重视禅法，也就是禅定之法；而南朝或者说南方的佛教比较重视佛教义理的探究。用一句不太精确的话来说，就是南方的佛教比较重视从宗教学、哲学学理的角度去研究。鸠摩罗什在长安的时候，他传授的主要是中观[4]学说，然而非常有意思的是，鸠摩罗什传承的学说在北朝几乎没有什么传承。

北朝受到大家崇信的是一些佛教禅师。很长一段时间里，在北朝影响最大的禅师是佛陀禅师，他的名字就叫佛陀，也就是觉者、觉悟者的意思。他是天竺人，在魏孝文帝迁都以前就来到了北魏，深受孝文帝的崇信。佛陀定居在少林寺，而当时的少林寺因为有佛陀禅师驻锡[5]，经常有人“闻风而来，纵横数百”，意思就是这寺庙里边经常有几百个人来听佛陀禅师讲禅、讲授佛法，少林寺也因此以禅法闻名。

1　指公元534年10月—537年。

2　“无著”和“世亲”都是菩萨的名字，即无著菩萨和世亲菩萨，世亲菩萨是无著菩萨的弟弟，二者都是大乘佛教的瑜伽行派，也称唯识学派的重要继承者和传播者。

3　即《楞伽经》，全称是《楞伽阿跋多罗宝经》。

4　佛教分为大乘佛教和小乘佛教，中观是大乘佛教的两大基本潮流之一，中观思想源于初期大乘时期流通的《般若经》，“般若”在佛教中是“智慧”的意思，念bō rě。

5　“驻锡”意为僧人出行，以锡杖自随，故称僧人住止为驻锡。“驻”即车马停住，或止住、停留之意；“锡”是指僧人所用锡杖。

比佛陀禅师稍微晚一点到达北魏的还有一位禅师，他在中国就更有名了，就算不能说是家喻户晓，也应该是知者甚多，那就是菩提达摩[1]。菩提达摩大约是在南朝刘宋灭亡（公元479年）前来到中国的，他先是来到了南朝。而到了刘宋后期，他就往北走，到嵩山洛阳一带传播禅法。和佛陀禅师不一样的是，菩提达摩在世的时候，并没有得到当道者的特别尊重。但是他传授的禅法，以《楞伽经》为指导，提倡一种高度自觉的实践，这和以前的禅法，也就是和佛陀禅师的禅法有着很大不同。因此反而是从南边来的菩提达摩的禅法代表着，或者说象征了北方禅学发展的方向。

他的禅法后来经过慧可（禅宗二祖）等人的传播，在全中国产生了巨大的影响，所以达摩被尊称为禅宗的创始人。迄今为止，禅宗不仅是在中国、在整个汉字文化圈，甚至在西方世界都有广泛的传播。而它最早的发源，是在魏晋南北朝时期。

除了来自西方的僧人到中土译经，中土的僧人在魏晋南北朝时期更是兴起了一股西行求法的热潮。西行求法的人当然各有目的，比如有的人是要到西方去求经、找经典，有的人要去拜访名师，有的人要去朝拜圣迹，等等。西行求法的人往往都是信仰坚定、发心宏大，并且有学问的僧人，都是带着非常明确的追求到西方去的。用今天的说法就是留学，当时叫求经，所以他们能吸收当时印度佛教的一些思想。他们对文化传播、宗教传播做出的贡献特别大，值得我们重视。

从汉僧西行求法的历史来看，曹魏时代的朱士行是第一人。朱士行是颍川人，也就是今天河南地区的人，年少出家。大概在公元250年，有一个僧人叫昙摩迦罗[2]，他把戒本[3]传入中国，于是在中国就诞生了受戒剃度的

1 Bodhidharma的音译，即民间常说的达摩祖师，禅宗的创始人。

2 也译作昙柯迦罗、昙摩柯罗、昙柯罗等，意译法。

3 指昙摩迦罗所译的《僧祇戒心》，这是佛教戒律在汉地最早的流传，后世也因此奉昙摩迦罗为律宗始祖。

制度。朱士行就依法成为比丘[1]，也就是真正合格的出家僧人。在朱士行以前，中国没有依照戒律受戒剃度的僧人，大多是离俗为僧。所谓“离俗”就是离开世俗，成为僧人。即一个人说自己出家了，再也不管世俗间的事情了，那他就算僧人了。换句话说，其实朱士行之前的僧人，按照佛法和佛教戒律，都是不具足的、不圆满的，因为他们没有受戒。而朱士行是中土沙门的第一人，也就是第一个真正的出家人。

他出家以后曾经在洛阳讲《道行般若》[2]，也就是《小品般若》。他应该没有学习梵文的机会，所以讲的内容依据的是译文，他当时就觉得译文很难理解。确实如此，今天我们很多朋友来读汉译佛经，有的时候也会觉得很难理解，佶屈聱牙。因为这些经文是由1000多年前域外的一门古代语言翻译成当时的汉语的。1000多年以后，我们读起来当然不容易。其实在朱士行那个时候，读译文已经感觉不太容易了，何况译本在翻译的过程当中可能出现各种问题，所以他就发愿要去寻找原本，弥补这样的缺憾。

甘露五年，也就是公元260年，朱士行从长安西行出关，到了今天新疆和田一带——当时叫于阗。他在那里找到了《放光般若》的梵文本。《放光般若》也叫《大品般若》，《道行般若》叫《小品般若》。《小品般若》的篇幅小，《大品般若》的篇幅大，那么《放光般若》当然就比较完整。在太康三年，也就是朱士行西行求法22年后的公元282年，他派遣弟子把他在于阗找到的《放光般若》送回洛阳。朱士行后来没有回到中原，他留居在西域，一直待在于阗。他80岁的时候，在于阗去世。这就是中国历史上第一位汉族僧人的故事。

比他成就高的、比他走得远的人多的是。在东晋南朝，西行求法的法显[3]最为著名。有很多人讲，虽然在法显以后很多很多年的唐代的玄奘名声

1　指年满20岁，受过具足戒的男性出家人。

2　《道行般若》《小品般若》以及后文出现的《放光般若》《大品般若》都是佛经名。

3　法显（334—420），平阳郡武阳（今山西临汾）人，中国佛教史上一位卓越的革新人物，杰出的旅行家和翻译家，对中国历史、文化产生了很大影响。

更大，但是如果要从既走海路，又走陆路，并且在域外游历的区域更为广阔——这些角度来讲，法显是更胜一筹的。甚至有人还说，综合各方面考虑，法显应该是西行求法的华夏第一人。

法显的西行求法在中外文化交流史上是占有非常独特的一页的。他留学天竺，求经而返，归国以后一直在建康（也就是今天的南京）翻译佛经，同时他还详细记述了西行求法的历程，留下了一部书。这部书有很多名称，既叫《高僧法显传》，也叫《佛国记》，又叫《历游天竺记传》等，现在统称为《法显传》。这是一部研究魏晋南北朝时期中外交通的极重要的著作。对于法显所经过的今天的阿富汗、巴基斯坦、印度、尼泊尔、斯里兰卡等国家的古代历史文化来讲，《法显传》也是非常重要的文献。因为那些地方的古代文献留存很少，而那些国家往往不像中国那样对历史记载那么重视，所以它们相当于中国的魏晋南北朝时期的古代史，在很大程度上是要依据法显的记载来研究和探寻的。

法显是南朝著名的求法僧，而北朝则有北魏末年的宋云、惠生，他们的行迹保留在北魏一部非常重要的著作——《洛阳伽蓝记》[1]里，这部书现在我们还能看到的，当然只是片段。北齐的时候，又有宝暹（xiān）、道邃到西域，他们回来的时候带了260部西域文字的——当时也叫梵本——佛经回来，那个时候已经是隋代了。到了唐代，有玄奘、义净、慧超、悟空等，西行求法盛极一时。而这些人往往都有行记传下来。这些对于我们研究中外文化交流就非常重要了。

魏晋南北朝时期，中外的许多僧人都参与到翻译佛经这个工作当中，并扮演不同的角色。当时翻译佛经是有不同的分工的。这一时期，佛经翻译的水平到了一个新的高度。政府对佛经翻译这项工作往往大力支持，从经济角度、组织角度提供保障。因此，译出的佛经量大质精，而且更加系

1　简称《伽蓝记》，是东魏杨炫之所著的一部集历史、地理、佛教、文学于一身的历史和人物故事类笔记。

统。正是在魏晋南北朝时期，无论是大乘、小乘[1]，还是经、律、论[2]，佛经大体上都已经被翻译过来了。由此中国佛教就迈过了传入中国的早期阶段，进入了一个中国化的进程，为后来佛教各宗——法相宗、华严宗、天台宗、禅宗等的形成提供了条件。后来佛教就出现了各种各样的宗派[3]，可以说，魏晋南北朝时期就为佛教完全中国化奠定了基础。

我们知道，中国的佛教石窟的历史价值、艺术价值都是受到高度尊重的。按照中国一般的说法，有四大石窟，哪四大呢？敦煌莫高窟、天水麦积山石窟，它们在甘肃；大同云冈石窟，这是在山西；洛阳龙门石窟，这是在河南。这四大石窟都是人类文化史上的瑰宝，而它们开凿的年代都在南北朝时期。

所谓的石窟是一种非常特别的形制，它一般是在河旁边的山崖上开凿，慢慢形成一个群落，进而形成一个佛教寺庙。由于很多石窟，它的洞窟非常密集，今天凿一个，明天凿一个，越凿越多，所以往往都有“千佛洞”之称。“千佛洞”绝不是敦煌莫高窟的专有名词，很多石窟都叫千佛洞。这些石窟对于研究中外文化的交流，当然有特别的意义。现在学术界一般认为，这种在山崖上开凿洞窟、石窟的行为，主要是受到伊朗的影响。

古代波斯有个国王大流士一世[4]，他统治的年代非常早，是公元前522年到前486年，比秦朝统一中国的公元前221年，还要早两三百年。在大流

1 “大乘”“小乘”都是佛教的主要派别，“大乘”是梵文“摩诃衍那”的意译。“摩诃”是“大”的意思，“衍那”是“乘载”（如车、船）或“道路”的意思。大乘佛教自称能运载无数众生从生死大河的此岸，到达菩提涅槃的彼岸，成就佛果。主要经典有《般若经》《法华经》《华严经》等。“小乘”是梵文“希那衍那”的意译，主要经典有《阿含经》等。小乘佛教属于南传佛教，主要流传于斯里兰卡、泰国、缅甸、老挝、柬埔寨等国。

2 “经”“律”“论”都是佛教文献的组成部分，“经”即“经典”，是佛一生所说的言教的汇编，也是佛教教义的基本依据；“律”是佛所制定之律仪；“论”是对经、律等佛典教义的解释或重要思想的阐述，一般被认为是菩萨或各派的论师所作。

3 中国佛教主要有八宗，一是三论宗，又名法性宗；二是瑜伽宗，又名法相宗；三是天台宗；四是贤首宗，又名华严宗；五是禅宗；六是净土宗；七是律宗；八是密宗，又名真言宗。

4 即Darius I the Great，公元前521—前485年在位。

士时期，有一座非常著名的山叫Behistun，也就是贝希斯敦[1]摩岩的石窟，或者叫龛窟，波斯石窟的开凿从那时起就已经有了；印度最早的石窟是巴拉巴尔石窟群[2]，它的开凿年代也在秦始皇统一中国之前，在公元前3世纪孔雀王朝时代；印度最著名的佛教石窟在南印度，也就是阿旃陀（Ajanta）石窟[3]，它的开凿在公元前2世纪。大家可以看到，这些石窟的开凿都比中国的四大石窟早。

所以中国四大石窟受到西方的影响是一个不争的事实，而西方的石窟艺术影响到中国是经过了中介的。当然它要一步一步、一站一站传过来，而著名的阿富汗的巴米扬石窟[4]，就是一个中介。巴米扬的石窟融合了印度的石窟建筑和犍陀罗艺术[5]，把石窟和巨型的造像结合起来，形成了在中亚地区非常独特的一个艺术流派，就叫巴米扬流派。巴米扬石窟所在的地点是阿富汗首都喀布尔西北，兴都库斯山区的巴米扬溪谷当中。这个地区就非常靠近古代连接印度、伊朗和中亚的交通要道。中国的僧人玄奘和新罗的僧人慧超，都曾经到达过这个地方。玄奘在《大唐西域记》当中，把“巴米扬”翻译成为“梵衍那”，这是不同的音译，他详细地描写、记载了当地最著名的大立佛——大佛，还有卧佛像。

非常可惜，大家都知道大立佛，也就是巴米扬石佛，在近年已经被摧毁，这引起了全世界高度的关注。这一人类的艺术瑰宝就这样被后人摧毁了，这是非常令人难以接受的。非常神奇的是，玄奘记载的大卧佛，一直到今天都没有找到。玄奘的记载是非常可靠的，可谓言之凿凿，但是没找

1　贝希斯敦是个山名，位于今伊朗克尔曼沙汗省，大流士一世用多种语言将自己的事迹刻在了此处的大石崖上，即著名的贝希斯敦铭文。

2　Barabar Grottoes，位于印度比哈尔邦格雅城北。

3　Ajanta Caves，位于印度马哈拉施特拉邦境内。

4　即Bmyn Caves，是位于阿富汗兴都库斯山中的佛教遗迹。

5　犍陀罗（Gandhara的音译）原本是古代印度的一个地名。犍陀罗艺术是指南亚次大陆西北部地区（今南亚次大陆地区的巴基斯坦北部及中亚细亚的阿富汗东北边境一带）的希腊式佛教艺术。

到。而巴米扬大佛的制作年代大概是公元2世纪，它旁边的石窟开凿年代应该更早，现存的石窟还有2000多个，分布的长度长达3公里。巴米扬艺术对中国新疆的克孜尔石窟，以及前面我们提到的敦煌莫高窟、云冈石窟、龙门石窟、麦积山石窟都有非常明显的影响。

不仅如此，我们在巴米扬石窟群和中国新疆的克孜尔石窟，以及中国其他四大石窟之间，还能找到一个更准确的中介，那就是今天乌兹别克斯坦铁尔梅茨（Tilmetz）附近，它有个古城，古代叫呾密城[1]。这个城西北角有个卡拉丘[2]佛寺遗址，也是一个石窟寺。呾密城位于阿姆河边，这个地方从古到今都是中亚地区的要道。

从地理位置、考古学证据、文物断代等角度研究，呾密那个地方的石窟应该就是巴米扬艺术传至中国的又一个起点。这一步步的影响是非常清楚的。中国佛教的石窟一般来讲开凿于公元3世纪。在公元5到8世纪非常兴盛，中国境内最晚的石窟大概开凿于16世纪，所以跨度有一千三四百年。而开凿的高峰期正在魏晋南北朝。新疆地区以拜城的克孜尔石窟最为有名，开凿于公元3世纪，极盛期是公元4到5世纪，最晚的石洞窟，开凿于公元8世纪。克孜尔石窟的某一些窟形，高度接近巴米扬石窟，这个已经是学术界的共识了。

敦煌莫高窟中，现存最早的石窟开凿于公元5世纪，然后陆陆续续一直延续到14世纪。壁画、塑像的风格暂且不提，我们就看年代，它明显要晚一点。甘肃永靖天水石窟开凿于公元5世纪，其中永靖炳灵寺石窟第169窟，无量寿佛[3]的佛龛上有年代题记，它记名是公元420年，这非常珍贵，因为这是中国现存有明确纪年的最早的一处窟龛。云冈最早开凿的昙曜五窟非常著名，它是公元5世纪60年代开凿的。学者现在普遍认为，公元5世纪晚期以前，中原北方石窟受到新疆的影响，这和佛教艺术由西往东的传

1 即Tirmidh，西域古国名，今译为泰尔梅兹。

2 即Kara-Tepe，Tepe在波斯语/突厥语中意为“墩”或“小丘”。

3 即阿弥陀佛（梵语Amitābha），又名“无量佛”“无量光佛”等。

播路径是完全吻合的。

现在，我们如果到大同的云冈石窟去看，能够明确地看到这些影响。像第九窟，大门左上方，有交脚弥勒龛，两边的柱头一眼就可以看出来是希腊化的爱奥尼亚式[1]，这个明显是受到了从犍陀罗、巴米扬传来的西方艺术的影响。

当然，西方传进来的这些艺术样式，到了中原以后，也很快受到了中原艺术的影响。比如金刚力士是佛教造像当中很常见的一种样态，起源于古印度的护法神，而传进中国以后，北魏时期的金刚力士像，除了有西方的文化因素，还非常明显地受到了汉族的传统武士像、门立像的影响。

在魏晋南北朝时期传入中国的外来宗教，绝不只有佛教。实际上还有一些当时西方流行的宗教，也在魏晋南北朝时期传入了中国。这些外来宗教到了魏晋南北朝以后，在中国产生了相当大的影响，有些影响的程度，即使到了今天，我们还无法完全掌握。

前面为大家介绍过，在魏晋南北朝时期中外文化交流这个领域扮演过重要角色的一个族群——粟特人。我接着要为大家介绍的这一种外来宗教，就跟粟特人这个族群有非常密切的关联。那就是拜火教，也叫祆教、琐罗亚斯德教。

大概在公元前6世纪，有一个人，名字叫琐罗亚斯德，这个人大概出生在公元前628年。然而他去世的年份比较确定，是公元前551年。这个年份距离秦始皇统一中国——秦始皇统一中国是公元前221年，这期间还差了300多年，是非常古老的一个人物。

“琐罗亚斯德”这个名字很多人也许觉得陌生，但是像我们这一代人，很多人都读过一本书，这本书被归在西方哲学的类别里面，是德国重要的哲学家、思想家尼采写的一本书，叫《查拉图斯特拉如是说》。这部书有中译本，收在商务印书馆著名的“汉译世界名著丛书”中。这里的

1　古希腊三大柱式之一，即Ionic Order，特点是纤细秀美，柱身有24条凹槽，柱头有一对向下的涡卷装饰。

"查拉图斯特拉"就是琐罗亚斯德。尼采用了这么一个古老的拜火教，或者祆教创始人的名字来命名他的这本书，可见这个人物在西方的重要性。

这位琐罗亚斯德在公元前6世纪的时候，在波斯东部创立了一种宗教，这种宗教的主要特征是主张善恶二元论[1]，崇拜阿胡拉·马兹达（Ahura-Mazda），它的经典是波斯古经《阿维斯塔》（Zend-Avesta）。大家把这个宗教称为琐罗亚斯德教，传入中国以后称为祆教。现在，在各种出版的著作当中也有一些场合提到这个宗教，但是有些时候这个字经常容易被印错，因为如果印成了一个"衣"字旁，那边的"天"字再印得稍微不准确一点，就会变成"袄"字。所以也有的朋友会念错——念"袄（ǎo）教"，其实是"祆（xiān）教"。"祆"这个字的本义是指胡天，也就是指外国的天神，胡就是外国的意思。其主要的仪式是在祭司麻葛[2]（Magus）的指导下去礼拜圣火，所以又被称为"拜火教"或者"火祆教"。Magus这个词，还有些学者认为跟我们汉语当中的"巫"有特殊的关联。这个宗教在古代波斯，以及后来的萨珊波斯时期都被确定为国教。

粟特人很早就信奉祆教，《魏书·西域传》里边就提到说康国[3]——也就是粟特人聚居的地方——"有胡律"，有他们本民族的一些法律、律典；"置于祆祠，将决罚，则取而断之"。这是汉文典籍当中最早出现"祆"字的地方。火祆教或者叫琐罗亚斯德教，它是粟特整个族群信奉的宗教。根据《汉书》的记载，早在西汉成帝年间——成帝年间是公元前32年到前7年，粟特商队已经在丝绸之路上频繁往来，从事商贸活动。当然，这些来华的粟特商队的组成成员当中，毫无疑问是有祆教徒的。换句话说，中原最早接触到祆教或者琐罗亚斯德教应该早在西汉年间。

当然，这只是我们根据常识做出的推断。那么这个宗教到底什么时候

---

1 该理论认为，原始之初就存在着善与恶两大本原，存在着以阿胡拉·马兹达为最高代表的光明势力与以阿赫里曼为元凶的黑暗势力的矛盾和斗争。

2 Magus麻葛是祆教的专职祭司阶层，也称玛哥斯僧。

3 古代中亚民族国家，我国西汉时期称之为"康居国"。

比较正式地，或者说比较成规模地传入中国？我们可以从匈牙利加入英国籍的著名的探险家、考古学家斯坦因的一次发现当中找到一些证据。这位斯坦因在1907年曾经在敦煌西北一座长城的烽火台底下找到了几封粟特文的古信札。从这批信里边我们可以判断，最晚到公元4世纪初，粟特人从零零星星地到中国来经商转变成有组织、成规模地到中国来经商。因此我们可以推断，祆教大概最晚在公元4世纪初已经进入中国了。祆教最初只不过是在粟特人的族群内部比较流行，所以中原汉地的民众对他们的宗教起先是了解不多的。但是随着来华的粟特人逐渐汉化，融入中原汉族的生活群体当中，中原人对祆教也有了更多的了解。

我们在《晋书》《魏书》《资治通鉴》等中国的史籍当中都可以找到对“胡天”，也就是祆教所祭祀的天神的记载。而北魏、北齐年间，在当时的京城和各个州都设置了一个官职叫萨甫。萨甫，也就是隋唐时期的萨宝。从朝廷的角度来看，它是以胡商——也就是粟特商人的首领来管理这个群体，同时也管理祆教的宗教祭祀，萨宝是其官名。在隋代的时候它是正九品，而到了后来的唐代，已经是正五品，它的地位提高很快。这在《旧唐书》和《通典》中是有明确记载的。

关于这些萨宝，还有好多考古发现可以证实其存在。西安就发现过北周的安伽墓，它的墓主人安伽就是同州萨宝，也就是同州这个地方的粟特人的宗教领袖和族群领袖。在他墓葬墓门的额上，发现了填涂色彩的雕刻，因此也叫刻绘。还有一幅祆教祭祀图，图的中部是火坛，这个火坛放在莲花三驼座上，而且旁边有骆驼，骆驼背上驮着一个圆盘，盘内有升腾的火焰。

在这个墓门上面，我们可以看到很多胡人的形象，有好多器皿和图案都带有明显的粟特的色彩。火坛上的莲花座，一般认为和异域宗教传入中国有关。但是我们又发现，在图案里边的这些飞天伎乐，与传入中国的佛教飞天伎乐，不管是在外形上还是服饰上都看不出明显的区别。所以实际上，在那个时候，祆教传入中国应该已经有相当长的时间了，并且出现了

“中国化”。所以它的图案一方面带有明显的粟特的色彩，一方面又有中国化的色彩。同时我们注意到，在安伽墓的墓门上面，伎乐飞天的体貌特征已经有明显的中原汉人的风格，它的图案也已经明显地汉化。

在西安的北郊，还发现了北周史君墓，墓主是北周的凉州萨宝。史君墓非常大，出土了很多与拜火教有关的非常精美的浮雕，内容很丰富。当然，对史君墓的内容、图案的一些试读和阐释还有待进一步研究。

在魏晋南北朝时期，来自波斯的非常重要的宗教——祆教或者拜火教已经传入中原相当长的时间，出现的中国化或者汉化的样态，毫无疑问是非常重要且值得我们重视的。这也展示出了魏晋南北朝时期中外文化交流的丰富和精彩，在某种意义上也反映了它的神秘。

海陆交通的发展推动了东亚“汉字文化圈”的形成

前面我们主要讲的是中国文化和西方文化的交流，这个领域，学术界关注得比较早，研究得比较细，资料相对也比较多。然而中国文化也有东向的交流，甚至还有南向的交流。在这个领域，学术界注意得相对比较晚，研究成果相对要少一些，但是我们不能忽略它们。

所谓魏晋南北朝时期的中国文化和东方文化的交流，这个东方主要是指亚洲东部。提到亚洲东部，我们一下就会想起朝鲜、日本，当然包括中国。

首先为大家讲的是魏晋南北朝时期的中国和朝鲜半岛的文化交流。

从公元313年，高句丽攻陷乐浪（lè làng）、带方开始，到公元668年，新罗统一朝鲜半岛大同江以南区域为止，一共355年。这个历史时期，被称作朝鲜半岛的三国时代。中国的魏晋南北朝时期是公元220年到589年。换句话说，朝鲜半岛的三国时代，和中国的魏晋南北朝相比，它的起、始都差不多晚了百来年，中间有很长一段时间是重叠的。在朝鲜半岛的三国是指哪三国呢？是指位于北部的高句丽、位于朝鲜半岛南部西半部分的百济和位于朝鲜半岛南部东半部分的新罗。

尽管在这样一个时期，中国和朝鲜都经历了很多的战乱动荡，但是之间的文化交流不仅没有中断，反而有了很大的发展。特别是高句丽，因为当时的高句丽地跨鸭绿江两岸，它基本上继承的是魏晋南北朝时期辽东的遗产，所以它天然就是文化交流的桥梁。

在整个魏晋南北朝时期，高句丽与中原的南、北王朝都保持着密切的往来。可以看一个数字。按照史书记载，高句丽使节访问北魏、北齐、北周的次数就多达90多次，有的时候一年里有两三个使团到达。而访问东晋南朝的使节也有将近30次，这个数字是非常可观的。百济、新罗也一样，跟中国的往来是非常密切的。

除了朝鲜半岛之外，大家千万别忽略了，按照传统来看，越南这个东南亚国家也是算在亚洲东部的。为什么会把越南也算在亚洲东部呢？这里边不仅是一个地缘的考虑，也有一些历史文化的因素。因为亚洲东部这四个主要的国家：中国、朝鲜、日本、越南，它们在历史文化方面是有一些共同点的，很多学者把它归纳成这样四点——汉字文化、儒家思想、律令制度、佛教信仰，而这四者的核心实际上是汉字文化。日本有一些学者，干脆把整个东亚世界就称作“汉字文化圈”。

中国的汉字大概自战国到西汉初传入了朝鲜半岛——这个时间很早。到了三国时代，朝鲜半岛的人民广泛使用汉字和汉文。所以当时朝鲜半岛三国时代的文人，很多都能写非常棒的汉文文章。而这三个国家高句丽、百济、新罗给中国南北朝各代的公文、表疏，也都采用非常标准的中国文章和格式。

我们先看高句丽，只举一个例子，那就是著名的好太王碑。“好太王碑”是个简称，全称是“国冈上广开土境平安好太王碑”，这是高句丽的长寿王在公元414年为他的父亲立的一块墓碑。这个墓碑在哪里呢？在今天中国吉林省集安县集安正东。这个碑很大，上面一共刻了1775个字，内容都是关于好太王的功绩。这个碑在刻好以后1000多年，大家都没有注意过，而到清朝的光绪初年才开始被学术界关注。大家对这块碑有高度的评价。比如清代叶昌炽在《语石·奉天一则》中就讲碑“字大如碗”“方严质厚，在隶楷之间……所记高句丽开国武功甚备。此真海东第一瑰宝也”，由此可见，时人对它评价非常非常高。所以这块碑不仅有重要的史料价值，而且还有非常重要的书法审美价值，喜欢书法的人都知道好太王碑。

对于百济我们也可以简单地看一下，因为百济很早就通过辽东接触到了中国的先进文化。公元277年，百济就派遣使节与西晋联络。此后，百济依靠它非常发达的造船业，往来于黄海之上，因此，百济对汉文化的吸收相当全面。我们这里也举一个例子。我们现在通过考古发现了百济的武宁王陵，也就是百济国王的陵，它的年代在公元6世纪初，里边出土了大量的来自中国南朝的物品。武宁王在位23年（公元501年到523年），这个时候是百济中兴时期，国力比较强盛。它与中国南朝的梁往来通好。墓志中提到武宁王有个头衔叫“宁东大将军”，这实际上是中国魏晋南北朝时期梁朝给他的封号。在百济境内，我们还发现过一些碑，上面有些碑文，甚至运用的是骈体文，也就是所谓的四六文，四字一句、六字一句，这属于南朝非常典雅的文字。中国古籍当中有记载，那个时候的百济“颇解属文”，就是说他们非常懂得怎么写文章。

新罗在三个国家中建国晚一点，它在建国初期连文字都没有。但是大概到了公元251年出现了一个人物（见于朝鲜史籍的记载），这个人叫妇道，我们现在基本可以断定他写的文字就是汉字。大概到公元3世纪中叶，汉字、汉文已经在新罗普遍流行，甚至新罗的国名都很有意思。根据《三国史记·新罗本纪》记载，在公元503年的时候，新罗的臣子们开会说：“始祖创业以来，国名未定，或称斯罗，或称斯卢，或称新罗。”意思就是说我们国名都没定呢，创业到现在，有的时候被叫斯罗，有的时候被叫斯卢，还有的时候被叫新罗。“臣等以为，新者德业日新，罗者网罗四方之义，则其为国号宜矣。”由此可见，国名最后被确定为“新罗”，背后完全是中国文化的思维，甚至新罗的这些臣子，把朝鲜语称之为方言，认为标准的语言应该是汉语。新罗与汉文化的交流，后来得到了日益广泛、深入的发展。到了公元504年，新罗仿效中国礼仪，也制定了丧服法，就是规定了怎么服丧，怎么慎终追远；公元514年采用谥法，也就是人死了以后要给他一个谥号；公元520年颁示律令，并且规定了百官穿的服饰，就是应该实行“朱紫之制”，也就是要根据官品的大小，穿红的或穿紫的，完全模仿中国；而公元536年新罗干脆模仿中国建了个年号叫“建元元年”；公元545年，当时的新罗王下令撰修国史。

所以我们看到，高句丽、百济、新罗这三个国家和汉字文化的关系非常密切。而特别值得指出的是，在朝鲜的三国时代，朝鲜人民在使用汉字的过程当中，已经开始部分地进行再创造，比如用简体字。有些简体字我们现在还经常在用，比如“部门”的“部”，它就简化成“卩”，现在咱们很多人写的时候还顺手这么写，这个现象最早出现在朝鲜半岛。他们还造了一些字，比如畓，上面是流水的水，下面是田，这个就是指水田。所以我们可以看到，汉字文化是中国和朝鲜半岛魏晋南北朝时期文化交流的重要内容，这一点是毫无疑问的。但是同时汉字文化必然又是中外文化交流的重要载体。那么从这个角度看，汉字文化当然就格外重要。

“汉字文化圈”扩大至朝鲜半岛后，儒家学说进而成为朝鲜半岛的统治思想。

三国时代的朝鲜半岛中最早受儒学影响的是高句丽，我们在前文提到了其中的历史原因和地理原因。在高句丽的发展过程当中，中国非常发达的儒家思想就和高句丽原有的文化结合起来，成为高句丽的统治者追求合法性的工具，或者是它合法性的一个支柱。根据《三国史记》记载，高句丽在公元372年就模仿中国的东晋王朝，正式设立了太学，这是儒学的教育机构。太学是设在中央的最高学府，主要招收那些贵族子弟，讲授的内容和中国一样，是《诗》《书》《礼》《易》《春秋》这五经，也讲授《史记》《汉书》《三国志》《后汉书》这四史，还有一部《晋阳秋》，这部书今天我们还可以看到，但是是辑佚的，因为它之前散失掉了。

太学的目的是培养官员，而且它又模仿中国，在最高学府当中设立了五经博士制度。只要通五经，就可以获得一个称号——五经博士，可以在里边当博士。高句丽不仅在中央设立太学这样的教育机构，它在地方上还有教育机构，叫扃（jiōng）堂，以招收地方的贵族子弟，当然也有一些平民子弟，不完全是贵族。高句丽跟儒学之间的关联，咱们就举它的教育机构这一个例子。

而百济在公元405年——这是有记载的，这个年代信息非常可靠——就有一个五经博士叫王仁，他携带《论语》十卷东渡，把儒学传到了日本。从这一个例子大家就可以看出，百济的儒学教育已经相当发达。百济对中国文化的吸收，甚至引起了中国史书的注目。所以在中国的史籍当中可以看到大量有关百济的记载，比如《周书》里边就有《百济传》，它讲百济"俗重骑射"，意思是说它原来的风俗是比较看重骑马、射箭的；"兼爱文史"，它同时也开始热爱文史了；"其秀异者，颇解属文，又解阴阳五行"，其中特别优秀的很会写文章，而且通晓阴阳五行学说，这个完全是受中国的影响；"用宋《元嘉历》"，它的历法用的是南朝宋的《元嘉历》；而且"亦解医药卜筮占相之术，有投壶[1]、樗蒲[2]等杂戏，而尤尚弈棋"，大家可以看到，它的这些医药、占卜，甚至投壶、下棋的技艺和爱好都是跟中国学的；"婚丧之礼，略同华俗。父母及夫死者，三年治服"，它的婚丧也是跟中国一样，父母或者丈夫死了以后要服丧三年，但实际上是27个月，这个现象也跟中国的内地非常像。《旧唐书》里边都有记载，它说百济的"岁时伏腊[3]，同于中国，其书籍有五经、子、史，又表疏并依中华之法"。百济的好多节气都是跟中国一样的，它的书籍有五经还有子书和史书，它的公文跟中国的格式是一样的。百济人的思想方式、生活样态，非常明显地带有汉文化的特点。

1　是古代士大夫宴饮时做的一种投掷游戏，也是一种礼仪。

2　我国古代始于汉末的一种棋类游戏，由国外传入。

3　也称伏臘，指古代两种祭祀的名称，即伏祭和腊祭之日，或泛指节日。

咱们用一个故事来解释。百济有一次打仗，打仗的时候胜者看到败者已经逃跑了。你为了缴获战利品，扩大战果，一般都要追的，但是百济有个将军居然这么说："尝闻道家之言云，'知足不辱，知止不殆'。今所得多矣，何必多求"——他不追了。这位将军完全根据中国道家的思想来行事，"知足不辱"的意思是我只要知足，就能避免挫折，避免受辱；"知止不殆"则是指，我知道在哪儿停住，不要一味地往前冲。我今天得到的东西已经很多了，我何必还要去贪多？于是他停了。你看，这完全是一个中国士大夫的口吻。

百济还有个国王，因为过分喜欢下棋，差点亡了国。高句丽那时候在图谋百济，它知道百济王喜欢下棋，就派去一个叫道琳的僧人去当间谍。这个僧人是个围棋高手，百济王就拖着他天天下棋，结果被僧人道琳知道了百济很多情报。高句丽乘虚偷袭，竟然就把这个国王给杀了。大家看看，举这两个例子，我们完全可以看到汉文化是怎样浸润在百济人的生活当中的。

三国当中接受儒学最晚的，是位于朝鲜半岛南部东半边的新罗。在公元4世纪末5世纪初，新罗开始接触儒学。到了公元6世纪的时候，儒学得到新罗国家层面的认可，成为官方学说。一个最重要的例子就是，公元503年新罗的统治者给自己改了一个称呼。新罗在公元503年以前，它没有"国王"这个称号，而是把自己的统治者称为"居西干"。到了公元503年，新罗的统治者才被称为国王，并且采用新的国号、年号，采取中央集权制，用儒家的学说作为统治思想，等等。当然，我们一方面应该看到，三国时期的朝鲜半岛，对儒学文化有着非常广泛的吸收；另一方面，我们也要注意到，虽然当时儒学思想传到了朝鲜半岛，并且传得很普遍，传得很深入，然而并不见得儒学思想就可以完全支配朝鲜半岛上的高句丽、百济、新罗统治者的思想。应该说儒学是跟朝鲜半岛的原始宗教，比如祖上神，还有新罗的花郎思想[1]、花郎精神，相互作用。儒家的学说在三国时代的朝

1　"花郎"是朝鲜三国时期新罗封建贵族阶级的青少年团体组织。

鲜半岛，还没有成为教育贵族子弟和选拔人才的唯一标准。要等到新罗统一朝鲜半岛以后，于公元788年制定了用儒家经典和汉文作为考试手段的规范，也就是所谓的“读书三品出身法”，这之后，儒学才成为选拔人才的主要方法。所以我们一方面要认识到儒家文化或者儒家经典，对于三国时代的朝鲜半岛的影响；一方面也要很客观地看到，它的影响还是有局限性的。

佛教传入朝鲜的时间是在公元4世纪后半期到5世纪前半期，我们只能模模糊糊确定这样一个时间。而这个时候，正好是中国东晋和十六国时期佛教空前发展的时期。最早接受佛教传入的当然是北方的高句丽，一般我们认为，僧人顺道是第一个把佛教传入高句丽的，但事实恐怕不见得是这样。因为根据中国的佛教史籍《梁高僧传》[1]的记载来看，在顺道到高句丽传播佛教之前，高句丽肯定有人已经皈依佛教了。在小兽林王之后的国王——故国壤王也皈依了佛教，他在佛教传播的历史上比较重要。为了能够让国民都信仰佛教，他在公元392年向全国颁布了一个命令，命令高句丽的人民都要信佛。之后的广开土王，也就是我们在上一节里提到的好太王，也致力于发展佛教。他刚继位一年，就在高句丽的南部都城平壤（当年是地跨鸭绿江两岸的），一年内造了九座规模很可观的寺院。在好太王的治下，高句丽居然呈现出一个佛教国家的样貌。由于国王大力弘扬佛教、褒扬佛教，很多读书人都到寺院去出家。而为了更好地学习佛学，他们中的很多人又到中国来留学，有些名字在历史中被留了下来，比如义渊、慧观、定法师等。

他们到中国来学习，当然不仅是学习佛经，还会学习中国其他的文化知识，然后再把它们带回高句丽。而高句丽不仅接受佛法的传入，它还主动地对外传播佛法，往百济、新罗和日本派去僧人，对这些地方进行传教。因此，高句丽在佛教传播的历史上是有重要地位的。

再来看百济。佛教最早传入百济当然也是和中国有关的。《三国史

1　也称《高僧传》，南朝梁僧慧皎所撰。

记》——一部朝鲜的史书——有明确记载：公元384年，阴历秋七月，枕流王（百济的一个国王）派遣使节前往晋朝贡；而在九月——就过了两个月，胡僧摩罗难陀（Malananda）就从晋朝到了百济。国王枕流王把他引到宫内，给予了他高度礼遇，佛法就此在百济开始传播。第二年——公元385年春二月，摩罗难陀就在汉山创建了佛寺，并且已经有了十个僧人。

在历史上，百济经常派遣使节到中国来求佛经，而中国一般也都答应百济的要求。非常有意思的是，从百济的寺庙建筑布局结构上来看，人们可以清晰地看到中国对百济在佛教文化层面的影响。百济的寺院基本上是单塔式寺院，也就是一个寺庙一座塔。中国基本也是这样。同时，百济的寺庙坐北朝南，一般将南门、塔、法堂、讲堂——按照这个顺序——安排在一条中轴线上，四面都用回廊和外部隔开，这样就形成了一个南北向的、长方形的建筑体。我们如果在脑海中想一下中国的寺庙，就会发现中国的寺庙也大多如此——特别是一些古老的寺庙，而新的寺庙却不一定。

另外，百济的佛像和中国的佛像也有密切的关系。百济的佛像是非常有名的，在佛像艺术界，“百济的微笑”尤其出名，就是百济的佛像上经常有非常亲切、神秘的笑容，人们无以名之，但它又非常有特点，所以大家就把它叫作“百济的微笑”。我们在百济境内，也就是在今天的首尔——韩国的首都郊外有个地方，曾经发现过公元400年左右中国制作的佛像，由此可以看出，百济在早期应该是大量从中国引进佛像的，但是不久后它就形成了自己的佛像风格。而这所谓“百济的微笑”是有来由的。很多学者注意到了，这个微笑和北魏太和二年（478）由河间乐成县张卖所造的弥勒像非常相似。张卖所造的弥勒像，面容不似成年人，而是童子状，笑得非常柔和。只不过非常可惜的是，这一座在佛像史上非常重要的弥勒像今天在日本，而不在中国了。也有学者认为，所谓“百济的微笑”固然是百济佛像的特色，但是它也难免受到了魏晋南北朝时期中国佛像的影响。百济也有摩崖石刻，它在山岩上造像，显示出非常明显的和中国的渊源。百济的如来像——那套如来佛的像，普遍穿着又宽又大的通身袈裟，就是整套的袈裟。这个装束应该是北魏孝文帝改制汉化以后，学习南朝世族着装的结果，孝文帝的衣着习惯表现在北魏的佛像雕刻上，后来又传入了百济，这些渊源都是班班可考的。

佛教传入新罗的时间比传入高句丽要晚五十年。《三国史记》也有记载，新罗的法兴王继位十五年后，才决定承认佛教。那为什么他会决定承认佛教呢？公元521年，法兴王派了使节到中国南边的梁朝，使节亲眼看到了佛教在梁朝所起的作用，然后他想到了当时朝鲜三国——高句丽、百济、新罗之间关系非常紧张，有的时候甚至是剑拔弩张。所以他就想通过佛教来祈求国泰民安。这个是可以理解的。于是到了公元544年，新罗就兴建了兴轮寺，准许人出家。

佛教传进新罗的时间比较晚，但是新罗王室信奉佛教却非常虔诚。法兴王之后有几个国王都剃发，穿上袈裟，取了法号。这很像梁武帝。我们知道中国历史上最虔诚信奉佛教的皇帝，就是魏晋南北朝时期的梁武帝。新罗当然也派了很多留学生到中国去求法，他们带回来很多佛经和先进的文化。而中国南朝的梁、陈也不止一次地派遣使节和僧人，并赠送佛经给新罗，这些都是有记载的。比如公元549年，梁朝专门派了使节和一个新罗的留学生（叫觉得）一起送佛舍利到新罗。这样的记载，在历史上还有很多。

当然，魏晋南北朝时期的中国和三国时代的高句丽、百济、新罗，它们之间的交流绝不仅局限在汉字文化、佛教信仰这两个层面。他们在艺术、工艺等方面也都有非常频繁的交往。我们先来看高句丽的艺术。我们通过考古，发现了不少高句丽墓室，这些墓室都比较华丽，面积比较大。墓室里边有很多壁画，通过这些壁画，我们就可以非常清晰地看到，高句丽的艺术和魏晋南北朝艺术的关系。它的神灵的题材——在墓室里边会画很多神灵——很多是取材于中国的神话故事，比如青龙、白虎、朱雀、玄武——这四种神兽是代表四方的，在中原汉代的墓葬里边早就出现了，到了南北朝时期已经是不可或缺的元素了。高句丽晚期的墓室壁画里，也以这四神为主，这当然就体现了它跟汉文化的渊源。还有一些甚至出现了驾鹤仙人王子乔——这是中国很多人都熟悉的一个仙人——以及伏羲、女娲等形象。甚至高句丽在公元4世纪末到5世纪的土坟，都是模仿中国来造的，它的墓室的结构呈T字形。这样的例子非常多，比如我们在高句丽发现过一个墓，墓里边有狩猎图——很多人一眼就能看出是汉代的狩猎图，高句丽就把它作为一个范本，画到了本国的墓葬里。

高句丽和中国在音乐方面也有很多交流。比如根据《三国史记》记载，当时中国晋朝的人将一个七弦琴送给高句丽人。高句丽人虽然知道它是乐器，但是不知道怎么弹奏，于是出了很高的一个价格，来悬赏招募会弹这七弦琴的人。后来，晋朝传进来的七弦琴，在高句丽就成为非常流行的乐器。

当然，中国也有很多工艺品和生活用具，大量地传到了三国时代的朝鲜半岛，这种现象太多了，我们就不一一举例了。经济和技术方面的交流也非常频繁。新罗的前身叫辰韩，辰韩出产铁，铁是辰韩的货币，而且还是它的主要输出品。辰韩一直往中国出口铁，这个也是有非常明确的记载的。

魏晋南北朝时期，中国南朝和东北亚也有经济交往，像宋、齐、梁、陈和高句丽、新罗、百济都有贸易往来，尤其是南朝的刘宋、萧梁，这两朝和高句丽之间的贸易特别发达。中国方面输出丝、绢、绫、锦；而中国方面从朝鲜半岛进口箭、箭杆、金银饰物、马匹等。北朝的各国，因为和高句丽有陆路相连，所以它们之间也有贸易往来，而且比南朝通过海路要安全而便利。北朝与高句丽的商贸往来相当普遍，这里因为篇幅的原因就没有办法一一为大家介绍了。

特别值得强调的是，双方（也就是魏晋南北朝时期的中国和三国时代的朝鲜）在农业技术方面有很多交流，这个也很重要，因为这是关乎民生的大问题。这种交流主要在于农作物的品种、农业生产技术的提高等，这些方面中国对朝鲜也有影响。中国的稻作农业（就是水稻种植）传入朝鲜半岛；某些水利建设的方式也是从中国传入朝鲜半岛的；牛耕法——用牛来耕田，也是从中国传入朝鲜半岛的。在中国传进去之前，史籍记载说朝鲜半岛“不知乘牛马，牛马尽于送死”。这是指马韩[1]。他们不知道怎么利用牛和马，就只能看着它老死。辰韩也只是“乘驾牛马”——知道可以骑它，但是不知道用它来耕地。到了公元502年，新罗有一个王，在他的统治时期才使用牛耕。牛耕对朝鲜半岛的影响是非常深刻的。

中日奇缘：魏明帝赠给日本女王的百枚铜镜

接下来讲魏晋南北朝时期中国和日本之间的文化交流。从历史上看，日本在魏晋南北朝时期甚至还没有形成一个很明确的统一政权，然而中日之间的文化交流依然是精彩纷呈的。

公元3世纪前半叶，日本出现了一个势力强大的方国邪马台，我更愿意称它为地方政权。我们史书当中称它为倭国，因为我们历来是称它为“倭”。邪马台，是一个译音，一听就是外语。很多学者认为邪马台就是日语里的やまと（ya ma to），也就是大和国，我们称它为倭国。邪马台国有一个女王，叫卑弥呼。公元238年，她就派遣使者到了洛阳，与曹魏互赠礼品。当时曹魏的统治者是魏明帝，他赠给了倭王卑弥呼很多精美的丝织品、珍珠、铅丹，特别重要的是魏明帝还因为她是个女王赠送给她百枚铜镜。铜镜在早期中日文化交流当中非常重要，所以我在这里特别强调一下。魏明帝封卑弥呼为“亲魏倭王”，还给她颁授了金印、紫绶。

到了公元266年，倭王又派遣使节来了。一直到公元5世纪中，倭国出现了全国性的中央政权，当时慢慢形成的以畿内地区为中心的全国性政权就叫大和政权。现在比较多的学者认为大和政权与邪马台之间存在很鲜明的关联。大和政权依然经常派使节到中国来。根据《三国志·倭传》的记载，我们可以观察到一个细节：当时曹魏带方郡的汉文文书，或者册封亲

1　古代朝鲜半岛南部有三个小部族，它们分别是马韩、辰韩、弁韩。

魏倭王的诏书，能够送达给当时邪马台国的女王。由此我们完全有理由推断，在当时的邪马台国应该有人能够试读汉文，甚至能够书写汉文。

我们前面提到过铜镜，在日本就出土过大量的铜镜，里边有各种中国镜，还有非常特别的三角缘神兽镜。三角缘神兽镜在日本出土，数量已经有400多枚，现在可能还要多。而非常有意思的是，近几年，三角缘神兽镜在中国也有发现，日本就有学者认定，三角缘神兽镜就是公元239年或者公元240年魏明帝所赐的那100枚铜镜。日本学者认为这个可能是魏王朝为了倭人特别铸造的。但中国的学者观点略有不同，我们认为这些三角缘神兽镜应该不是中国的铜镜，但是它和中国的吴镜，特别是长江下游会稽郡的吴镜有密切的关系。种种证据表明，日本出土的这些数量巨大的三角缘神兽镜，是由中国吴地的工匠，也就是长江下游的这些工匠东渡日本，在日本制作的，这个推断大概是相对比较合理的。

这个推断是有一些证据支撑的。1986年，在日本京都附近的一个地方出土了一枚铜镜。在这个铜镜上面标着年号，这个年号是“景初[1]四年”。这就太有意思了，因为我们知道“景初”这个年号没有四年，这个年号很短，转眼即过。换句话说，这铜镜很可能是由吴地、长江下游的工匠，东渡日本以后到日本铸造的。因为他在日本，当时既没有微信，也没有手机、网络，不知道在中国年号已经改了，以为还是景初年。所以他就延续景初年号往下数，在镜上刻“景初四年”，实际上景初没有四年。这是一个重要的痕迹，因为如果是日本工匠铸的，他不大会用景初的年号，所以我们推测应该是中国去的工匠铸的，他还记着自己故国的年号，但是他应该已经跟故国隔断了，他不是在中国铸的，如果在中国铸造，不知道景初没有四年的概率是微乎其微的。由此我们可以推断，在那个时候已经有中国长江下游，也就是吴国的一些工匠东渡日本，在日本凭着自己的技术去铸造铜镜。

1 “景初”是魏明帝曹睿使用的年号，从公元237年3月至239年，共使用三年时间。

根据日本古文献和书籍的记载，中国南朝的一些陶工、缝衣工也到了日本。通过从日本出土的一些陶俑身上的服饰等，我们可以明确地感受到这一点。考古发现现在还证明，本州、九州这些地方的建筑也受到了中国一些木构建筑的结构性的影响。我们在前面讲中国和百济之间的汉字文化交流的时候，讲到过百济有一个博士叫王仁，他在公元405年就已经从朝鲜出发到达日本，还带了《论语》去。王仁到了日本后，就教当时日本一个叫稚郎子的皇子《论语》，还教他《千字文》，这是日本人学习汉文最早的记载。而根据《宋书·蛮夷传》的记载，在宋顺帝升明二年，也就是公元478年，当时的倭王派遣使节到中国，使臣带来的表文已经纯粹是汉文的了。由此我们可以看到，仅仅过了六七十年，日本掌握汉文的程度就非常高了。

而除了使用汉文，当时的日本已经开始利用某些汉字做音标，类似于后来的假名。公元8世纪以后，日本人受梵文的影响，用草体的汉字（草书）制造出了平假名，用汉字的楷体（楷书）的边旁制造出片假名。这种方式一直延续到今天。所以，魏晋南北朝时期的日本虽然不是那么发达，但是中国和日本列岛之间的交流，内容已然相当丰富，相当精彩，这非常重要。

还有越南，很多学者也把它放到东亚世界里，理由非常重要，因为很多学者把东亚世界称为汉字文化圈，而越南在古代也和朝鲜、日本一样，曾经长期使用汉字、汉文。直到13、14世纪，越南人才创造出字喃，字喃的意思就是越南字，但是仍然是以汉字为素材，运用形声、会意、假借等汉字的造字方法来表达越南语的。所以我们去看越南的一些史籍，很多是用汉文写的，甚至越南的很多文学作品、诗集也是用汉文写的。只是到了近代，越南才有了用拉丁字母书写的越南文，也就是今天的越南文，所以我们把越南也放到这个里边来提一下。当然，我们要注意魏晋南北朝时期的中国和越南之间的文化交流也是相当丰富的，绝不只是局限于采用汉字，只不过限于篇幅，我没有办法为各位做详细的介绍。

南北朝时期中国的船就到过波斯湾

再来看一个相对来说常被大家忽视的领域。这个领域是什么呢？就是魏晋南北朝时期的中国和东南亚诸国，以及南亚诸国之间的文化交流。

这个区域，在传统的说法当中，我们称它为南海。这个区域的交通，主要是通过海上航行。相对于魏晋南北朝时期的中国和西域（也就是西方）、和东亚世界（也就是朝鲜、日本、越南等）的交流来讲，中国和南海之间的交流也是非常值得关注的，但过去我们关注得不够。

魏晋南北朝时期，中国南海的交通在两汉的基础上有了非常大的发展。关于这方面，文献记载有很多，《三国志》《晋书》《梁书》《魏略》里边都提到过。根据《梁书》记载，孙权黄武五年，也就是公元226年，有一个大秦（东罗马）的商人来到了中国的南方，他叫秦论——因为按照中国古代的传统，你从哪个国家来，就用那个国家的名字作为你的姓，反正洋人的名字长，我们也搞不清楚，于是就给他起了个中国的名字叫秦论。他从海路来到中国，并且得到了孙权的接见。孙权非常好奇，觉得从那么远的地方来一个人实属难得。于是，他就向秦论询问了大秦那里的风土、民俗等。秦论回国的时候，孙权还派了一个东吴的官员跟着他一起回去。只可惜这位官员身体不行，不知道为什么在途中就亡故了。秦论应该是独自返回的大秦。

而公元244年到251年之间，孙权还派出了朱应、康泰作为正式的使者访问扶南，因为扶南主动来进贡，所以这个算是回访。扶南是一个什么地方呢？相当于今天的柬埔寨和越南南方的湄公河三角洲。他们受到扶南王范寻的接见，并且待遇非常隆重，毕竟这是大国来的使节嘛。这个是历史上中国的政府官员第一次正式访问柬埔寨。而根据《梁书》的记载，朱应、康泰还访问了东南亚的很多国家和地区，并且努力地在探寻通往大秦

（东罗马）的道路。因为史籍当中一直有记载，比如《魏略》就记载大秦“常利得中国丝……故数与安息诸国交市于海中”，意思是说罗马帝国一直希望能够比较顺利地得到中国的丝绸，而由于中间陆路隔着安息，也就是隔着伊朗那一片地区的国家，要遭受中间商盘剥，所以罗马一直是想跟中国有直接交流的。朱应和康泰在十几年之后，还受到秦论来访的影响，所以他们到了东南亚，也不忘打探罗马帝国的消息。

朱应和康泰还做了一些很有意思的事，针对扶南居民的装束，他们向国王范寻提出建议。今天柬埔寨当地人腰间围的纱笼，已经成为东南亚人民族特色最浓郁的服饰。现在很多学者认为这个纱笼就是朱应和康泰当年建议他们穿的。纱笼就是围在腰间的一条横幅，仔细一想，在朱应和康泰去的时候，当地的人恐怕还没有穿衣服的习惯呢。而朱应和康泰来自东吴，那个地方是很讲究穿着的，二人看不过去，就建议他们披个布。当时的布料可能不是那么多，于是扶南人就在腰间围了一圈布。所以纱笼今天之所以能成为东南亚很多国家的民族服装，还是来自东吴的两个官员的建议。

而早在公元230年，当时东吴的将军卫温和诸葛直，就曾经率领过一支万人船队到达了夷洲，也就是今天的台湾。这是史书上记载的大陆和台湾直接来往的最早记录。南朝的远洋贸易，那更是主要往海路发展，广州就成为当时海外贸易的一个集聚地。南朝的船经常远渡重洋，抵达波斯湾。大家想想，这是多么了不起的事啊，早在南朝的时候，中国的船竟然就到达了波斯湾。当时和南朝通商的国家，从历史记载来看，就有大秦（东罗马）、波斯（今伊朗）、天竺（今印度）和狮子国（今斯里兰卡）等。在岭南地区，相应就孕育出了很多以海上贸易为主要职能的城市，最有名的是番禺，另外还有曲江（今广东韶关）、合浦（今广东合浦）、徐闻（今雷州半岛最南端的徐闻），这些城市在南朝的时候都得到了很大的发展。

这个时期中国和南海交通，也就是中国和东南亚、南亚乃至于波斯湾那边更远地方的交流，并不是仅见于文字记载，而是有考古发现作为实物证据的。我们在前面几次提到的西方的玻璃器皿，就是最好的证据。我们今天是可以对这些玻璃器皿进行分析的，中国古代也有做玻璃的技术，但是它的化学成分和来自地中海东岸、埃及的玻璃不同，样式和形制也不同。所以我们判断，在中国境内出土的很多玻璃器是来自西方的，它们的化学成分和样式等因素让这一点无可争议。佛教从印度传入中国，我们传统的说法主要是从陆路，实际上不一定，现在有些学者也开始越来越多地关注到早期印度佛教传入中国的海路系统。

到了魏晋南北朝时期，南方和天竺之间已经有海路相通了，所以有很多中外的佛教僧人都是搭商人的船到达广州，然后再从广州出发航行。前文提到过的《法显传》记录了法显沿陆上的丝绸之路到印度，然后又从海上的丝绸之路回国的所见所闻。法显搭着商船，曾经到过耶婆提国，也就是今天的印度尼西亚一带，在那里还住了五个月，后来又搭一艘船回国。南朝的时候，中天竺的一个非常著名的法师叫求那跋陀罗，他也是通过坐船到了广州。

中国佛教史上有四位著名的翻译家、译师，其中之一就是天竺著名的僧人真谛。他的生存年代是公元499年到569年。他是在公元546年，经过柬埔寨，先到达广州，然后再到达建业（今天的南京）。有很多证据可以表明，魏晋南北朝时期，从长江口出发，经过南海，到印度的海路是畅通的。只要海路便利，人们就不用走路，在船上待着就行，同时能带的东西也更多，但是要说真的比陆路靠谱，那还真未必。当时的人受限于对天文、气象的认识程度，对风向、洋流的把握不会那么精确。而船是要跟着风走的，所以有的时候风吹到哪里算哪里。海路不像陆路，陆路人们可以计算时间，一天走多少里，这种计算是相对比较可靠的，海路就真的说不准。

在当时，广州是岭南的政治、经济中心，也是中国海外贸易的第一大港。从广州出发，沿南海西行到波斯（今天的伊朗），那一带的海上交通之路开通得很早，恐怕比我们历来想象的都要早。所以广州在那个时候就非常富庶。《晋书》里有记载，广州“包带山海，珍异所出，一箧之宝，可资数世”。意思是去做一趟贸易所挣来的钱，几辈子都花不完。《南齐书》里边有记载，“四方珍怪，莫此为先。藏山隐海，瑰宝溢目。商舶远届，委输南州，故交、广富实，物积王府”，这些都是描写广州的富庶的。

在那个时候，中国丝绸依然是最重要的出口商品，除此之外也有一些陶瓷器。通过新兴的水下考古，我们发现了好多沉船，捞起来后，找到了不少证据能够证明这点。

前面我们提到过，中国境内出土过很多来自东罗马和萨珊波斯的金币、银币。我们可以看到，波斯的银币集中在广东北部以及雷州半岛。广东是中国东南沿海省区里，出土波斯银币最多的省份，这个是和它在中国南洋贸易上独一无二的地位相匹配的。而魏晋南北朝时期，中国的南海交通不仅有中国的史籍记载，西方有些史籍当中也有提到。公元6世纪的时候有一个出生在埃及的希腊富商叫科斯马斯（Cosmas），他写了一本书叫《基督教各国风土记》。这本书就明确提到，当时的海路交通一般是从波斯湾到斯里兰卡，然后转舵东北，航向东南亚和中国。科斯马斯也提到，从波斯湾到今天斯里兰卡之间的贸易，控制在波斯人的手里，而当时的中国人还没有直接到达过东罗马的。即使是斯里兰卡到波斯之间的这段海路，中国去的船也不多，比外国船要少很多。

曾经强大的草原民族，他们去哪里了

有很多考古发现可以证明，魏晋南北朝时期经过北方草原的东西交通线路非常活跃，因为魏晋南北朝本身就是一个民族大迁徙、大融合的阶段。草原的游牧民族像柔然、嚈哒、高车，以及后来兴起的突厥，变动非常大。

北匈奴西迁以后，东胡的鲜卑族就移居到了匈奴的旧地，逐渐变得强大起来。魏晋时期，中国北方草原上活动的主要是鲜卑各部（因为鲜卑是个大名称，它的下面有好多部落，学术界一直有这种说法）。鲜卑和西伯利亚（Siberia）这个名字的产生是相关的。换句话说，西伯利亚的得名大概就是来自鲜卑族。西晋末年我们知道变乱很多，在中学教科书上还提到八王之乱、永嘉之乱，由于北部中国非常空虚，鲜卑族就趁机南迁。十六国时期鲜卑族建立过很多政权，北朝的各代统治者都是鲜卑人，或者是鲜卑化了的其他民族的人，包括汉人。鲜卑各部和西方各国、朝鲜半岛，还有中原地区，都有着非常密切的关系。这个考古发现非常多，我们在前面也讲到过。我们举一个单独的例子。东亚地区整个的马具系统，主要是来自鲜卑，这个是考古发现已经证明了的。马具当然不仅是马鞍了，还有马镫、缰绳等，这些明显都是鲜卑的。

鲜卑拓跋部南迁建立北魏，东胡的柔然势力又在草原上崛起。柔然曾经长期和北魏为敌。所以它实行的政策非常巧妙。北魏南迁后，建都洛阳。在北方，柔然居然经过青海、西域等通道，跟南朝联系，一度形成了南北夹击北魏的局面。柔然在历史上用过几个年号，都是汉文的年号，反映出它跟汉文化之间还是有关联的。公元429年，北魏太武帝亲自率领大军，分东、西两路奔袭柔然，柔然可汗大败。当然这种攻击也不止这一次，所以此后柔然就不断地有部落往西方迁徙。这一迁徙很重要，不仅牵涉到魏晋南北朝时期的中外文化交流，还影响到了民族分布，在某种意义上影响到了今天的民族格局、世界格局。柔然被北魏太武帝打败后，一部分部落就来到了欧洲。到了欧洲以后，当地的人称它为阿瓦尔（Avar）。阿瓦尔鸠占鹊巢，又把斯拉夫人给赶走了。于是斯拉夫人又迁徙到以前日耳曼民族所遗留下来的空地上，由此斯拉夫人建立的小国遍布东欧。

历史上一度曾经有过这样一个势头，就是遍布东欧的斯拉夫人可能会合建出一个自己的大帝国。然而公元9世纪末，马札尔人又占据了多瑙河流域的中部，和匈奴的后裔合流，于是将斯拉夫人分隔为南北两半。此后，这两部分斯拉夫人的文化发展就各走各道了，实际上他们原来都是斯拉夫人。这个对今天的世界都有深刻的影响。由于柔然的扩张，又迫使匈奴的余种——嚈哒，我们也称其为白匈奴，开始往西迁移。当时的很多北方草原的民族，比如高车（也就是铁勒），包括再晚一点的、原来被柔然征服的突厥，都逐渐地兴起。北部草原呈现出一种你来我往的景象。这个当然会对中外的文化交流带来直接而剧烈的影响。

魏晋南北朝时期中外文化交流的草原之路，近来也越来越得到学术界的关注和重视，考古发现也越来越多，所以我们完全可以相信，或许在不远的将来，我们对由于魏晋南北朝时期中国北部草原的民族迁徙和变动，而导致或者促使产生的文化交流有进一步深刻和鲜明的认识。

激发个人成长

多年以来，千千万万有经验的读者，都会定期查看熊猫君家的最新书目，挑选满足自己成长需求的新书。

读客图书以“激发个人成长”为使命，在以下三个方面为您精选优质图书：

1. 精神成长

熊猫君家精彩绝伦的小说文库和人文类图书，帮助你成为永远充满梦想、勇气和爱的人！

2. 知识结构成长

熊猫君家的历史类、社科类图书，帮助你了解从宇宙诞生、文明演变直至今日世界之形成的方方面面。

3. 工作技能成长

熊猫君家的经管类、家教类图书，指引你更好地工作、更有效率地生活，减少人生中的烦恼。

每一本读客图书都轻松好读，精彩绝伦，充满无穷阅读乐趣！

认准读客熊猫

读客所有图书，在书脊、腰封、封底和前后勒口都有“**读客熊猫**”标志。

两步帮你快速找到读客图书

1. 找读客熊猫

2. 找黑白格子

马上扫二维码，关注“**熊猫君**”

和千万读者一起成长吧！

图书在版编目（CIP）数据

五万年中国简史. 上册 / 姜鹏，李静编. -- 上海 ：
文汇出版社，2020.3

ISBN 978-7-5496-3117-9

Ⅰ. ①五… Ⅱ. ①姜… ②李… Ⅲ. ①中国历史—通
俗读物 Ⅳ. ①K209

中国版本图书馆CIP数据核字（2020）第022585号

五万年中国简史. 上册

编　　者 / 姜　鹏　　李　静

责任编辑 / 徐曙蕾
特约编辑 / 乔佳晨　　赵芳葳　　沈　骏
封面设计 / 王　晓

出版发行 / 文匯出版社
上海市威海路 755 号
（邮政编码 200041）
经　　销 / 全国新华书店
印刷装订 / 三河市龙大印装有限公司
版　　次 / 2020 年 3 月第 1 版
印　　次 / 2024 年 12 月第 11 次印刷
开　　本 / 710mm × 1000mm　　1/16
字　　数 / 314 千字
印　　张 / 23.5

ISBN 978-7-5496-3117-9
定　　价 / 59.90 元